华信经管创优系列

质量管理理论及应用

赵永强 　主　编

郭　琪　陶　茜　副主编

电子工业出版社
Publishing House of Electronics Industry
北京·BEIJING

内 容 简 介

本书被评为工业和信息化部"十四五"规划教材，以基础性、实用性为原则，在介绍基本原则与方法的同时，结合相应的引导案例与案例分析，帮助读者学习并运用质量管理的思想和方法解决物流及邮政快递行业中的实际问题。全书共分为四个部分：第一部分，理论篇——质量管理理论及方法：主要介绍质量管理的相关概念及其发展历程，并重点对全面质量管理和零缺陷管理进行探讨；第二部分，基础篇——过程质量控制：针对质量管理活动中的质量控制和质量检验职能，依次介绍了统计质量控制方法、统计过程质量控制及抽样检验；第三部分，行业篇——服务质量管理：主要阐述服务、服务质量及可靠性工程等内容，为全面提升服务质量，促进行业产业发展提供专业的技术和方法；第四部分，应用篇——质量管理能力提升：重点介绍围绕提升质量管理能力而开展的质量功能展开、质量成本分析、质量经济分析、六西格玛管理四种重要的质量管理工具与方法。本书提供电子课件，读者可登录华信教育资源网 www.hxedu.com.cn 免费下载。本书还有配套超星学银在线线上课程，包括教学案例、在线测试题、专项讨论、专题分析及 50 个教学视频等。

本书可作为高等院校工业工程、物流管理、邮政工程、质量管理工程等专业的本科生教学用书，也可作为企业中高层管理人员的参考用书。

图书在版编目（CIP）数据

质量管理理论及应用 / 赵永强主编. —北京：电子工业出版社，2021.8
（华信经管创优系列）

ISBN 978-7-121-41725-2

Ⅰ. ①质… Ⅱ. ①赵… Ⅲ. ①质量管理－高等学校－教材 Ⅳ. ①F273.2

中国版本图书馆 CIP 数据核字（2021）第 154687 号

责任编辑：秦淑灵　　　　　特约编辑：田学清
印　　刷：北京天宇星印刷厂
装　　订：北京天宇星印刷厂
出版发行：电子工业出版社
　　　　　北京市海淀区万寿路 173 信箱　　　　邮编：100036
开　　本：787×1092　　1/16　　印张：19　　　字数：510.7 千字
版　　次：2021 年 8 月第 1 版
印　　次：2021 年 8 月第 1 次印刷
定　　价：58.00 元

凡所购买电子工业出版社图书有缺损问题，请向购买书店调换。若书店售缺，请与本社发行部联系，联系及邮购电话：（010）88254888，88258888。

质量投诉请发邮件至 zlts@phei.com.cn，盗版侵权举报请发邮件至 dbqq@phei.com.cn。

本书咨询联系方式：qinshl@phei.com.cn。

前　　言

2017 年，中国共产党第十九次全国代表大会首次提出新的表述，表明中国经济由高速增长阶段转向高质量发展阶段，十九大报告中提出的"建立健全绿色低碳循环发展的经济体系"为新时代下的高质量发展指明了方向。2020 年，中国共产党第十九届中央委员会第五次全体会议明确将"高质量发展"作为"十四五"时期经济社会发展的重要指导思想之一，同时还指出，要坚定不移地贯彻创新、协调、绿色、开放、共享的新发展理念，以推动高质量发展为主题，"统筹发展和安全，加快建设现代化经济体系，加快构建以国内大循环为主体、国内国际双循环相互促进的新发展格局"。

贯彻新发展理念，推动高质量发展，不仅涉及产品、服务、民生保障、基础设施和生态环境等多方面的质量提升，也涉及观念、文化、体制、政策等多方面的转变和协力配合。因此，有效地学习和运用质量管理学的理论和实践，对于解决产业行业中的各种质量问题，改善质量管理所涉及的产品、服务、解决方案、流程、体系等，都有非常重要的意义。

本书结合教学实践及社会需求，从理论基础、行业实践、能力提升三个层次，完成质量管理理论及方法、过程质量控制、服务质量管理、质量管理能力提升内容的编写，突出高质量发展的理论，侧重服务质量，重点讲述质量管理理论及方法，深入挖掘质量管理相关的思政元素，为学生建立理论知识学习体系、实践教学引导和思政教育相融合的质量管理学习体系，被评为工业和信息化部"十四五"规划教材。本书具有以下特点。

（1）突出高质量发展。本书根据高质量发展的内涵，从宏观层面，对全面质量管理进行深入解析，进一步完善全面质量管理理论体系和内容；从产业层面，对过程质量控制的理论和方法进行系统梳理，持续改善当前制造业和服务业存在的产品设计、制造、销售及售后多个环节的质量问题；从行业角度，阐述服务质量的内涵、服务质量提升及可靠性工程等内容，为全面提升产品质量、服务质量，促进行业产业发展、提升质量管理能力提供专业的技术和方法，具有很强的实践性。

（2）强调质量管理理论及方法。本书重点强调先进的质量管理理论及方法，过程质量控制的方法、原理和技巧。通过本书的学习，学生会具备把顾客需求向企业质量目标转化的知识结构，从而有助于培养学生在管理活动中的主动服务意识，增强质量管理素养；通过本书的学习，学生会具备系统分析和解决实际质量问题的能力，掌握较高的质量管理专业的实务技能，从而能迅速适应各个行业的质量管理工作。

（3）侧重服务质量。随着以信息通信技术为代表的新一轮科技革命的发展，全球的服务业正经历着技术-经济范式转换的核心，互联网、云计算、物联网、知识服务、智能服务的迅猛发展，正在为服务创新提供有力的工具和支撑环境，服务内容、服务业态和服务商业模式日新月异，进一步推动了服务网络化、智慧化、平台化发展。为了能够与时俱进，本书在内容上侧重描述服务科学和服务质量的发展历程和主要理论，分析现代服务业的发展趋势，依托可靠性工程，为稳定服务质量水平、提高顾客满意度，帮助企业实现卓越服务等方面提供服务质量的相关理论。

（4）提炼课程思政元素。本书在编写过程中，紧密结合质量管理课程的特点和建设要求，深入挖掘思政元素的映射点和融入点，在价值传播中注意质量管理的知识含量，在质量管理的专业知识传授中注重价值观引领，帮助学生了解相关专业和行业领域的国家战略、法律法规和质量管理标准，引导学生深入社会实践、关注现实问题，教育和引导学生深刻理解并自觉实践各行业的职业精神和职业规范，增强职业责任感和认同感，帮助学生塑造正确的世界观、人生观、价值观，实现知识传授、能力培养和价值引领的有机统一。

（5）增加引导案例和思考题。本书为每章添加了引导案例和思考题。引导案例从基础认知的角度为学生展示各行业的质量管理和服务情况，能够适应学生的学习认知规律，激发学生的学习兴趣；思考题以每章内容的重要知识点为依据，使学生主动思考，实现理论知识体系的自主建构，进而具备分析问题、解决问题的能力，实现知识向能力的转化。

2021 年，我们踏上"十四五"新征程，这是开启全面建设社会主义现代化国家新征程的第一年，也是中国共产党成立 100 周年。目前，世界不稳定性、不确定性明显增加，我国发展仍然处于重要战略机遇期，但面临的机遇和挑战都发生了变化。我们所追求的高质量发展的最终目标是推动我国经济发展方式的转变，建立现代化经济体系，不断促进社会公平正义，实现中华民族伟大复兴的中国梦。对于广大的质量工作者、质量管理研究人员和莘莘学子而言，也应不断提高专业能力，不忘初心，砥砺前行，为高质量发展贡献一份力量！

本书由西安邮电大学现代邮政学院赵永强副教授组织编写，全书共 12 章。具体分工如下：西安邮电大学赵永强编写第 2 章和第 11 章；西安邮电大学郭琪编写第 3 章；西安邮电大学陶茜编写第 5 章和第 6 章；西安邮电大学周晓辉及硕士生田家幸编写第 7 章；西安邮电大学崔望妮编写第 8 章；西安邮电大学李永飞编写第 9 章和第 12 章；西安邮电大学硕士生杨亚娟、田家幸分别编写第 10 章和第 1 章；西安科技大学李娟编写第 4 章。赵永强对本书进行了总体设计，对全书统稿并修改定稿。

由于编者的水平与能力有限，难免对某些事物的认识存在偏颇，敬请广大读者批评指正。

编　者

目　　录

第一部分　理论篇——质量管理理论及方法

第1章　质量管理导论 1

1.1　质量管理的相关概念 1
  1.1.1　质量及其相关术语 1
  1.1.2　质量管理及其相关术语 5
1.2　质量管理的发展阶段 7
  1.2.1　质量检验阶段 7
  1.2.2　统计质量控制阶段 8
  1.2.3　全面质量管理阶段 9
  1.2.4　质量管理在我国的发展 10
1.3　质量管理的代表人物及思想 10
  1.3.1　戴明的质量管理理念 11
  1.3.2　朱兰的质量管理理念 12
  1.3.3　费根堡姆的质量管理理念 12
  1.3.4　克劳士比的质量管理理念 13
  1.3.5　石川馨的质量管理理念 13
1.4　国际质量奖及中国质量奖 14
  1.4.1　美国马尔科姆·波多里奇国家
       质量奖 14
  1.4.2　日本戴明质量奖 17
  1.4.3　欧洲质量奖 19
  1.4.4　中国质量奖 21

第2章　全面质量管理 25

2.1　全面质量管理概述 26

  2.1.1　全面质量管理的概念 26
  2.1.2　全面质量管理的特点 26
  2.1.3　全面质量管理的八大原则 28
  2.1.4　全面质量管理的意义 29
2.2　全面质量管理的实施 30
  2.2.1　全面质量管理的模型及构成要素 ... 30
  2.2.2　全面质量管理的基本程序 31
  2.2.3　全面质量管理的推行保障要素 ... 32
2.3　质量管理体系 33
  2.3.1　ISO 9000 族体系 33
  2.3.2　QS-9000 体系 36
  2.3.3　软件成熟度模型 39

第3章　零缺陷管理 45

3.1　零缺陷管理概述 45
  3.1.1　零缺陷管理的起源 45
  3.1.2　零缺陷管理的概念 45
  3.1.3　零缺陷管理的思想体系与原理 ... 46
3.2　零缺陷管理的实施 48
  3.2.1　零缺陷管理实施前的准备 48
  3.2.2　实施零缺陷管理的三个要素 48
  3.2.3　零缺陷管理的实施步骤 50
3.3　零缺陷管理与全面质量管理的区别及
    联系 51

第二部分　基础篇——过程质量控制

第4章　统计质量控制方法 54

4.1　统计质量控制的定量方法 55
  4.1.1　统计分析表 55
  4.1.2　直方图 56
  4.1.3　散布图 60
  4.1.4　排列图 62
  4.1.5　矩阵数据分析法 64

4.1.6　控制图 64

4.2　统计质量控制的定性方法 64

4.2.1　因果图 64

4.2.2　关联图 66

4.2.3　分层法 67

4.2.4　系统图 69

4.2.5　KJ 法 71

4.2.6　矩阵图 72

4.2.7　过程决策程序图法 74

4.2.8　箭条图法 75

4.3　统计质量控制的其他工具概述 76

4.3.1　流程图 76

4.3.2　头脑风暴法 76

4.3.3　水平对比法 77

4.3.4　措施计划表 77

第 5 章　统计过程质量控制 82

5.1　控制的数理统计基础 82

5.1.1　数据分析概述 82

5.1.2　数据分析的基础知识 86

5.2　质量波动理论 101

5.3　控制图原理 103

5.3.1　控制界限的确定 103

5.3.2　控制图的用途 104

5.3.3　控制图的类型和适用情况 104

5.4　控制图的设计及判断 105

5.4.1　控制图的设计 105

5.4.2　控制图的判断 106

5.5　过程能力分析 108

5.5.1　影响过程状态的因素 108

5.5.2　过程能力指数 109

5.5.3　过程能力指数的计算 109

5.5.4　过程能力分析 111

5.5.5　提高过程能力的途径 111

第 6 章　抽样检验 114

6.1　质量检验概述 114

6.1.1　质量检验的定义 114

6.1.2　质量检验的职能 115

6.2　抽样检验原理 116

6.2.1　抽样检验基本概念 116

6.2.2　抽样检验常用术语 117

6.2.3　批质量的表示方法 117

6.2.4　批产品质量的判断 118

6.2.5　接收概率与抽样特性曲线 119

6.3　计数标准型抽样检验 123

6.3.1　计数标准型抽样检验概述 123

6.3.2　计数标准型一次抽样检验的程序 ... 123

6.4　计数调整型抽样检验 125

6.4.1　计数调整型抽样检验概述 125

6.4.2　合格质量水平 126

6.4.3　检验水平 127

6.4.4　转移规则 128

6.4.5　计数调整型抽样检验的程序 130

6.5　计量抽样检验 131

第三部分　行业篇——服务质量管理

第 7 章　服务 135

7.1　服务和服务科学 135

7.1.1　服务的内涵及发展 135

7.1.2　服务科学 137

7.2　服务的概念及特征 139

7.2.1　服务的概念 139

7.2.2　服务的特征 140

7.3　服务的研究现状 141

7.3.1　服务系统 141

7.3.2　服务模式 142

7.3.3　服务资源 143

7.4　现代服务业的内容 144

7.4.1　现代服务业的概念 144

7.4.2　现代服务业的基本特征.................144

7.4.3　现代服务业的分类.....................145

7.4.4　现代服务业的发展趋势.............146

第8章　服务质量.................149

8.1　服务质量的内涵.........................150

8.1.1　服务质量的概念.....................150

8.1.2　服务质量的特征.....................152

8.1.3　服务质量的维度.....................153

8.1.4　服务质量与顾客满意、顾客忠诚的
关系......................................154

8.1.5　服务质量的影响因素.............155

8.2　服务质量的来源和形成模式.........157

8.2.1　服务质量的来源.....................157

8.2.2　服务质量的形成模式.............157

8.3　服务过程的质量管理.................160

8.3.1　服务接触质量管理要素.........160

8.3.2　服务设计过程的质量控制.....161

8.3.3　服务提供过程的质量管理.............162

8.3.4　服务承诺与补救.....................164

8.4　服务质量分析模型.........................167

8.4.1　顾客感知服务质量模型.........167

8.4.2　PZB 服务质量差距分析模型.........168

8.4.3　L-S 关系质量模型.................171

8.5　服务质量评价模型.........................173

8.5.1　SERVQUAL 模型...................173

8.5.2　SERVPERF 模型.....................175

8.5.3　其他服务质量评价方法.........175

第9章　可靠性工程.................178

9.1　可靠性概述.................................178

9.1.1　可靠性定义.............................179

9.1.2　可靠性的评价尺度.................180

9.2　可靠性管理.................................183

9.2.1　可靠性管理概述.................183

9.2.2　可靠性大纲.............................185

9.2.3　可靠性设计.............................186

9.3　系统可靠性模型.........................189

9.3.1　可靠性框图.............................189

9.3.2　串联系统模型.........................190

9.3.3　并联系统模型.........................191

9.3.4　串-并联混合模型.................191

9.3.5　复杂系统模型.........................192

9.4　可靠性分析方法.........................192

9.4.1　故障模式、故障影响和危害度
分析......................................192

9.4.2　故障树分析.............................196

9.4.3　事件树分析.............................200

9.5　常见的故障分布及其故障率函数.........202

9.5.1　指数分布及其故障率函数.....202

9.5.2　正态分布及其故障率函数.....203

9.5.3　对数正态分布及其故障率函数.....205

9.5.4　伯努利试验和二项分布.........206

9.5.5　泊松分布.................................206

9.5.6　威布尔分布及其故障率函数.........207

9.5.7　伽马分布及其故障率函数.............207

第四部分　应用篇——质量管理能力提升

第10章　质量功能展开.................212

10.1　QFD 的产生.................................212

10.1.1　QFD 在日本的产生与发展.............212

10.1.2　QFD 在世界的推广与应用.............214

10.1.3　QFD 在我国的引入与实践.........215

10.2　QFD 的原理.................................216

10.2.1　QFD 的概述.........................216

10.2.2　质量屋技术.............................218

10.2.3　QFD 的模式.........................220

10.2.4　QFD 的工作程序.................222

10.2.5　建立质量屋需要注意的问题.........231

10.2.6　QFD 与其他方法的结合研究.........233

10.2.7　QFD 的发展方向.................235

10.3　质量功能展开的应用 236

10.3.1　QFD 技术在商业银行服务质量中的
应用 236

10.3.2　QFD 技术在第三方物流服务质量中
的应用 240

第 11 章　质量经济性 245

11.1　质量经济性概述 246

11.1.1　质量经济性的基本概念 246

11.1.2　质量经济效益的构成 246

11.1.3　寿命周期经济性 247

11.2　质量成本的基本概念 248

11.2.1　质量成本的概念及构成 248

11.2.2　质量成本的设置 249

11.2.3　质量成本管理的意义 250

11.3　质量成本分析 251

11.3.1　趋势分析法 251

11.3.2　构成比分析法 251

11.3.3　总额分析法 252

11.3.4　比较基数分析法 252

11.3.5　最佳质量成本 252

11.4　质量经济分析 253

11.4.1　质量经济分析的内涵 253

11.4.2　质量经济分析的程序 254

11.4.3　质量经济分析的内容 255

11.4.4　质量经济分析的作用 258

第 12 章　六西格玛管理 263

12.1　六西格玛管理概述 264

12.1.1　六西格玛管理的起源和发展 264

12.1.2　六西格玛的基本概念 264

12.1.3　六西格玛管理理念 265

12.1.4　实施六西格玛管理的好处 267

12.1.5　六西格玛管理组织 268

12.1.6　六西格玛管理培训 269

12.1.7　六西格玛管理与全面质量管理的
区别 271

12.2　六西格玛管理方法 273

12.2.1　六西格玛改进 273

12.2.2　六西格玛设计 275

12.2.3　六西格玛技术工具 277

12.2.4　六西格玛路径图 280

12.3　精益六西格玛 285

12.3.1　精益生产 285

12.3.2　精益生产与六西格玛管理的
结合 288

参考文献 295

第一部分 理论篇——质量管理理论及方法

第1章 质量管理导论

▶▶▶学习目标

- 熟悉质量管理及其相关术语。
- 了解质量管理的三大发展阶段。
- 熟悉质量管理的代表人物及其思想。
- 了解国际质量奖与中国质量奖的评审标准。

引导案例

魏文王问名医扁鹊："你们家兄弟三人，都精于医术，到底哪一位医术最好呢？"扁鹊答说："长兄最好，中兄次之，我最差。"魏文王吃惊地问："你的名气最大，为何长兄医术最高呢？"扁鹊惭愧地说："我扁鹊治病，是治病于病情严重之时。一般人看到我在经脉上穿针管放血，在皮肤上敷药做的都是些不可思议的大手术，以为我的医术高明，名气因此响遍全国。我中兄治病，是治病于病情初起之时。一般人以为他只能治轻微的小病，所以他的名气只及于本乡里。而我长兄治病，是治病于病情发作之前。由于一般人不知道他事先能铲除病因，所以觉得他水平一般，但在医学专家看来，他水平最高。"

质量管理如同医生看病，治标不能忘固本。许多企业悬挂着"质量是企业的生命"的标语，而现实中存在"头疼医头、脚疼医脚"的质量管理误区。造成"重结果轻过程"现象的原因是：结果控制者因改正了管理错误，得到员工和领导的认可；而默默无闻的过程控制者不容易引起员工和领导的重视，最终导致管理者对表面文章乐此不疲，而对预防式的事前控制和事中控制敬而远之。

1.1 质量管理的相关概念

随着中国经济的迅猛发展和全球竞争的不断加剧，在市场竞争的五大要素（品种、质量、价格、服务和交货期）中，决定竞争胜负的要素是质量。对质量的高度重视和普遍关注，千方百计、不留余力地追求和创造高质量，已成为当今世界的一个显著特点。质量问题不仅关系到广大消费者的权益，关系到企业的生存与发展，也是社会经济发展的战略因素。正如美国著名的质量管理专家朱兰所说："20世纪是生产力的世纪，21世纪将是质量的世纪。"

1.1.1 质量及其相关术语

1. 质量（Quality）

人们对质量概念的认识是一个不断变化的过程。在不同的历史时期，质量有着不同的内涵与意义。质量的概念最初仅用于产品，如今却逐渐延伸到服务、过程、体系和组织及以上任意项的组合。正是在这些概念的基础上，才形成了目前得到共识的 ISO 9000 标准中的质量概念。ISO 9000：1994《质量管理体系　基础和术语》中对质量的定义是反映实体满足明确和隐含需要能力的特性之总和。2000 版标准又将质量的定义改为一组固有特性满足要求的程度。

在理解上述定义时，应注意以下几点。

1）关于固有特性

特性是指可区分的特征，如物理方面的特性（机械性能、电学性能、生物性能等）、感官方面的特性（嗅觉、触觉、味觉、视觉等）、行为方面的特性（外向型、内向型等）、时间方面的特性（准时性、可靠性、可用性等）、人体功效方面的特性（生理特性、安全特性等）等。

在 ISO 9000 的质量定义中，特别强调了用于描述事物质量的特性是"固有特性"，就是指某事或某物中本来就有的，尤其是永久的特性。例如，产品的尺寸、体积、质量，机械产品的机械性能、可靠性、可维修性，化工产品的化学性能、安全性等。"固有的"的反义词是"赋予的"或"外在的"，是事物的"赋予"特性，如产品价格、交付时间、保修时间、运输方式、售后服务等，通常不属于 ISO 关于质量定义中的质量特性范畴。但是，产品的固有特性与赋予特性是相对的，并不是绝对对立的。某些产品的赋予特性可能是另一些产品的固有特性。例如，交货期及运输方式，对硬件产品而言属于赋予特性，但对运输服务而言就属于固有特性。

2）关于固有特性的"载体"

早期质量的"载体"只局限于产品，后来又逐渐延伸至服务，现今则不仅包括产品和服务，而且还扩展到了过程、组织、组织活动乃至它们的结合。相应地，目前已经派生出产品质量、服务质量、过程质量、经营管理质量、生活质量等概念。

3）关于"要求"

要求是指明示的、通常隐含的或必须履行的需求或期望。

"明示的"可以理解为规定的要求，如在销售合同中或技术文件中阐明的要求或顾客明确提出的要求。"通常隐含的"是指组织、顾客和其他相关方的惯例或一般做法，所考虑的需求或期望是不言而喻的。一般情况下，顾客或相关方的文件中不会对这类要求给出明确的规定，供方应根据自身产品的用途和特性进行识别，并做出规定。例如，银行对客户存款的保密性、安全性，食品的卫生性、健康性等。"必须履行的"是指法律法规要求的或有强制性标准要求的，如《中华人民共和国食品安全法》《中华人民共和国环境保护法》等。质量的要求是多方面的，除考虑顾客的要求外，还应考虑自身利益、相关方利益、社会利益等。

4）关于满足要求的"程度"

质量的高低是由满足要求的程度高低决定的。一般来说，对于同一种要求，满足程度越高，质量越高，称为高质量；反之，满足程度越低，质量越低，称为低质量。这也表明质量是一个相对概念，是相对于要求而言的，同时有满足水平高低的差别。

2. 与质量相关的术语

1）过程（Process）

过程是指一组将输入转化为输出的相互关联或相互作用的活动。值得注意的是，"过程"这一概念的含义不仅仅是人们日常生活所理解的一个时间阶段的概念，将上述定义中的修饰语去掉，剩下来的核心词汇是"活动"，也就是说，所谓"过程"是指一系列的活动。

过程是质量活动的基本单元，由输入、实施活动和输出三个环节组成。过程本身是一种增值转换，完成过程必须投入适当的资源，通过过程的功能转换，转化成增值的输出，如图 1-1 所示。其中，过程的输入可能是一个或多个过程的输出，过程的输出也可能是一个或多个过程的输入；组织为了增值通常对过程进行策划并使其在受控条件下完成；对形成的产品是否合格，不易或不能经济地进行验证的过程，通常称为"特殊过程"。例如，采购过程，其输入是采购清单和合格供方名单，其输出是采购产品，并且通过对采购产品的验证来对采购过程的质量进行评定。

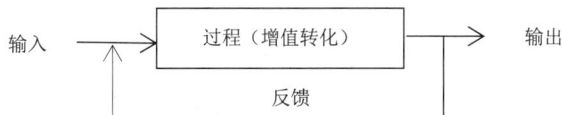

图 1-1　过程的一般结构模型

2）产品（Product）

产品是指过程的结果。

从定义中可以看出，"产品"就是"过程"的产出结果。"产品"这一常用词汇在这里被赋予了广泛的含义。传统意义的产品一般特指厂商提供的实物形态的货物。而在质量管理中，任何活动或过程的结果均可以被称为产品。产品可以包括实物、服务、场所、组织、概念、思想等多种形式。产品既可以是有形的，也可以是无形的，还可以是两者的组合。产品既可以是预期的，也可以是非预期的。通常产品有以下四种类别。

（1）硬件（Hardware）。硬件是指具有特定形状的、可分离的有形产品。

硬件一般由制造的、构造的或装配的零件、部件和（或）组件组成。机械制造、建筑、施工、轻工等行业主要以生产硬件类产品为主，如汽车、电视机、装载机、桥梁、机床、标准件、房屋和各种设施等。

（2）软件（Software）。软件是指通过承载媒体表达的信息所组成的知识产品。

软件通常是无形的，如各种信息、数据、记录、标准、程序和计算机软件等。计算机程序是软件产品的一种特定类型，设计部门、法律事务所、咨询机构和培训机构等生产的产品一般都可以看作是软件。

（3）服务（Service）。服务是指为满足顾客需要，供方和顾客之间的接触活动，以及供方内部活动所产生的结果。

服务通常是无形的，服务的提供可涉及：在给顾客提供的有形产品（如维修的汽车）上所完成的活动；在给顾客提供的无形产品（如为准备税款申报书所需的收益表）上所完成的活动；无形产品的交付（如知识传授方面的信息提供）；为顾客创造氛围（如在宾馆和饭店）等。

（4）流程性材料（Flow Materials）。流程性材料是指通过将原材料转化成某一预定状态所形成的有形产品。

流程性材料的状态可以是液体、气体、粒状、块状、线状或板状，一般以袋、桶、罐、瓶、盆、卷或管道的形式交付。通常，制造电缆、织布、造纸、酿酒、轧钢和生产石油制品等均属于流程性材料的生产。

硬件和流程性材料经常被称为有形产品，软件和服务被称为无形产品。某一具体的产品可以由上述几类的产品构成，其本身属于哪类产品取决于其主导成分，例如，"汽车"是由硬件（如汽车发动机、轮胎等）、流程性材料（如冷却液、润滑油）、软件（如汽车说明书、驾驶员手册）和服务（如销售人员所做的操作说明）组成的，但其主导成分是硬件。

3）顾客（Customer）

顾客是接受产品或服务的组织或个人。

顾客既可以是一个组织，也可以是一个组织中的一部分人或某一个人。顾客可分为各种类型，有些是显在的，有些则是潜在的。顾客可以是外部的，也可以是内部的。组织内部互相协作的下一个环节便是内部顾客。

4）供方（Supplier）

供方是指提供产品或服务的组织或个人。

典型的供方如制造商、批发商、零售商等。在合同情况下，供方有时也称为"承包方"。供方可以是外部的，也可以是内部的。组织内部互相协作的上一个环节便是内部供方。

5）组织（Organization）

组织是指职责、权限和相互关系得到安排的一组人员及设施。

典型的组织有公司、集团、商行、企事业单位、研究机构、慈善机构、代理商、社团或上述组织的部分或组合。组织可以是公有的，也可以是私有的。

6）利益相关方（Interested Stakeholders）

利益相关方是指与组织的业绩或成就有利益关系的个人或团体。

一个组织的利益相关方包括顾客、所有者、员工、供方、银行、工会、合作伙伴或社会等。在激烈竞争的市场经济中，顾客是最主要的利益相关方，是其他相关方利益的来源。

7）合格（Conformity）

合格也称为符合，即满足要求。

通常人们认为合格即符合规格，符合规格即达到质量要求，是一种从供方的角度对质量的定义。

8）不合格（Nonconformity）

不合格是指未满足要求。

合格与否的判定依据是"要求"——"明示的、通常隐含的或必须履行的需求或期望"，这反映了质量的概念从原来的符合性质量提升为适用性质量。此外，不合格的定义通用性很强，不仅适用于硬件产品，也适用于服务业，还适用于过程质量或体系质量的评定。当产品的特性未满足顾客的要求时，会构成不合格品；当过程或体系未满足要求时，会构成不合格项。例如，办公室发生的差错、工厂的废品、过度的能耗、不能按时交货、不好用的产品等，都是不合格的表现形式。

9）缺陷（Defect）

缺陷是指未满足其中特定的（与预期或规定用途有关的）要求，如与人身财产安全有关的要求。可见，"缺陷"是一种特定范围内的"不合格"。缺陷的判定往往需要具体情况具体分析，有时需要第三方的介入。

10）顾客满意（Customer Satisfaction）

顾客满意是指顾客对自己要求被满足的程度的感受。

这种满意程度是顾客将预期质量与感知质量加以比较形成的价值判断结果。这种结果可能是满意、无所谓或不满。顾客不满是指顾客因产品的不良而产生烦恼、抱怨、投诉的这样一种状态。这里要注意的是，满意和不满并非一对非此即彼的状态。也就是说，没有满意并不等同于不满；同样，没有不满也不等同于满意。

1.1.2 质量管理及其相关术语

1. 质量管理（Quality Management）

ISO 9000：2000 标准中，质量管理的定义是：在质量方面指挥和控制组织的协调的活动。

质量管理是组织管理的重要组成部分，是组织围绕着质量而开展的各种计划、组织、指挥、控制和协调等所有管理活动的总和。质量管理必须与组织其他方面的管理如生产管理、财务管理、人力资源管理等紧密结合，才能在实现组织经营目标的同时实现质量目标。

2. 与质量管理相关的术语

1）质量方针（Quality Policy）

质量方针是由组织的最高管理者（最高管理者指可以指导或管理组织的一个或一组人）正式颁布的该组织总的质量宗旨和质量方向。

质量方针是组织总方针的一个重要组成部分，因此质量方针应体现组织的质量宗旨和质量方向；应针对如何全面满足顾客和其他相关方的需要与期望，以及努力开展持续改进做出承诺；应形成书面文件并由组织最高管理者签署批准后正式发布，并加强同组织各层次间的沟通，保证组织的全体员工都能理解并动员全体员工贯彻实施。质量方针一般是中长期方针，应保持其内容的相对稳定性，但必须注意随着组织产品结构、市场环境和组织结构的变化，组织为了适应外部和内部环境变化，质量方针需要进行不定期的调整和修订。

2）质量目标（Quality Objective）

质量目标是指与质量有关的、所追求的或作为目的的事物。

质量目标建立在质量方针的基础上，是质量方针的具体体现；质量目标要具体量化到各相关职能部门和层次，以便于各单位开展工作和实施检查；质量目标既要先进，又要可行；质量目标的内容应符合质量方针所规定的框架。

3）质量策划（Quality Plan）

质量策划致力于制定质量目标并规定必要的运行过程和相关资源以实现质量目标。

质量策划的关键是制定质量目标并展开到组织的各个层次、职位和运行过程。组织无论是对老产品的改进还是进行新产品的开发均必须进行质量策划，确定研制什么样的产品、具有什么样的性能、达到什么样的水平，要提出明确的质量目标，规定必要的作业过程，提供必要的人员和设备等资源，落实相应的管理职责，最后形成书面的文件，即质量计划。

4）质量计划（Quality Plan）

质量计划是对特定的项目、产品、过程或合同，规定由谁及何时应使用哪些程序等相关资源的文件，通常引用质量手册或通用程序的适用内容。

质量计划引用的程序通常包括所涉及的质量管理过程和产品实现过程；质量计划引用质量手册的部分内容或程序文件；质量计划通常是质量策划的结果之一。

5）质量控制（Quality Control）

质量控制是质量管理的一部分，致力于满足质量要求。其目的是使产品、体系或过程的固有特性达到规定的要求。为此，质量控制要解决要求（标准）是什么、如何实现（过程）及需要对什么进行控制等问题。

　　质量控制是一个明确标准、测量结果、发现偏差、纠正偏差的过程，用于保证组织及其过程按照质量策划的途径，有效地运行，实现质量目标，而不是简单的质量检验。质量控制包括质量方针控制、文件和质量记录控制、设计和（或）开发控制、采购控制、生产和服务运作控制、测量和监视装置控制、不合格控制等。例如，为控制采购过程的质量采取的控制措施有制订采购计划、通过评定选择合格供方、规定对进货产品质量的验证方法、做好相关质量记录并定期进行行业绩分析；为控制某一生产过程的质量可以用控制图对过程特性或过程参数实施连续监控，及时发现异常波动并采取相应的措施；为控制特殊过程的质量可以通过作业指导书、设备维护、人员培训、工艺方法优化等措施来实施。

　　6）质量保证（Quality Assurance）

　　质量保证是质量管理的一部分，致力于提供质量要求会得到满足的信任。

　　质量保证通过内部的组织、过程资源和方法保证及外部的评定和认证活动等，将组织与市场、顾客及其他利益相关方联系起来，促进产品和价值的交换，促进质量的外部目标或市场价值的实现。质量保证的关键是提供信任。质量保证有内部质量保证和外部质量保证之分，内部质量保证是组织向自己的管理者提供信任；外部质量保证是组织向顾客或其他利益相关方提供信任。

　　7）质量改进（Quality Improvement）

　　质量改进是质量管理的一部分，致力于增强质量要求的能力。

　　质量改进通过识别机会、分析原因、设计并实施方案、总结和标准化等一系列活动，实现过程改进与组织创新，为组织带来更大的收益。质量改进的关键是增强组织能力，使其满足质量要求。要求可以是有关任何方面的，如有效性、效率或可追溯性。质量改进的对象可能涉及组织的质量管理体系、过程和产品，组织应注意识别需改进的项目和关键质量要求，考虑改进所需的过程，以增强组织体系或过程实现产品并使其满足要求的能力。质量改进是组织长期的任务，应对质量改进过程进行策划，识别和确立需要改进的项目，有计划有步骤地一个项目接着一个项目着手改进。切实做到急缓有序、循序渐进。

　　质量改进要综合运用专业技术和现代管理方法，全面质量管理（Total Quality Control，TQC）、新老七种工具、各种统计技术、6S 管理及六西格玛管理等均是行之有效的质量改进工具。此外，群众性的 QC 小组活动是质量改进的基层组织形式。

　　8）质量管理体系（Quality Management System）

　　质量管理体系是在质量方面指挥和控制组织的管理体系。

　　质量管理体系致力于建立质量方针和质量目标，并为实现质量方针和质量目标确定相关的过程、活动和资源。建立质量管理体系的目的是在质量方面帮助组织提供持续满足要求的产品，以满足顾客和其他利益相关方的需求。

　　质量管理体系包含四大过程，即管理职责、资源管理、产品实现，以及测量、分析与改进，而每一大过程又都包含许多子过程。

　　质量管理体系的设计是将对体系的要求转换为质量手册、程序文件、作业指导书等体系的规范。

　　9）设计与开发（Design and Development）

　　设计与开发是将要求转换为产品、过程或体系的规定的特性或规范的过程。

　　术语"设计"和"开发"有时是同义的，有时用于规定整个设计和开发过程的不同阶段。对硬件类产品而言，它是将顾客要求（包括法规等）确定的"质量要求"转换为规定的产品"特性"，体现在产品图纸和技术要求中。

1.2　质量管理的发展阶段

　　质量管理的产生和发展源远流长，人类历史上自有商品以来，就一直面临着质量方面的问题，并开始了以商品检验为主的质量管理办法。但是，现代意义上的质量管理活动则是从 20 世纪初开始的。

　　按照质量管理在工业发达国家实践中的特点，质量管理的发展历史一般可分为三个阶段：第一阶段是 20 世纪初—20 世纪 30 年代的质量检验阶段；第二阶段是 20 世纪 40—50 年代的统计质量控制阶段；第三阶段是 20 世纪 60 年代开始的全面质量管理阶段。

1.2.1　质量检验阶段

　　20 世纪初—20 世纪 30 年代这一阶段为质量检验的主要发展阶段，通过事后检验的方式来控制和保证产出及下道工序的产品质量。检验工作是这一阶段执行质量职能的主要内容。在由谁来检验把关方面，也有一个逐步发展的过程：①在 20 世纪以前，产品质量主要依靠工人的实际操作经验，靠手摸、眼看等感官估计和简单的度量衡器测量而定。工人既是操作者又是质量检验、质量管理者，且经验就是"标准"。因此，有人又称之为"操作者质量管理"。②进入 20 世纪以后，美国著名管理学家泰勒（F. W. Taylor）在他的著作《科学管理》中首次提出了在生产中应该将计划与执行、生产与检验分开的主张。于是，在一些工厂中建立了"工长制"，将质量检验的职能从操作者身上分离出来，由工长行使对产品质量的检验。这一变化强化了质量检验的职能，称为"工长质量管理"。③在第二次工业革命的影响下，随着科学技术和生产力的不断发展，企业的生产规模也随之扩大，为了保证产品的正确生产，管理分工的概念就被提了出来，由独立的质量部门承担质量控制职能。质量检验所使用的手段是各种各样的检测设备和仪表，它的方式是从成品中挑出废品、次品，通过 100% 的最终检验，实行"事后把关"。大多数企业都设置专职的检验部门和人员，有人称它们为"检验员的质量管理"。

　　这一阶段的质量检验对保证产品质量起到了把关的作用，但也存在着许多不足，主要表现在以下几个方面：①由于是事后检验，犹如"死后验尸"，没有在制造过程中起到预防和控制作用，即使检验出废品，也已是"既成事实"，质量问题造成的损失已难以挽回；②产品质量的检验只由检验部门负责，与质量标准制定部门和产品制造部门之间"三权分立"，只强调相互制约的一面，忽视相互配合、促进与协调的一面，部门之间容易产生矛盾，不利于产品质量的提高；③它要求对成品进行百分之百的检验，这样做有时在经济上并不合理（它增加检验费用，延误出厂交货期限），有时从技术上考虑也不可能（如破坏性检验），在大批量生产的情况下，这个弱点尤为突出。

　　在生产力的推动下，本阶段中质量检验的弱点也在不断显现，引起了统计学家、工程师、数学家等相关学者的广泛关注。20 世纪 20 年代，英国数学家费希尔（R. A. Fisher）结合农业试验提出方差分析与实验设计等理论，为近代数理统计学奠定了基础。美国贝尔电话实验室（Bell Telephone Laboratory）成立了两个课题研究组：一个为过程控制（Process Control）组，学术负责人是休哈特（W. A. Shewhart）；另一个为产品控制（Product Control）组，学术负责人是道奇（H. F. Dodge）。1924 年，休哈特首先把数理统计概念和方法应用到管理中，提出了质量生产过程进行产品缺陷预防的做法，即三西格玛图法，也就是现在广泛应用的质量控制图。20 世纪 30 年代，休哈特出版了《加工产品质量的经济控制》一书，为质量控制理论奠定了基础。道奇与罗米格（H. G. Romig）提出的抽样检验理论，构成了质量检验理论的重要内容。本阶段的研究成果为质量管理的进一步科学化奠定了理论基础。

1.2.2　统计质量控制阶段

在二十世纪二三十年代提出质量控制理论与质量检验理论之际，恰逢西方世界资本主义危机重重、经济衰退，所以这些理论和方法长期以来被束之高阁。直至第二次世界大战期间，美国为了在军工产品生产中克服产品质量不稳定的问题，以及增加产量、降低成本并保证及时交货，美国政府和国防部开始大力提倡和推广用统计质量控制方法进行质量管理。美国国防部于 1942 年召集休哈特等一批统计学家和技术人员，研究军需用品的质量和可靠性问题，要求用数理统计方法制定战时质量管理标准。美国国防部先后制定了 3 个运用数理统计方法的战时国防军用标准：AWSZ1.1《质量管理指南》、AWSZ1.2《数据分析用的控制图法》、AWSZ1.3《生产中质量管理用的控制图法》，并且要求在交货检验中采用科学的抽样检查方法。历史证明，由于美国大力推广应用统计质量控制方法，半年后成功地解决了武器等军用物资的质量问题，使美国的军工生产在数量、质量及成本上均占世界领先地位。第二次世界大战结束以后，统计质量控制不仅在美国许多民用工业企业得到广泛应用，而且迅速推广到美国以外的许多国家，并取得了显著成效。这一时期，人们对于在生产活动中应用统计方法的必要性具有了充分的认识。大量的实用统计方法，如抽样检验法、实验计划法等被开发出来。

二十世纪四五十年代，质量管理的重点在于确保产品质量符合规格和标准。人们通过对工序进行分析，及时发现生产过程中的异常情况，确定产生缺陷的原因，迅速采取对策加以消除，使工序保持在稳定状态。由于质量管理强调"用数据说话"，强调定性定量结合分析，强调应用统计方法进行科学管理，因此将质量管理的第二个发展阶段称为统计质量控制（Statistical Quality Control，SQC）阶段。

在统计质量控制阶段，采用数理统计方法对质量管理进行控制，改变了以往陈旧的检验方式，同时突破了单纯事后检验的局限，逐渐实现了预防控制的要求，使质量管理实践从控制"一点"（事后检验）发展成为管理"一条线"（生产过程），因此质量管理工作是建立在科学的基础上的。统计质量管理着重应用统计学的方法进行质量控制和质量检验，强调对生产制造过程的预防性控制，使质量管理由单纯依靠质量检验事后把关，发展到突出质量的预防性控制与事后检验相结合的工序管理，成为进行生产过程控制的强有力的工具。这种方法的应用使制造企业降低了产生不合格品的概率，降低了生产费用。

从质量检验阶段到统计质量控制阶段，质量管理的理论和实践都发生了飞跃，事后把关变为预先控制，并很好地解决了全数检验和破坏性检验的问题。但也存在许多不足：①由于统计质量管理过分强调数理统计方法，致使人们误认为质量管理好像就是数理统计方法，而专业的数理统计方法理论比较深奥，因此质量工作成了"质量管理专家的事情"，对质量管理产生了一种"高不可攀，望而生畏"的感觉，这在一定程度上限制了质量管理统计方法的推广与普及；②统计技术难度较大，主要靠专家和技术人员，难以调动广大工人参与质量管理的积极性；③质量管理与组织管理未密切结合起来，质量管理仅限于数学方法，常被领导忽略；④仍然以满足产品标准为目的，而不是以满足用户的需求为目的；⑤仅偏重于工序管理，而没有对产品质量形成的整个过程进行管理。

1.2.3　全面质量管理阶段

第二次世界大战以后，生产力获得了前所未有的发展。在科学技术方面，大规模系统开始涌现，人造卫星、第三代集成电路的电子计算机等相继问世；在国际贸易方面，美国经济霸主的地位逐渐减退，国际贸易竞争开始加剧，工业生产技术手段逐渐现代化，工业产品更新换代也愈加频繁。同时，世界市场的竞争达到空前激烈的程度，消费者权益运动呈现日益高涨的局面，员工的能动性和参与性成为企业成功不可或缺的因素。人们开始普遍意识到，仅仅依靠制造领域中的统计质量控制已经远远不能满足顾客对质量的要求，也远远不足以应付日益严峻的挑战。在这样的背景下，美国的朱兰较早地投身到这方面的研究中。他明确提出：为了对质量进行有效控制，除了统计质量控制，还有许多其他重要的质量职能必须予以关注。1951 年，由朱兰主编的著名的《质量控制手册》便是这一领域的研究和经验的集大成之作。

1956 年，美国通用电气公司的费根堡姆（A. V. Feigenbaum）发表了题为 Total Quality Control 的论文，首先提出了"全面质量管理"的概念，并于 1961 年出版了同名著作《全面质量管理》。费根堡姆对全面质量管理的定义是：能够在最经济的水平和充分考虑到满足顾客要求的条件下，进行市场研究、制造、销售和服务，使企业各部门的研制质量、维持质量和提高质量的活动成为一种有效的体系。费根堡姆首次提出了质量体系的问题，提出质量管理的主要任务就是建立质量管理体系，这是一个全新的见解，具有划时代的意义。其主要见解是：①质量管理仅仅靠数理统计方法是不够的，还需要一整套的组织管理工作；②质量管理必须综合考虑质量、价格、交货期和服务，而不能只考虑狭义的产品质量；③产品质量有一个产生、形成和实现的过程，因此质量管理必须对质量形成的（包括市场调研、产品开发设计、生产技术准备、制造、检验、销售、售后服务等）全过程进行综合管理，而不应只对制造过程进行管理。制造过程中出现的质量问题只是所有质量问题的 20%左右而已，80%的质量问题是在制造过程以外产生的；④质量涉及企业的各个部门和全体人员，因此企业的全体人员都应具有质量意识和承担质量责任。

20 世纪 50 年代后期，全面质量管理的观点在全球范围内得到了广泛的传播，各个国家都结合自己的实践进行了各方面的创新，但质量管理最优秀的实践者非日本企业莫属。日本著名质量管理专家石川馨把日本的质量管理称为全公司质量管理（Company-Wide Quality Control，CWQC），并总结为："全公司质量管理的特点在于这个公司从上层管理人员到全体职工都参加质量管理。不仅研究、设计和制造部门参加质量管理，而且销售、材料供应部门和诸如计划、会计、劳动、人事等管理部门及行政办事机构也参加质量管理。"日本企业十分重视职工的质量管理教育，广泛开展群众性的质量控制小组（QC 小组）活动，以及全国质量月活动，并归纳、整理了质量管理的老七种工具和新七种工具，发明了质量功能展开（QFD）及质量工程技术（田口方法），使全面质量管理充实了大量新的内容。

20 世纪 80 年代末，随着国际贸易和国际经济合作规模的日益扩大，人们越来越认识到质量问题是一个超越国家和地区边界的问题，国际的合作变得日益必要。在这种背景下，世界标准化组织（ISO）于 1987 年发布了关于质量管理体系的 ISO 9000 族国际标准，在全球范围内掀起了一股贯彻 ISO 9000 标准并获取认证的热潮，企业界的质量意识获得了空前的高涨。随后，在 20 世纪 90 年代又掀起了六西格玛管理的高潮。

1.2.4　质量管理在我国的发展

我国是世界四大文明古国之一，早在夏、商时代的手工业中就有了控制产品质量的活动。在我国的各种古代典籍中记载有大量关于产品质量的规定、要求等。严格的质量控制最初是在那些用于祭祀和战争的产品上开始应用的。商朝和周朝所制造的青铜器、编钟和剑的高质量举世闻名，这也是当时对质量重视的具体证据。

1949—1977 年，我国质量管理基本上处于质量检验阶段，沿用的是苏联 20 世纪 40—60 年代使用的百分比抽样方法。直到 1978 年，我国开始从日本和西方国家学习全面质量管理的理论和实践，并以北京内燃机总厂为试点开始推行全面质量管理，取得了初步成效。1979 年，全国性的质量管理群众团体——中国质量协会成立。1985 年，随着国家经济委员会颁布了《工业企业全面质量管理办法》，全面质量管理在全国被普遍推广。

目前，我国正处于市场经济体制逐步建立和完善的过程中，尽管质量总体水平稳步上升，但是市场上的产品质量良莠不齐，仍存在着许多问题，我国先后采取了许多质量保证和质量监督措施。1979 年，我国发布《优质产品奖励条例》。1985 年，我国又开始了对产品质量的监督抽查活动。1987 年，国家经济委员会发出了《关于在工业企业中推行"质量否决权"的通知》。1992 年，我国开展了"中国质量万里行"活动。1996 年，国务院颁布实施《质量振兴纲要》。1999 年，我国召开了全国质量工作会议，会后发布了《国务院关于进一步加强产品质量工作若干问题的决定》。2000 年，新修订的《中华人民共和国产品质量法》颁布实施，这将从根本上提高我国主要产业的整体素质和企业的质量管理水平。2012 年，国务院又发布了《质量发展纲要（2011—2020 年）》，明确了国家促进质量的指导思想、工作方针和发展目标。这一系列的举措使我国的产品质量管理走上了法制的轨道，也促进了企业质量认证体系的建立与完善。

目前，我国已经出现了一批优秀企业，它们以性能先进、质量过硬的名优产品与完善的顾客服务，不但赢得了国内消费者的青睐，并且成功地进入了国际市场，起到了很好的示范作用。

随着社会科学技术的进步和生产力水平的不断提高，人们在解决质量问题中所运用的方法、手段，是在不断发展和完善的。我们在推行质量管理过程中，必须鼓励"百花齐放、百家争鸣"，不可能也没有必要在全国强制推行一种质量管理模式。相反，要倡导适合各种行业、各企事业特点的先进、实用有效的质量管理方法。

1.3　质量管理的代表人物及思想

在质量管理发展的整个过程中，出现了十分有建树的质量管理专家和实践者，他们直接改变了世人对质量的看法，对质量管理的发展产生了深远影响。本节将介绍戴明、朱兰、费根堡姆、克劳士比、石川馨等现代质量管理大师级人物及其主要观点。

1.3.1 戴明的质量管理理念

1900 年 10 月 4 日，戴明出生于美国的艾奥瓦州，是世界著名的质量管理专家，美国工程学家、统计学家、教授、作家、讲师和管理顾问，他因对世界质量管理发展做出的卓越贡献而享誉全球，被誉为"质量管理之父"。第二次世界大战以后，戴明应邀赴日本讲学，对质量管理在日本的普及和深化发挥了巨大的作用。

戴明总结了 14 条质量管理原则，他认为一家公司要想使其产品达到规定的质量水平，就必须遵循这些原则。他的主要观点是：引起效率低下和不良质量的原因，在于公司的管理系统而不在于员工。部门经理的责任就是要不断地调整管理系统以取得预期的结果。戴明的 14 条质量管理原则如下。

（1）树立改善产品和服务持久不变的目标。高层管理者必须制订一个使公司具有竞争实力、永久生存的计划，以使企业保持竞争力，确保企业的生存和发展并能够向人们提供工作机会。

（2）采纳新的原理。在一个新的经济时代，如果像通常那样，延迟、错误、材料不合格和工艺水平欠佳，并且得不到改善，我们便不能继续生存。因此，管理者必须意识到自己的责任，直面挑战，领导变革。

（3）不要将质量保证依靠于大量检验。正确的做法是要从一开始就将质量渗透或融入产品生产过程之中，从而消除对检验的需要。

（4）要全面考虑使总成本最小。不要只是根据价格来做生意，要着眼于实现总成本最小。要立足于长期的忠诚和信任，最终做到一种品目只同一个供应商打交道。

（5）持续改进生产及服务系统。通过持续不断地改进生产和服务系统来实现质量、生产率的改进和成本的降低。

（6）采取现代方法培训员工。制订员工可以接受的培训工作计划，并且使用统计方法来检测培训工作计划是否有效。

（7）建立并贯彻领导方法。督查人员必须要让领导知道需要改进的地方。知道之后，管理者必须采用改善措施。

（8）驱除恐惧。许多员工害怕提问或拿主意，即便是在他们不清楚自己的职责或不明白对错时也是这样。他们或是继续用错误的方式做事，或者干脆什么都不做。因恐惧而导致的经济损失是惊人的。要确保质量和生产率，就必须使每个人都具有安全感。要鼓励同事提出问题或表达观点，建立一种相互信任、积极向上的工作氛围。

（9）扫除部门间的障碍。不同部门的成员应当以一种团队协作的方式共同工作，以发现和解决产品和服务在生产和使用中可能会遇到的问题。

（10）取消面向一般员工的口号、标语和数字目标。质量和生产率低下的大部分原因在于企业系统，一般员工不可能解决所有这些问题。

（11）去掉规定数量定额的工作标准。定额聚焦的是数量而非质量，人们为了追求定额或目标，可能会不惜任何代价，包括牺牲组织的利益在内。

（12）消除妨碍基层员工工作顺畅的因素。任何导致员工失去工作尊严的因素必须消除，以便使员工找回工作的自豪感与满足感。

（13）实施强有力的教育和培训工程。质量和生产力的改善会导致部分工作岗位数目的变化,因此所有员工都要不断地接受训练及再培训。一切训练都应包括基本统计技巧的运用,并且要教育员工学会自我提高。

（14）组长的责任必须得到增强。不能回避质量问题,好的质量可提高生产率,组长对诸如经常出现不合格品、设备没有得到维修、工具不适用和操作步骤不清楚等情况应及时反映,公司必须立即采取行动。

创造一个每天都推动以上 14 项的高层管理结构。"十四要点"的核心是:目标不换、持续改善和知识渊博。

1.3.2　朱兰的质量管理理念

1904 年 12 月 24 日,朱兰出生于罗马尼亚布勒伊拉;1912 年,朱兰随家庭移民美国;1917 年,朱兰加入美国国籍。朱兰是世界著名的质量管理专家,他所倡导的质量管理理念和方法始终影响着世界质量管理的普遍发展。

朱兰提出了质量即"适用性"的概念,强调了顾客导向的重要性,从内部和外部的观点看待质量,即好的产品性能导致顾客满意,产品免于不良可以减少顾客的不满意。朱兰致力于通过计算和分析质量成本识别质量问题,还根据帕雷托原理提出了"关键的少数原理"指导分析原因和识别改进领域,同时提出了系统化的、详细的质量改进的程序等。

朱兰把质量管理的三个普遍过程,即质量计划、质量控制和质量改进称为构成质量管理的三部曲（朱兰质量管理三部曲）。他认为质量计划是为建立有能力满足质量标准的工作程序,是必不可少的环节;质量控制可以为掌握何时采取必要措施、纠正质量问题提供参考和依据;质量改进有助于组织发现更好的管理工作方式。

1.3.3　费根堡姆的质量管理理念

1920 年,费根堡姆出生于纽约市,他因提出把质量责任推广到生产以外的领域而在质量管理中闻名,费根堡姆作为全面质量管理的创始人,被誉为"全面质量控制之父""质量大师"。

费根堡姆在其所著《全面质量控制》一书中首次提出了"全面质量控制"的概念。他主张解决质量问题不能只局限于制造过程,因为 80%的质量问题是在制造过程以外产生的。解决问题的手段仅局限于统计方法也是不够的,而必须是多种多样的。他认为全面质量控制就是用最经济的方法充分满足顾客的要求,为此,组织的质量控制应将设计、制造和销售服务部门共同组成一个有效的质量控制体系。在《全面质量控制》一书中,他将质量控制的基本原理总结为下列几个要点。

（1）全面质量控制是一个在公司内部使质量标准制定、维持和改进集成于一体的系统。公司应该能够使工程部门、生产部门和服务部门共同发挥作用,在使用户满意的同时实现最佳经济目标。

（2）质量控制的控制方面应该包括制定质量标准、评价与这些标准有关的行为,当没有达到预定标准时,采取纠正措施及制订改进质量标准计划。

（3）影响质量的因素可分为两类:技术的和人为的,人为的因素更为重要。

（4）质量成本可分为四类:预防成本、检验成本、外部故障成本和内部故障成本。

（5）质量控制最重要的是控制源头质量。

1.3.4　克劳士比的质量管理理念

1926 年 6 月 18 日，克劳士比生于美国西弗吉尼亚的惠灵市。他被尊为"本世纪伟大的管理思想家""零缺陷之父""品质大师中的大师""一代质量宗师"等，享誉世界。

克劳士比认为质量应符合下列四大定理：质量就是要合乎要求；质量来自预防，而不是评价；工作的唯一标准就是零缺陷；以产品不符合标准的代价衡量质量。

（1）"质量"必须定义为符合"要求"，而不是品质优良。质量管理的职责是建立产品或服务的"要求"，提供必要的资源、设备或手段，鼓励或帮助雇员完成任务。这个理念的基础是"第一次就把工作做好（Do It Right the First Time，DIRFT）"。对于质量的问题必须充分地理解和明确地认可。

（2）推动质量的根本方法是"预防"，而不是"评价"。预防缺陷和故障的第一步，是了解产品生产的过程。当缺陷发生时，最重要的事是发现和排除故障。预防是工人关注质量的一个知识性的问题。

（3）业绩的标准必须是"零缺陷"，而不是"这已经够完美了"。公司的每一位员工，从最高管理者到生产线的工人都要把"零缺陷"确立为业绩的标准。

（4）对质量的测量是按照检测不符合要求的"过程"进行的，而不是按照某些迹象进行的。"不符合标准的价格"与"符合标准的价格"之间的差额决定了以元为计的质量成本。"不符合标准的价格"使用错误的方法进行生产的费用，可能占总收入的 20%～35%；"符合标准的价格"是用正确的方法生产产品的费用，典型的是占总收入 3%～4%。质量成本并不是一个必须达到的标准，相反它是一个流量。管理人员应该花时间来确定质量成本是在哪里发生的，并要表述使它发生的原因。

1.3.5　石川馨的质量管理理念

1915 年，石川馨出生于日本，是著名的质量管理专家。他是因果图的发明者，日本质量管理小组（QC 小组）的奠基人之一，是将国外先进质量管理理论和方法与日本实践相结合的一位专家。

石川馨认为质量不仅包括产品质量，还包括工作质量、服务质量、情报质量、工序质量、政策质量和经营者的质量等；不仅是要符合国家标准的质量，更关键的是要符合消费者要求的质量。要提供符合消费者要求的质量，必须掌握以下三个步骤：①要掌握真正的质量特性；②在此基础上确定测定方法与试验方法；③寻找代用特性，准确掌握真正的质量特性与代用特性的关系。

为了与费根堡姆所提出的全面质量管理有所区别，石川馨将日本的质量管理称作全公司性质量管理（Company-Wide Quality Control，CWQC）。具体内容包括：①所有部门都参加的质量管理，即企业所有部门的人员都学习、参与质量管理，因此要对各部门人员进行教育，要"始于教育，终于教育"；②全员参加的质量管理，即企业的经理、董事、职能人员、操作人员、推销人员等全体人员都参加质量管理，并进而扩展到外协、流通机构、系列公司；③综合性质量管理，即以质量管理为中心，同时推进成本管理（利润、价格管理）、数量管理（产量、销量、存量）、交货期管理等。

1.4 国际质量奖及中国质量奖

为推动企业的质量管理工作，提高本地区和本国产品在国际市场上的竞争力，目前国际上已有许多国家和地区设立了质量管理奖。其中最具有代表性的奖项是美国马尔科姆·波多里奇国家质量奖、日本戴明质量奖和欧洲质量奖。在这三大质量奖中，影响最大的当属美国马尔科姆·波多里奇国家质量奖，不少国家和地区的质量管理奖都不同程度参考了美国马尔科姆·波多里奇国家质量奖的评审标准和评分方法。在我国，中国质量协会于 2001 年参照美国马尔科姆·波多里奇国家质量奖建立了"中国质量奖"，以此来激励和引导企业追求卓越质量经营模式。

1.4.1 美国马尔科姆·波多里奇国家质量奖

1. 美国马尔科姆·波多里奇国家质量奖的起源与发展

20 世纪 80 年代初期，日本经济的迅速崛起严重威胁到美国经济的国际地位。因此美国政府和经济界开始关注提高美国生产力和市场竞争力的质量活动，为此特别设立了美国国家质量奖（注：美国国家质量奖是以里根政府商务部部长马尔科姆·波多里奇命名的，因此也称为美国马尔科姆·波多里奇国家质量奖），并于 1987 年正式诞生，于 1988 年正式开始评选工作。美国马尔科姆·波多里奇国家质量奖设立的目的在于表彰那些改进了产品和服务质量的公司的成就，并为其他公司提供榜样；促进美国公司为荣誉而改进质量和生产效率，同时增加利润、获得竞争优势；建立指南和准则，以使企业、行业和政府及其他组织可以用来评估各自质量改进活动的成效；通过提供得奖组织是如何变革其文化并实现了卓越的详细信息，为其他希望实现高质量的组织提供具体的指导。

美国马尔科姆·波多里奇国家质量奖分为企业、教育组织和健康卫生组织（包括了营利性和非营利性）共 3 个类别，每年每个类别最多只能有 3 个获奖者。该奖项的申请者限于总部设在美国的公司和外国公司在美国的子公司，在共计 30 多届的获奖者名单中，包括了联邦快递、佛里斯·尼克尔斯公司、贾斯珀纪念医院和医疗健康中心等著名企业。通过美国马尔科姆·波多里奇国家质量奖的评定和颁发工作，已促使美国许多企业达到了优秀业绩水平，提高了美国的整体竞争力。

2. 美国马尔科姆·波多里奇国家质量奖评审准则的说明

美国马尔科姆·波多里奇国家质量奖的评审准则在推动美国组织达到世界级质量水平的过程中扮演了重要角色，它不仅被美国各地而且被世界很多国家采纳。这套标准可以作为组织自我评价的基础，通过致力于两大目标，即不断提升客户价值和全面提高组织绩效，来增强组织的竞争力。

整个评审准则基于一系列的核心价值观，具体包括以下内容：①具有远见的领导；②客户驱动的卓越；③组织、个人的学习；④重视员工和合作伙伴；⑤敏捷性；⑥关注未来；⑦追求创新的管理；⑧基于事实的管理；⑨公共责任和公民义务；⑩关注结果和价值创造；⑪系统的观点。

这些核心价值观具体体现在评审准则的 7 个类目的要求中。这 7 类要求分为两种类型，前 6 类称为"对策-展开（Approach-Deployment）"型的要求，第 7 类称为"结果（Results）"

型的要求。按照层次来看，2019—2020 年评审准则由 7 个类目、19 个条目和 45 个重点构成，如表 1-1 所示。可以明显地发现其中分值比重最大的是结果（450 分），这也体现了美国马尔科姆·波多里奇国家质量奖所倡导的"追求卓越（Quest for Excellence）"的质量管理理念，准则每两年修订一次，一般依据实际情况只做少量的调整，基本上保持稳定。

表 1-1　2019—2020 年美国马尔科姆·波多里奇国家质量奖评审准则

类目（Categories）	条目（Items）	重点（Areas to Address）
前言：组织简介	组织的概况	①组织的环境 ②组织的关系
	组织的现状	①竞争环境 ②战略背景 ③绩效改进系统
1. 领导（120 分）	1.1 高层领导（70 分）	①愿景、价值观 ②沟通 ③使命与组织绩效
	1.2 治理和社会责任（50 分）	①组织的治理 ②法律和道德行为 ③社会责任
2. 战略（85 分）	2.1 战略制定（45 分）	①战略制定过程 ②战略目标
	2.2 战略实施（40 分）	①行动计划的制订和展开 ②行动计划调整
3. 顾客（85 分）	3.1 顾客的声音（40 分）	①倾听顾客的声音 ②顾客细分和产品供应
	3.2 顾客契合（45 分）	①顾客关系和顾客支持 ②确定顾客满意和契合 ③顾客声音和市场数据的使用
4. 测量、分析和知识管理（90 分）	4.1 组织绩效的测量、分析和改进（45 分）	①绩效测量 ②绩效分析、评审 ③绩效改进
	4.2 信息和知识管理（45 分）	①数据和信息 ②组织知识
5. 员工（85 分）	5.1 员工环境（40 分）	①员工能力与量能 ②员工氛围
	5.2 员工契合（45 分）	①员工契合评价 ②组织文化 ③绩效管理和发展
6. 运营（85 分）	6.1 工作过程（45 分）	①产品和过程设计 ②过程管理与提升 ③供应链管理 ④创新管理
	6.2 运营有效性（40 分）	①过程效率和有效性 ②安保和网络安全 ③安全和突发事件应对

类目（Categories）	条目（Items）	重点（Areas to Address）
7. 结果（450分）	7.1 产品和过程结果（120分）	①以顾客为关注焦点的产品和过程结果 ②工作过程有效性结果 ③供应网络管理结果
	7.2 顾客的结果（80分）	①以顾客为关注焦点的结果
	7.3 员工为本的结果（80分）	①员工结果
	7.4 领导和治理的结果（80分）	①领导、治理和社会贡献结果
	7.5 财务、市场和战略的结果（90分）	①财务和市场结果 ②战略实施结果
总分：1000分		

　　整套美国马尔科姆·波多里奇国家质量奖的评审准则是一个整的框架结构，其各评审类目相互关联和集成。如图 1-2 所示，它是一个系统的视图。其中领导、战略及顾客构成了"领导作用"三角关系，它表明领导以顾客为立足点，通过制定战略来谋划组织的未来。员工、运营和结果构成了"结果作用"三角关系，它表明组织产出结果的工作是由公司员工通过运营来实现的。准则中的"结果"一项在总分 1000 分中占 450 分，公司所有的行动都指向了结果。结果是过程的输出，要想改进结果，必须改进过程。而对于有效的管理和以事实为依据的企业业绩和竞争性改进体系而言，测量、分析与知识管理起着至关重要的作用，它构成了绩效管理系统的基础。

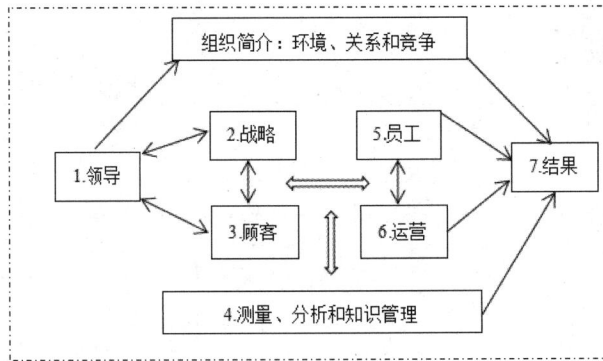

图 1-2　美国马尔科姆·波多里奇国家质量奖评审准则结构

3. 美国马尔科姆·波多里奇国家质量奖的评审过程

　　美国马尔科姆·波多里奇国家质量奖的评价工作和奖励工作是由美国商务部负责的，具体的规划和管理机构为美国国家标准和技术研究院（NIST）。美国马尔科姆·波多里奇国家质量奖的评审过程可分为以下 4 个步骤。

　　（1）奖项的申请。申请单位必须提交按照"优秀业绩评定准则"要求填写的介绍本机构业绩的申报材料，包括：①经证明有效的认证证书；②填写完整的申请表；③包括机构概况和按照评定准则答卷的申请报告。

　　（2）奖项的评审。申报材料由美国马尔科姆·波多里奇国家质量奖评审部门的专家进行审查和评定。评审分为 4 个阶段：第一阶段，由评审部至少 5 位专家对申报材料进行独立的审查和评定；第二阶段，对第一阶段出现的高评分申请单位进行一致性审查和评定；第三阶段，对第二阶段出现的高评分申请单位进行现场考察；第四阶段，由仲裁委员会最终评审，推荐获奖者名单。

（3）申报奖项的信息反馈。在评奖过程结束后，每一个申报单位都会收到评审部门的信息反馈报告。报告是由评审部门的美国高级专家签署的评定意见，其逐项列出了申请者的强项和需要改进的薄弱环节。它可以指导申请者今后改进策略规划，也是继续申请美国马尔科姆·波多里奇国家质量奖的一个重要指南，它为如何改进达到奖项要求指出捷径。

（4）获奖。获奖单位可以通过公开发布或广告宣传他们的奖项。获奖者被要求与其他美国机构分享他们取得成功业绩和质量策略的经验，但是不要求分享其专利信息，即使该信息是报奖内容的一部分。分享信息的主要途径是美国一年一度的"追求卓越"会议。

1.4.2　日本戴明质量奖

1. 日本戴明质量奖的起源与发展

1950 年，戴明受日本科学技术联盟（JUSE）邀请赴日本讲学。在日本讲学的 8 天里，戴明用通俗易懂的语言将统计质量管理的基础知识完整地传授给了日本工业界的主管、经理、工程师和研究人员。听课的人们将这 8 天课程的速记、笔录汇总整理为《戴明博士论质量的统计控制》的手抄本竞相传播，随即戴明便慷慨地把这一讲稿的版税赠送给日本科学技术联盟。为了感激戴明的这一慷慨之举，日本科学技术联盟决定用这笔资金建立一个奖项，以永久纪念戴明对日本人民的贡献和友情，并促进日本质量控制的持续发展。

1951 年，日本科学技术联盟理事会全体成员一致通过了这项提议，日本戴明质量奖由此建立。日本戴明质量奖分为 3 个类别：戴明个人奖、戴明应用奖和质量控制奖。戴明个人奖颁发给在以下 3 个领域做出贡献的个人：①对全面质量管理的研究取得杰出成绩；②对用于全面质量管理的统计方法的研究取得杰出成绩；③对传播全面质量管理做出杰出贡献。戴明应用奖颁发给组织或者领导一个独立运作的机构的个人。获奖条件是：在规定的年限内通过运用全面质量管理使组织获得与众不同的改进。质量控制奖颁发给组织中的一个部门，这个部门通过使用全面质量管理中的质量控制和质量管理方法，在规定的年限内获得了与众不同的改进效果。

2. 日本戴明质量奖的评审框架

日本戴明质量奖的评审过程虽然并不十分关注标准的符合性，但也有一个评审框架，包括了 10 类项目的检查清单：方针，组织及其运营，教育与普及，信息收集、传递及应用，分析，标准化，控制/管理，质量保证，效果，未来计划。每类项目又被进一步细分为数目不等的审查要点，如表 1-2 所示。

表 1-2　日本戴明质量奖评审审查要点

项　　目	审　查　要　点
1. 方针	①有关经营及质量方面的方针
	②确定方针的方法
	③方针的适当性与一致性
	④统计方法的应用
	⑤方针的传达与贯彻
	⑥方针及其落实情况的评估
	⑦与长、短期计划之间的联系

项　目	审查要点
2．组织及其运营	①职责与权限的清晰性 ②授权的适当性 ③部门间的协调 ④委员会活动 ⑤职工的作用 ⑥QC 小组活动
3．教育与普及	①教育的计划与结果 ②质量意识及其管理、对质量管理的理解 ③统计概念和方法的教育及普及程度 ④效果的把握 ⑤协作公司的教育 ⑥QC 小组活动 ⑦改进建议系统及其状况
4．信息收集、传递及应用	①外部信息的收集 ②部门间的沟通 ③沟通的速度（计算机的应用） ④信息的处理、统计分析及应用
5．分析	①重要的问题与改进项目的选择 ②分析方法的适当性 ③统计方法的应用 ④与行业固有技术的联系 ⑤质量分析与过程分析 ⑥分析结果的应用 ⑦针对改进建议所采取的行动
6．标准化	①标准体系 ②制定、修订和废弃标准的方法 ③确定、修订和废弃标准的实际情况 ④标准的内容 ⑤统计方法的应用 ⑥技术的积累 ⑦标准的应用
7．控制/管理	①质量及其他相关要素的管理系统 ②控制点及控制顶 ③统计方法和概念的应用，如控制图等 ④QC 小组活动的贡献 ⑤控制/管理活动的现状 ⑥控制状态
8．质量保证	①新产品、服务的开发方法（质量展开及分析、可靠性试验与设计评审） ②安全性和产品责任方面的预防活动 ③顾客满意程度 ④过程的设计、分析、控制与改进 ⑤过程能力

续表

项 目	审 查 要 点
8.质量保证	⑥仪器仪表与检验 ⑦设施、供应商、采购与服务的管理 ⑧质量保证体系与诊断 ⑨统计方法的应用 ⑩质量评价与审核 ⑪质量保证的现状
9.效果	①效果的测量 ②有形效果，如质量、服务、交货期、成本、利润、安全性与环境等 ③无形效果 ④实际绩效与预期效果的符合性
10.未来计划	①对当前状况的具体把握 ②解决缺陷问题的测量指标 ③未来的提升计划 ④未来计划与长期计划间的关系

1.4.3 欧洲质量奖

1.欧洲质量奖的起源与发展

1988 年，欧洲 14 家大公司发起并成立了欧洲质量管理基金会（EFQM）。1990 年，在欧洲质量组织（EOQ）和欧盟委员会（EC）的支持下，欧洲质量管理基金会开始筹划欧洲质量奖。1991 年 10 月，在法国巴黎召开的欧洲质量管理基金会年度论坛上欧盟委员会副主席马丁·本格曼正式提出设立欧洲质量奖（European Quality Award，EQA）。1992 年 10 月，在西班牙马德里欧洲质量管理基金会论坛上由西班牙国王朱安·卡洛斯首次向获奖者颁发了欧洲质量奖。

欧洲质量奖分为 4 个等级，分别是质量奖、单项奖、入围奖、提名奖。质量奖每年授予被认定在奖项范围内最好的组织；单项奖每年颁发一次，授予在评审准则的一些基本要素中表现优秀的组织；入围奖意味着企业在持续改进其质量管理的基本原则方面，获得了较高的水准；提名奖表示企业已经到欧洲质量奖卓越化模式的中等水平。获欧洲质量奖的提名奖将有助于鼓励企业更好地进行质量管理，并鼓励它们进一步去努力。

2.欧洲质量奖评审标准的说明

欧洲质量奖评审标准有 9 个部分，包括领导、战略与策划、员工、合作关系与资源、过程、顾客结果、员工结果、社会结果、主要绩效结果，满分为 1000 分，评审标准如表 1-3 所示。

表 1-3 欧洲质量奖评审标准

项 目	评 分 要 点
1.领导（100 分）	①领导者提出任务、远景目标和价值观，并且在优秀文化方面起模范作用 ②领导亲自参与确保组织管理系统的开发、实施和不断改进 ③领导参与接触顾客、合作者和来自社会的代表 ④领导激励、支持和重视组织员工

项　目	评分要点
2．战略与策划（80分）	①战略与策划要以现在和将来的需要，以及受益者的期望为基础 ②战略与策划要以有关的绩效衡量、调查、学习和有关创新活动的信息为基础 ③战略与策划的开发、复印和更新 ④战略与策划通过一个主要过程框架展开 ⑤战略与策划的沟通和实施
3．员工（90分）	①人力资源的计划、管理和改进 ②员工知识和能力的识别、开发和保持 ③员工参与和授权 ④员工与组织之间的对话 ⑤员工获得奖励、重视和关心
4．合作关系和资源（90分）	①外部合作关系的管理 ②财务的管理 ③建筑物、设备和材料的管理 ④技术的管理 ⑤信息和知识的管理
5．过程（140分）	①过程的系统设计和管理 ②过程的改进 ③根据顾客的需要和期望来设计和开发产品和服务 ④产品和服务的生产、传递和售后服务 ⑤顾客关系管理和扩大
6．顾客结果（200分）	①感受的测量 ②绩效指标
7．员工结果（90分）	①感受的测量 ②绩效指标
8．社会结果（60分）	①感受的测量 ②绩效指标
9．主要绩效结果（150分）	①感受的测量 ②绩效指标

欧洲质量奖的9个评审标准构成了一个彼此联系、相互作用的有机整体。如图1-3所示，第一要素是领导，它作为驱动力，将员工、战略与策划、合作关系与资源、过程连接起来，不仅产出了主要绩效结果，而且在员工结果、顾客结果与社会结果方面也产生了可测量的结果。欧洲质量奖的评审标准从9个方面描述了组织走向卓越的过程，这9个方面促成因素与影响结果两类指标。促成因素是实现影响结果的手段，结果的反馈则进一步改进了手段。图1-3中的箭头强调模型的动态性，表明创新和学习能够改进手段，进而改进结果。

3．欧洲质量奖的评审过程

申请者首先根据评审标准进行自我评估，然后在每年的2月或3月将申请文件递交给欧洲质量管理基金会。欧洲质量管理基金会组建由欧洲各行业领导者，包括以前获奖者的代表和欧盟委员会、欧洲质量管理基金会，以及欧洲质量管理组织的代表组成的评审委员会进行欧洲质量奖的评选与认定。评审委员会会派出一个4~8人的专家评审小组对申请者的申请文件进行审查，由他们选出入围者接受现场考核。现场考核使得评审小组的专家们可以对申请文件的内容和不明之处现场考察。现场考核之后,基于评审小组的最终报告,评审委员会选定欧洲质量奖单项奖的获奖者,这意味着这些组织已经在卓越化经营中做出了明显的成绩。然后在这些获奖者中产生欧洲质量奖的获奖者。每年 8 月,申请者将接到评审小组给出的反馈报告。报告包括对申请者的一般评价、每一要素的得分情况,以及该项目与其他申请者平均分数的比较。对于每一个低于 EFQM 模式平均标准的项目,报告都会列举需要改进的领域和程度。

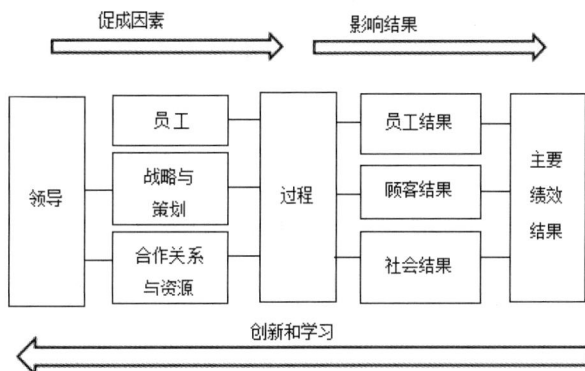

图 1-3 欧洲质量奖评审标准的结构

获奖者都将参加声望很高的欧洲质量论坛。媒体将对此做广泛大量的报道,在整个欧洲他们都将得到认可,并成为其他组织的典范。质量论坛会后的一年中,将进行一系列的会议请获奖者与其他组织分享他们的经验。

1.4.4 中国质量奖

1. 中国质量奖概述

为贯彻落实《中华人民共和国产品质量法》,引导和激励企业追求卓越的质量管理经营,表彰在质量管理方面取得突出成效的企业,提高企业综合质量和竞争能力,更好地适应全球化发展趋势,使组织更好地服务用户、服务社会,为提升我国组织整体管理水平、提高经济社会发展质量做贡献。中国质量协会于 2001 年组织设立了中国质量奖。它是我国对于实施卓越的质量管理并取得显著的质量、经济、社会效益的企业或组织授予的在质量方面的最高奖项。2001 年,首次评选出的中国质量奖获奖企业名单:宝山钢铁股份有限公司、海尔集团公司、青岛港务局、上海大众汽车有限公司、青岛海信电器股份有限公司。

中国质量奖每年评审一次,分为组织奖、项目奖(卓越项目奖)和个人奖(中国杰出质量人)三个类别。评审范围为:工业(含国防工业)、工程建筑、交通运输、邮电通信及商业、贸易、旅游等行业的国有、股份、集体、私营和中外合资及独资企业等。

2. 中国质量奖评审标准的说明

中国质量奖的评审标准是在借鉴国外的质量奖特别是美国马尔科姆·波多里奇国家质量奖的基础上,充分考虑我国质量管理的实践以后建立的,评审标准如表 1-4 所示。本标准从领导,战略,顾客与市场,资源,过程管理,测量、分析与改进及结果 7 个方面规定了组织卓越质量的评价要求,为组织追求卓越提供了自我评价的准则,也可作为中国质量奖的评价依据。

表 1-4　中国质量奖评审标准

项　目	评 分 要 点
领导	高层领导的作用
	组织治理
	社会责任
战略	战略制定
	战略部署
顾客与市场	顾客和市场的了解
	顾客关系与顾客满意
资源	人力资源
	财务资源
	信息和知识资源
	技术资源
	基础设施
	相关方关系
过程管理	过程的识别与设计
	过程的实施与改进
测量、分析与改进	测量、分析和评价
	改进与创新
结果	产品和服务结果
	顾客与市场结果
	财务结果
	资源结果
	过程有效性结果
	领导方面的结果

3．中国质量奖的运作过程

中国质量奖评审机构由质量奖审定委员会和质量奖工作委员会组成，工作委员会常设办事机构为质量奖工作委员会办公室。质量奖审定委员会由政府、行业、地区主管质量工作的部门负责人及有权威的质量专家组成，他们负责研究、确定质量奖评审工作的方针、政策，批准质量奖评审管理办法及评审标准，审定获奖企业名单。质量奖工作委员会由具有理论和实践经验的质量管理专家、质量工作者和评审人员组成，他们负责实施质量奖评审，并向质量奖审定委员会提出获奖企业推荐名单。评审的程序包括企业申报、资格审查、资料审查、现场评审、综合评价和审定 6 个步骤。

思考题

1．促使重视质量的主要原因是什么？

2．朱兰质量管理三部曲是什么？它们之间有什么关系？

3．研究质量成本对质量改进有什么促进作用？

4．什么是质量管理，质量管理的研究对象是什么？

5．简述质量管理百年发展经历的阶段及特点。

6．国际标准化组织 ISO 在 ISO/FDISO 9000：2000 中，将质量定义为一组固有特性满足要求的程度，谈谈对固有特性的理解。

案例分析

企业生产的更高效质量管理建议

任何企业，在面临生产旺季的时候，总会存在质与量的选择。要么求一时之利而毁企业的发展前程；要么顾及质量、精心耕耘。产品质量一旦出现问题，不但会增加返工而产生的额外成本的增加，而且会导致客户投诉，直接影响公司的经济效益，损害公司的名誉。因此，加强企业产品质量管理势在必行。

1．生产过程的质量管理

工业生产的全过程是指从市场调查开始，经过产品开发设计，产品工艺准备，原材料采购，生产组织、控制、检验、包装入库到销售、服务等一系列过程，即构思、生产理想的产品，将产品推向社会，向用户提供使用价值。全面质量管理的基本方法就是全过程的质量管理，通过提高各个环节的工作质量，来保证产品的质量。

衡量生产过程优劣的标准是高产、优质、低耗，也可以说是多快好省，其量化的指标体现在投入产出率。在生产过程中，企业管理者力求以最少的劳动耗费（包括物化劳动和活劳动），生产出尽可能多的满足用户需要的产品。对我们来讲，就是以最少的成本生产出满足公司品质要求的产品。

要实现生产过程的这个目标，一是各个生产要素，人、财、物、信息等在质和量上满足生产产品的需要，这是组织好生产过程的前提基础条件。因此，生产管理必须从基础条件入手。二是要使各生产要素在生产过程中处于最佳的结合状态，按照产品生产工艺要求组成一个彼此联系的、密切协作的、有序的、效率高的完整体系。

要保证最佳的结合状态，必须具有丰富的管理内涵，它必须通过一系列的技术方法和管理措施，运用计划、组织、控制的职能得以实施和实现。5S 管理及全面质量管理都是完善管理水平的具体措施。

生产过程质量管理的任务，就是实现符合性质量，使生产出来的产品符合设计要求的产品标准。经检验符合标准的是合格品，不符合标准的是次品或废品。检验产品是全体管理人员及全体员工共同的任务，当然更是 QC 人员的职责。

2．生产过程质量管理措施

坚持按标准组织生产标准化工作是质量管理的重要前提，是实现管理规范化的需要，因为"无规矩不成方圆"。企业的标准分为技术标准和管理标准。工作标准实际上是从管理标准中分离出来的，是管理标准的一部分。技术标准主要分为原材料辅助材料标准、工艺工装标准、半成品标准、产成品标准、包装标准、检验标准等。技术标准沿着产品形成这根线环环控制投入各工序物料的质量，层层把关设卡，使生产过程处于受控状态。在技术标准体系中，各个标准都是以产品标准为核心而展开的，都是为了达到产成品标准服务的。

管理标准用来规范人的行为、规范人与人的关系、规范人与物的关系，是为提高工作质量、保证产品质量服务的。它包括产品工艺规程、操作规程和经济责任制等。企业标准化的程度，反映企业管理水平的高低。企业要保证产品质量，一是要建立健全各种技术标准和管理标准，力求配套；二是要严格执行标准，把生产过程中物料的质量、人的工作质量给予规范，严格考核，奖罚兑现；三是要不断修订改善标准，贯彻实现新标准，保证标准的先进性。

3．强化质量检验机制

质量检验在生产过程中发挥以下职能：一是保证的职能，也就是把关的职能。通过对原材料、半成品的检验，鉴别、分选、剔除不合格品，并决定该产品或该批产品是否接收。保证不合格的原材料不投产，不合格的半成品不转入下道工序，不合格的产品不出厂。二是预防的职能。利用质量检验获得的信息和数据，为控制提供依据，发现质量问题，找出原因及时排除，预防或减少不合格产品的产生。三是报告的职能。质量检验部门将质量信息、质量问题及时向厂长或上级有关部门报告，为提高质量、加强管理提供必要的质量信息。

要提高质量检验工作，一是需要建立健全质量检验机构，配备能满足生产需要的质量检验人员和设备、设施；二是要建立健全质量检验制度，从原材料进厂到产成品出厂都要实行层层把关，做原始记录，生产工人和检验人员责任分明，实行质量追踪。同时要把生产工人和检验人员职能紧密结合起来，检验人员不但要负责质检，还要负责指导生产工人。生产工人不能只管生产，自己生产出来的产品自己要先进行检验，要实行自检、互检、专检三者相结合；三是要树立质量检验机构的权威。质量检验机构必须在厂长的直接领导下，任何部门和人员都不能干预，经过质量检验部门确认的不合格的原材料不准进厂，不合格的半成品不能流到下道工序，不合格的产品不许出厂。

4．实行质量否决权

产品质量靠工作质量来保证，工作质量的好坏主要是人的问题。因此，如何挖掘人的积极因素，健全质量管理机制和约束机制，是质量工作中的一个重要环节。

质量责任制或以质量为核心的经济责任制是提高人的工作质量的重要手段。质量管理在企业各项管理中占有重要地位，这是因为企业的重要任务就是生产产品，为社会提供使用价值，同时获得自己的经济效益。质量责任制的核心就是企业管理人员、技术人员、生产人员在质量问题上实行责、权、利相结合。生产过程质量管理，首先要对各个岗位及人员分析质量职能，即明确在质量问题上各自负什么责任，工作的标准是什么；其次要把岗位人员的产品质量与经济利益紧密挂钩，兑现奖罚。对长期优胜者给予重奖，对玩忽职守造成质量损失的除不计工资外，还处以赔偿或其他处分。

此外，为突出质量管理工作的重要性，还要实行质量否决。就是把质量指标作为考核干部职工的一项硬指标，其他工作不管做得如何好，只要在质量问题上出了问题，在评选先进、晋升、晋级等荣誉项目时就会实行一票否决。

抓住影响产品质量的关键因素，设置质量管理点或质量控制点。质量管理点（控制点）的含义是生产制造现场在一定时期、一定条件下对需要重点控制的质量特性、关键部位、薄弱环节及主要因素等采取的特殊管理措施和办法，实行强化管理，使工厂处于很好的控制状态，保证规定的质量要求。加强这方面的管理需要专业管理人员对企业整体做出系统分析，找出重点部位和薄弱环节并加以控制。

质量是企业的生命，是一个企业整体素质的展示，也是一个企业综合实力的体现。因此，企业长期稳定发展，必须围绕质量这个核心开展生产，加强产品质量管理。

第2章 全面质量管理

>> 学习目标

- 了解全面质量管理的发展趋势。
- 了解全面质量管理的基本程序。
- 理解全面质量管理的概念和特点。
- 熟悉全面质量管理的基础性工作及构成要素。
- 了解 ISO 9000 族体系与 QS-9000 体系的产生与发展。
- 了解软件成熟度模型的起源发展与内部结构。

引导案例

武汉东风冲压件有限公司是 20 世纪 90 年代建立的冲压件专业生产企业。该公司一直以来都以产品质量作为企业的生存和发展的重大问题来抓，更是因其不断的努力通过了 ISO 9002/QS-9000、TS 16949、EAQF 94 等一系列国际机构制定的质量体系的认证，由于公司对汽车生产各个环节的质量都加大了管理监控的力度，对供应商的供货产品质量控制也比以往更加严格，为进一步提高自身管理水平，武汉东风冲压件有限公司特委托武汉瑞得软件产业有限公司，就该公司的质量工作现状做一次调研，一起研究改进提高公司质量管理工作效率的方法，设计一套应用质量管理工作的信息系统。

本质量管理系统的建设以实用、高效、先进、可靠和开放为目标，在同行业内达到国内领先水平，使武汉东风冲压件有限公司的质量管理工作走在整个行业的前列。

该系统的设计与实施具有以下几个方面的特点。

（1）融合现代先进的全面质量管理思想，努力提高出厂产品合格率，降低因不合格品造成的成本损失。

（2）紧密结合武汉东风冲压件有限公司的实际，务必做到实用、好用。

（3）该系统提供的不仅仅是一个计算机信息系统，更是一个管理信息系统，在实施该系统的同时，结合该系统所融入的现代管理思想，对单位现有经营运作模式和流程进行优化，真正实现管理现代化。

（4）在开发队伍的组成上，由计算机专家和管理专家共同参与，使该系统能真正反映单位需求并帮助单位明确自己的需求。

（5）该系统的实施本着总体规划、分步实施的原则，制订具体的分步实施方案，做到实施一块、见效一块。

（6）严格执行国家有关软件工程的标准，保证系统质量，提供完整、准确、详细的开发文档。

DSCMIS 建设的主要任务和目标是根据武汉东风冲压件有限公司的实际情况，对各职能科室和部门的现行运作机制及信息要求进行全面的调查分类、综合分析。在现代化先进管理思想的指导下，采用现代信息技术和计算机、数据库与网络等先进技术，通过总体规划、详细设计与分步实施，建立实用、高效、先进、可靠和开放的计算机管理信息系统，使各单位的信息资源能够合理组织和利用，使单位的工作效率能够得到最大改善。

2.1　全面质量管理概述

2.1.1　全面质量管理的概念

费根堡姆于 1961 年在《全面质量管理》一书中首先提出了全面质量管理的概念：全面质量管理是为了能够在最经济的水平上，并考虑到充分满足用户要求的条件下进行市场研究、设计、生产和服务，把企业内各部门研制质量、维持质量和提高质量的活动构成为一体的一种有效体系。这个定义强调了以下三个方面。

首先，"全面"是相对于统计质量控制中的统计而言的，也就是说，要生产出满足顾客要求的产品，提供顾客满意的服务，单靠统计方法控制生产过程是不够的，必须综合运用各种管理方法和手段，充分发挥组织中每一个成员的作用，从而更全面地去解决质量问题。

其次，"全面"还是相对于制造过程而言的。产品质量有一个产生、形成和实现的过程，这一过程包括市场研究、研制、设计、制定标准、制定工艺、采购、配备设备与工装、加工制造、工序控制、检验、销售、售后服务等多个环节，它们相互制约、共同作用的结果决定了最终的质量水准。仅仅局限于只对制造过程控制是远远不够的。

最后，质量应当是最经济的水平与充分满足顾客要求的完美统一，离开效益和质量去谈质量是没有实际意义的。如今，全面质量管理得到了进一步的扩展和深化，其含义远远超出了一般意义上的质量管理的领域，而成为一种综合的、全面的经营管理方式和理念。ISO 9000 族标准中对全面质量管理的定义为：一个组织以质量为中心，以全员参与为基础，目的在于通过让顾客满意和本组织所有成员及社会受益而达到长期成功的管理途径。

2.1.2　全面质量管理的特点

管理的全面性是全面质量管理的特点，涉及全面性的质量管理、全过程的质量管理、全员参与的质量管理、综合多样性的质量管理。

1．全过程的质量管理

全过程的质量管理是一种覆盖产品形成各个环节的质量管理。

把质量管理从原来的生产制造过程，扩大到产品市场调查、研制、质量设计、试验、试制、工艺、技术、工装、原材料供应、生产、计划、劳动、行政、销售直至用户服务等各个环节，形成从产品设计一直到销售使用的总体（综合）质量管理。从这方面来看，全面质量管理在工作范围和职能上都比以往的质量管理扩大了，它在管理的深度和广度上都有了新的发展。

实行全过程的质量管理，以防为主，要求企业把质量管理作为重点，从事后检验产品质量转移到事前控制生产过程质量上来。在设计和制造过程的管理上下功夫，在生产过程的一切环节加强质量管理，保证生产过程的质量良好，消除产生不合格品的种种隐患，做到防患于未然；还要求企业逐步形成一个包括市场调查、设计研制到销售使用的全过程的，能够稳定地生产合格品的质量保证体系。

质量管理向全过程管理的发展，有效地控制了各项质量影响因素，它不仅充分体现了以预防为主的思想，保证质量标准的实现，而且着眼于工作质量和产品质量的提高，争取实现新的质量突破；根据用户要求，从各个环节做起，致力于产品质量的提高，从而形成一种更加积极的管理。

2. 全员参与的质量管理

全员参与的质量管理，即全面质量管理要求参加质量管理的人员是全面的，强调"质量管理，人人有责"。质量不是质量管理部门或质量管理专家的专责，而是组织所有人员的责任。质量的保证和提高需要全体员工的支持和参与。只有企业的全体员工认识到质量的重要性而且齐心协力去按照企业的要求去做时，企业才能够给顾客提供高质量的产品和服务。全面质量管理是依靠企业全体员工参与的质量管理，质量管理的全员性、群众性是科学质量管理的客观要求。企业产品质量的好坏，是客观工作和许多生产环节活动的综合反映，因此它涉及企业的所有部门和所有人员。一方面，产品质量与每个人的工作有关，提高产品质量需要依靠所有员工的努力；另一方面，在这个基础上产生的质量管理和其他各项管理，如技术管理、生产管理、劳动管理、物资管理、财务管理等各方面之间，存在着有机的辩证关系，它们以质量管理为中心环节相互联系、相互促进。

因此，全面质量管理要求在企业的集中统一领导下、把各部门的工作有机地组织起来，人人都必须为提高产品质量、加强质量管理尽自己的职责。只有人人都关心产品质量，对质量高度负责，企业的质量管理才能搞好，生产优质产品才有坚定基础和可靠保证。

实行全员性质量管理，还要在开展质量竞赛的基础上，建立群众质量管理小组。全员性质量管理是组织工人进行现场的质量管理，是开展群众性质量管理活动的基本组织形式。普遍建立质量管理小组，并不断提高它的效能，是开展全面质量管理的基础，也是衡量全面质量管理水平高低的一个重要标志。积极开展质量管理小组活动，不仅有利于质量管理工作越做越深，为改进专业管理创造条件，而且有利于改善领导和群众之间的关系，有利于提高工人的思想觉悟和培养工人管理质量的能力。

3. 全面性的质量管理

全面性的质量管理要求各个部门都要涉及质量管理。

从宏观的角度看，全面的质量管理是横向的，涉及所有部门、所有工作和服务环节，最终影响和促进产品质量达到要求。从纵向的组织管理角度来看，质量目标的实现有赖于企业的上层管理、中层管理、基层管理，乃至一线员工的能力协作，其中尤以高层管理能否全力以赴起决定性的作用。从企业职能间的横向配合来看，要保证和提高产品质量必须使企业研制、维持和改进质量的所有活动成为一个有效的整体。整个企业的质量管理可以从以下两个角度来理解。

（1）从组织管理的角度来看，每个企业都可以划分成上层管理、中层管理和基层管理。"全面性的质量管理"就是要求企业各管理层次都有明确的质量管理活动内容。上层管理侧重于质量决策，制订企业的质量方针、质量目标、质量政策和质量计划，并统一组织、协调企业各部门、各环节、各类人员的质量管理活动，保证实现企业经营管理的最终目的；中层管理则要贯彻落实领导层的重要事项，确定本部门的目标和对策，更好地执行各自的质量职能，并对基层工作进行具体的业务管理；基层管理则要求每个员工都要严格地按标准，开展群众合理化建议和质量管理小组活动，不断进行作业改善。

（2）从质量职能的角度看，产品质量职能是分散在全企业的有关部门中的，要保证和提高产品质量，就必须将分散在企业和部门的产品质量职能充分发挥出来。全企业的质量管理就是以质量为中心，领导重视，组织落实，体系完善。

4．综合多样性的质量管理

影响产品质量和服务质量的因素越来越复杂：既有物质的因素，又有人的因素；既有技术的因素，又有管理的因素；既有企业内部的因素，又有随着现代科学技术的发展，对产品质量和服务质量提出了越来越高要求的企业外部因素。要把这一系列的因素系统地控制起来，全面管理好，就必须根据不同情况，区别不同的影响因素，广泛、灵活地运用多种多样的现代化管理方法来解决当前的质量问题。

目前，质量管理广泛使用的各种统计方法是其重要的组成部分。除此之外，还有很多非统计方法。常用的质量管理方法有所谓的老七种工具：因果图、排列图、直方图、控制图、散布图、分层图、调查表；还有新七种工具：关联图、KJ 法、系统图、矩阵图、矩阵数据分析法、PDPC 法、箭条图法。除了以上方法，还有质量功能展开（QFD）、田口方法、故障模式及影响分析（FMEA）、头脑风暴法、六西格玛管理法、水平对比法、业务流程再造（BPR）等。

总之，为了实现质量目标，必须综合应用各种先进的管理方法和技术手段，善于学习和引进国内外先进企业的经验，不断改进本组织的业务流程和工作，不断提高组织成员的质量意识和质量技能。多方法的质量管理要求的是程序科学、方法灵活、实事求是、讲求实效。

"三全一多样"是围绕着有效地利用人力、物力、财力、信息等资源，以最经济的手段生产出顾客满意的产品这一企业目标的，这是企业推行全面质量管理的出发点和落脚点，也是全面质量管理的基本。坚持质量第一，把顾客的需要放在第一位，树立为顾客服务的思想，是企业推行全面质量管理贯彻始终的指导思想。

2.1.3　全面质量管理的八大原则

1．以顾客为中心

全面质量管理的第一大原则是以顾客为中心。在当今的经济活动中，任何一个组织都要依存于它们的顾客。组织或企业由于满足或超过了自己的顾客的需求，从而获得继续生存下去的动力和源泉。全面质量管理以顾客为中心，不断通过 PDCA 循环进行持续的质量改进来满足顾客的需求。

2．领导的作用

全面质量管理的第二大原则是领导的作用。一个企业从总经理层到员工层，都必须参与到质量管理的活动，其中，最为重要的是企业的决策层必须对质量管理给予足够的重视。在《中华人民共和国产品质量管理法》中规定，质量部门必须由总经理直接领导。这样才能够使组织中的所有员工和资源都融入全面质量管理之中。

3．全员参与

全面质量管理的第三大原则是全员参与。20 世纪 70 年代，日本的 QC 小组达到了 70 万个，而到目前为止我国已注册的 QC 小组已经超过了 1500 万个，这些 QC 小组的活动每年给我国带来的收益超过 2500 亿人民币。因此，全员参与是全面质量管理思想的核心。

4．过程方法

全面质量管理的第四大原则是过程方法，即必须将全面质量管理所涉及的相关资源和活动都作为一个过程来进行管理。PDCA 循环实际上是用来研究一个过程的，因此我们必须将注意力集中到产品生产和质量管理的全过程。

5．系统管理

全面质量管理的第五大原则是系统管理。当我们进行一项质量改进活动的时候，首先需要制定、识别和确定目标，理解并统一管理一个有相互关联的过程所组成的体系。由于产品生产并不仅仅是生产部门的事情，因此需要我们组织所有部门都参与到这项活动，才能够最大限度地满足顾客的需求。

6．持续改进

全面质量管理的第六大原则是持续改进。实际上，仅仅做对一件事情并不困难，而要把一件简单的事情成千上万次都做对，那才是不简单的。因此，持续改进是全面质量管理的核心思想，统计技术和计算机技术的应用正是为了更好地做好持续改进工作。

7．以事实为基础

有效的决策是建立在对数据和信息进行合乎逻辑和直观的分析的基础上的，因此，作为迄今为止最为科学的质量管理，全面质量管理也必须以事实为依据，背离了事实基础那就没有任何意义，以事实为基础就是全面质量管理的第七大原则。

8．互利的供方关系

全面质量管理的第八大原则就是互利的供方关系，组织和供方之间保持互利关系，可增进两个组织创造价值的能力，从而为双方的进一步合作提供基础，谋取更大的共同利益。因此，全面质量管理实际上已经渗透到供方的管理之中。

2.1.4　全面质量管理的意义

全面质量管理工作贯穿于企业经营管理全过程，是提高企业管理质量的有效方法。虽然质量管理不会直接参与企业经营绩效，但可以作用于不同的中间变量环节，从而实现企业卓越绩效。全面质量管理的意义具体表现在以下几个方面。

（1）全面质量管理的运用可以提升产品质量，让质量目标朝着更高的方向发展。

（2）全面质量管理中统计手段的运用，改善了产品设计方案，降低了失败成本及后续因产品设计问题而引发的一系列优化成本。

（3）全面质量管理的运用，加速了生产流程，使流程更加优化简洁。

（4）全面质量管理的深入开展，将鼓舞员工的士气和增强员工的质量意识。

（5）全面质量管理运用，改进了产品售后服务，使得客供关系更加紧密，使客户对于所供产品更加信赖。

（6）全面质量管理的运用，还可以提高市场对产品或服务的接受程度及认知程度，降低经营质量成本和现场维修成本，减少经营亏损，从而使企业的效益提升。

（7）另外，全面质量管理的运用还可以减少责任事故，从而保证企业的和谐与社会的稳定。

2.2　全面质量管理的实施

2.2.1　全面质量管理的模型及构成要素

质量形成的全过程中包含了一系列由供方和顾客组成的关系链，即每一个过程的输出是下一个过程的输入。如果把下一过程看成是顾客（内部顾客），则满足顾客的需要就是对本过程输出的质量要求。为保证质量形成过程的稳定，并不断通过对过程的完善使顾客得到满意的质量，必须围绕着供方和顾客组成的过程链，建立一个完善的全面质量管理体系。该管理体系需要包括以下几个方面的要素。

1. 软件要素

软件要素包括质量文化、上层领导的重视及对全面质量的承诺、有效的沟通等。

（1）质量文化是指企业在长期的生产经营中自然形成的质量意识、规范、价值导向、思维方式、道德水准、行动准则、法律观念和传统惯例等的总和。质量文化主要与全体员工的质量意识、质量观念、业务素质、工作责任心和敬业精神等有关。在质量文化的建设中，上层领导常常是质量文化的创造者，其工作态度、管理方式和处理问题的方式方法等都直接影响企业质量文化的形成。

因此，要创立良好的质量文化，上层领导必须有质量战略意识和质量竞争意识，他们应该激励员工的创新精神，鼓励员工参与质量管理，以及对工作过程提出改进意见，要善于对有利于质量改进的行为给予及时的认可和奖励。上层领导还要身体力行，树立典范作用，要通过各种途径的宣传、教育，在员工中树立一切为顾客着想和下道工序是顾客的思想，形成预防为主和第一次就做好的质量意识。

（2）上层领导的参与及对全面质量的承诺。上层领导必须重视并亲自参与企业的质量管理。首先，他们必须将全面质量管理作为企业长远发展的战略之一，纳入企业的战略计划；其次，他们还必须亲自参与企业的质量改进活动，到现场了解问题，和员工一起分析原因，制定改进措施。

（3）有效的沟通。全面质量管理常常伴随着企业文化的转变。从一种管理方式到另一种新的管理方式的转变必然伴随着新思想、新体系、新方法的引进，变革总会遇到阻力，让全体员工了解企业变革的目的及原因，并通过上下级间、部门间的有效沟通和交流减少变革的阻力。同时，通过员工与顾客的交流、部门间的交流与沟通，使企业所有人员更清楚地了解顾客的需求，了解下道工序的需求，使部门间的工作相互协调一致。

2. 硬件要素

硬件要素包括有效的质量体系、质量管理团队、科学的质量管理方法的应用等。

（1）有效的质量体系。一个有效的质量体系是企业实施全面质量管理的基础。ISO 9000系列标准给出了质量体系的概念、建立的模式和建立的程序内容。

（2）科学的质量管理方法的应用。科学的质量管理方法应用是企业质量成功的有效途径。全面质量管理中常用的方法很多，如了解顾客需求信息和进行市场研究的方法（顾客意见反馈系统、抽样调查或问卷调查等方法）、分析主要问题及其产生原因的方法（排列图、因果图、散布图等）、对生产过程进行控制的方法（直方图、控制图等）、不断改进的质量循环（PDCA

法），以及对质量体系运行结果的测量评价方法等。在全面质量管理过程中，要综合应用这些科学的质量管理方法，才能对生产过程进行有效的控制，使质量水平不断提高。

（3）质量管理团队。它是以团队精神和系统思想为宗旨建立起来的工作团队，其目的是共同研究工作中存在的问题，共同制定目标和实施对生产过程的改进，并从系统最优的观点出发来协调各环节工作的顺利进行。

质量管理团队可以是由企业主管领导和各部门负责人组成的委员会，也可以是由几个部门的业务主管或质量管理负责人组成的团队，还可能是由现场工作人员组成的质量控制小组。以过程为中心的全面质量管理模型的组成要素可通过图 2-1 表示出来。

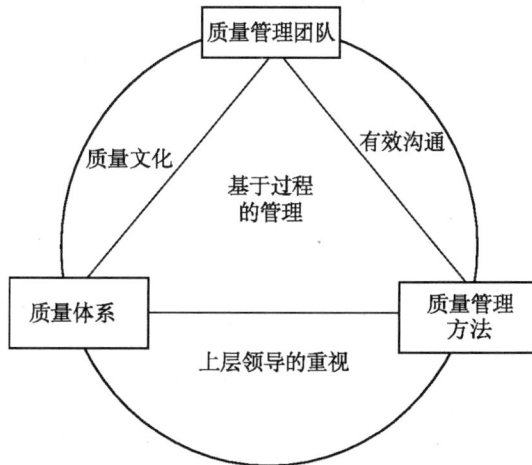

图 2-1　全面质量管理模型的组成要素

2.2.2　全面质量管理的基本程序

全面质量管理活动的全部过程，就是质量计划的制订和组织实现的过程。这个过程是按照 PDCA 管理循环，不停顿地、周而复始地运转的。PDCA 管理循环是全面质量管理应遵循的科学程序，它是由美国质量管理专家戴明首先提出的，所以也叫作"戴明环"。

全面质量管理活动的运转，离不开管理循环的转动。这就是说，改进与解决质量问题，赶超先进水平的各项工作，都要运用 PDCA 管理循环的科学程序。例如，要提高产品质量，减少不合格品，总要先提出目标，即质量提高到什么程度，不合格品率降低多少，这就要制订出计划，这个计划不仅包括目标，而且包括实现这个目标需要采取的措施。计划制订之后，就要按照计划去实施。按计划实施之后，就要对照计划进行检查，哪些做对了，达到了预期效果；哪些做得不对或者做得不好，没有达到预期的目标；做对了是什么原因，做得不对或者做得不好又是什么问题，都要通过执行效果来进行检查。最后就要进行处理，把成功的经验肯定下来，制定标准，形成制度，以后再按这个标准工作；对于实施失败的教训，也要规定标准，吸取教训，不要重蹈覆辙。这既总结了经验，巩固了成果，也吸取了教训，引以为戒，又要把这次循环没有解决的问题提出来，转到下次 PDCA 管理循环中去解决。

2.2.3　全面质量管理的推行保障要素

全面质量管理的基础工作是建立质量体系，开展质量管理活动是立足点和依据，它们是质量管理活动取得成效、质量体系有效运转的前提和保证。根据国内外的经验，开展全面质量管理，应着重做好以下工作。

1．质量使命

企业应制定简单明了的质量宗旨。没有质量宗旨，企业就失去了方向，就会在市场竞争能力和顾客心目中走向消失和毁灭。质量宣言书是对质量宗旨的主要陈述方式，它比企业中任何一个人具有更为强大的生命力。更准确地说，它是企业痴迷追求的宣言书，措辞有力、历久弥新，且令人敬畏。

2．质量领导力

企业的最高管理层应积极发挥坚定的质量领导作用，真正的质量领导通过决策和实际行动来体现对质量管理的决心。

3．质量法规

检查企业的所有系统、法规制度和流程，看它们是否符合企业的质量目标（包括组织结构、生产和采购政策、质量控制程序、人力资源政策及奖励制度等）。对不符合企业质量宗旨的现行系统结构及制度，应进行改进和完善。

4．质量教育

质量教育的根本任务是提高员工的质量意识，使员工牢固树立"质量第一"的思想，不断向所有员工提供质量培训。对质量或其他任何事情的不了解，都可能带来问题。西塞罗曾经说过："人们往往忽略自己不懂的事。"

5．质量授权

质量授权就是最高质量管理者把权力委托给承担质量关系的人或机构代为执行质量权力，让员工为下一道关键工序或一个关键阶段的授权赋能做准备，鼓励员工汇报，解决问题，与员工共同分享企业业绩方面的信息。

6．质量行为

企业在制度明确、领导有力的情况下，经过授权赋能的员工就会表现出良好的工作习惯和质量行为。例如，处理用户问题更加及时，出现问题不会欺上瞒下。在这个阶段，制度和政策使质量管理得以实现。

7．质量态度

通过引导、不断教育及授权，强化员工的行为，使之转化为员工内在的个人态度和价值观念。员工开始对为何要始终一次做对表示理解，并深信这样做于己于企业都有利。

8．质量文化

当全面质量管理观念在企业生根之后，一种新的企业文化便应运而生，每一名员工就会信服全面质量管理观念，无论上班下班都表现出同样的质量行为，质量已不再是管理而是一种文化。

2.3　质量管理体系

2.3.1　ISO 9000 族体系

1．ISO 9000 族标准的产生与发展

20 世纪中叶，随着军事工业的迅速发展，武器装备日趋先进，生产过程日益复杂，许多产品的质量问题往往在使用过程才逐渐暴露，促使人们逐渐认识到，如果组织的管理体系不完善，就不可能始终提供和支持满足顾客需要的产品，从而导致采购方不但对产品特性提出要求，还对供方质量管理体系提出要求，并以此作为产品规范中有关产品要求的一种补充，质量管理体系标准由此产生。1978 年以后，质量保证标准被引用到民品订货中来，英国制定了一套质量保证标准，即 BS5750。随后欧美很多国家，为了适应供需双方实行质量保证标准并对质量管理提出新要求，相继制定了各自的质量管理标准和实施细则。

国际标准组织为了适应国际贸易往来中民品订货采用质量保证作法的需要而成立 ISO/TC 176 技术委员会，该技术委员会在总结和参照世界有关国家标准和实践经验的基础上，通过广泛协商，于 1987 年发布了世界上第一个质量管理和质量保证系列国际标准——ISO 9000 族标准。由于国际贸易发展的需要和标准实施中出现的问题，特别是服务业在世界经济的比重所占的比例越来越大，ISO 9000 族标准自 1987 年发布以来，经历了 1994 版、2000 版、2008 版的迭代更新，直到现在的 ISO 9001：2015 版系列标准。

2．ISO 9000 族标准的构成与特点

1）ISO 9000 族标准的构成

ISO 9000 族标准由一组密切相关的核心标准和其他支持性的标准及文件组成，如表 2-1 所示，其中 4 个核心标准如下。

（1）ISO 9000：2015《质量管理体系　基础和术语》。

ISO 9000：2005《质量管理体系　基础和术语》（Quality Management Systems—Fundamentals and Vocabulary）表述了 ISO 9000 族标准中质量管理体系的基础，确定了 138 个相关术语及其定义。该标准明确提出了质量管理八项原则，强调质量管理八项原则是 ISO 9000 族标准的基础。该标准提出了以过程为基础的质量管理体系模式，鼓励采用过程方法管理组织。

（2）ISO 9001：2015《质量管理体系　要求》。

ISO 9001：2015《质量管理体系　要求》（Quality Management Systems—Requirements）标准受到了广大质量工作者的极大关注，包含的一些重要概念能够帮助其提高整体绩效，将有助于组织促进自身的长期可持续发展。该标准能够应对与组织环境和目标相关的风险和机遇，稳定提供满足顾客要求以及适用的法律法规要求的产品和服务，促成增强顾客满意的机会，通过体系达到顾客满意的目的。

ISO 9001 有以下两个管理机制。

① PDCA 持续改进机制。休哈特、戴明是 PDCA 循环的直接贡献者，从 20 世纪运用至今，其在质量管理界已占有重要地位。PDCA 持续改进机制如图 2-2 所示。

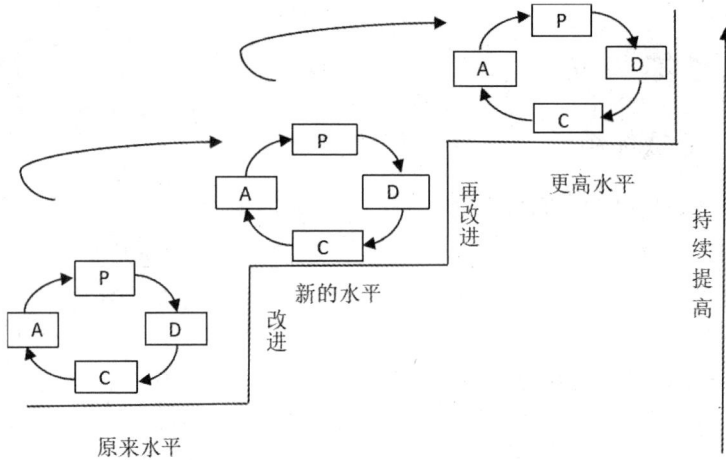

图 2-2　PDCA 持续改进机制

② 过程管理机制。依据 20/80 原则，使过程的关键环节受控，对关键环节提出管理要求。过程管理机制如图 2-3 所示。

要求　针对　关键环节　控制　过程　达到控制　产品

图 2-3　过程管理机制

（3）ISO 9004：2018《质量管理 组织质量 对实现持续成功的指南》。

ISO 9004：2018《质量管理 组织质量 对实现持续成功的指南》（Quality Management—Organizational Quality—A Guide to Sustainable Success），该标准提供了超出 ISO 9001 要求的指南，以便组织考虑提高质量管理体系的有效性和效率，进而考虑开发组织业绩的潜能。

（4）ISO 19011：2011《管理体系审核指南》。

ISO 19011：2011《管理体系审核指南》（Guidelines for Management Systems Auditing）为审核原则、审核方案的管理、质量管理体系审核和环境管理体系审核的实施提供了指南，也为审核员的能力和评价提供了指南。

表 2-1　ISO 9000 族标准构成

标 准 类 型	标 准 代 号	标 准 名 称
4 个核心标准	ISO 9000：2015	《质量管理体系 基础和术语》
	ISO 9001：2015	《质量管理体系 要求》
	ISO 9004：2018	《质量管理 组织质量 对实现持续成功的指南》
	ISO 19011：2011	《管理体系审核指南》
支持性标准和文件	ISO 10001：2018	《质量管理 顾客满意 组织管理的规范指南》
	ISO 10002：2018	《质量管理 顾客满意 组织投诉处理指南》
	ISO 10003：2018	《质量管理 顾客满意 组织外部争议解决指南》
	ISO 10004：2018	《质量管理 顾客满意 监视和测量指南》
	ISO 10005：2018	《质量管理 质量计划指南》
	ISO 10006：2017	《质量管理 项目质量管理指南》
	ISO 10007：2017	《质量管理体系 技术状态管理指南》

标 准 类 型	标 准 代 号	标 准 名 称
支持性标准和文件	ISO 10008：2013	《质量管理 顾客满意 企业对消费者（B2C）电子商务交易指南》
	ISO 10012：2003	《测量管理体系 测量过程和测量设备的要求》
	ISO/TR 10013：2001	《质量管理体系文件指南》
	ISO 10014：2006	《质量管理 财务与经济效益实现指南》
	ISO 10015：2019	《质量管理 能力管理和人员发展指南》
	ISO/TR 10017：2003	《ISO 9001—2000 统计技术指南》
	ISO 10018：2020	《质量管理 员工参与指南》
	ISO 10019：2005	《质量管理体系咨询师的选择及其服务使用指南》
	小册子	《质量管理原则》
		《选择和使用指南》
		《小型组织实施指南》

2）ISO 9000 族标准特点

掌握 ISO 9000 族标准的特点，有利于我们对其全面地理解和更有效地利用。归纳起来，ISO 9000 族标准具有以下特点。

（1）标准的通用性更强。

（2）标准的内容更先进、指导性更强。

（3）强调以顾客为关注焦点，并考虑了所有相关方的利益和要求，将顾客满意或不满意信息的监控作为评价质量管理体系业绩的一种重要手段。

（4）强调对各部门的职责权限进行明确的划分、计划和协调，从而使组织有效地、有秩序地开展各项活动，保证工作顺利进行。

（5）强调领导是关键。

（6）强调以预防为主，消除不合格潜在的原因，防止不合格的发生，从而降低成本。

（7）突出"持续改进"是提高质量管理体系有效性和效率的重要手段，以满足顾客不断变化的要求，使顾客满意。

（8）强调全体员工的参与与培训，确保员工素质能够满足工作要求，并使每个员工都有较强的质量意识。

（9）采用过程方法，使标准的逻辑性更强。

（10）以文件化的模式实现系统化、科学化的管理，消除不规范管理的弊端，在最佳工作途径下达到内部法制化管理，减少管理被动引起的内耗。

（11）由关注"程序"向关注"结果"转变，强调结果至关重要。

（12）标准概念明确，语言通俗易懂，易于读者理解、翻译和使用。

（13）提高了与环境管理体系等其他管理体系标准的相容性。

3. ISO 9001：2015 标准过程联系

ISO 9001：2015《质量管理体系 要求》是 ISO 9000 族标准的 4 个核心标准之一，是组织建立和运行质量管理体系的基本要求，也是组织内、外部评价质量管理体系的重要参考依据。ISO 9001：2015 标准是在 ISO 9001：2008 标准的基础上，为了使标准更易理解，更好地兼容制造业之外的其他行业及更切合企业管理的实际情况而修订的。ISO/TC 176/SC 2 主席倪国夫（Nigel Croft）曾指出："为适应下一个 25 年需要，充分引进基于风险的思想，更关注达到商品和服务的符合性，并能更好地同公司的其他管理体系、实际情况及使用者的友善言语相一致。"由此可见，新版标准的出发点是基于风险管理的理念，考虑与其他管理体系更好地融合，符合现代质量管控的实际情况及语言风格的优化。

ISO 9001：2015 标准采用了高层次的结构，对服务业更加适用和兼容，更加强调过程方法，更加关注组织情境和风险管理，对文件及外部提供的过程、产品和服务的控制等方面也提出了新的要求。另外，国际标准化组织对标准在结构、格式、通用术语和定义方面进行了统一，确保今后编制或修订管理体系标准的持续性、整合性和简单化，这也将使标准更加易读、易懂。ISO 9001：2015 标准过程联系如图 2-4 所示：

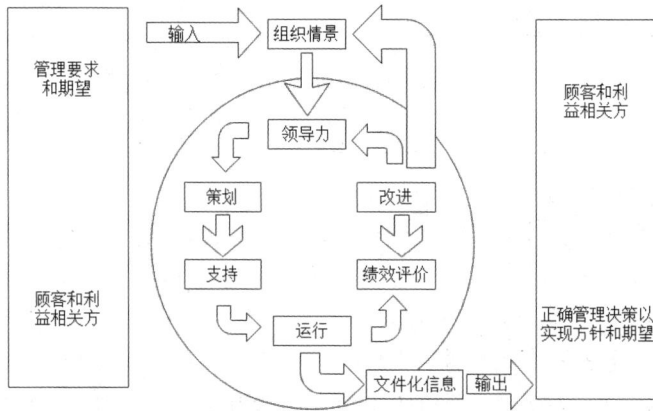

图 2-4　ISO 9001：2015 标准过程联系

2.3.2　QS-9000 体系

1. QS-9000 标准的产生与发展形势

1）QS-9000 标准的产生与修改

QS-9000 作为管理体系的国际标准，最早是由质量体系的 ISO 9000 族和环境管理体系的 ISO 14000 族开始的。由于汽车行业有其特殊性，即汽车具有由众多零部件组成的特点，这些通用的标准无法满足汽车行业的特殊要求。欧洲的许多国家都纷纷制定了适用于本国汽车行业的质量管理体系标准。美国三大汽车公司每年在全球的采购量达 1300 多亿美元，它们对供方提出极为严格的要求，建立基本的质量体系以达到持续改进，预防缺陷，减少质量浪费和保持质量稳定的目的。美国三大汽车公司也分别提出了自己的质量体系标准，这些标准之间有很多的内容是相同或相近的，但由于它们根据各自的情况对供应商提出特殊要求，这些要求在内容、术语、文件形式等方面存在差异。而有些供应商可能是美国三大公司或其中两大公司共同的供应商，所以，这些供应商感到对不同公司的不同要求难以同时满足，也造成了浪费。供应商们纷纷要求美国三大公司能够有一个统一的说法，同时，ISO 9000 族标准的颁布与实施，也给美国三大汽车公司以重要的启迪。在这种情况下，美国质量管理要求学会（ASQC）决定制定一个统一的质量体系标准，于 1988 年组织召开了由整车企业和零部件供应企业参加的联席会议，并成立了供方质量要求工作组，于 1990 年发行了测量系统分析手册，1992 年又对基本质量体系手册及评审办法进行了协调，紧随其后于 1993 年又发行了潜在的失效模式及后果分析手册和生产件批准程序手册。经过 6 年多的时间，于 1994 年

9 月，在美国质量管理要求学会召开的汽车行业专家会议上公布了以 ISO 9001：1994 为基础的 QS-9000 标准，从而产生了包含汽车行业特殊要求的统一的质量体系标准。随后于 1995 年 2 月公布了修改后的第二版，于 1998 年 4 月又公布了修改后的第三版，现行有效的标准是质量体系要求（Quality System Requirement，QSR），即 QS-9000 标准的第三版，与其相匹配使用的文件还有《质量体系评审 QSA》和《潜在供方质量体系评审 PSA》。

2）QS-9000 标准概要

（1）目的。

QS-9000 标准的主要目的：一是向供方提出美国三大汽车公司、卡车制造公司及其他受供方所期望的基本的质量体系的要求；二是促使供方建立符合标准的质量体系，并引导供方为最终顾客、受供方及供方自身的利益，自觉地持续改进质量，加强缺陷预防，减少在供应环节上出现质量波动及浪费，从而使顾客满意，最终使顾客、受供方以及供方都受益。

（2）QS-9000 标准的适用范围。

QS-9000 体系要求适用于所有直接向美国三大汽车公司及其有关的货车总装厂提供下列产品或服务的内、外部供方：生产材料；产品及服务用零部件；热处理、电镀、涂漆或其他最终服务。QS-9000 以 ISO 9001 为基础增加了汽车行业的特殊要求，主要是克莱斯勒汽车公司"供应商质量保证手册"、福特汽车公司"Q-101 质量体系标准"、通用汽车公司"北美创优目标"，以及通用汽车公司欧洲部"外购材料通用质量标准"和卡车制造公司"质量要求体系手册"。

（3）实施方法。

美国三大汽车公司、卡车制造公司及其他采用 QS-9000 标准为框架的行之有效的质量体系的要求，并使其文件化、实施和维持。另外，QS-9000 标准的符合性评定，应通过第二方（美国三大汽车公司）的认证审核或第三方（由美国三大汽车公司承认的 QS-9000 认证机构）的认证审核。实施克莱斯勒汽车公司、福特汽车公司、通用汽车公司、卡车制造公司及其他签署此项文件的公司要求其供方按顾客的时间要求，依据 QS-9000 标准建立、成文并实施有效的质量体系。QS-9000 标准的所有要求将列入供方质量体系中并在"供方质量手册"中说明。

3）QS-9000 标准发展形势

从 QS-9000 认证来看，QS-9000 标准发展速度十分迅猛，尤其在当前国际汽车市场竞争日益加剧的情况下，世界上一些著名的汽车公司大都实行全球采购，因此，给 QS-9000 认证赋予很强的生命力和发展活力。继美国三大汽车公司对其供应商明确提出 QS-9000 认证的期限之后，日本的丰田、三菱公司以及我国的上海通用公司等也制定了对其供应商限期 QS-9000 认证的时间表。有资料统计，QS-9000 标准在全世界 67 个国家已经发行了 40 余万套，有 22 个国家的认可机构得到美国方面的授权，有 78 个认证机构获准开展 QS-9000 认证业务，有数百家组织已经获得了 QS-9000 认证证书。可见 QS-9000 认证的普及速度之快，引起了我们的高度重视。我国众多的汽车零部件组织要想生存发展，仅仅靠满足国内汽车市场的需求很难维持下去，必须参与国际竞争，所以，我国也不可避免地快速推行 QS-9000 认证。综上所述，QS-9000 认证，如同 ISO 9000 认证，也是市场经济的产物，认真研究 QS-9000 标准，广泛推行 QS-9000 认证，是我国汽车行业尽快与国际先进管理体系接轨的需要，也是我国汽车行业参与国际竞争，并在竞争中取胜的必经之路。

2．QS-9000 标准的特点

（1）顾客导向型质量管理方法。

① 按顾客的要求进行设计。

② 按顾客的要求进行制造。

③ 按顾客的要求进行检验和试验。

（2）它特别强调缺陷率方面的要求，明确提出过程失效模式及后果分析，以防止缺陷的发生，而不只是找出缺陷。

（3）提出行业特殊要求，即必须持续改进，要求贯彻实施全面的持续改进思想体系。

（4）有的放矢。针对产品重要特性和特殊特性，提出严格的控制要求。

（5）指出 QS-9000 标准遵循的基本原则是保证顾客满意，并不断减少质量变差和浪费，使各有关方面都受益。

（6）注重质量体系的有效性。

3．QS-9000 标准构成要素

1）第一部分构成要素

（1）管理职责。它包括质量方针、组织、管理评审、业务计划。

（2）质量体系。它包括产品安全、控制计划、对分承包方的生产件批准程序（PPAP）要求供方必须对他们的分承包方采用某种形式的生产件批准程序、持续的改进。

（3）合同评审。

（4）设计控制。它包括设计数据的使用、设计确认—补充、设计更改的影响、机密性。

（5）文件和资料控制。

（6）采购。它包括分承包方的交付计划、运输费用记录（应包括供方和分承包方已支付的费用）。

（7）顾客提供产品的控制。它包括顾客所有的工装、顾客拥有的工装和设备应永久标识过程控制。

（8）产品标识和可追溯性。

（9）过程控制。它包括工房的清洁度、应急计划、预防性维护、外观项目。

（10）检验和试验。它包括进货产品的质量、最终产品审核、供方试验室要求、试验室质量体系、试验室人员、试验室产品的标识和可追溯性、试验室过程控制、试验室试验和标定方法、试验室统计方法。

（11）检验、测量和试验设备的控制。它包括标定服务、测量系统分析。

（12）检验和试验状态。

（13）不合格品的控制。

（14）纠正和预防措施。它包括防出错、纠正措施的影响。

（15）搬运、储存、包装、防护和交付。它包括供方交付能力的监控、电子通信。

（16）质量记录的控制。

（17）内部质量审核。它包括内部审核日程表、每年更新的日程表中的所有变动、纠正措施的有效性。

（18）培训。

（19）服务。

（20）统计技术。

2）第二部分构成要素

第二部分构成要素加上未包含在第一部分主内容中的顾客提出的特殊要求，即克莱斯勒汽车公司提出的特殊要求、福特汽车公司提出的特殊要求、通用汽车公司提出的特殊要求、卡车制造公司及其他总装厂提出的特殊要求。

2.3.3　软件成熟度模型

1. 软件成熟度模型概述

1）软件成熟度模型的产生背景

信息时代，软件质量的重要性越来越为人们所认识。软件是产品、装备、工具，其质量使得顾客满意，是产品市场开拓、事业得以发展的关键。而软件工程领域在 1992—1997 年取得了前所未有的进展，其成果超过软件工程领域过去 15 年来的成就总和。软件管理工程引起广泛注意源于 20 世纪 70 年代中期。当时美国国防部曾立题专门研究软件项目做不好的原因，发现 70%的项目是因为管理不善而引起的，而并不是因为技术实力不够而引起的，进而得出一个结论，即管理是影响软件研发项目全局的因素，而技术只影响局部。到了 20 世纪 90 年代中期，软件管理工程不善的问题仍然存在，大约只有 10%的项目能够在预定的费用和进度下交付。

软件是知识产品，进度和质量都难以度量，生产效率也难以保证。软件系统复杂程度也超乎想象，因此，软件管理工程的发展还很不成熟。软件过程诞生了三个流派：CMU-SEI 的 CMM/PSP/TSP、ISO 9000 质量标准体系；ISO/IEC 15504（SPICE）。CMM/PSP/TSP，即软件成熟度模型/个体软件过程/群组软件过程，是 1987 年美国 Carnegie Mellon 大学软件工程研究所（CMU/SEI）以 W. S. Humphrey 为首的研究组发表的研究成果"承制方软件工程能力的评估方法"。ISO 9000 质量标准体系是在 20 世纪 70 年代由欧洲首先采用的，其后在美国和世界其他地区也迅速地发展起来。欧洲联合会积极促进软件质量的制度化，提出了以下 ISO 9000 软件标准系列：ISO 9001、ISO 9000-3、ISO 9004-2、ISO 9004-4、ISO 9002。ISO/IEC 15504（SPICE）是 1991 年国际标准化组织采纳了一项动议，开展调查研究，按照 CMU-SEI 的基本思路，产生的技术报告 ISO/IEC 15504——信息技术软件过程评估。

2）软件成熟度模型的基本概念

软件成熟度模型，英文全称为 Capability Maturity Model for Software，即 CMM。其核心是把软件开发视为一个过程，在定义、实施、度量、控制和改善其软件过程实践中的各个发展阶段的描述。根据这一原则对软件开发和维护进行过程监控和研究，以使其更加科学化、标准化，使企业能够更好地实现商业目标。

3）软件过程的成熟度等级

软件产品质量在很大程度上取决于构筑软件时所使用的软件开发和维护过程的质量。软件过程是人员密集和设计密集的作业过程，若缺乏有素训练，则难以建立起支持实现成功的软件过程基础，改进工作也将难以取得成效。CMM 描述的这个框架正是勾列出从无定规的混沌过程向训练有素的成熟过程演进的途径。通过相继框架下的运作，软件过程达到五个不同的成熟度等级，如图 2-5 所示，从而获得最终的成功。

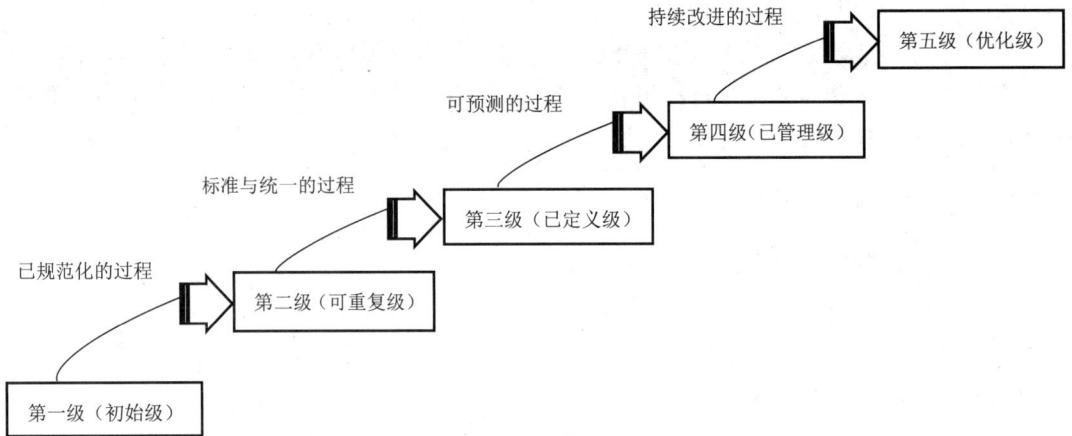

图 2-5 软件过程的成熟度等级

（1）初始级（Initial）。

特点：软件工程管理制度缺乏，过程缺乏定义、混乱无序。经常因缺乏管理和计划而导致时间延长、费用超支，管理方式属于反应式，主要用来应付危机，过程不可预测，难以重复。即使制定了一些软件工程规范，但如果规范未能覆盖基本的关键过程要求，且执行时没有相关资源的支持保证，仍将其视为初始级。

（2）可重复级（Repeatable）。

特点：基于类似项目的经验，建立了基本的项目管理制度，采取一定的资源控制手段。管理人员可及时发现问题，采取应对措施。软件开发的首要问题不是技术问题而是管理过程，一个可管理的过程是一个可重复的过程。

（3）已定义级（Defied）。

特点：软件过程文档化、标准化，可按照需求改进开发过程，采用评审方法保证软件质量，引入 case 管理工具提高质量和效率。将执行标准集成到企业软件开发标准过程，根据标准过程执行，可根据具体情况进行调整，调整需要相关人员确认通过。

（4）已管理级（Managed）。

特点：在这一阶段，软件测试是可以进行度量与质量控制的过程，应保证进行可靠性、可用性与可维护性等方面的测试。软件测试活动既包括程序语言，还把评审与审查作为软件测试活动的补充，用于发现及消除软件产品缺陷。为了测试过程的完备性，建立了缺陷管理系统并将缺陷的等级进行划分。同时测试人员采用数据库记录和管理相应的测试数据及测试用例。但在已管理级，由于没有相应的缺陷预防系统，不能自动地进行收集与分析软件测试中生成的相应数据。

（5）优化级（Optimizing）。

特点：可根据执行过程的反馈来改善下一步的执行过程，优化执行步骤（基于统计质量和过程管理的工具，持续改进软件过程），使质量和效率稳步提升和改进。

CMM 反映了软件开发过程的不断优化和技术的变更，管理效率的不断提升，也从另一方面印证了生产力发展的规律：标准化、管理化、自动化。任何单位所实施的软件过程，都可能在某一方面比较成熟，在另一方面不够成熟，但总体上必然属于这五个层次中的某一个层次。而在某个层次内部，也有成熟程度的区别。在 CMM 框架的不同层次中，需要解决带有不同层次特征的软件过程问题。因此，一个软件开发单位首先需要了解自己正处于哪一个层次，然后才能够对症下药地针对该层次的特殊要求解决相关问题。任何软件开发单位在致力于软件过程改善时，只能由所处的层次向紧邻的上一层次进化。而且在由某一成熟层次向上一更成熟层次进化时，在原有层次中的那些已经具备的能力还必须得到保持与发扬。

2．CMM 的内部结构

每个成熟度等级都由多个关键过程域（KPA）组成，而每个关键过程域只对应一个成熟度等级。CMM 是过程改进的基石，关键过程域是 CMM 的基石，CMM 将每个成熟度等级分成多个关键过程域，将每个关键过程域分成五个公共特征，公共特征包括关键实践，当这些关键实践得到实现时，就完成了该关键过程域的目标。

各级关键过程域：在 CMM 体系中，五级的成熟度等级处于结构中的最高层，其下是被称为"关键过程域"的子结构。如表 2-2 所示，除第一级以外，每个成熟度等级都是由多个关键过程域组成的，这些关键过程是企业在进行过程改进时特别需要加以改进的地方。通过 CMM 中的关键过程域可以看出企业的成熟度水平，人们根据多年经验总结出这些关键过程域，在关键过程域下面是公共特征，关键过程域由五个公共特征组成。公共特征下面是关键实践，CMM 内部结构关系图如图 2-6 所示。

表 2-2　各成熟度等级所包含的关键过程域

第一级	第二级	第三级	第四级	第五级
无	需求管理	组织过程焦点	定量过程管理	缺陷预防
	项目管理	组织过程定义	软件质量管理	技术变更管理
	项目跟踪与监控	培训计划		过程变更管理
	软件合同管理	集成软件管理		
	软件质量管理	软件产品工程		
	软件配置管理	组间协作		
		同行评审		

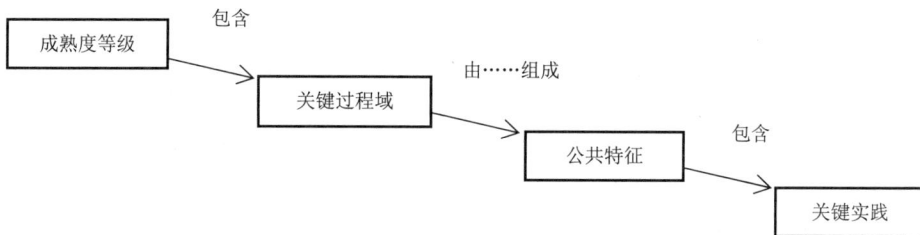

图 2-6　CMM 内部结构关系图

3．CMM 的应用过程

（1）提高思想认识。

（2）进行 CMM 培训和咨询工作。

（3）确定合理的目标。

（4）成立工作组。

（5）制定和完善软件过程。

（6）内部评审。

（7）正式评估。

（8）根据评估结果改进软件过程。

思考题

1．谈谈对全面质量管理概念的理解。

2．全面质量管理的八项原则是什么？如何理解？

3．全面质量管理的特点是什么？

4．QS-9000 体系的构成要素有哪些？

5．软件过程成熟度等级有哪些？

案例分析

全面质量管理在建筑设计中的应用

全面质量管理是指在生产企业中所有部门和人员都以质量为核心，把专业技术、管理技术、数理统计技术集合在一起，建立起一套科学严密高效的质量保证体系，控制生产工作过程中影响质量的因素，以优质的工作和最经济的办法提供满足用户需要的产品的全部活动。目前全面质量管理已逐渐应用于建筑业的实际工程，精品工程是建筑业中的优质产品。下面将全面质量管理的方法应用于建筑工程设计，结合工程实例进行分析。

1．全面质量管理的特点

全面质量管理在实施过程中主要强调的是系统管理、预防为主、为用户服务，是全员的质量管理、全过程的质量管理、全范围的质量管理。全面质量管理的主要特点如下。

（1）从事后检验转变为事前预防，从管结果转变为管过程。

（2）从过去的就事论事、分散管理转变为全面的综合管理。

（3）围绕质量开展全员的工作。

（4）从单纯符合标准转变为满足顾客需要。

（5）强调不断改进过程质量，从而不断改进产品质量。

全面质量管理可以拓宽管理跨度，增进组织纵向交流；减少劳动分工，促进跨职能团队合作；实行防检结合、以预防为主的方针，强调企业活动的可测度和可审核性，最大限度地向下委派权利和职责，确保对顾客需求的变化做出迅速而持续的反应；优化资源利用，降低各个环节的生产成本；追求质量效益，实施名牌战略，获取长期竞争优势；焦点从技术手段转向组织管理，强调职责的重要性；不断对员工实施培训，营造持续改进的质量文化，塑造不断学习、改进与提高的文化氛围。

2．全面质量管理中的 PDCA 循环

PDCA 循环，即 Plan（计划）、Do（实施）、Check（查核）、Action（处置），是在全面质量管理过程中所应遵行的基本方法。PDCA 循环的主要步骤如下。

（1）分析和评价现状，以识别改进的区域。

（2）确定改进的目标。

（3）寻找可能的解决办法，以实现这些目标。

（4）评价这些解决办法并做出选择。

（5）实施选定的解决办法。

（6）测量、验证、分析和评价实施的结果，以确定这些目标已经实现。

（7）正式采纳更改。

（8）必要时，对结果进行评审，以确定进一步改进的机会。

其中，（1）～（8）为全面质量管理中的 PDCA 循环，以上所述，即解决问题所必须遵从的 1 个过程、4 个阶段和 8 个步骤。

3. 全面质量管理在建筑工程中的应用

天津市某区 49 栋住宅楼（建筑面积 18 万 m^2）节能改造设计工程中，设计依照建筑节能设计标准中的有关要求，从现状调查出发，运用系统的理论和方法进行管理策划、对策实施、效果检查、跟踪验证，直至工程竣工验收合格。该工程是天津市较大规模建筑节能改造工程中的试点工程，全面质量管理在该项目建筑节能改造设计中的应用，也为今后在建筑工程设计中的应用全面质量管理提供了宝贵经验。

1）工程重点及难点分析

此次节能改造工程设计的主要目的是降低既有建筑的建筑物耗热量指标，使其达到居住建筑节能设计标准中的规定要求。

影响建筑物耗热量指标的主要因素有采暖期室内外平均温度、体形系数、围护结构各部分的传热系数、窗墙面积比、换气次数、朝向、楼梯间是否开敞等。由于此次建筑节能设计的对象是既有建筑，在以上因素中可以改变的只有围护结构各部分的传热系数，所以重点是如何有效降低围护结构各部分的传热系数，从而实现降低建筑物耗热量指标的目标。工程设计难点主要如下。

① 设计过程无从借鉴，国家没有建筑节能改造的设计标准及规范。

② 无现状图纸，理论计算难度大。

③ 外墙、屋面、外窗种类多，增加方案制定的难度。

2）全面质量管理实施步骤

① 现状调查。组织设计人员对该项目 49 栋住宅楼现状进行勘查，编写建筑节能检测报告。

② 项目管理策划。成立建筑节能改造工程专项设计小组，确定实施目标。

③ 实施计划，制订方案。依据理论计算结果、现场检测值及相关的设计规范，提出设计方案并请行内专家进行论证，进行方案筛选。

④ 理论与实践相结合，优化设计。进行节能改造施工现场跟踪设计及难点答疑，在实践中反复推敲，最终形成一套完整、可行的建筑节能改造设计方案。

⑤ 成果应用。组织专业技术人员进行学习讨论，总结设计经验，将研究成果转化成建筑标准图，为今后建筑节能改造工程提供经验和参照依据。

⑥ 效果检验。对改造后的建筑进行围护结构传热系数检测及耗热量指标计算，确认此次建筑节能设计目标的实现。

3）实施过程的检查和监督

① 对测量数据进行检查。确保测量数据的准确性，利用信息化测量表进行现场粗推算，做到杜绝大误差、减少小误差。

② 对图纸质量进行检查。在设计、制图、校正、审核各环节实行多人参与、专人负责、严格把关制度，确保施工时的零补漏。

③ 施工中的安全检查。运用科学手段分别对建筑主体安全及外保温黏结强度做逐一检测，采用墙体拉拔试验对外墙外保温的黏结强度检测，检测值 $\geqslant 0.3$MPa，符合规范要求对建

筑主体进行百日沉降观测，沉降值<0.2mm。

④ 建筑节能设计服务。设计团队应保持与建设方、施工方、监理等单位充分沟通并到现场指导施工，对施工过程中的难点进行现场答疑，确保工程质量。

4）工程应用效果

通过在设计中应用全面质量管理，工程实施进展顺利，重要技术难点取得攻关，工程如期完成。此次建筑节能改造设计大大改善了居民的居住环境，经项目跟踪实测，设计改造后建筑的平均室温提高了 4～5℃。竣工以后经有关部门对节能改造前后的各项指标进行统计和计算，结果显示：每平方米每年可节煤 8.45kg、节电 2.17kW/h，减少废气排放 13.21m³，减少烟尘排放 0.61kg，同时居民对此次改造的满意率为 100%。全面质量管理在该设计项目的实施效果成效显著。

在建筑工程设计中实施全面质量管理能够很好地改善建筑工程设计企业的职工素质，提高设计质量和水平。建筑工程设计企业应该对全面质量管理给予足够的重视，将全面质量管理应用于具体的工程设计项目。在具体的工程设计项目实施过程中，参与该项目的管理者和设计人员应根据此设计项目的具体工程特点制定有针对性的全面质量管理方案，为良好的实施效果打下坚实的基础。

问题：结合本案例谈谈全面质量管理还可以应用于哪些行业，以及如何实施。

第 3 章　零缺陷管理

▶▶▶ **学习目标**

- 掌握零缺陷管理的定义及特征。
- 掌握零缺陷管理的思想体系与原理。
- 理解零缺陷管理的核心。
- 了解零缺陷管理的误区。

引导案例

南车四方机车车辆股份有限公司成立于 2002 年 7 月，前身为青岛四方机车车辆厂，具有一百多年的历史，创造了中国机车车辆发展史上的许多第一。

（1）在质量方面的困惑。

20 世纪 80 年代推行全面质量管理，20 世纪 90 年代进行 ISO 9001 认证，但是直到推行零缺陷管理之前，产品质量仍然不见好转，质量问题仍然层出不穷，甚至越来越严重。

导入零缺陷管理发现存在质量问题的症结：①错误的理念导致错误的行为；②错误的行为导致错误的结果；③错误的结果导致层出不穷的质量问题；④长期解决不了的惯性问题；⑤周期性发生的重大问题。

（2）推行零缺陷管理的故事。

以前机车交付前都要试运行，推行零缺陷管理以后，认识到这是损失，从而在机车设计、装配各个环节推行"一次做对"。现在已经不需要试运行，节约了人力和时间。

通过一次车轴报废案例的分析，发现原来导致问题发生的原因并非高深的技术问题，而是管理缺位导致的马虎大意。案例教育使员工观念发生转变，明白了零缺陷管理能够做而且能够做好。总装分厂的机车再也不需要"动焊动火"了，撤销了交车工段，把人手用于正常的机车装配，大幅度提高了产量。其他还有：发现铸件焊补中隐藏的利润；机车振动问题迎刃而解；西门子摇枕铸件开发比国外节省 1/3 周期等。

3.1 零缺陷管理概述

3.1.1 零缺陷管理的起源

在美国，许多公司常将相当于总营业额的 15%～20%的费用用在测试、检验、变更设计、整修、售后保证、售后服务、退货处理及其他与质量有关的成本上，所以真正导致浪费的原因是质量低劣。如果第一次就把事情做对，那些浪费在补救工作上的时间、金钱和精力就可以避免。

3.1.2 零缺陷管理的概念

"零缺陷"（Zero Defects，ZD）也称"缺点预防""无缺点"，零缺陷管理（Zero Defects

Management，ZDM）的思想主张企业在经营管理时充分发挥人的主观能动性，管理层和员工层的所有员工都要努力使自己的工作"零缺陷"、业务没有缺点，并向着高质量标准的目标而奋斗。

"零缺陷"要求所有工作者从一开始就本着严肃认真的态度把所有工作做得准确无误，从产品的质量、成本与消耗、交货期等方面进行合理安排，而不是依靠事后的检验来纠正。"零缺陷"特别强调事先预防控制和过程控制，要求"第一次就把事情做正确、没有缺陷"，使产品符合对顾客承诺的要求。因此，"零缺陷"是一种工作哲学，要求所有员工"从一开始就正确地进行工作"，关注过程与工作方法以完全消除工作缺点为目标的质量管理活动。开展"零缺陷"运动可以提高全员对产品质量和业务质量的责任感，从而保证产品质量和工作质量。

3.1.3 零缺陷管理的思想体系与原理

1）零缺陷管理的思想体系

零缺陷管理的思想体系是理论来源于实践，同时要指导实践。只有付诸实践，才可能取得理论与实践的高度一致。现实中有三类人：蜘蛛式的人、蚂蚁式的人和蜜蜂式的人。其中，蜘蛛式的人只会编织一张美丽的网后开始空想，蚂蚁式的人每天忙忙碌碌却从不思考，只有蜜蜂式的人既织网，又劳作，且不断有蜜酿出，才是值得我们推崇的。

零缺陷管理的思想体系可以总结为：一个中心、两个基本点和三个需要。

（1）一个中心。一个中心指的是零缺陷管理。零缺陷管理要求第一次就把事情做正确。如果每个人都坚持第一次做对，不让缺陷发生或流至下道工序或其他岗位，那么工作中就可以减少很多处理缺陷和失误造成的成本，工作质量和工作效率也可以大幅度提高，经济效益也会显著增长。

（2）两个基本点。两个基本点指的是有用的和可信赖的。有用的是一种结果导向的思维，我们做任何事情首先想到它有用，必须站在客户的角度来审视最终的结果是否有用。但是，如果做的每件事情都有用，也未必可靠。因此，零缺陷管理追求既有用又可靠的结果。

（3）三个需要。任何组织的目的都是一个需要的解决方案，三个需要分别是指客户的需要、员工的需要和供应商的需要。任何一个组织首先要承担的是客户。没有客户，组织就没有存在的意义。这三个需要形成了一个价值链。因此，必须统一看待客户、员工和供应商的需要。

2）零缺陷管理的原理

克劳士比提出的零缺陷管理的原理主要有零缺陷管理的质量定理、零缺陷管理完整性定理、克劳士比"开车理论"、克劳士比质量成本曲线、克劳士比质量免费理论、零缺陷管理质量战略图、零缺陷管理的杠杆原理、零缺陷管理的精灵原理等。下面仅简单介绍零缺陷管理的质量定理、克劳士比"开车理论"和克劳士比质量免费理论。

（1）零缺陷管理的质量定理。在零缺陷管理中，质量的定义就是符合要求而不是好。"好""卓越"等描述都是主观和含糊的。预防产生质量，检验不能产生质量。检验是在过程结束后把不符合要求的挑选出来，而不是促进改进。

（2）克劳士比质量免费理论。克劳士比有一句名言："质量是免费的。"过去质量之所以不能免费，是因为"没有第一次把事情做好"，产品不符合质量标准，从而形成"缺陷"。美国许多公司常常耗用相当于营业总额的 15%~20%来消除缺陷。

因此，在质量管理中既要保证质量又要降低成本，其结合点是要求每一个人"第一次就把事情做好"，即人们在每一时刻、对每一作业都需满足工作过程的全部要求。只有这样，那些浪费在补救措施上的时间、金钱和精力才可以避免，这就是"质量是免费的"真实含义。

（3）克劳士比"开车理论"。质量控制是科学地测量过程状态的基本的方法，就像汽车表盘上的仪器；质量保证则是过程和程序的参考与指南的集合；ISO 9000 是其中的一种，就像汽车中的驾驶手册；质量管理才是操作的哲学——怎么开车与开车的程序或测量其实是两码事。

3）零缺陷管理的四项原则

零缺陷管理是一种发挥人的主观能动性的质量管理方式，工作人员怎样才能尽可能地将工作一次性做对？这就要遵循克劳士比提出的四项原则。

（1）明确要求。经营一个组织、生产一种产品或服务，以及与顾客打交道所必需的全部活动都必须满足这个要求。如果管理层想让员工第一次就把事情做对，组织必须清楚地告诉员工事情是什么，并且通过领导、培训和营造一种合作的氛围来帮助员工达到这一目标。

（2）做好预防。质量的系统是预防，为有效避免重复犯错误，必须提前对各种事件做好提前预防，此为关键。在错误出现之前就消除错误成因。克劳士比认为，培训、纪律、榜样和领导可以产生预防。管理层必须下决心持续地致力于营造以预防为导向的工作环境。

（3）一次做对。不管什么时候，我们都要提倡一次做对的理念。因为一次做对不仅仅是对自己负责，而且也是对社会负责。一次做对可以提高做事的效率、节约做事的成本、保证预期。

（4）科学衡量。质量的衡量标准是"不符合要求的代价"，"不符合要求"是用于诊断一个组织的效率和效果的管理工具。只有科学地衡量，才能对事件的正确与否进行判定，也才能对出现的质量问题进行把控。

4）零缺陷管理的核心

零缺陷管理的核心是第一次把正确的事情做正确，包含了三个层次：做正确的事、正确地做事和第一次做正确。因此，第一次就把事情做对，三个因素缺一不可。质量管理就是开车，首先控制系统必须是好的。要确保开车过程顺畅，还必须有良好的交通规则的支持，也就是保证体系必不可少。

控制系统做得再好、质量手册编得再精美、通过的认证再多，但如果没有人执行，那么所做的一切都是徒劳的。因此，公司的高层管理者必须认识到执行的重要性，必须确保质量经理人员确实是在"开车"，而并不仅仅是编制一些文件。

5）零缺陷管理的误区

由于传统思想的影响，很多人对零缺陷管理的理解并不准确。我们必须认识到：零缺陷管理不是质量控制的方法，而是全公司的管理运行系统；零缺陷管理不是头痛医头的手段，而是标本兼治的完整性方案；零缺陷管理不是重在事后的补救，而是重在事前对问题的预防；零缺陷管理不是"贴金"和"作秀"，而是结果导向的绩效突破法；零缺陷管理不是仅仅控制内部过程，而是通过过程为客户创造价值。

零缺陷管理不仅是质量部的方法，而且是企业的一种经营之道，不仅适用于制造组织，而且适用于所有类型的组织。只有深刻理解零缺陷管理，才能避免走入误区。

3.2 零缺陷管理的实施

3.2.1 零缺陷管理实施前的准备

质量不会自动出现。若想改进质量，则我们必须长期地付出时间与努力，而要使努力收到成效，就需要组织中每一个人的参与。要想实现零缺陷管理，必须把零缺陷理念贯穿于整个企业中，每一位员工都必须认识并且掌握零缺陷管理的本质，坚决树立"零错误"的决心。

改进质量的第一步，即组织的管理阶层必须首先承诺，下定决心踏上持续改进的过程，领导者要积极帮助员工坚定零缺陷目标。

零缺陷管理实施前的思考如下。

（1）首先明确定位，找准接口；然后由内到外，实施全面变革；进而将零缺陷四项原则作指导进行过程优化、流程再造；在此基础上，完善系统，效能整合。为巩固和发展零缺陷管理的成果还必须进行文化铺垫，打牢根基。

（2）制定相应的质量政策，质量政策就是公司人员对他们应该把工作做到什么程度的心态。如果公司的管理层没有制定一个正式的政策，那么负责工作的人便会选择他们自己的政策，而且是个别的政策。质量政策适用于所有员工，并不只限于制造部门，质量政策要在每一个部门实施。

（3）要有切实可行的实施方案，质量改进必须有详细的计划和考虑，然后按照计划来实施，并且要实施一段很长的时间；必须进行"文化上"的改变，使质量改进成为生活方式的一部分；对质量改进应不断坚守，永远不可松懈。

（4）正确理解和把握以下三种观念。

① 抛弃人们难免犯错误的"难免论"。一般认为"人总是要犯错误的"，所以对于工作中的缺点和出现不合格品持容忍态度，不少企业还设立事故率、次品率等，纵容人们的这种观念。零缺陷管理向这种传统观念发出挑战，它抛弃"难免论"，认为人都有一种"求全"的基本欲望，希望不犯错误，把工作做好。

② 我们每一个员工都是主角。在一般的企业管理思想中，管理者是主角，他们决定着工作标准和内容，员工只能照章办事。零缺陷管理要求把每一个员工当作主角，认为只有全体员工都掌握了零缺陷的思想，人人想方设法消除工作缺点，才会有真正的零缺陷运动，管理者帮助并赋予员工正确的工作动机。

③ 强调心理建设的观念。传统的经营管理方法侧重于技术处理，赋予员工以正确的工作方法。零缺陷管理则不同，它侧重于心理建设，赋予员工无误地进行工作的动机，认为做工作的人具有复杂心理，如果没有无误地进行工作的愿望，工作方法再好，也不可能把工作做得完美无缺。

只有深刻理解。赞同以上三种观念，并在企业日常管理中加以贯彻、应用，才能产生积极效果。

3.2.2 实施零缺陷管理的三个要素

实施零缺陷管理有三个要素：教育、执行与团队行动。

（1）教育的目的在于让每位员工树立"零缺陷"的质量意识，明白自己在提高质量中所扮演的角色。整套的教育应该包括：主管教育，即让高级主管了解自己的角色；管理教育，即让执行者知道如何去做和为什么要这样做；员工教育，即让公司全体员工了解自己的质量地位。

克劳士比认为，对员工的教育至少应该包括以下几个方面的内容：改进质量的必要性、改进质量的观念、确定的要求、评估是否符合要求的能力、防止不符合要求的措施、执行标准的确立、不合要求的花费、典型公司的案例分析、如何消除不符合要求的情形、团队合作解决问题、公司本身在提高质量中所扮演的角色、经理人员在提高质量中所扮演的角色、供应商在提高质量中所扮演的角色、个人的总结等。

教育的过程实际上是一个沟通的过程，可以用"6C"来概括，即了解（Com-prehension）、承诺（Commitment）、能力（Competence）、沟通（Communication）、改正（Correction）和持续（Continuance）。这是"零缺陷"实施的第一步，也是思想观念变革最重要的一步，为执行打下基础。

（2）"零缺陷"的关键在于执行。观念是基础，教育是了解观念的必经的途径。但是，若无执行，一切都是纸上谈兵。"零缺陷"的重头戏在于它的生产实践。

克劳士比在《质量无泪》一书中总结的执行骤如下。
① 管理阶层的承诺；
② 团队行动；
③ 设定标准；
④ 确定质量的成本；
⑤ 对质量的反思；
⑥ 改正的行动；
⑦ 计划零缺陷的活动；
⑧ 员工的教育；
⑨ 设立零缺陷日；
⑩ 设定目标；
⑪ 消除引起错误的因素；
⑫ 选出质量改善的榜样；
⑬ 建立质量委员会；
⑭ 从头做起。

执行过程中较为重要的有以下几点。

① 最高管理层的决心。因为最高管理层是公司的核心，它为公司设立目标，并推动下属去完成。所以，要达到设定的质量管理目标，必须从最高管理层开始做起——最高管理层要肯定质量管理的价值，率先统一对质量的认识，积极参与及承诺（这也是零缺陷管理是否能认真坚持的关键），下决心大力推行质量管理计划，奖励有成效的人员，并持续不断地执行和改进，来面对变动的外在环境，如此质量管理工作才能真正有效。

② 如何制定可以衡量的标准？可依据"输入材料、工作程序、输出成果"这一模式进行。如果不行，可以去问你的顾客，也就是那些接受你工作成果的人，请他们告诉你，他们的要求是什么，你的工作表现如何，他们的回答就是一个衡量标准。把他们的回答写成

文字，再组织相关部门的人员进行讨论、论证，公司管理层按照权限进行审批，制定企业的法律。

认清自身的差距在哪里：
- 思路不明晰；
- 行为不到位；
- 标准不具体；
- 系统不严密；
- 组织不得力；
- 沟通不顺畅；
- 重心不突出；
- 纠错不彻底。

③ 每个部门或每个人都要树立质量成本意识，并且要学会如何计算质量成本。公司将成立一个特殊的部门，由财务部长负责和综合部长协助，各相关部门负责人或指定专人参与共同制定适合相关部门的质量成本的统计程序，以使每个部门或每个人都能计算自己的质量成本，然后财务部依此计算出全公司的质量成本总和。财务部将定期公布公司的质量成本，让全体员工监督产品质量的状况。

④ 如何解决各种质量问题（改正行动）不要理解为头痛医头或修修补补的工作。其实真正的改正行动，应是认清问题并永远消除它。改正行动的系统，必须以能显示问题的资料和精确分析问题根源的能力为基础。只要找出根源，问题自然就能解决，这才是真正的改正行动。

（3）"零缺陷"的实施永远都是团队行动要达到"零缺陷"的目的，单靠某个人的力量是远远不够的，必须彻底改变企业成员的价值观，形成"零缺陷"的企业文化和管理形态，从上到下形成"零缺陷"的质量氛围，只有在这种文化氛围之下才有可能生产出"零缺陷"的产品与服务。

3.2.3　零缺陷管理的实施步骤

把零缺陷管理的哲学观念贯彻到企业中，使每一个员工都能掌握它的实质，树立"不犯错误"的决心，并积极地向上级提出建议，企业必须有准备、有计划地付诸实施。实施零缺陷管理可采用以下步骤进行。

（1）建立推行零缺陷管理的组织。事情的推行都需要组织的保证，通过建立组织，可以动员和组织全体员工积极地投入零缺陷管理，提高他们参与管理的自觉性；也可以对每一个人的合理化建议进行统计分析，不断进行经验的交流等。公司的最高管理者要亲自参加，表明决心，做出表率；要任命相应的领导人，建立相应的制度，要教育和训练员工。

（2）确定零缺陷管理的目标。确定零缺陷小组（或个人）在一定时期内所要达到的具体要求，包括确定目标项目、评价标准和目标值。在实施过程中，采用各种形式，将小组完成目标的进展情况及时公布，并注意心理影响。

（3）进行绩效评价。小组确定的目标是否达到，要由小组自己评议，为此应明确小组的职责与权限。

（4）建立相应的提案制度。直接工作人员对于不属于自己主观因素造成的错误原因，如设备、工具、图纸等问题，可向组长指出错误的原因，提出建议，也可附上与此有关的改进方案。组长要同提案人一起进行研究和处理。

（5）建立表彰制度。零缺陷管理不是斥责错误者，而是表彰零缺陷者；不是指出人们有多少缺陷，而是告诉人们向"零缺陷"的目标奋进。这就增强了员工消除缺陷的信心和责任感。

大量的实践告诉我们，只进行"超级检验"是远远不够的，那是一种既昂贵又不切实际的做法，必须用超乎寻常的检查水准才能维持它。我们更应该做的是，如何防患于未然。通过向员工揭示管理阶层的期望，领导者的心愿一清二楚地表达出来，员工再按照主管们的心愿去做事，从而达到改进质量的目的。

美国通用动力公司实施零缺陷计划后获得的经济效益是每花费 1 美元，可降低成本 170 美元。日本电气股份公司由于开展零缺陷运动，仅 1965 年 5 月至 12 月间，成本就降低了 1 亿日元以上，而直接用于零缺陷运动的费用为 60 万日元，表扬费用为 120 万日元，两项合计仅 180 万日元。开展零缺陷运动的效益还表现在：提高产品的可取性，减少废次品和返修、检验等费用，降低产品成本；提高员工的工作技能和无误地进行工作的动机；保证交货日期，增强用户信用，从而增强企业的竞争能力等。

3.3　零缺陷管理与全面质量管理的区别及联系

零缺陷管理是一种强调预防和过程控制的企业理念，主张不要依靠事后检验来纠正错误。它是把"零缺陷"的哲学观念作为思想指导，把高质量标准作为奋斗目标的企业经营管理理念。强调做正确的事、正确地做事、第一次做正确，它要求企业的所有工作人员以严谨的态度对待工作，用高标准要求自己，合理安排企业在生产中的成本、损耗，保证产品质量，并且保证准时交货，真正达到"零缺陷"的最终目标。

实行全面质量管理，是把管理落实到每一个生产环节，落实到每一个产品生产者的头上。它要求企业管理者必须了解消费者想要什么，生产会令消费者满意的产品。全面质量管理是以质量为中心，以实现消费者要求为出发点，以实现经济利益为根本目的，要求全员参与到提高生产质量中的经济管理理念。

零缺陷管理与全面质量管理都是为了提高企业服务质量，是现在企业经济效益的重要企业管理理念，但是两者还是存在着许多差异，下面分析两者间的差异。

（1）零缺陷管理强调的是把事情一次性做对，而不要纠结于改正错误，而全面质量管理恰恰相反，它所强调的正是在不断检查中发现问题，把错误的事情改正。一个强调的是做事的过程中做到不出错以节省后续纠错的时间，而另一个强调的则是在后续工作中认真纠错，在检查和检验中不断完善产品。

（2）零缺陷管理更加强调人的主观能动性，有着严格的生产标准和流程，有利于避免生产过程中那些不必要的成本的浪费。而全面质量管理则在售后方面有着更好的作用，改进产品的售后服务水平也不失为一种提高产品竞争力的好方法。

（3）相对于全面质量管理，零缺陷管理有更强的灵活性，更能激发生产者的积极性，更有利于全面提升企业的服务质量和产品质量。零缺陷管理往往能够跟财务结成某种关系，更能用利益来激发员工的生产积极性，引起他们对产品质量的重视。

当然全面质量管理也有其自身的优势，如更加有利于产品设计、生产流程的改进，在产品售后服务质量提高方面更有着很大的好处。

思考题

1. 谁首先提出了"零缺陷"概念？
2. 零缺陷管理的核心是什么？
3. 零缺陷管理的四项原则是什么？
4. 零缺陷管理的误区有哪些？

案例分析

零缺陷管理的产生与发展

全世界公认的"零缺陷之父"——克劳士比原来只是个医生。第二次世界大战结束后，为了获得一份有保障的工作以维持生活所需，克劳士比乘着美国制造业兴起的浪潮，找到了一份质检员的工作。由于他具有医学背景，因此能够从医学的角度看待质量检验这项工作，他发现，质检员所扮演的角色相当于"死后验尸"，并不能提高质量。在医生看来，人们只有加强预防，才能够避免得病。

克劳士比结婚后，转到一家著名的阿尔伯特男士专卖店当了一名兼职员工。在此期间，克劳士比抓住了现代管理的核心——应用客户化的思维。只有应用客户化的思维，了解客户的需要，才能够让吸引客户。

后来，克劳士比来到了著名的马丁公司担任项目经理。他发现，大家做一件事情的时候都不愿意第一次就做对，总是要修修补补。例如，公司在制作招标书的时候，总是会制定一个返工期。因为按照可接受的质量体系的比例，总是有一些工作需要返工。在可接受的质量体系中，迟到 5min 不算迟到。很多公司有这样的制度：一个人一个月的病假不能超过 3 天，甚至规定有 1%的死伤率。也就是说，死伤几个是正常的，是可以被大家接受的。出现这种荒谬现象的原因是，大家逐渐接受了"人非圣贤，孰能无错"的思想。克劳士比意识到，事情需要第一次就做对，决不允许有错误，避免个人与机构之间的双重标准，这就是零缺陷管理的心态。

由于个人在机构中的地位太低，没有高层的支持就无法打破双重标准。因此，克劳士比退出了公司，进入了国际电报电话（ICQ）公司的高层，担任质量副总裁。到了高层之后，克劳士比才真正明白了什么是控制、什么是管理。

克劳士比极富艺术性地提出，质量是芭蕾舞，而不是曲棍球。曲棍球是一种体育运动项目，曲棍球比赛时球员必须根据球场上瞬息万变的情况，判断如何进攻和防守，人们欣赏的是球员的激情"表演"，更多的是一种力量与速度的展示。在曲棍球比赛中，如果球员因失误被对方进一个球，他可以努力多进对方几个球，最终也许还会获胜。而芭蕾舞演员在演出前都经过设计、讨论、规划、检查，以及详细节目安排。每一个布景道具的放置、每一段乐章的时间、每一段剧情的展开及每一个音乐的节拍，都经过周密的考虑和精心的策划。芭蕾舞演员追求的是一种零缺陷也就是完美的境界。因为任何一个细小环节的疏忽，都会影响最终的演出质量和观众（顾客）的美感。

审视我们的日常管理工作，我们的干部可能更像曲棍球型，到处不停地巡逻、查找、解决问题。争论、罚款、加班，以及在现场马不停蹄地跑来跑去，似乎都已习以为常。而找出和解决的问题的多少，似乎已成为其成就的标志。如果我们仔细统计分析，将会发现其中大部分问题是惊人的相似，却日复一日地重复发生着，每发生一次就会重新再解决一次。而芭蕾舞型的管理人员则比较专注地向着既定的目标迈进，很少受到意外的干扰，解决问题常常斩草除根，不留后患。

如果采用人盯人的现场管理办法，在当今快节奏的生产下，是不可能实现零缺陷的。只有建立一个行之有效的质量管理体系规范，在内部形成一个质量持续改进的良性循环，才能实现零缺陷的目标。

因此，零缺陷概念的产生得益于预防概念的采用，得益于一种客户化的思维，得益于过程的概念，得益于企业家创新、永无止境的精神和勇于向现实挑战的勇气，得益于高层的战略思维。没有零缺陷的精神与思维，绝不可能有质量管理。1963 年，美国国防部开始将克劳士比的零缺陷概念全部推广到 GE、波音，以及日本的 NEC 等公司。这样，零缺陷的概念逐步得到了认可和推广，美国在 1988 年设立了克劳士比质量奖，1992 年设立的欧洲质量奖的核心框架体制就是克劳士比质量奖。

讨论问题：

阅读下面的资料，回答下面的问题。

在传统的可接受的质量体系中，假定一家医院的指数为 1%。如果将这家医院分为外科、内科和妇产科的话，那么可能就意味着这家医院每天起码有 5 个指标允许将病人的好胳膊或好腿错误拿掉、有 7 个指标允许给病人开错药，有 3 个指标允许将刚出生的婴儿甩在地上。因为这家医院允许 1%的出错比率。

但是，这样就产生了一种可笑的现象：医生在面对手术刀的时候可能会想，反正有指标，这个病人死了也没关系。

请读者根据本章的知识，分析上述荒谬现象出现的原因。正确的做法是什么？请简单阐述自己的观点。

第二部分 基础篇——过程质量控制

第4章 统计质量控制方法

>>>学习目标

- 熟练掌握统计质量控制的 6 种定量方法。
- 理解并掌握统计质量控制的 8 种定性方法。
- 综合应用统计质量控制方法进行质量控制。

引导案例

CMMSG 是某科技集团下属的一家生产个人计算机、服务器、打印机及消费性电子产品的分公司。该公司业务包括产品研发、生产制造到售后服务。其中，制造环节是该公司生产的最重要环节。

H 笔记本电脑是该公司 2016 年以来的主要生产机型，其特点是产量大，工艺流程从卷材的投入开始，经过切边、冲孔、压线、字模、推平、成型，但该产品在推平、成型等后段制程的品质问题较前段有明显的增加，成品的合格率只能达到 92%，改进该产品的制造过程质量成了头等大事。

结合本章内容，进行该产品的质量改进需要思考以下几个问题。

（1）运用哪些质量工具可以确定影响该产品质量的主要问题和主要原因？

（2）运用哪些质量工具可以把要实现的目标与需要采取的措施或手段一一对应，并寻找最佳手段或措施？

（3）运用哪些质量工具可以制订质量管理日程计划、明确质量管理的关键和进度控制的方法？

链接小知识

企业在质量控制中，可以应用各种质量工具来保证并改进产品或服务的质量。其中最常用的质量工具有 14 种，包括定量方法与定性方法。质量工具是为质量控制服务的，在使用过程中，必须了解各个工具的特点，才能合理选择并有效使用，质量工具及其特点如表 4-1 所示。

表 4-1 质量工具及其特点

质 量 工 具	特　　点
统计分析表	系统收集资料和积累数据，并对数据进行粗略整理和分析
直方图	整理整个过程，看问题的分布情况，发现异常所在，集中力量进行改进
散布图	表示成对出现的两组相关数据之间的相关关系
排列图	将改进项目从最重要到最次要顺序排列，看问题的分布情况，找出主要原因

质 量 工 具	特 点
矩阵数据分析法	用纵横交叉的数据表示因素之间的关系，再进行数值计算与定量分析，确定哪些因素相对比较重要
控制图	分析生产过程稳定与否
因果图	理清思路，寻找原因，把握重要原因，采取相应行动
关联图	将混沌现象的结果与原因的关系进行整理
分层法	将收集的数据依照使用目的进行合理分类，从而把错综复杂的影响质量的因素分析清楚
系统图	把要实现的目的与需要采取的措施或手段系统地展开，以明确问题的重点，寻找最佳手段或措施
KJ 法	整理混沌不清的语言，加以明确，抓住问题的实质
矩阵图	用纵横交叉点表示各个因素之间的关系
PDPC 法	预测状况变化，整理对策，做好准备
箭条图法	应用网络图制订质量管理日程计划、明确质量管理的关键和进度控制的方法

4.1　统计质量控制的定量方法

4.1.1　统计分析表

统计分析表，也称调查表，是为了调查客观事物、产品和工作质量，或为了分层收集数据而设计的图表，即把产品可能出现的情况及其分类预先列成统计分析表，然后检查产品时只需在相应分类中进行统计。在检验产品或操作工人加工、拣选产品时，如果发现问题，工作人员只要在统计分析表中相应的栏内填上数字和记号即可。使用一定时间后，可对这些数字或记号进行整理，这时问题就能迅速地、粗略地暴露出来，便于工作人员分析原因，提出措施，提高质量。

为了获得良好的效果、可比性、全面性和准确性，统计分析表应设计得简单明了，突出重点；应填写方便，符号好记；调查、加工和检查的程序与统计分析表的填写次序应基本一致，填写好的统计分析表要定时更换并加以保存，数据要便于加工整理，分析整理后得到的信息应及时反馈。统计分析表有 3 种：不良项目统计分析表、缺陷位置统计分析表和频数统计分析表。

1．不良项目统计分析表

一个零件和产品不符合标准、规格、公差的质量项目叫作不良项目，也称不合格项目。为了减少生产中出现的各种不良或缺陷，需要调查发生了哪些"不良"，以及各种"不良"的比例有多大，这时可使用不良项目统计分析表，如表 4-2 所示。

表 4-2　不良项目统计分析表

项目日期	交验数	合格数	不良品数			不良品类型			不良品率/%
			废品数	次品数	返修品数	废品类型	次品类型	返修品类型	

2．缺陷位置统计分析表

对外观缺陷进行统计调查的方法大多是作产品外形图、展开图，然后在图上对缺陷位置的分布进行调查。缺陷位置统计分析表可增加措施改进一栏，能充分反映缺陷发生的位置，便于研究缺陷为什么集中在那里，有助于进一步观察、探讨缺陷发生的原因。

缺陷位置统计分析表是工序质量分析中常用的分析表。掌握缺陷发生之处的规律，可以进一步分析为什么缺陷会集中在某一区域，寻找原因，采取对策，从而更好地解决出现的质量问题。如果不作产品外形图，用语言或文字描述缺陷发生的频数也是可以的。收音机功能、外观缺陷位置统计分析表如表 4-3 所示。

表 4-3　收音机功能、外观缺陷位置统计分析表

型号			生产班组	甲	生产日期	2009.5.11
送检总数	400 台		调查日期	2009.5.12	检查员	007
缺陷程度	检查项目	记号	频数	缺陷程度	检查项目	记号	频数
重缺陷（影响正常收听）	声音时有时无	∥	2	轻缺陷（能收听）	任一功能键工作不正常	正│	6
	音量小	正∥	7		有明显机械传动杂音		
	失真严重	∥	2		指示灯不亮	半	4
	灵敏度太低				电池弹簧卡松紧不合适	∥	2
	严重串台	正正∥	12		特殊（外壳划伤）	正正半	14
	严重机振				其他	正	5
	任一功能键不起作用	正│	6		小计		31
	调谐传动机构卡死、打滑						
	调谐过头使可变电容损坏	半	4	微缺陷	任一旋钮手感不适	正	5
	拉杆天线不能伸缩定位				开关手感不适	半	4
	接入耳机没有声音	∥	2		插孔手感不适	∥	2
	特殊				其他	‖‖	3
	其他	正正│	11		小计		14
	小计		46				

注：总计缺陷数 91 个，缺陷率 22.75%。

3．频数统计分析表

使用频数统计分析表的目的常常是作直方图，需经过收集数据、分组、统计频数、计算、绘图等步骤。运用频数统计分析表可在收集数据的同时，直接进行分组和统计频数。每得到一个数据，就在频数统计分析表上相应的组内做一个记号，测量和收集数据工作结束后，频数分布表也随之产生，便能得到直方图的草图。目前，频数统计分析表广泛应用于各行各业，其形式也多种多样。

4.1.2　直方图

直方图，也称频数分布图，适用于对大量计量值数据进行整理加工，找出其统计规

律，即分析数据分布的形态，以便对其总体的分布特征进行推断，然后对工序或批量产品的质量水平及其均匀程度进行分析的方法，即针对某产品或过程的特性值，利用正态分布的原理，把 50 个以上的数据进行分组，并算出每组出现的次数，再用类似的直方图形描绘出来。

1. 直方图的作图步骤

一般要随机抽取 50 个以上质量特性数据，最好是 100 个以上的数据。例如，表 4-4 是某项目收集到的某产品数据，其样本容量 n 为 100。

表 4-4　实测数据

组号	实 测 数 据										max	min
1	61	55	63	39	49	55	50	55	55	50	63	39
2	44	38	50	48	53	50	50	50	50	52	53	38
3	48	52	52	52	48	55	45	49	50	54	55	45
4	45	50	55	51	48	54	53	55	60	55	63	40
5	56	43	47	50	50	50	63	47	40	43	63	40
6	54	53	45	43	48	43	45	43	53	53	54	43
7	49	47	48	40	48	45	47	52	48	50	52	40
8	47	48	54	50	47	49	50	55	51	43	56	43
9	45	54	55	55	47	63	50	49	55	60	63	45
10	45	52	47	55	55	62	50	46	45	47	60	45

【例 4-1】以表 4-4 的数据为例，试作直方图。

解：有 x_{max}=63，x_{min}=38，极差 R=x_{max}−x_{min}=63−38=25。区间[x_{max}, x_{min}]称为数据的散布范围，全体数据在此范围内变动。

第 1 步，求极差。

先将数据按大小排序，找出数据中的最大值 x_{max}、最小值 x_{min}，求出极差 R。本例中 R=25。

第 2 步，确定组数及组距。

组数常用 k 表示。k 与数据的数目有关。100 个数据常分为 10 组。也可用经验公式计算组数：

k=1+3.31×lg$n$

本例中 n=100，故

k=1+3.31×lg$n$=1+3.31×lg100=7.62≈8

由于正态分布是对称的，故常取 k 为奇数。所以，本例中取 k=9。

组距 h=$\dfrac{x_{max} - x_{min}}{k}$=$\dfrac{63 - 38}{9}$=2.78≈3

第 3 步，确定组限。

确定组限，从第 1 组开始。第 1 组的组限为 x_{min}±(h/2)。第 2 组的下限值是第 1 组的上限值，第 2 组的上限值是第 2 组的下限值加上组距，依此类推。

第 4 步，统计频数。

统计频数，如表 4-5 所示，求出组中值。需注意的是，每组的上限不在本组。

表 4-5　频数统计表

组　　号	组　　限	组中值	频数	累计频数	相对累计频率
1	36.5～39.5	38	2	2	2%
2	39.5～42.5	41	2	4	4%
3	42.5～45.5	44	16	20	20%
4	45.5～48.5	47	18	38	38%
5	48.5～51.5	50	23	61	61%
6	51.5～54.5	53	17	78	78%
7	54.5～57.5	56	15	93	93%
8	57.5～60.5	59	3	96	96%
9	60.5～63.5	62	4	100	100%

第 5 步，作直方图。

以组号为横坐标，以频数为纵坐标，作直方图，如图 4-1 所示。

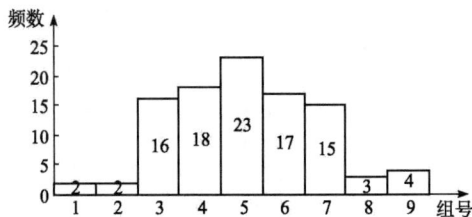

图 4-1　直方图

2．直方图的用途

在生产中，直方图是经常使用的简便且能发挥很大作用的统计方法，其主要作用如下。

（1）观察与判断产品质量特性分布状况。

（2）判断工序是否稳定。

（3）进行工序能力评价，估算并了解工序能力对产品质量的保证情况。

3．直方图的观察与分析

对直方图的观察主要有两个方面：一方面是分析直方图的全图形状，能够发现生产过程中的一些质量问题；另一方面是将直方图与质量指标相比较，观察质量是否满足要求。

直方图的形状如图 4-2 所示。

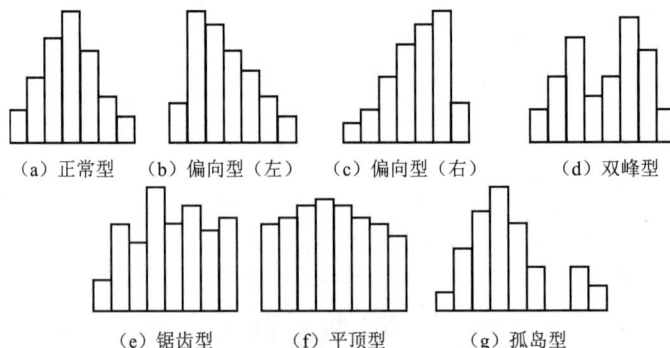

（a）正常型　（b）偏向型（左）　（c）偏向型（右）　（d）双峰型

（e）锯齿型　（f）平顶型　（g）孤岛型

图 4-2　直方图的形状

（1）正常型。其图形中央有一顶峰，左右大致对称，这时工序处于稳定状态，其他图形都属非正常型。

（2）偏向型。其图形有偏左、偏右两种情形，原因如下。

① 一些形位公差要求的特性值并不是标准正态分布。

② 由于加工者担心出现不合格品，在加工孔时孔往往偏小，加工轴时轴往往偏大。

（3）双峰型。其图形出现两个顶峰，极可能是由于把不同加工者或不同材料、不同加工方法、不同设备生产的两批产品混在一起形成的。

（4）锯齿型。其图形呈锯齿状参差不齐，多半是由于分组不当或检测数据不准而造成的。

（5）平顶型。其图形无突出顶峰，通常是由于生产过程中缓慢变化因素影响（如刀具磨损）造成的。

（6）孤岛型。由于测量有误或生产中出现异常（原材料变化、刀具严重磨损等）所致。

4．直方图与标准界限比较

（1）统计分布符合标准的直方图有以下几种情况。

① 理想直方图：散布范围 B 在标准界限 $T=[T_L,T_U]$ 内，两边有余量，如图 4-3 所示。

② B 位于 T 内，一边有余量，一边重合，分布中心偏移标准中心，应采取措施使分布中心与标准中心接近或重合，否则一侧没有余量，容易出现不合格品，如图 4-4（a）和图 4-4（b）所示。

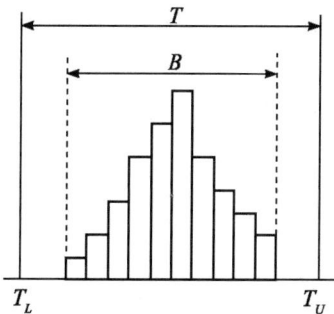

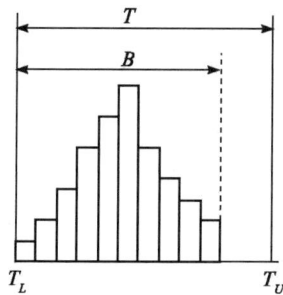

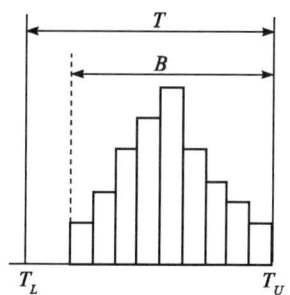

（a）　　　　　　　　　　（b）

图 4-3　理想直方图　　　　　　　　　　　图 4-4　分布中心偏移标准中心

③ B 与 T 完全一致，两边无余量，易出现不合格品，如图 4-5 所示。

（2）统计分布不符合标准的直方图有以下几种情况。

① 分布中心偏移标准中心，一侧超出标准界限，出现不合格品，如图 4-6 所示。

② 散布范围 B 大于 T，两侧超出标准界限，均出现不合格品，如图 4-7 所示。

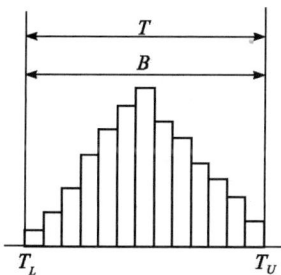

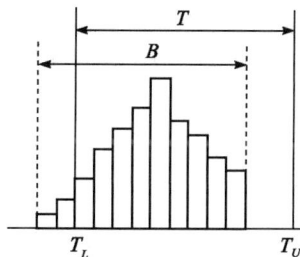

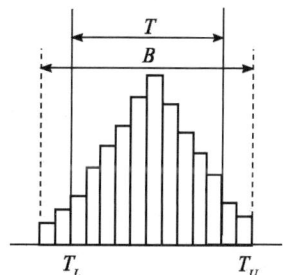

图 4-5　两边无余量图　　　　图 4-6　一侧超出标准界限图　　　　图 4-7　两侧超出标准界限图

尽管直方图能够很好地反映产品质量的分布特征，但由于统计数据是样本的频数分布，它不能反映产品随时间的过程特性变化，有时生产过程已有趋向性变化，而直方图却属正常型，这也是直方图的局限性。

4.1.3 散布图

散布图，又称相关图，是通过分析研究两种因素的数据之间的关系，来控制影响产品质量相关因素的一种有效方法。在生产实践中，往往有些变量之间存在相关关系，但又不能由一个变量的数值精确地求出另一个变量的数值。将这两种有关的数据列出，用点画在坐标图上，然后观察这两种因素之间的关系，这种图就是散布图。例如，棉纱的水分含量与伸长度之间的关系，喷漆时的室温与漆料黏度的关系，零件加工时切削用量与加工质量的关系，热处理时钢的淬火温度与硬度的关系等，都可用散布图来观察。钢的淬火温度与硬度的散布图如图 4-8 所示。

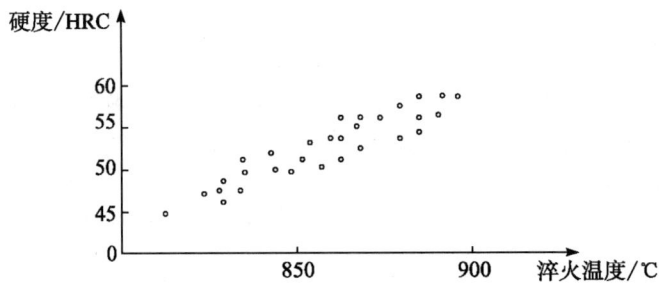

图 4-8 钢的淬火温度与硬度的散布图

由图 4-8 可见，数据的点近似于一条直线，在这种情况下可以说，硬度与淬火温度近似呈线性关系。

1. 散布图的作图步骤

（1）明确调查目的，确定调查对象。

（2）收集成对的数据，50～100 组（至少 30 组），整理成数据表。

（3）找出 x、y 坐标的最大值及最小值，以 x、y 的最大值及最小值建立 x-y 坐标系。

（4）决定适当的刻度，刻度大小应考虑最大值与最小值之差，通常横轴表示要因，纵轴表示特性。

（5）将成对数据依次数点绘于 x-y 坐标系中，二点重复画◎，三点重复画⊙。

（6）注记相关资料，包括标题、数据测定日期、绘制日期、绘制者、样本数、产品名、过程名等。

（7）判读图形：是否有异常点？是否需要再分层处理？是否与固有技术、经验相符？

2. 散布图的观察分析

根据测量的两种数据作出散布图后，观察其分布的形状和疏密程度，来判断它们关系的密切程度。散布图的 5 种情形如图 4-9 所示。

| （a）完全正相关 | （b）正相关 | （c）负相关 | （d）完全负相关 | （e）无关 |

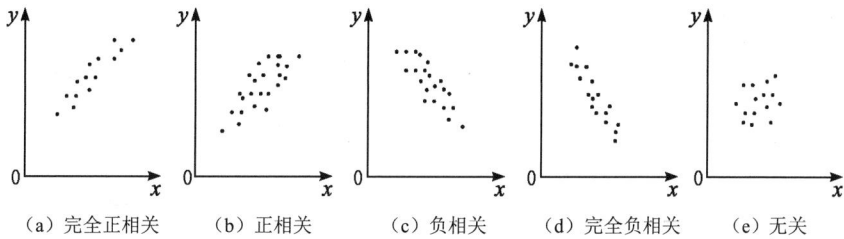

图 4-9　散布图的 5 种情形

由图 4-9 可以看出，散布图大致可分为下列 5 种情形。

（1）完全正相关。x 增大，y 随之增大。x 与 y 之间可用直线 $y=a+bx$（b 为正数）表示。

（2）正相关。x 增大，y 基本上随之增大。此时除了因素 x，可能还有其他因素影响。

（3）负相关。x 增大，y 基本上随之减小。同样，此时可能还有其他因素影响。

（4）完全负相关。x 增大，y 随之减小。x 与 y 之间可用直线 $y=a+bx$（b 为负数）表示。

（5）无关。x 增大，y 的变化趋势不明显。

制作与观察散布图时，应注意以下几种情况。

（1）应观察是否有异常点或离群点出现，即有个别点脱离全体点较远。如果有不正常点应立即查找原因，如果是原因不明的点，应慎重处理，以防还有其他因素影响。

（2）散布图如果处理不当也会造成假象。

由图 4-10 可见，若将 x 的范围只局限在中间的那一段，则在此范围内看，y 与 x 似乎并不相关，但从整体看，x 与 y 的关系比较密切。

（3）散布图有时要分层处理，如图 4-11 所示，x 与 y 的相关关系似乎很密切，但若仔细分析数据，这些数据原是来自 3 种不同的条件。如果这些点分成 3 个不同层次 A、B、C，就每个层次来考虑，x 与 y 实际上并不相关。

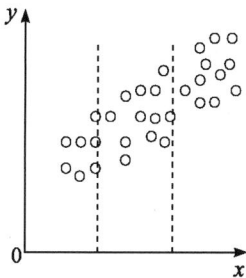

图 4-10　局部与整体的散布图

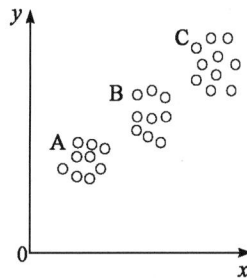

图 4-11　应用分层处理的散布图

3．散布图与相关系数

为了表达两个变量之间相关关系的密切程度，需要用一个数量指标来表示，这个指标称为相关系数，通常用 r 表示。不同的散布图有不同的相关系数 r，且 $-1 \leqslant r \leqslant 1$。因此，可根据相关系数 r 的值来判断散布图中两个变量之间的关系，如表 4-6 所示。

表 4-6　相关系数 r 的取值说明

r 值	两变量间的关系判断
$r=1$	完全正相关
$0<r<1$	正相关（越接近于 1，正相关性越强；越接近于 0，正相关性越弱）

r 值	两变量间的关系判断
$r=0$	不相关
$-1<r<0$	负相关（越接近于-1，负相关性越强；越接近于0，负相关性越弱）
$r=-1$	完全负相关

相关系数的计算公式为

$$r=\frac{\sum(x-\overline{x})(y-\overline{y})}{\sqrt{\sum(x-\overline{x})^2\sum(y-\overline{y})^2}}=\frac{L_{xy}}{\sqrt{L_{xx}L_{yy}}} \tag{4.1}$$

式中，$\overline{x}$ 表示 n 个 x 数据的平均值；$\overline{y}$ 表示 n 个 y 数据的平均值；L_{xx} 表示 x 的离差平方和，即$\sum(x-\overline{x})^2$；L_{yy} 表示 y 的离差平方和，即$\sum(y-\overline{y})^2$；L_{xy} 表示 x 的离差与 y 的离差的乘积之和，即$\sum(x-\overline{x})(y-\overline{y})$。

应注意，相关系数 r 所表示的两个变量之间的相关是指线性相关。因此，当 r 的绝对值很小甚至等于 0 时，并不表示 x 与 y 之间就不存在任何关系，只能说明 x 和 y 之间不存在线性相关关系。

4.1.4　排列图

排列图，也称 ABC 图、柏拉图，是通过找出影响产品质量的主要问题，以便确定质量改进关键项目的图表。排列图最早由意大利经济学家帕累托（Pareto）用于统计社会财富分布状况。他发现少数人占有大部分财富，而大多数人却只有少量财富，即"关键的少数与次要的多数"这一相当普遍的社会现象。后来，朱兰把这个原理应用到质量管理，排列图成为解决产品质量主要问题的一种图形化的有效方法。

排列图的使用要以分层法为前提，将分层法已确定的项目从大到小进行排列，再加上累积值的图形。它可以帮助我们找出关键的问题，抓住"关键的少数与次要的多数"，适用于数值统计。排列图的一般形式如图 4-12 所示。

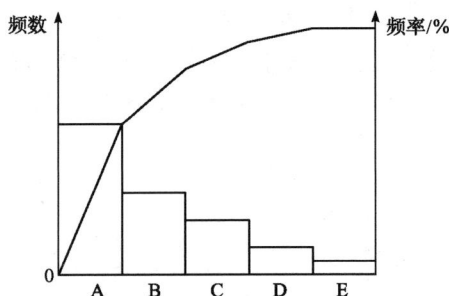

图 4-12　排列图的一般形式

1. 排列图的作图步骤

（1）确定分析对象。一般为不合格项目、废品件数、消耗工时等。

（2）收集与整理数据。可按废品项目、缺陷项目、不同操作者等进行分类。列表汇总每个项目发生的数量（频数），将其按大小进行排列。

（3）计算频数、频率、累计频率等。

（4）画图。排列图由两个纵坐标、一个横坐标、几个顺序排列的矩形和一条累计频率折线组成。左边的纵坐标表示频数，右边的纵坐标表示频率；横坐标表示质量项目，按其频数大小从左向右排列；各矩形的底边相等，其高度表示对应项目的频数；对应于右边纵坐标频率，应在各矩形的右边或右边的延长线上打点，各点的纵坐标值表示对应项目的累计频率；以原点为起点，依次连接上述各点，所得折线即累计频率折线。

（5）根据排列图，确定主要因素、有影响因素和次要因素。

主要因素：累计频率在 0%～80%的若干因素，它们是影响产品质量的关键原因，又称为 A 类因素。其个数一般为 1～2 个，最多为 3 个。

有影响因素：累计频率在 80%～95%的若干因素。它们对产品质量有一定的影响，又称为 B 类因素。

次要因素：累计频率在 95%～100%的若干因素。它们对产品质量仅有轻微影响，又称为 C 类因素。

【例 4-2】某工厂对 200 台卷扬机的轮齿故障进行了统计分析，数据如表 4-7 所示，试作出排列图。

表 4-7　卷扬机轮齿故障统计分析表

序　号	质量问题	频　数	累计频数	频率/%	累计频率/%
1	齿面点蚀	92	92	46	46
2	轮齿折断	73	165	36.5	82.5
3	齿面磨损	21	186	10.5	93
4	齿面胶合	10	196	5	98
5	齿面塑性变形	4	200	2	100

解：按排列图作图步骤，所作排列图如图 4-13 所示。

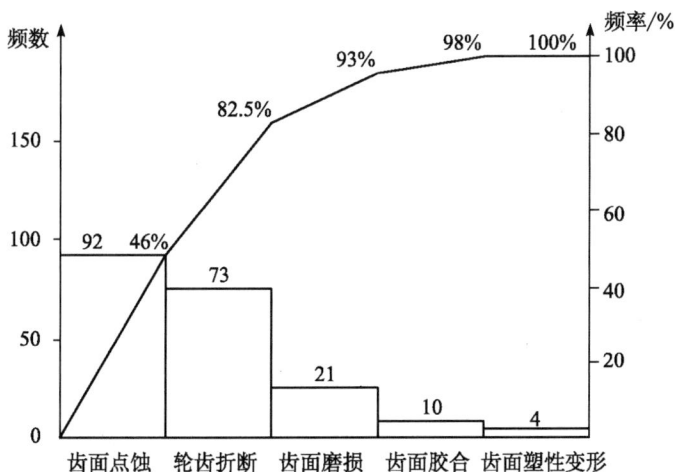

图 4-13　轮齿故障排列图

在图 4-13 中，很容易找到 A 类因素，即齿面点蚀和轮齿折断；齿面磨损和齿面胶合是 B 类因素；齿面塑性变形是 C 类因素。工厂决定从齿面点蚀和轮齿折断两方面进行进一步的分析，查找原因，加以改善。

2. 排列图的用途

（1）找出主要因素。排列图把影响产品质量的"关键的少数与次要的多数"直观地表现出来，使我们明确应该从哪里着手来提高产品质量。实践证明，集中精力将主要因素的影响减半比消灭次要因素收效显著，而且容易得多。所以应当选取排列图前 1～2 项的主要因素作为质量改进的目标。如果前 1～2 项的难度较大，而第 3 项简易可行，马上可见效果，也可先对第 3 项进行改进。

（2）解决工作质量问题也可用排列图。不仅产品质量，其他工作（如节约能源、减少消耗、安全生产等）都可用排列图改进工作，提高工作质量，检查质量改进措施的效果。采取质量改进措施后，为了检验其效果，可用排列图来核查。如果确有效果，则改进后的排列图中，横坐标上因素排列顺序或频数矩形高度应有变化。

4.1.5　矩阵数据分析法

矩阵数据分析法与矩阵图有些类似，其主要区别是：不是在矩阵图上填符号，而是填数据，形成一个分析数据的矩阵。这种定量分析问题的方法也可称为主成分分析法。

矩阵数据分析法的基本思路是通过收集大量数据，组成矩阵，求出相关系数矩阵，以及矩阵的特征值和特征向量，确定出第一主成分、第二主成分等。通过变量变换的方法把相关的变量变为若干不相关的变量，即能将众多的线性相关指标转换为少数的线性无关指标（由于线性无关，因此在分析与评价指标变量时，切断了相关的干扰，找出主导因素，从而做出更准确的估计），显示出其应用价值。这样就找出了进行研究攻关的主要目标或因素。

矩阵数据分析法的主要用途如下。

（1）根据市场调查的数据资料，掌握所要求的质量，分析用户对产品质量的期望。

（2）分析由大量数据组成的不良因素。

（3）分析复杂因素相互交织在一起的工序。

（4）把功能特性分类体系化。

（5）进行复杂的质量评价。

（6）分析曲线的对应数据。

4.1.6　控制图

关于控制图的具体内容将在第 5 章详细介绍，此处不再赘述。

4.2　统计质量控制的定性方法

4.2.1　因果图

因果图，也称鱼骨图、石川图或特性要因图，是由日本式质量管理的集大成者石川馨（Kaoru Ishikawa）在川崎重工船厂创建质量管理过程时发展出来的，是一种用于分析质量问题产生的具体原因的图示方法。在生产过程中，质量波动主要与人员、机器、材料、工艺方法和环境等因素有关，而一个问题的发生往往有多种引发因素交织在一起，从表面上难以迅速找出其中的主要因素。因果图就是通过层层深入的分析研究来找出影响质量的大原因、中原因、小原因的简便而有效的方法，从交错混杂的大量影响因素中理出头绪，逐步把影响质量的主要、关键、具体原因找出来，从而明确所要采取的措施。

把所有能想到的原因，按它们之间的相依隶属关系，用箭头归纳联系在一起（箭杆写原因，箭头指向结果），绘成树枝状或鱼刺状的图形，如图 4-14 所示。主干箭头所指的为质量问题，主干上的大枝表示大原因，中枝、小枝表示的原因依次展开。

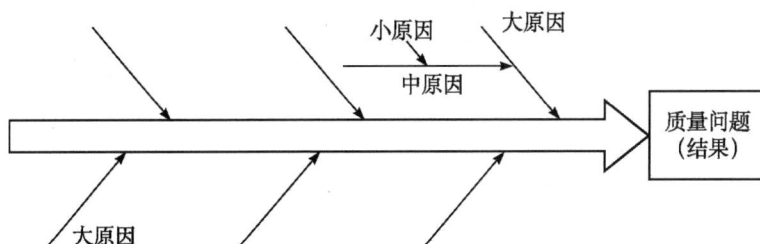

图 4-14　因果图示意图

1. 因果图的作图步骤

（1）确定要研究分析的质量问题和对象，即确定要解决的质量特性是什么。将分析对象用肯定语气（不标问号）写在图的右边，最好定量表示，以便判断采取措施后的效果。画出主干，箭头指向右端的结果——研究的对象。

（2）确定造成这个结果和质量问题的因素分类项目。影响工序质量的因素分为人员、设备、材料、工艺方法、环境等；再依次细分，画大枝，箭头指向主干，箭尾端记上分类项目，并加方框。

（3）把到会者发言、讨论、分析的意见归纳起来，按相互的相依隶属关系由大到小，从粗到细，逐步深入，直到能够采取解决问题的措施为止。将上述项目分别展开：中枝表示对应的项目中造成质量问题的一个或几个原因；一个原因画一个箭头，使它平行于主干而指向大枝；把讨论、意见归纳为短语，应言简意赅，记在箭杆的上面或下面，再展开，画小枝，小枝是造成中枝的原因。如此展开下去，越具体越细致，就越好。

（4）确定因果图中的主要、关键原因，并用符号明显地标出，再去现场调查研究，验证所确定的主要、关键原因是否找对、找准，以此作为制定质量改进措施的重点项目。一般情况下，主要、关键原因不应超过所提出的原因总数的 1/3。

（5）注明本因果图的名称、日期、参加分析的人员、绘制人和参考查询事项。

2. 作因果图的注意事项

（1）确定原因要集合全员的知识与经验，集思广益，以免疏漏。

（2）主要或关键原因越具体，改进措施的针对性就越强。主要或关键原因初步确定后，应到现场去落实、验证主要原因，再制定切实可行的措施去解决。

（3）不要过分地追究个人责任，而要注意从组织上、管理上找原因。实事求是地提供质量数据和信息，不互相推脱责任。

（4）尽可能用数据反映、说明问题。

（5）画完因果图后，应检查下列几项：图名，应标明主要原因是哪些等，文字是否简单通俗，编译是否明确，定性是否准确，应尽可能地量化，改进措施不宜画在图上。

（6）把重点放在解决问题上，绘制因果图时，重点先放在"为什么会发生这种原因、结果"，必要时，可再列出措施表。

3. 因果图的 3 种类型

（1）整理问题型因果图：各要素与特性值间不存在原因关系，而是结构构成关系。

（2）原因型因果图：追求问题的原因，并寻找其影响因素，以因果图表示结果（特性）与原因（要因）间的关系。鱼头在右，特性值通常以"为什么……"来写。

（3）对策型因果图：追求问题点如何防止，或者目标如何达成，并以因果图表示期望效果与对策的关系。鱼头在左，特性值通常以"如果提高/改善……"来写。

4.2.2 关联图

关联图是表示事物依存或因果关系的连线图，把与事物有关的各环节按相互制约的关系连成整体，从中找出解决问题应从何处入手。关联图用于搞清各种复杂因素相互缠绕、相互牵连等问题，寻找、发现内在的因果关系，用箭头逻辑性地连接起来，综合地掌握全貌，找出解决问题的措施。

关联图与因果图相似，也用于分析问题的因果关系。但因果图对各大类因素进行纵向分析，不能解释因素间的横向关系。而关联图法则是一种分析各因素之间的横向关系的有效工具。两种方法各有所长，相辅相成，互为补充，有利于对问题进行更深入的分析。

1．关联图的作图步骤

（1）提出主要质量问题，列出全部影响因素。
（2）用简明语言表达或示意各因素。
（3）用箭头把因素间的因果关系指明，绘制全图，找出重点因素。
（4）从图中掌握全貌，复核有无遗漏或不确切之处。

2．作图时注意事项

（1）重点因素最好有特殊标记。
（2）尽可能用短句、短语表达因素，不宜仅用名词表达。
（3）注意箭头指向，即原因→结果、手段→目的。
（4）为了归纳重点因素，应反复修改图形。

3．关联图的适用范围

（1）制订、执行质量方针及质量保证等计划。
（2）分析、研究潜在不良品和提高质量的因素及其改进措施。
（3）制订开展质量管理小组活动的规划。
（4）改善企业劳动、财务、计划、外协、设备管理等部门的业务工作。

4．关联图的优缺点

1）优点
（1）从整体出发，从混杂、复杂中找出重点。
（2）把个人的意见、看法照原样记入图中。
（3）多次绘图，了解过程、关键要素和根据。
（4）不断绘图，预测未来。
（5）整体和各因素之间的关系一目了然。
（6）可绘入措施及其结果。

2）缺点
（1）同一问题，图形、结论可能不一致。
（2）表达不同，箭头有时与原意相反。
（3）比较费时间。

（4）开头较难。

5．应用实例

【例 4-3】某厂用关联图分析了装配线上的质量不良原因，其结果如图 4-15 所示。通过作关联图，改变了管理人员对不良原因的看法（成见），采取了适当的措施，结果是产品不良率大幅度降低。

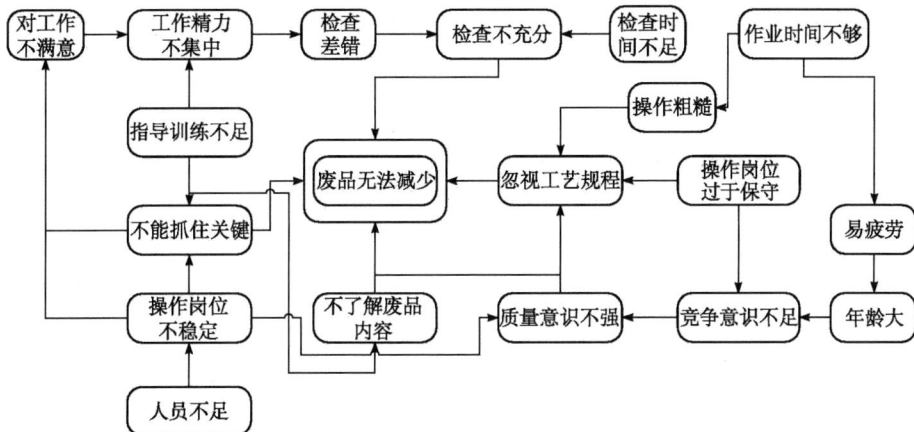

图 4-15　追查产品质量不良关联图

4.2.3　分层法

造成产品质量异常的因素很多，如何正确、迅速地找出问题症结所在，行之有效的方法就是将数据分层，即把所收集的数据依照使用目的，按其性质、来源、影响因素等进行合理的分类，把性质相同、在同一生产条件下收集的数据归在一起，把划分的组叫作“层”，通过数据分层把错综复杂的影响质量因素分析清楚。这种方法就是分层法，又称分类法、分组法。

分层的方法可以按操作人员分，如按工人的班次、工人的级别分；按使用设备分，如按机床不同型号分；按操作方法分，如按切削用量、温度、压力分；按原材料分，如按供料单位、进料时间、生产批次分；按加工方法分，如按加工、装配、测量、检验分；按环境分，如按照明度、清洁度分；按时间分，如按年、季、月、天分。

1．分层法的实施步骤

（1）明确调查目的，确定调查原因与对象。

（2）设计收集数据所使用的表格。

（3）设定数据收集点并培训相关人员如何填制表格。

（4）观察及记录所得的数值。

（5）整理数据、分类绘制应有的图表。

（6）比较分析与最终推论。

2．分层法使用注意事项

（1）实施前，首先确定层别的目的：不良率分析、效率提升、作业条件确认。

（2）使用同一层次内的数据波动幅度尽可能小，而层与层之间的差别尽可能大，否则就起不到归类、汇总的作用。

（3）调查表应针对所调查对象设计。

（4）数据的性质分类应清晰详细地记载。

（5）依各种可能原因加以区别，直到找出真正原因所在；分层时不要将两个以上角度混杂分类。

（6）分层时应尽量融进其他手法，如排列图、直方图、散布图、控制图等；分层所得到的分析信息应与对策相连接，并逐一付诸实际行动。

3．应用实例

【例 4-4】在柴油机装配中经常发生汽缸垫漏气现象，为解决这一质量问题，对该工序进行现场统计。

（1）收集数据：$n=50$，漏气数 $f=19$，漏气率 $p=f/n=19/50=38\%$。

（2）分析原因，通过分析，认为造成漏气有两个原因：一是该工序涂密封剂的工人 A、B、C 三人的操作方法有差异；二是汽缸垫分别由甲、乙两厂供给，原材料有差异。

因此采用分层法列成表 4-8 和表 4-9 进行分析。

表4-8　按工人分层的漏气情况

工　厂	漏　气　数	不　漏　气　数	漏气率 p/%
A	6	13	32
B	3	9	25
C	10	9	53
合计	19	31	38

表4-9　按工厂分层的漏气情况

工　厂	漏　气　数	不　漏　气　数	漏气率 p/%
甲厂	9	14	39
乙厂	10	17	37
合计	19	31	38

由表 4-8 和表 4-9 可知，人们似乎以为，降低汽缸漏气率的办法可采用乙厂提供的汽缸垫和工人 B 的操作方法。但实践结果表明，这样做漏气率非但没有降低，反而增加到 43%，这是什么原因呢？这是由于仅单纯地分别考虑操作者和原材料造成漏气的情况，没有进一步考虑不同工人用不同工厂提供的汽缸垫也会造成漏气。为此，需要进行更细致的综合分析，如表 4-10 所示。

表4-10　综合分层的漏气情况

		甲　厂	乙　厂	合　计
工人 A	漏气数	6	0	6
	不漏气数	2	11	13
	漏气率/%	75	0	32
工人 B	漏气数	0	3	3
	不漏气数	5	4	9
	漏气率/%	0	43	25

续表

		甲　厂	乙　厂	合　计
工人 C	漏气数	3	7	10
	不漏气数	7	2	9
	漏气率/%	30	78	53
合计	漏气数	9	10	19
	不漏气数	14	17	31
	漏气率/%	39	37	38

根据表 4-10 重新提出的降低汽缸漏气率的措施如下。

① 使用甲厂提供的汽缸垫时，要采用工人 B 的操作方法。

② 使用乙厂提供的汽缸垫时，要采用工人 A 的操作方法。

实践表明，上述的分层法及采用的措施十分有效，漏气率大大降低。因此，运用分层法时，不宜简单地按单一因素分层，必须考虑各因素的综合影响效果。

4.2.4　系统图

系统图能将事物或现象分解成树枝状，故又称树形图或树图。

1．系统图法的基本概念

系统图法就是把要实现的目的或目标与需要采取的措施或手段系统地展开，并绘制成图，以明确问题的重点，寻找最佳手段或措施。

在计划与决策过程中，为了达到某个目标或解决某一质量问题，就要采取某种手段。而为了实现这一手段，又必须考虑下一级水平的目标。这样，上一级水平的手段，就成为下一级水平的目标。如此，可以把达到某一目标所需的手段层层展开，总览问题的全貌，明确问题的重点，合理地寻找出达到预定目标的最佳手段或策略。系统图的基本形式如图 4-16 所示。

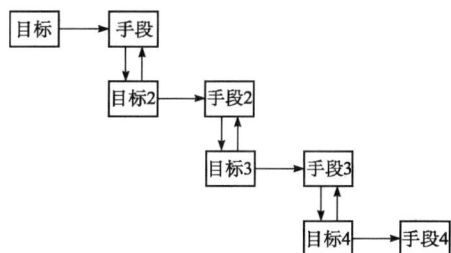

图 4-16　系统图的基本形式

2．系统图的作图步骤

（1）确定具体的目的或目标，用简明的语言表达并记录所要达到的目标。

（2）提出手段和措施。无论是从上向下目标展开式地依次提出下一级水平的手段和措施，还是从下向上达到目标式地提出上一级水平的手段和措施，只要能够针对具体目标，依靠集体智慧，得出有效的手段和措施就行。

（3）评价手段和措施。要对提出的各种手段进行评价，可以用一些符号或采取打分方式评价手段和措施能否实施，然后做出更改和修正。

（4）绘制手段、措施卡片，用通俗易懂的语言写在一张卡片上。

（5）目标手段系统化，即制成互相连接、顺序排列的系统图。

（6）制订实施计划。根据上述方案，逐项制订实施计划，确定其具体内容、日程进度、负责单位乃至负责人等。

3．系统图的使用注意事项

（1）系统图常常用在拟订对策阶段，在实际解决问题阶段时，每个步骤都可以应用系统图法，可以充分发掘问题的潜在原因。

（2）用系统图法分析出的对策都需要进行有效性评估，以保证对策的有效性。

4．系统图的用途

在质量管理中，系统图应用范围很广，主要有以下几个方面。

（1）新产品开发过程中设计质量的展开。

（2）企业制订质量保证计划，维护健全的质量管理体系，展开质量保证活动。

（3）对解决企业有关产品质量、成本、交货期等问题进行措施展开。

（4）绘制手段、措施卡片，用通俗易懂的语言写在一张卡片上。

（5）展开各种目标、方针、实施措施。

（6）与因果图结合使用。

5．应用实例

【例 4-5】某厂卷扬机的质量保证系统图如图 4-17 所示。应用该系统图的目的是把用户对卷扬机所要求的质量展开为设计质量，进而把设计质量贯穿到管理质量特性、设计检验项目和工序管理等方面。

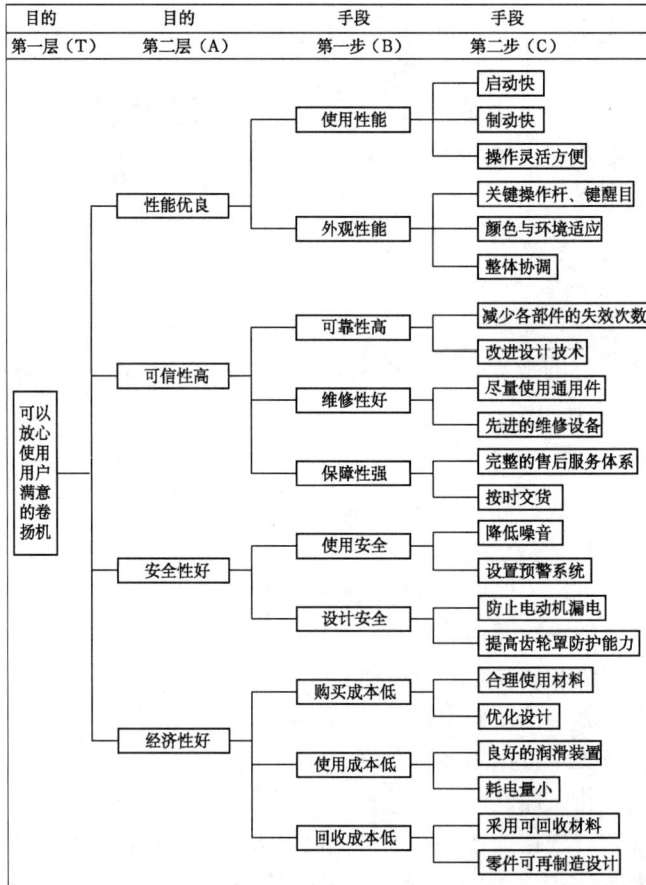

图 4-17　某厂卷扬机的质量保证系统图

4.2.5　KJ 法

KJ 法，也称亲和图法，是由日本的川喜田二郎（Kawakita Jiro）于 1970 年前后提出的一种属于创造性思考的开发方法。

1. KJ 法的基本含义

KJ 法是把事件、现象和事实用一定的方法进行归纳整理，引出思路，抓住问题的实质，提出解决问题的办法。具体讲，就是把杂乱无章的语言资料，依据相互间的亲和性（相近的程度，相似性）进行统一综合，对于将来的、未知的、没有经验的问题，通过构思以语言的形式收集起来，按它们之间的亲和性加以归纳，分析整理，绘成亲和图，以期明确怎样解决问题。KJ 法适用于解决那些需要时间慢慢解决，无论如何要解决但不能轻易解决的问题，不适用于那些简单的需要马上解决的问题。

2. KJ 法的作图步骤

（1）确定课题。一般选择下列范围的题目：①澄清事实，事物表象处于杂乱无章的状态，希望进行系统整理，了解其规律性；②形成构思，思维处于混乱状态，希望理出头绪、明确思路；③变革现状，希望摆脱现状，建立新理论、新思想；④创立新体系，把已有的思想体系加以分析；⑤策划组织，组成相互理解的小组；⑥贯彻意图，倾听下级的意见，借以贯彻自己的意图和方针。

（2）收集语言、文字资料。收集时，要尊重事实，找出原始思想。收集的方法有：①直接观察法，即到现场去看、听、摸，吸取感性认识，从中得到某种启发，立即记下来；②面谈阅览法，即通过与有关人谈话、开会、访问来展开，在具体使用的过程中，面谈阅览法又可把查阅文献分出来单独使用；③个人思考法，即通过个人自我回忆、检讨、总结经验来获得资料；④头脑风暴法，即通过集体讨论，进行智力激励。语言文字资料的收集方法及资料的形式根据 KJ 法的用途与目的的不同而不同，如表 4-11 所示。

表 4-11　语言文字资料的收集方法及资料的形式

	直 接 观 察	面 谈 阅 览	查 阅 文 献	回　忆	检　讨	头脑风暴法
认识事物	⊙	△	△	○	×	△
归纳思想	○	⊙	○	○	⊙	○
打破现状	⊙	○	○	⊙	⊙	⊙
脱胎换骨	△	⊙	⊙	○	○	×
参与计划	×	×	×	○	○	⊙
贯彻方针	×	×	×	○	○	⊙

注：⊙为常用；○为使用；△为不大使用；×为不使用。

（3）把所有收集到的资料，包括"思想火花"，都写成卡片。

（4）整理卡片。对于这些杂乱无章的卡片，不是按照已有的理论和分类方法来整理，而是把自己感到相似的归并在一起，逐步整理出新的思路。

（5）做标题卡。把同类的卡片放在一起，经编号后扎牢作为一张卡片使用，把该类的本质内容用简练的语言归纳出来，并记录在一张卡片上，作为标题卡。

（6）作图。无法归类的卡片自成一组。把最终归集好的卡片按照比较容易寻找的相互位置进行排列，并按照既定的位置，把卡片黏在一张大纸板上，用适当的记号勾画相互关系。

（7）口头发表。按照已勾画出的图的内容，进行讲解，说明卡片的内容和自己的理解。

（8）写调查报告。按照构思的内容写文章。

3．KJ 法的主要用途

（1）认识新事物（新问题、新办法）。

（2）整理归纳思想。

（3）从现实出发，采取措施，打破现状。

（4）促进协调，统一思想。

（5）贯彻上级方针，使上级方针变成下属的主动行为。

4.2.6　矩阵图

1．矩阵图的基本概念

矩阵图是通过多因素综合思考，探索解决问题的方法。矩阵图借助数学上矩阵的形式，把影响问题的各对应因素，列成一个矩阵图，然后根据矩阵的特点找出确定关键点的方法。矩阵图用于多因素分析时，可做到条理清楚、重点突出。矩阵图在质量管理中可用于寻找新产品研制和老产品改进的着眼点、寻找产品质量问题产生的原因等方面，如寻找不合格现象。

2．矩阵图的分类

（1）L 型矩阵图。它是一种最基本的矩阵图，它将一组对应数据用行和列排列成二元（A 因素、B 因素的对应）表格形式，如图 4-18 所示。

（2）T 型矩阵图。它是由 A 因素和 B 因素、A 因素和 C 因素两个 L 型矩阵图组合而成的，如图 4-19 所示。

（3）X 型矩阵图。它是由 A 因素和 B 因素、B 因素和 C 因素、C 因素和 D 因素、D 因素和 A 因素四个 L 型矩阵图组合而成的，如图 4-20 所示。

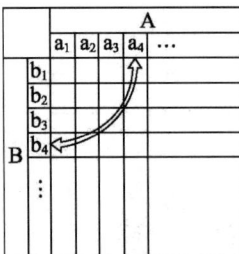

图 4-18　L 型矩阵图　　　　图 4-19　T 型矩阵图　　　　图 4-20　X 型矩阵图

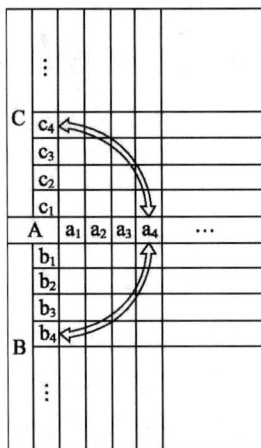

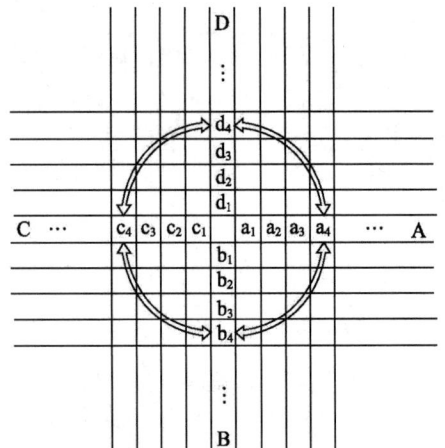

（4）Y 型矩阵图。它是由 A 因素和 B 因素、B 因素和 C 因素、C 因素和 A 因素三个 L 型矩阵图组合而成的，如图 4-21 所示。

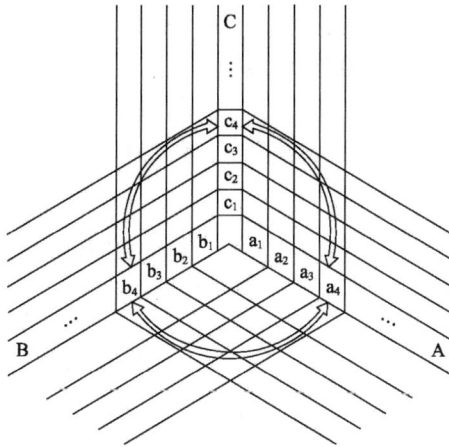

图 4-21　Y 型矩阵图

（5）C 型矩阵图。把 A 因素、B 因素、C 因素对应关系用立方体来表示，如图 4-22 所示。

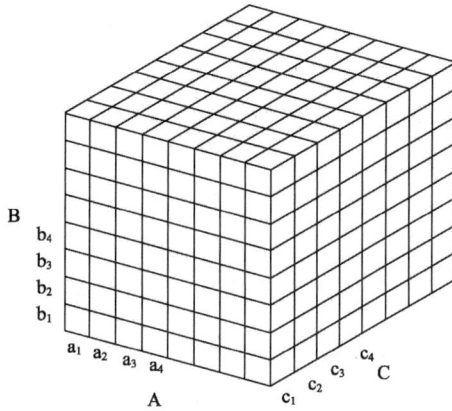

图 4-22　C 型矩阵图

3．矩阵图的作图步骤

（1）列出质量因素。

（2）将成对质量因素排成行与列，表示对应关系。

（3）选择恰当的矩阵图类型。

（4）在成对因素交点处表示关联程度，一般由经验进行定性判断。

（5）根据关系程度，确定必须控制的关键因素。

（6）针对重点因素列出措施表。

4．矩阵图的用途

矩阵图的用途很广泛。一般在具有两种以上的目的和结果，并要使它与手段和原因相应展开的情况下，均可应用矩阵图。以质量管理为中心的矩阵图有以下几种用途。

（1）在开发系列新产品或改进老产品时，提出设想方案。

（2）为使产品毛坯的某种代用质量特性适应多种质量要求，进行质量展开。

（3）明确产品应该保证的质量特性与承担这种保证的部门的管理职能之间的关系，以确定和加强质量保证体系并找出关键。

（4）加强质量评价体制并提高工作效率。

（5）探求生产工序中产生不良现象的原因。

（6）根据市场和产品的联系，制定产品占领市场的策略。

（7）当进行多因素分析时，寻求从何入手、需用什么资料、归纳成怎样的形式。

5．应用实例

【例 4-6】某公司为了分析日常管理与产品销售中出现滞销现象的原因，制作了 T 型矩阵图，如图 4-23 所示，其评价分数高的项目将对销售有较大的影响。

评价得分	5	3	3	1	3	3	3	1		3	5	31
产品滞销	◎	○	○	△	○	○	○	△	△	○	◎	
现象↑　管理现状↓　原因→	商品信息差	销售手续复杂	运输不便	产销地太远	提货不便	产品规格不全	销售作风不好	交货时间长	工作拖拉	对用户不了解	不能按时交货	评价得分
行政管理　层次复杂	◎				○		◎	○			◎	27
行政管理　对车间管得太死		○			△			△				14
行政管理　手续太烦琐	◎				○				○	○		17
行政管理　生产销售脱节	○		○			○	△	△	△			15
行政管理　原材料供应不及时	◎		◎					◎	△		○	22
行政管理　原材料质量不合格	○							○	△			16
行政管理　计划不准确												5
信息管理　没有信息中心	◎		△	○	○		○		△	◎	◎	31
信息管理　没有信息网络	◎									◎	◎	26
信息管理　不了解市场	◎					○	○	△				12
服务管理　组织技术服务差	◎					△	◎					11
服务管理　宣传产品差	○				△							4
服务管理　对服务工作认识不够		△	△			○	○		○		△	15
服务管理　上门服务制度不健全	◎					○	△					9
技术管理　操作规程不全									○			3
技术管理　技术交流少	◎							△		○		9
技术管理　检查考核差									△			1
技术管理　技术教育差									△			1
技术管理　质量意识差						△		△	△	○	○	8
评价得分	62	7	6	10	11	22	29	24	28	22	25	24

注：◎表示 5 分，○表示 3 分，△表示 1 分。

图 4-23　管理与产品销售矩阵图

4.2.7　过程决策程序图法

1．过程决策程序图法的基本含义

过程决策程序图法（Process Decision Program Chart）也可简称为 PDPC 法。它是为了实现研究开发的目的或完成某个任务，在制订行动计划或进行系统设计时，预测可以考虑到的、可能出现的障碍和结果，从而事先采取预防措施，择优把此过程引向最理想的目标的方法。从它的过程和思路来看，它是运筹学在质量管理中的应用。

PDPC 法实质就是一种我们习以为常的分析方法。在解决一些具体问题的过程中，即使在正常条件下，都会遇到许多无法预料的问题和事故。因此，采用 PDPC 法要不断取得新情报，并经常考虑按原计划执行是否可行，采取哪一种方案效果最好，预测今后还会有什么情况，应采取什么措施等。这样，在计划执行过程中，遇到不利情况时，仍能有条不紊地按第二、第三或其他计划方案进行，以便达到预定的计划目标。

2. PDPC 法应用思路与步骤

（1）首先确定课题，然后召集有关人员讨论问题所在。

（2）从讨论中提出实施过程中各种可能出现的问题，并一一记录下来。例如，如图 4-24 所示，若把不良品率从较高的状态 A_0（如 10%）降到较低状态 Z（如 2%），在此阶段应考虑从 A_0 的手段有 $A_1, A_2, A_3, \cdots, A_p$ 这一系列活动，希望此系列能顺利实现。

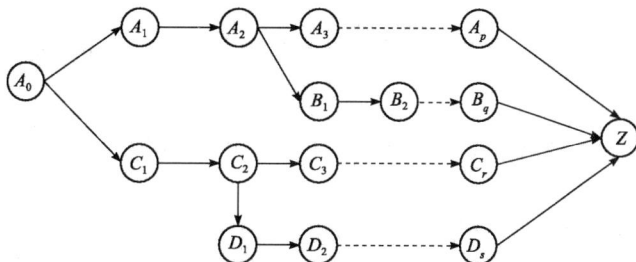

图 4-24　PDPC 法的思考方法

（3）确定每一个问题的对策，对提出的手段和措施，要列举出预测的结果，当提出的措施方案行不通或难以实施时，应采取其他的措施和方案。例如，如图 4-24 所示，若认为从技术上或管理上看，实现 A_3 有很大困难，则可考虑转经 $B_1, B_2, \cdots, B_q$ 而达到 Z 的第二系列活动。如果上述两个系列活动成功的把握都不大，就要考虑第三个系列 $C_1, C_2, C_3, \cdots, C_r$ 或第四个系列 $D_1, D_2, \cdots, D_s$。

因此，在运用 PDPC 法时，实现目标不是只有一种手段系列，而是要考虑多种手段系列，从而提高实现目标的可靠性。在实施时，可以将各系列按时间顺序进行，也可以考虑几种系列同时进行。

3. PDPC 法的特征

（1）从整体上掌握系统的状态，因此可进行全局性判断。

（2）可以按时间顺序掌握系统的进展情况。

（3）可以密切注视系统进程的动向，掌握系统输入和输出间的相互关系，因而前因后果紧凑。

（4）情报及时，计划措施不断补充、修订。

（5）只要对系统、事物基本理解，就易于使用此法。

PDPC 法显示了高度的预见性和随机应变性。利用这个特性，可事先估计出各种实施措施所产生的效果，找出最佳的解决办法。在实施过程中，遇到新情况时，可以随机应变，改变系列活动，朝着预定的目标前进。

4.2.8　箭条图法

1. 箭条图法的基本概念

箭条图法是把计划协调技术（Program Evaluation and Review Technique，PERT）和关键

路线法（Critical Path Method，CPM）用于质量管理，用于制订质量管理日程计划、明确质量管理的关键和进行进度控制的方法。其实质是把一项任务的工作（研制和管理）过程作为一个系统加以处理，将组成系统的各项任务，细分为不同层次和不同阶段，按照任务的相互关联和先后顺序，用图或网络的方式表达出来，形成工程问题或管理问题的一种确切的数学模型，用于求解系统中的各种实际问题。箭条图也称为活动图、网络图、节点图或关键路径法图。

由于箭条图法在各个领域都有广泛的应用，在运筹学、系统工程、项目管理等课程中都有详细的描述，这里不再赘述。

2．箭条图法的主要用途

箭条图法主要用于解决一项工程或任务中的工期、费用、人员安排等合理优化的问题。其涉及的内容包括：

（1）调查工作项目，按先后顺序、逻辑关系排列序号；

（2）按箭条图的绘图要求，画出箭条图；

（3）估计各工序或作业的时间；

（4）计算节点和作业的时间参数，如最早开工时间、最迟必须完成时间等；

（5）计算寻找关键路线，进行网络系统优化；

（6）计算成本斜率、估算完工概率、绘制人员配备图。最终达到缩短工时、降低成本、合理利用人力资源的目的。

4.3　统计质量控制的其他工具概述

质量控制过程中，除了通用的这 14 种质量工具外，其他领域的一些工具也可以应用于质量控制过程，如流程图、头脑风暴法、水平对比法等。

4.3.1　流程图

流程图是将一个过程步骤用图的形式表示出来的一种图示技术。这个过程可以是生产线上的工艺流程，也可以是完成一项任务必需的管理过程。通过研究一个过程中各个步骤之间的关系，就可能发现故障的潜在原因和需要进行质量改进的环节。

流程图使用一些标准符号代表某些类型的动作，一般圆角矩形表示开始与结束，矩形表示行动方案或工作环节等，菱形表示问题判断或判定环节，平行四边形表示输入输出，箭头代表工作流方向。流程图用于质量改进工作过程时，具体做法是先画出项目应该怎么做，再将其与实际情况进行比较分析，从而确定质量改进的关键环节。

4.3.2　头脑风暴法

头脑风暴法，又称畅谈法、集思法、智力激励法、脑力激荡法、奥斯本法，是由美国人奥斯本 1938 年创造的。头脑风暴法是采用会议形式，引导每个参加会议的人围绕某个中心议题，充分解放思想、激发灵感，在自己头脑中掀起风暴，毫无顾忌，畅所欲言地发表独立见解的一种集体创造性思维的方法。

1．头脑风暴法使用注意事项

（1）议题要单一，目标具体而且明确，如果问题复杂，则分解各个击破。

（2）参加会议的人数以 5～15 人为宜，保证参加者熟悉甚至精通议题；当某些问题需要突破专业思维习惯时，让若干"外行"参加时，应该提前让其思想上有所准备。

（3）自由思考原则：参加者要打破传统思考方式，善于联想、类比和移植借用，大胆标新立异。

（4）禁止评判原则：在会议上不对任何设想进行任何肯定或否定的评判，更不允许批驳他人的发言。

（5）追求数量原则：谋求在会议的有限时间内获得尽可能多的解决方案，数量孕育着质量。

（6）结合改善原则：鼓励参加者利用并改进他人的设想，会议中记录员要及时将大家的发言要点记下来，并写在醒目的地方让大家看到。

2．头脑风暴法的主要用途

（1）识别存在的质量问题并寻求解决方法。

（2）识别潜在的质量改进机会。

（3）用于绘制因果图、系统图、亲和图。

4.3.3 水平对比法

水平对比法，又称标杆管理，是 1979 年由美国施乐公司首创的。它是把产品或服务的过程及性能与公认的领先者进行比较，以识别质量改进机会的一种方法。水平对比法的应用步骤如下。

（1）确定对比项目：根据企业业务计划或改进计划，确定需要进行对比的项目，对比项目应该是过程及其输出的关键特性。

（2）确定对比对象：对比对象在对比项目上应是公认的领先者。

（3）收集资料：可通过直接接触、考察、访问、人员调查或公开刊物等途径获取有关数据。必要时，可以组成小组开展收集活动。

（4）归纳、整理和分析资料：对收集的资料进行归纳、整理，得出对比对象有关对比项目的资料，以便与自身情况进行比较。

（5）进行对比分析：将获得的数据进行分析对比，以明确与领先者的差距，针对有关项目制定最佳的改进目标。

（6）制订改进措施和实施计划：根据顾客的要求和领先者的绩效确定质量改进的机会，制订实施追赶计划并予以实施。

4.3.4 措施计划表

措施计划表，又称对策表，是针对质量问题的主要原因制订的应采取措施的计划表。它与排列图、因果图一起被称为质量管理活动的"两图一表"。它既是实施计划，又是检查依据，是 PDCA 循环 P 阶段第四步——制定决策的产物。措施计划表是一种矩阵式的表格，包括序号、质量问题（要因项目）、目标措施、负责人、期限等项目。其具体的应用步骤如下。

（1）用统计分析表和排列图相结合找出主要质量问题。

（2）用因果图列出影响质量的因素。

（3）用排列图确定主要原因。

（4）针对主要原因利用措施计划表制定对策。

链接小知识

质量管理工具在 PDCA 循环过程中的应用如表 4-12 所示。

表 4-12　质量管理工具在 PDCA 循环过程中的应用

	工具 阶段	统计 分析 表	直 方 图	散 布 图	排 列 图	矩阵 数据 分析 法	控 制 图	因 果 图	关 联 图	分 层 法	系 统 图	KJ 法	矩 阵 图	PDPC 法	箭条 图法
P	选题	○	○		●		○	○	○	○		●			
	确定目标		○		○		○				○		○		
	现状调查	●	○		○		○			○	○		●		
	原因分析	○	●	●	●		●	●	●	○	●		●		
	制定对策						○				○		○	●	●
D	对策实施		○		○		●							○	○
C	效果检查	○	●		●		●			○					
A	巩固措施	○					●				○		●		
	遗留问题		○		●		○								

注：●表示特别有用；○表示可用。

思考题

1．什么是统计分析表？

2．什么是直方图？它有什么作用？

3．什么是散布图？如何对散布图进行直观观察和分析？

4．什么是排列图？排列图的作图步骤是什么？

5．矩阵图法与矩阵数据分析法有什么联系与区别？

6．试述因果图与关联图的联系和区别。

7．用关联图制作一个全面质量管理的示例图。

8．如何用 PDPC 法推广全面质量管理？

9．运用 KJ 法分析某新产品的顾客需求。

10．分层法主要解决什么问题？如何应用？

11．某机加工件一周的质量不良项目有 6 项，其缺陷记录如表 4-13 所示，试计算及作主次因素排列图。

表 4-13　缺陷记录

缺陷项目	疵点	气孔	未充满	形状不佳	尺寸超差	其他	合计
频数	49	17	11	10	6	7	100

12．某厂生产某零件，技术标准要求公差范围为 220mm±20mm，经随机抽样得到如表 4-14 所示的 100 个数据。

表 4-14　样本描述

零件尺寸/mm									
202	204	205	206	206	207	207	208	208	209
209	210	210	210	211	211	211	211	212	212
212	213	213	213	214	214	214	214	215	215
215	216	216	216	216	217	217	217	217	217
217	218	218	218	218	218	218	218	218	219
219	219	219	220	220	220	220	220	220	220
220	220	220	220	221	221	221	221	221	221
221	222	222	222	223	223	223	223	224	224
224	225	225	225	226	226	227	227	228	228
229	229	230	231	231	232	233	234	235	237

（1）进行统计整理作直方图。

（2）计算平均值 $\bar{x}$ 和标准差 S。

（3）对直方图进行分析。

13．对下列几种质量特征分别绘制因果图。

（1）打字误差（错打）。

（2）错拨电话号。

（3）约会迟到。

14．如要管理下列质量特征，应选用什么管理图？

（1）盒装饼干的重量。

（2）1000 个零件中的次品数目。

（3）收音机上的虚焊点数目。

（4）一炉化工产品的产量。

（5）一批产品的次品率，各批数目可能不同。

（6）每天抽 5 个包装袋样品，分析其拉伸强度。

（7）1m² 钢板上的刮花数目。

15．某企业生产的零件近一年来不合格品率不断上升，试使用质量管理工具的组合进行调查分析，找到关键问题，并给出解决方案。

案例分析

轴承生产质量的全面升级

某轴承厂根据总公司战略发展规划，准备实施"产品全面升级项目"，其中，轴承生产的质量问题变得更为重要。为了配合总公司的新项目，该轴承厂运用质量管理工具来分析该厂某批轴承生产情况，以尽量降低轴承外圈的不合格品率。

1．调研工具——统计分析表

为了降低该轴承厂轴承外圈的不合格品率，质量管理小组对该厂进行了详细的调查，得到影响轴承外圈质量问题主要有以下几个方面，有关数据记录于表 4-15 中。这是第 1 步。

表 4-15　轴承外圈质量问题统计分析表

序　号	质 量 问 题	频　数	累 计 频 数	频率/%	累 计 频 率/%
1	滚道直径超差	230	230	71.9	71.9

续表

序　号	质量问题	频　数	累计频数	频率/%	累计频率/%
2	滚道宽度超差	40	270	12.5	84.4
3	烧伤	25	295	7.8	92.2
4	切屑残留	15	310	4.7	96.9
5	其他	10	320	3.1	100

2．ABC 分类工具——排列图

第 2 步，运用排列图将质量问题的轻重缓急，按 A、B、C 三级分类，找出最重要的 A 类问题，排列图如图 4-25 所示。

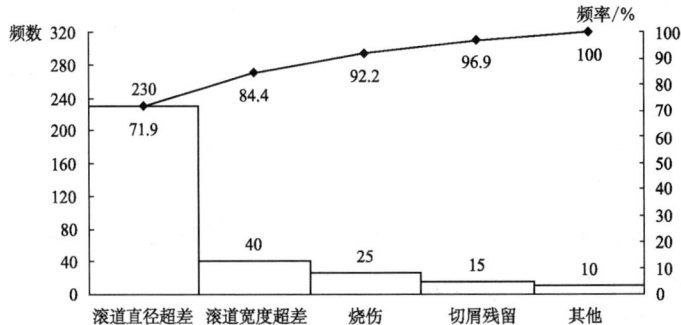

图 4-25　轴承外圈质量问题排列图

从图 4-25 上很容易定量地找到 A 类因素，即滚道直径超差；滚道宽度超差是 B 类因素；烧伤、切屑残留与其他是 C 类因素。

3．求解工具——因果图

第 3 步，找到造成 A 类因素的原因，从操作人员、机床、材料、操作方法、环境 5 个方面来进行分析与讨论，本案例选择滚道直径超差来做分析，它的因果图如图 4-26 所示。经过因果图的分析，确定主要原因是机床缺少清洁、机床导轨面磨损、主轴磨损、材料毛刺及量具磨损。

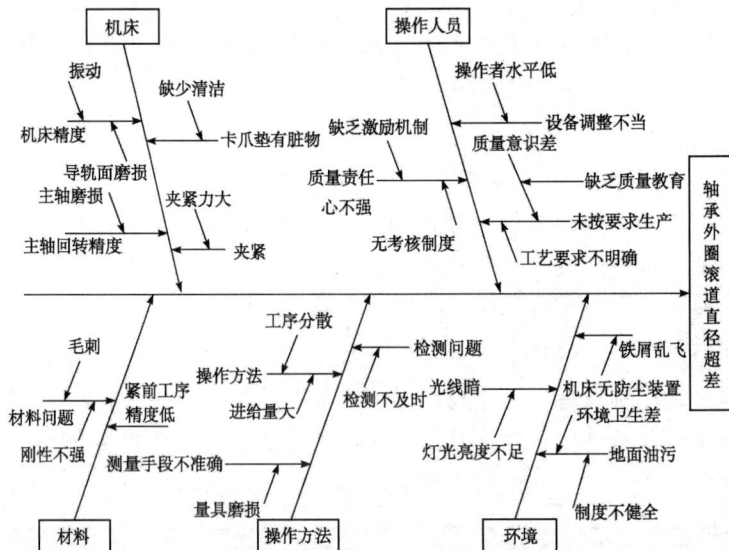

图 4-26　滚道直径超差因果图

4．执行工具——措施计划表

第 4 步，针对上述主要原因制订措施计划表，如表 4-16 所示。

表 4-16　措施计划表

序号	要 因 项 目	目 标 措 施	负责人	完 成 日 期
1	机床缺少清洁	进一步加强与具体落实工厂 5S 管理	× × ×	× 月 × 日
2	机床导轨面磨损	进行专业机修，同时加强日常维护（启动和停止都要浇抗磨导轨油，及时清理导轨的沙粒等）	× × ×	× 月 × 日
3	主轴磨损	进行专业机修，同时加强日常维护	× × ×	× 月 × 日
4	材料毛刺	增加一个新工序来清除材料毛刺	× × ×	× 月 × 日
5	量具磨损	配合总公司产品升级项目，引入激光测径仪	× × ×	× 月 × 日

5．巩固措施

从统计分析表开始直到措施计划表的执行完结为一轮 PDCA 工作循环。为了进一步提高质量，应根据情况进行多次循环，不断降低轴承外圈的不合格品率。

第5章 统计过程质量控制

▶▶▶学习目标

- 了解数据分析的相关概念。
- 熟悉控制图原理。
- 熟悉控制图的设计与判断方法。
- 掌握过程能力指数的计算。

引导案例

1993年12月，戴明与世长辞。戴明是享誉世界的企业管理大师，他的建议使二战后日本产业起死回生，被誉为"日本质量革命的宗师"。他所教给我们的也正是他倾尽毕生精力所要传达的理念——要提高质量，事后检查不如预防控制。

20世纪80年代，他挽救了施乐、福特等濒临绝境的公司。他试图将管理者的注意力从对员工绩效的度量和管理转移到对相关流程的度量和管理上。过程必须不断打磨——永无止境。

许多企业在戴明的指导下都取得了巨大成功。一时间，统计控制图在福特公司风靡一时，并且在20世纪80年代引领了（美国）国内汽车工业的质量改进。他在通用汽车公司的工作使凯迪拉克赢得了波多里奇奖。施乐公司也（在他的指导下）在竞争激烈的产业内收回了其市场份额。

在质量管理实践中，测量和分析过程产生了各种各样的数据，统计方法为人们提供了一种从数据中获取信息，形成决策和采取行动的有效途径。

从质量管理理论与时间的发展历程看，统计思想、统计技术和方法的应用，为质量管理理论提供了有力的支撑，也使质量管理实践进入了一个新的阶段。

统计技术和方法可以帮助人们更好地理解过程变异的性质、程度和原因。通过对过程变异进行测量、描述、分析、解释和建立模型，可促进组织持续改进和解决问题，提高过程有效性和效率。统计技术和方法也有助于人们更好地利用可获得的数据进行决策，特别是功能强大的电子表格软件和统计软件的发展，使统计技术的深度应用变得更为方便、高效。

5.1 控制的数理统计基础

5.1.1 数据分析概述

1. 基本概念

现代社会中，各个组织甚至个人都面临着大量的数据，如何在大量的数据中发现更有价值的信息，从而在组织提效、企业竞优、人员竞争中占据先机，是一个需要研究的课题。

数据分析（Data Analysis）是关于收集、组织、分析、解释和展现数据的科学，是组织有目的地收集数据、分析数据，使之成为信息的过程。其目的是把隐没在大批看来杂乱无章的数据中的信息集中、萃取和提炼出来，以找出所研究对象的内在规律，从而可以帮助人们做出判断，以便采取适当行动。

比如，对于企业而言，在产品的整个寿命周期，包括从市场调研到售后服务和最终处置的各个过程都需要适当运用数据分析，以提升有效性。又如，一个企业的领导人要通过市场调查，分析所得数据以判定市场动向，从而制订合适的生产及销售计划，因此数据分析有极广泛的应用范围。对于科研而言，J. 开普勒通过分析行星角位置的观测数据，找出了行星运动规律。

百度百科给出的定义是：数据分析是为了提取有用信息和形成结论而对数据加以详细研究和概括总结的过程。数据分析过程中需要使用适当的统计方法对收集来的大量第一手资料和第二手资料进行分析，以最大化地发挥数据资料的作用。

在统计学中，一般认为数据分析是选择适当的统计方法研究数据，并从数据中提取有用信息进而得出结论的过程。与之关联的过程还有数据收集（取得统计数据）、数据处理（将数据用图表等形式展示出来）。本书中，数据分析涵盖数据收集、数据处理及狭义上的统计分析的范畴。

2. 数据分析分类

通常可以把数据分析划分为描述性统计分析、探索性数据分析及验证性数据分析。

描述性统计分析研究的是数据收集、处理、汇总、图表描述、概括与分析等统计方法。验证性数据分析侧重于已有假设的证实或证伪。探索性数据分析侧重于在数据之中发现新的特征。

其中，探索性数据分析是由美国著名统计学家约翰·图基（John Tukey）命名的，是对传统统计学假设检验手段的补充。探索性数据分析更强调"让数据说话"，即不像通常统计学中往往从一个设定的模型出发（如正态模型）。如果需要建立模型作为进一步深入分析的出发点，那么这种模型也要产生在对数据做出分析之后，而且不执着于方法的概率论等理论根据，不执着于一定要给方法的"不精确度"一个数量上的度量，而鼓励使用一种比较宽松的、模糊的方法。

此外，针对诸如词语、照片、观察结果之类的非数值型数据（或者资料）的分析通常被称为"定性数据分析"，又称为"定性资料分析"、"定性研究"或者"质性研究资料分析"。

按照常见的定量数据表现形式可以分为以下几类。

1）列表法

将数据按一定规律用列表的方式表达出来是记录和处理实验数据最为常用的方法。表格的设计要求对应关系清楚、简单明了、有利于发现相关量之间的关系；此外还要求在标题栏中注明数据的名称、符号、数量级和单位等；根据需要还可以列出除原始数据以外的计算栏目和统计栏目等。

2）作图法

可以利用图形来醒目地表达数据间的变化关系。利用图形可以简便求出需要的某些结果（如直线的斜率和截距值等），读出没有进行观测的对应点（内插法），或在一定条件下从图线的延伸部分读到测量范围以外的对应点（外推法）。此外，还可以把某些复杂函数关系，通过一定的变换用直线图表示出来。

当然，列表法具有客观、准确的特点，作图法具有直观、深刻的特点。实际中，通常把列表法和作图法结合起来使用。

3. 数据分析的过程

数据分析通常并不是单独存在的，往往是更宏观活动的一个步骤，比如在发现并解决某一现实问题的过程中，可能用到数据分析。通常，这一过程可以用图 5-1 来描述。

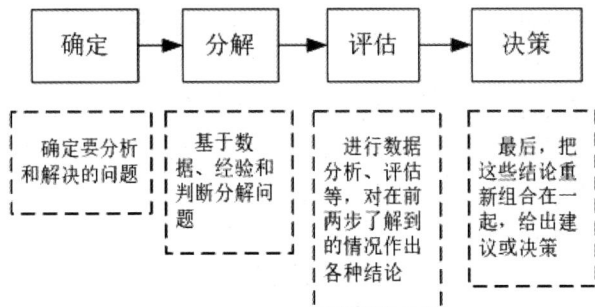

图 5-1　分析并解决问题的过程

在分解和评估过程中，数据分析为人们提供了一种从数据中获取信息，以形成决策和采取行动的有效途径。

在质量管理中应用的 DMIAC 中，也使用了大量的数据分析方法和工具，如图 5-2 所示。

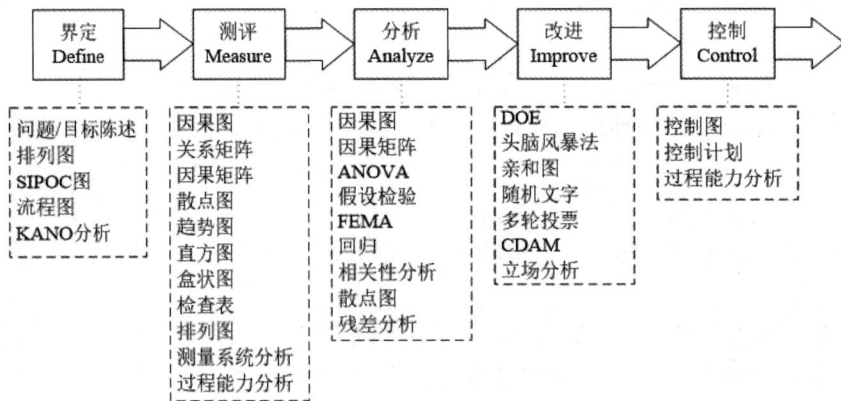

图 5-2　DMAIC 各阶段应用的主要方法和工具

如果忽略问题的应用背景，典型的数据分析过程通常可以用图 5-3 来表示。

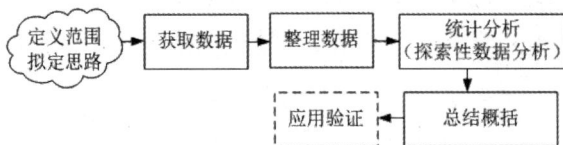

图 5-3　数据分析过程

数据分析一般是在定义问题范围拟定一个数据分析的思路，甚至是拟订详细的数据分析计划，之后进行的一系列活动。因此，数据分析始于定义范围和拟定思路（也可以称为"识别需求"），它是确保数据分析过程有效性的首要条件，为收集数据、分析数据提供清晰的目标。识别需求时还应：①将识别的需求转化为具体的要求，如评价供方时，需要收集的数据可能包括过程能力、测量系统不确定度等相关数据；②明确由谁在何时何处，通过何种渠道和方法收集数据；③记录表应便于使用；④采取有效措施，防止数据丢失和虚假数据对系统的干扰。

获取数据是有目的地收集数据，它是确保数据分析过程有效的基础。在很多情况下，没有直接可用的数据，这时需要采用表格、问卷等方式得到数据，如果研究对象的个数很多，无法全部获得，还需要采用科学的采样方法，利用较少的样本来反映全体样本的特性。

得到的数据根据数据分析的不同，往往需要进行预处理和整理。数据的预处理是在对数据分类或分组之前所做的必要的处理，内容包括数据的审核、筛选、排序等。

（1）数据审核。数据审核是检查数据中是否有错误，主要从完整性和准确性两个方面去审核。完整性审核主要是检查应调查的单位或个体是否有遗漏，所有的调查项目是否填写齐全等。准确性审核主要是检查数据是否有错误，是否存在异常值等。对于异常值要仔细进行甄别：如果异常值属于记录时的错误，则在分析之前应予以纠正；如果异常值是一个正确的值，则应予以保留。

（2）数据筛选。数据筛选是根据需要找出符合条件的某类数据。例如，找出年故障数在 20 次以上的飞机；找出考试成绩在 90 分以上的人员。

（3）数据排序。数据排序是按一定顺序将数据排列，以便研究者通过浏览数据发现一些明显的特征或趋势，找到解决问题的线索。除此之外，排序还有助于对数据检查纠错，以及为重新归类或分组等提供方便。

此外，预处理可能还包括度量单位的一致化、数据归一化。

数据整理通常采用直方图或者其他方式对数据进行分组，也可以采用定性定量的工具来描述数据整体情况，为判断数据稳定性、同质性等提供更直接的参考。

统计分析或探索性数据分析是数据分析的主体内容。统计分析一般是指基于统计学的理论方法进行数据分析。

统计分析或探索性数据分析得到的结果需要进行总结概括，并在实践中进行检验。

值得一提的是探索性数据分析，它是对调查、观察所得到的一些初步的杂乱无章的数据，在尽量少的先验假定下进行处理，通过作图、制表等形式和方程拟合、计算某些特征量等手段，探索数据的结构和规律的一种数据分析方法。它连同高速计算机的广泛应用，带来了数据审查、分析和压缩方法上的新观念潮流（包括新的制图和制表方法）。探索性数据分析的过程往往需要更多的尝试及相应的验证，这一过程的示意图如图 5-4 所示。

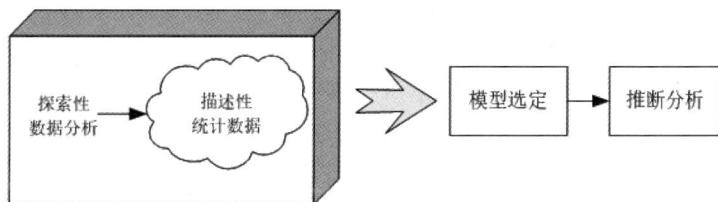

图 5-4 探索性数据分析

模型选定分析是在探索性数据分析的基础上提出一类或几类可能的模型，然后通过进一步的分析从中挑选一定的模型。

推断分析通常使用数理统计方法对所定模型或估计的可靠程度和精确程度做出推断。

4．分析思路的确定

数据分析开始之前需要确定问题的范围，制订数据分析计划。通常可以从以下角度考虑如何进行数据分析。

1）整体性分析

整体性分析，即主要对数据的全局性特征进行分析，以此表示事物的特征，并为得到事物的规律性提供基础。通常需要得到数据的平均值、中位数、标准偏差、方差、极差等。这一思路比较简单，且一般是其他分析的基础。

2）对比性分析

对比性分析，即通过比较两事物或更多事物的差异，从中发现规律。比如，在质量改进活动中，应用新材料、新工艺，均需要判断所取得的结果与改进的状态有无差异，这就需要用到假设检验、显著性检验、方差分析和水平对比法等。

具体来讲，对比性分析可以采取纵向对比性分析、横向对比性分析。纵向对比性分析有与上期对比、与历史先进水平对比、与历史平均水平对比。新闻中经常提到的房价"同比""环比"的指标就是典型的纵向对比性分析的结果。横向对比性分析是指现象之间的对比性分析，比如同类对象在不同空间的对比、部分与总体对比等。

进行对比性分析时需要注意：指标应具有可比性；一般不应仅仅比较单项指标，而应用指标体系进行综合对比；横向对比性分析与纵向对比性分析一般应结合在一起使用。

应用对比性分析的典型例子是有关房价的报道，通常都包含各地或全国同比增长/降低多少、环比增长/降低多少、降幅靠前的几名是哪些地方等项目。

3）分组分析

当客观对象能够区分出不同的类型或组时，一般用分组分析。分组分析是将研究的总体按照一定的标志分为若干个组成部分，来研究其中的规律。

4）因素分析

因素分析用来分析影响事物变化的因素。比如为了有效地解决质量问题，在质量改进活动中可以应用各种方法，分析影响事物变化的各种原因，如散布图、排列图、方差分析等。

因素分析中的一种典型应用是关联关系分析，即分析事物之间的依存关系。

5）热点、焦点分析

从当前的热点、焦点出发，确定分析的具体对象、方法。

5.1.2　数据分析的基础知识

1．数据

数据是总体单位指标的具体数量表现。在数据分析工作中，我们会面对成千上万的各种数据，用于表示各种研究对象。由于不同的数据所代表的意义不同，因此不能对所有数据都用同一种分析方法进行分析。因此，我们必须分辨出所研究对象的数据类型，以搜集所需数据。

根据对研究对象计量的不同精确程度，人们将数据分为定类数据、定序数据、定距数据和定比数据。

1）定类数据

定类数据是按照客观现象的某种属性对数据进行分类的。这一场合所使用的数值只是作为各种分类的代码，并不反映各类的优劣、量的大小或顺序。例如，商品编码，它只能起到区别商品的作用，而不能代表商品的优劣、量的大小或顺序。

定类数据的主要数学特征是"="或"≠"。在统计处理中，对于不同的类别，虽然可以计算单位数，但它不能表明第一类的一个单位可以相当于第二类的几个单位。

2）定序数据

定序数据是对客观现象各类之间的等级差或顺序差的一种测度。利用定序数据不仅可以将研究对象分成不同的类别，而且还可以反映各类的优劣、量的大小或顺序。例如，对于投资工具可以按其风险程度分为高、中、低 3 类，并用 3、2、1 表示，说明风险的高低。但是 3、2、1 所代表的风险之间的差距可能是不一样的。

在这里，定序数据虽然无法表明一个优等于几个良，但却能确切地表明优高于良，良又高于中等。定序数据的主要数学特征是"<"或">"，定序数据的性质包含了定类数据的性质。

3）定距数据

定距数据是对现象类别或次序之间间距的测度。定距数据不但可以用数表示现象各类别的不同和顺序大小的差异，而且可以用确切的数值反映现象之间在量方面的差异。定距数据使用的计量单位一般为实物（自然或物理）单位或者价值单位。定距数据的主要数学特征是"+"或"−"。统计中的总量指标就是运用定距数据计量的。定距数据的性质包含了定序数据和定类数据的性质。

4）定比数据

定比数据在定距数据的基础上，确定相应的比较基数，然后将两种相关的数加以对比而形成相对数（或平均数），用于反映现象的结构、比重、速度、密度等数量关系。例如，将一个企业创造的增加值与该企业的职工人数对比，计算全员劳动生产率，以此反映该企业的生产效率。定比数据的主要数学特征是"×"或"÷"。定比数据的性质包含了定距数据、定序数据和定类数据的性质。

在实际工作中，大量的数据是定距数据和定比数据。

2．总体、个体

1）总体

总体又称全体，是指所要研究对象的全体，由许多客观存在的具有某种共同性质的单位构成。总体中所包含的单位数用 N 表示，称为总体容量，当总体容量是有限的时，称为有限总体；当总体容量是无限的时，称为无限总体。例如，大量连续生产的小件产品，因昼夜不停地生产，我们可以认为其产量是无限的，其组成的总体就是无限总体；而人口数、工业企业数，因其能够计量出总数且总体范围能够明确确定，为有限总体。

总体具有以下特点。

（1）客观性。作为数据分析的研究对象，总体及组成总体的各个单位都必须是客观存在的事物，任何主观臆想的东西都不可构成总体，无法进行数据分析研究。

（2）大量性。总体是由许多单位组成的，即总体是由客观存在的许多个别单位组成的，而不是仅仅由个别或少数单位组成的。总体的综合数量特征只有在大量单位的普遍联系中才能表现出来，只有从大量单位的观察研究中才能认识总体的客观规律。

大量性是一个相对概念，调查的精度越高，要求调查的单位就越多。如果总体单位内部差异很大，为提高研究的可靠性，就应该增加调查的单位数量。

（3）同质性。同质性是指组成总体的各个单位必须具有一些共同的特征，这是构成总体的一个必要条件。

例如，研究高校贫困生助学贷款的资助情况，所有高校的贫困生就构成了一个总体，在这个总体中，每个单位都具有一些共同的特征。例如，都是大学生，都是贫困生。但是，如果研究的目的改变了，所确定的总体就改变了，其同质性的意义也就改变了，可见，同质性也是相对的、有条件的。

（4）差异性。差异性是指构成总体的单位之间，除必须在某些方面具有共性外，在其他方面必须存在差异。正如集合中的元素一样，除具备集合要求具有的共性外，各个元素又是互异的。

例如，考察中小企业的经营状况时，各企业的生产方式、融资方式等完全有可能都是不一样的。这些差异是数据分析研究的基础。如果总体各单位之间不存在任何差异，数据分析就失去了意义。

2）个体

个体也称总体单位，即构成总体的各个基本单位，是数据资料最初始的承担者。我们要了解总体的数量特征，就要从一个个的总体单位调查入手。根据数据分析目的的不同，总体单位可以是人、物，也可以是企业、机构、地域或者是状况、长度、时间等。

3）总体与个体的关系

总体和个体是相对而言的，并不是固定不变的。随着研究目的的不同，两者是可以变化的。同一研究对象，在一种情况下，它以总体的身份出现，在另一种情况下，它又可能以个体的身份出现。例如，如果要研究某地区养殖业状况，则该地区所有养殖业是一个总体，每一个养殖场是个体；但如果要研究该地区某一养殖场的情况，则该养殖场就构成了一个总体。所以，只有当数据分析研究的目的确定以后，总体和个体这两个概念才是相对固定的。

3．指标（尺度）

1）指标的定义

指标也称尺度，是反映数据分析过程中总体数量特征的概念和具体数值。例如，国家统计局每年公布的关于国民经济和社会发展的统计公报，就是利用大量的数据指标来反映的。指标构成主要有以下两部分。

（1）指标名称，是指标内容和所包括的范围，即质的规定性。

（2）指标数值，是数量的特征，即量的规定性。

数据分析过程中的指标离不开数值。例如，2008年我国进出口总额为25 616亿美元，其中"进出口总额"是名称，"25 616亿美元"为数值。从完整的意义上讲，指标一般由6个要素构成：时间限制、空间限制、指标名称、指标数值、计量单位、计算方法。

2）指标的特点

（1）数量性。指标都能用数字表示，反映的是总体的数量特征。比如说形成指标的社会经济现象都必须用数量来表示，而像所有制、生产关系、生产力等，虽然是重要的社会经济范畴，但不可以直接表现为数量，所以不能称为指标。

（2）综合性。指标是说明总体综合特征的。例如，一个人的受教育年限不是指标，而许多人的平均受教育年限才称为指标。由此可见，指标的形成都必须经过从个别到一般的过程，任何指标都是综合指标。

（3）具体性。指标在一定时间、一定地点、一定条件下反映总体的数量特征。它并不是抽象的概念和数字，而是客观存在的事实的真实反映。

3）指标的分类

（1）按所反映对象的数量特点分，指标可分为数量指标和质量指标。

数量指标又称为总量指标，是反映现象总体某一特征（如规模、总水平、工作总量）的统计指标，是用绝对数表示的，如国内生产总值、商品销售额、固定资产投资额等。

质量指标是反映现象相对水平和工作质量等，表现总体质的属性的量（如强度、密度、效果、工作质量），多用相对数或平均数来表示，如劳动生产率、平均工资、人口密度、就业率等。

（2）按表现形式分，指标可分为总量指标、相对指标和平均指标。

总量指标又称为绝对指标，是说明现象总体的规模、水平或工作总量的统计指标，如商品销售额、工业增加值等。

相对指标是两个有联系的指标数值相比较的结果，用于说明现象结构、相对程度、发展速度等指标，以相对数形式表示，如人口密度、就业率等。

平均指标说明现象总体的一般水平，用平均数形式表示，如平均工资、平均亩产等。

（3）按作用分，指标可分为描述指标、评价指标和预警指标。

描述指标是用来反映基本情况的，如国内生产总值、财政收支等。

评价指标是用来对客观事物活动的结果进行考核和评价的，如销售利润率、净资产收益率等指标都是评价企业经营活动的指标。

预警指标用来监测经济运行和经济活动，并对可能出现的异常情况做出预报的统计指标，如失业率、通货膨胀率等。

4）指标体系

客观现象错综复杂，总体往往具有多种特征，而每一个指标只能反映总体现象的某一侧面的特征，为了全面认识总体基本特征，就需要将反映总体各方面特征的一系列指标结合起来，使得我们对总体有更全面、更系统、更深入的认识，更好地发挥统计的整体功能。

（1）指标体系的含义。

指标体系就是由若干个反映社会经济现象数量特征的具有内在联系的、相互独立的统计指标所组成的有机整体。例如，如果考察一个企业的经营状况，则总产量、净产值、劳动生产率、质量、成本、销售收入等统计指标联系起来就组成了反映企业经济效益的指标体系。这有助于我们从不同角度，全面、客观、准确地评价该企业。

统计指标的形成一般有两种类型：一类是数学形式表达的指标体系。例如：

$$产品总产值=产品产量×产品单位价格$$

另一类是框架式的指标体系。例如，国家统计局与原国家计委 1995 年联合制定的"全国人民小康生活水平"的指标体系就包括经济水平、物质生活、人口素质、精神生活和生活环境五大方面，其指标包括人均国内生产总值、城镇人均可支配收入、农民人均纯收入、城镇住房人均使用面积、农村钢木结构住房人均使用面积、人均蛋白质日摄入量、城市每人拥有铺路面积、农村通公路行政村比重、恩格尔系数、成人识字率、人均预期寿命、婴儿死亡率、教育娱乐支出比重、电视机普及率、森林覆盖率、农村初级卫生保健基本合格县比重16 个指标。

（2）指标体系的分类。

指标体系从不同的角度有不同的分类。

① 按反映的内容分类。

指标体系按其反映内容的不同，可分为社会指标体系、经济指标体系和科学技术指标体系。它们分别从人口社会、国民经济运行和科学技术发展三个方面，反映一定时期、一定范围内国民经济和社会科技发展的总体状况。

② 按考核范围分类。

指标体系按其考核范围的不同，可分为宏观指标体系、中观指标体系和微观指标体系。宏观指标体系反映整个社会、经济和科技情况；中观指标体系反映各个地区和各个部门、行业的社会、经济和科技情况；微观指标体系反映各企业、事业单位的生产或工作运行情况。

③ 按作用功能分类。

指标体系按其功能的不同，可分为描述性指标体系、评价性指标体系和预警性指标体系。描述性指标体系主要反映社会经济现象的现状、运行过程和结果；评价性指标体系主要是比较、判断社会经济现象的运行过程、结果是否正常；预警性指标体系是对经济运行过程进行监测，起预警作用的指标。

上述各类指标都有其自身的特点，在实际工作中可以根据数据分析研究的目的选择运用或综合运用，以便充分发挥统计的信息、咨询和监督的整体功能。

（3）建立指标体系的作用。

① 利用指标体系，可以深刻认识现象的全貌，把握总体各方面的特征及事物发展变化的全过程。

② 利用指标体系，可以揭示现象总体存在的矛盾，以查明产生现实结果的原因。

③ 利用指标体系，可根据已知指标来计算和推测未知指标。

指标体系会随着各种客观现象的发展变化而变化，但指标体系一旦建立，应力求保持相对稳定，以便积累历史资料，进行系统的比较分析。

4．变量

1）变量的定义

狭义地讲，可变的数量标志是变量；广义地讲，标志就是变量。一般情况下，我们都从狭义的角度来理解变量，如年龄、产值、身高、体重、工资、成绩等。变量的具体数值表现称为变量值，如年龄 15 岁、16 岁、30 岁等。变量与变量值是两个既有密切联系又有明显区别的不同概念，不能混淆。例如，职工人数是一个变量，因为各个工厂的职工人数可能是不同的，如甲工厂有 852 人，乙工厂有 1686 人，丙工厂有 964 人，都是"职工人数"这个"变量"的具体数值，也就是变量值；而它们的平均数，不能说是 3 个"变量"的平均数，因为这里只有"职工人数"1 个变量，并没有 3 个变量，而所要平均的是这个变量的 3 个数值，即 3 个变量值。

2）变量的分类

（1）按计数的特点分。

① 连续变量：指变量值在相邻的两值之间可无穷分割，可以表现为无穷小数，如粮食

产量、身高、体重、总产值、资金、利润等。

② 离散变量：变量值只能表现为整数，如人口数、工厂数、机器台数等。

（2）按其性质不同分。

① 确定性变量：是指变量的取值可以事先预知或可以控制的变量。例如，在农业生产中，施肥数量与农作物产量之间是有一定相关性的，在这两个变量中，施肥数量的取值是可以事先预知或可以控制的变量，它是确定性变量。

② 随机性变量：是指变量的取值受到不确定因素的影响，事先无法预知或无法控制的变量。例如，在农业生产中，施肥数量与农作物产量之间是有一定相关性的，但是，农作物产量的取值在事先是无法预知和控制的，它是随机性变量。

5. 概率

数据中隐含着非常丰富的重要信息，要有效地充分利用数据，需要运用推断统计的方法。推断统计就是在搜集、整理观测样本数据的基础上，对有关总体做出推断，其特点是根据随机性的观测样本数据及问题的条件和假定，对未知事物做出的以概率形式表述的推断。推断统计的理论和方法在我国通常被认为是概率论与数理统计的内容。

1）事件的概率

事件 A 的概率是描述事件 A 在试验中出现的可能性大小的一种度量，记事件 A 出现可能性大小的数值为 $P(A)$，$P(A)$ 称为事件 A 的概率。

2）概率的性质与运算法则

（1）概率的基本性质。

① 对任一随机事件 A，有 $0 \leqslant P(A) \leqslant 1$。

② 必然事件的概率为 1，而不可能事件的概率为 0，即 $P(\Omega)=1$，$P(\Phi)=0$。

③ 若 A 与 B 互斥，则 $P(A \cup B)=P(A)+P(B)$，此性质可推广到多个两两互斥的随机事件 $A_1,A_2,\cdots,A_n$，则 $P(A_1 \cup A_2 \cup \cdots \cup A_n)=P(A_1)+P(A_2)+\cdots+P(A_n)$。

（2）概率的加法法则。

法则 1，两个互斥事件之和的概率，等于这两个事件概率之和。设 A 和 B 为两个互斥事件，则 $P(A \cup B)=P(A)+P(B)$。

法则 2，对于任意两个随机事件，它们和的概率为两个事件分别的概率之和减去两个事件之交的概率，即 $P(A \cup B)=P(A)+P(B)-P(A \cap B)$。

3）随机事件及其概率

（1）随机事件。

我们经常接触到的现象可以分为两类，一类是确定性现象，这类现象的特点是事前就可以预言其结果。例如，学生的成绩为百分制，随机抽取一名学生，我们说其成绩在[0,100]，这就是一个确定性现象。在一定条件下必然发生的事件，我们称为必然事件。在一定条件下，不会发生的事件称为不可能事件。这两类事件的特点是在事前，我们都可以预言其结果，它们都是确定性现象。

另一类是不确定性现象，在概率论中称为随机现象，这类现象的特点是：当它发生时可能会导致不同的结果出现，到底会出现哪一种结果，事前是无法预知的，只有事后才能确定。例如，"向上抛一枚硬币，哪一面朝上"这种现象就是随机现象，因为向上抛一枚硬币，有可能正面朝上，也有可能反面朝上。又如掷骰子，会出现哪一个点，也是不确定的。对于一个射击运动员来说，一次射击会射中多少环，也是随机现象。

为了研究随机现象内部存在的数量规律性，我们必须对随机现象进行多次重复试验。比如，我们要想知道掷骰子会出现哪一个点，就需要进行掷骰子的试验。这类试验的特点是：①可以在相同的条件下重复多次；②试验的结果有多种可能，每一次试验之前无法预知哪一个结果会出现。我们把符合这两个条件的试验称为随机试验。每次试验中，可能发生也可能不发生的事件称为随机事件（或偶然事件），简称为事件。例如，在掷骰子的试验中，出现1点就是一个随机事件。

随机事件可以分为基本事件和复合事件。随机试验出现的每一种基本结果称为基本事件，基本事件的个数与随机试验可能出现的所有结果个数相同。例如，向上抛一枚硬币，会出现两种结果：正面朝上或反面朝上，那么正面朝上、反面朝上就是抛硬币的两个基本事件。再如，掷骰子可能会出现6种情况，则出现各个点数就是一个基本事件。复合事件是由多个基本事件复合而成的。例如，掷骰子出现点数大于3，就是一个复合事件，它包括三个基本事件：点数为4、点数为5和点数为6。

（2）概率。

为了度量随机事件出现的可能性大小，我们引入了概率。

① 概率的统计定义。在相同条件下进行大量的重复试验，一个随机事件 A 出现的次数 m 和总的试验次数 n 之比，称为这个事件在这 n 次试验中出现的频率。当试验次数 n 很大时，频率将稳定在一个常数（用 $P(A)$ 表示）附近，我们把这个常数称为该随机事件 A 的概率，即

$$P(A) = \frac{m}{n}$$

例如，向上抛一枚硬币，出现正面和反面的频率，随着抛硬币次数 n 的逐渐增大，将稳定在 1/2 左右。

② 概率的古典定义。如果一个试验满足两个条件：a）试验只有有限个基本结果；b）试验的每个基本结果出现的可能性是一样的，那么该试验称为古典试验。对于古典试验中的事件 A，它的概率定义为

$$P(A) = \frac{m}{n}$$

式中，n 表示该试验中所有可能出现的基本结果的总数目；m 表示事件 A 包含的试验基本结果数。

【例 5-1】掷一枚骰子，求：①出现奇数点的概率；②出现 1 点的概率。掷一枚骰子，共有 6 个基本事件，即出现1点、出现2点、……、出现6点。出现奇数点包括 3 个基本事件，即出现1点、出现3点和出现5点，所以出现奇数点的概率是 $\frac{3}{6} = \frac{1}{2}$。掷一枚骰子，出现任何一个点的概率都是相同的，所以出现1点的概率是 $\frac{1}{6}$。

③ 主观概率的定义。主观概率是凭个人经验或专业技能对某一事件出现的可能性大小进行的一种人为估计。在实际生活中，有些随机事件不能满足古典试验的条件，也不能进行大量重复的统计试验，确定各种可能结果的概率，只能根据以往的经验，人为确定事件发生的概率。例如，某企业研发出一种新产品，市场人员根据分析，主观给出概率，如滞销的概

率为 0.2，一般的概率为 0.2，畅销的概率为 0.6。

（3）随机变量。

① 定义。为了研究随机试验的结果，反映随机现象的统计规律性，我们可以将随机试验的结果数量化，引入随机变量的概念。

设一个随机试验，其样本空间 $S=\{e\}$，如果对每一个样本点 $e \in S$ 有一个实数 $X\{e\}$ 与其对应，这个在样本空间 S 上定义的单值实值函数 $X(e)$ 称为随机变量，简称为 X。引入随机变量后，我们就可以用随机变量来描述随机事件。例如，抛一枚硬币，我们用 1 表示"出现正面"，用 0 表示"出现反面"。将随机试验结果数量化，实际上相当于引入一个变量 X，对于随机试验的结果，X 的取值为 1 或 0，这样，对于不同的试验结果，X 可以取不同的值。再如，同时抛两枚硬币，可能会出现 4 种情况：正反、正正、反正、反反。我们用 X 表示出现正面的次数，则 X 的所有可能取值为 0、1、2。$X=0$ 代表事件"反反"；$X=1$ 代表事件"反正"和"正反"；$X=2$ 代表事件"正正"。

随机变量的取值是有随机性的，试验之前我们只能知道它的可能取值范围，无法预知它取什么值，但我们根据已知条件，可以测算随机变量 X 取每一个值的概率，通过概率来反映取值的可能性大小。

② 随机变量的类型。根据随机变量取值的特性，我们可以将随机变量分为以下两类：a）离散型随机变量。如果随机变量 X 的可能取值是有限个的或无限多个的，那么这种随机变量称为离散型随机变量。例如，同时抛两枚硬币，随机变量 X 表示出现正面的次数，则随机变量 X 为离散型随机变量，所有可能取值是有限个的。再如，掷骰子出现的点数可以取 $1,2,\cdots,6$，也是离散型随机变量。b）连续型随机变量。如果随机变量 X 的所有可能取值不能逐个列举出来，而是某一区间内的任一点，则称该随机变量为连续型随机变量。例如，从郑州到开封的公交车每隔一个小时发一班，则乘客的等待时间为连续型随机变量，在[0,60]这个区间，可以取任何一个值。从 10 000 名考生中随机地抽取出 1 名考生，其考试成绩也是连续型随机变量。

4）大数定律

抽样估计的思想是用样本的信息去估计总体的特征，大数定律是用样本估计总体的理论基础。其直观含义是随机事件的规律性在大量观察中才能显露出来的，随着观察次数的增加，随机影响将相互抵消而使规律具有稳定的性质。例如，随着样本容量的增大，样本均值与总体均值会越来越接近。

（1）切比雪夫定理。

设随机变量 $x_1, x_2, \cdots, x_n$ 相互独立，且具有相同的数学期望和方差：$E(x_i) = \bar{X}$、$D(x_i) = \sigma^2$，则 $Y_n = \dfrac{1}{n} \sum_{i=1}^{n} x_i$，依概率收敛于数学期望 $\bar{X}$。

（2）伯努利定理。

设 n_A 是 n 次独立重复试验中事件 A 发生的次数，p 是事件 A 在每次试验中发生的概率，则对于任意的正数 $\varepsilon > 0$，有

$$\lim_{n \to \infty} P\left\{ \left| \frac{n_A}{n} - p \right| < \varepsilon \right\} = 1$$

伯努利定理表明了当试验次数越来越多的时候，事件发生的频率依概率收敛于事件发生的概率 p，我们可以用频率代替概率。

（3）辛钦定理。

设随机变量 $x_1, x_2, \cdots, x_n$ 相互独立，服从同一分布，且具有相同的数学期望 $E(x_i) = \bar{X}$，则对于任意的正数 $\varepsilon > 0$，有

$$\lim_{n \to \infty} P\left\{\left|\frac{1}{n}\sum_{i=1}^{n} x_i - \bar{X}\right| < \varepsilon\right\} = 1$$

5）中心极限定理

中心极限定理是大样本统计推断的理论基础。它证明了不论总体服从什么分布，只要方差有限，在观察值足够多时，估计量的分布就趋向正态分布。下面介绍几个常用的中心极限定理。

（1）独立同分布的中心极限定理。

设随机变量 $x_1, x_2, \cdots, x_n$ 相互独立，服从同一分布，且具有相同的数学期望和方差：$E(x_i) = \bar{X}$、$D(x_i) = \sigma^2$，则随机变量

$$Y_n = \frac{\sum\limits_{i=1}^{n} x_i - E(\sum\limits_{i=1}^{n} x_i)}{\sqrt{D(\sum\limits_{i=1}^{n} x_i)}} = \frac{\sum\limits_{i=1}^{n} x_i - n\bar{X}}{\sqrt{n}\sigma}$$

随机变量 Y_n 的分布函数 $F_n(x)$ 满足：

$$\lim_{n \to \infty} F_n(x) = \lim_{n \to \infty} P\left\{\frac{\sum\limits_{i=1}^{n} x_i - n\bar{X}}{\sqrt{n}\sigma} \leqslant x\right\} = \int_{-\infty}^{x} \frac{1}{\sqrt{2\pi}} e^{-\frac{\sigma^2}{2}} \mathrm{d}t$$

该定理表明，一个随机变量，如果它是很多个相互独立的随机变量之和，其中每一个变量对总和只有微小的影响，那么当求和项数无限增加时，这一总和的分布将趋于正态分布，将其标准化之后趋于标准正态分布。

（2）李雅普诺夫定理。

李雅普诺夫定理的基本含义是无论随机变量 x_i（$i=1,2,\cdots$）服从什么分布，只要满足一定的条件，它们的和 $\sum\limits_{i=1}^{n} x_i$，当 n 很大时，就近似服从正态分布。

（3）德莫佛-拉普拉斯定理。

设随机变量 η_n 服从参数为 n、p 的二项分布，则对于任意的 x 有

$$\lim_{n \to \infty} P\left\{\frac{\eta_n - np}{\sqrt{np(1-p)}} \leqslant x\right\} = \int_{-\infty}^{x} \frac{1}{\sqrt{2\pi}} e^{-\frac{\sigma^2}{2}} \mathrm{d}t$$

该定理表明，当 n 很大时，正态分布是二项分布的极限分布。

另外，19 世纪 20 年代，林德伯格和勒维证明，从均值为 $\bar{X}$、方差为 σ^2（有限）的任意一个总体中抽取样本容量为 n 的样本，当 n 充分大时，样本均值的极限分布为正态分布。

6）分布

从一个总体中按照随机原则抽取样本容量相同的所有可能样本之后，计算样本统计量的值及取该值的相应概率，就组成了样本统计量的概率分布，简称抽样分布。样本统计量的抽样分布是进行统计推断的基础。

（1）离散型随机变量的概率分布。

设离散型随机变量 X 的所有可能取值为 $x_1, x_2, \cdots$，且取每一个值的概率分别为 $p_1, p_2, \cdots$，则 $P(x = x_i) = p_i$，$i = 1, 2, \cdots$，为离散型随机变量 X 的概率分布，也可以用表格的形式表示，如表 5-1 所示。

表 5-1 离散型随机变量的概率分布表

$X = x_i$	x_1	x_2	...	x_n	...
p_i	p_1	p_2	...	p_n	...

根据概率的特点，p_i 具备以下两个条件：$p_i \geq 0$ 和 $\sum\limits_{i=1}^{n} p_i = 1$。

【例 5-2】同时抛两枚硬币，可能会出现 4 种情况：正反、正正、反正、反反。我们用 X 表示出现正面的次数，则 X 是一个离散型随机变量，写出出现正面次数的概率分布。出现正面次数的概率分布如表 5-2 所示。

表 5-2 出现正面次数的概率分布（同时抛两枚硬币）

$X = x_i$	0	1	2
p_i	$\dfrac{1}{4}$	$\dfrac{2}{4}$	$\dfrac{1}{4}$

离散型随机变量 X 的数学期望 $E(X)$ 是其所有可能取值 X_i（$i=1, 2, \cdots, n$）及相应概率 P_i（$i=1, 2, \cdots, n$）的乘积之和，即

$$E(X) = \sum_{i=1}^{n} X_i P_i$$

离散型随机变量 X 的方差 σ^2 是其所有可能取值与数学期望离差平方 $[X_i - E(X)]^2$ 与相应概率 P_i 的乘积之和，即

$$\sigma^2 = \sum_{i=1}^{n} [X_i - E(X)]^2 P_i$$

【例 5-3】例 5-2 中，求出现正面次数的数学期望和方差。

$$E(X) = \sum_{i=1}^{n} X_i P_i = 0 \times \frac{1}{4} + 1 \times \frac{2}{4} + 2 \times \frac{1}{4} = 1$$

$$\sigma^2 = \sum_{i=1}^{n} [X_i - E(X)]^2 P_i = (0-1)^2 \times \frac{1}{4} + (1-1)^2 \times \frac{2}{4} + (2-1)^2 \times \frac{1}{4} = \frac{1}{2}$$

下面介绍几种重要的离散型随机变量的概率分布。

① 两点分布。

如果将随机试验的结果只划分为两种情况，出现第一种情况的概率为 P，出现第二种情况的概率为 $1-P$，我们用 X 表示随机试验的结果，出现第一种情况时（也可表述为成功），让 $X=1$；出现第二种情况时（也可表述为失败），让 $X=0$，则称随机变量 X 服从参数为 P 的两点分布或 0-1 分布，其概率分布如表 5-3 所示。

表 5-3 两点分布的概率分布表

$X = x_i$	0	1
P_i	$1-P$	P

两点分布的数学期望：

$$E(X) = \sum_{i=1}^{n} X_i P_i = 0 \times (1-P) + 1 \times P = P$$

方差：

$$\sigma^2 = \sum_{i=1}^{n} [X_i - E(X)]^2 P_i = (0-P)^2 \times (1-P) + (1-P)^2 \times P = P(1-P)$$

【例 5-4】向上抛一枚硬币，我们用 X 表示出现正面的次数，X 有两个可能取值 0 或 1。则随机变量 X 服从两点分布，其概率分布如表 5-4 所示。

表 5-4   出现正面次数的概率分布表（抛一枚硬币）

$X = x_i$	0	1
P_i	$\dfrac{1}{2}$	$\dfrac{1}{2}$

② 二项分布。

如果随机试验的结果只有两个，那么该随机试验称为伯努利试验。若将一个伯努利试验在完全相同的条件下独立重复 n 次，则称为 n 重伯努利试验。n 重伯努利试验必须具备以下几个特点：a) 每次试验的结果只有两个，分别用"成功"和"失败"来表示。成功表示这个试验结果是我们关注的。例如，成绩分为及格和不及格，如果我们关注及格，则成功就表示及格这个结果。b) 每次试验"成功"的概率为 P，"失败"的概率为 $1-P$。c) n 次试验相互独立，互不影响，每次试验结果均不受其他各次试验结果的影响。d) n 次试验必须在完全相同的条件下进行。

在 n 重伯努利试验中，我们用 X 表示"成功"的次数，X 是随机变量，其概率分布可以表示为

$$P(X=k) = C_n^k P^k (1-P)^{n-k}, \quad k=0,1,2,\cdots,n$$

在这种情况下，我们称随机变量 X 服从参数为 n、P 的二项分布，记为 $X \sim B(n,P)$。

【例 5-5】向上抛一枚硬币 10 次，我们用 X 表示出现正面的次数，则 X 的所有可能取值为 $0,1,\cdots,10$，求出现正面次数为 3 次的概率。

解：$P(X=3) = C_{10}^3 \left(\dfrac{1}{2}\right)^3 \left(1-\dfrac{1}{2}\right)^{10-3}$

【例 5-6】一个炮手命中目标的概率为 0.2，共发射了 14 发炮弹，求命中 2 发的概率。

解：根据二项分布的概率函数计算如下：

$P(X=k) = C_n^k P^k (1-P)^{n-k} = C_{14}^2 \cdot 0.2^2 (1-0.2)^{12}$

③ 泊松分布。

泊松分布研究的对象是具有计数值特征的质量特性，如布匹上出现疵点的规律、机床发生故障的规律。自然界和生活中也有大量现象服从泊松分布规律，如超市每天的顾客人数、每分钟到达公共汽车站的乘客人数等。

泊松分布的分布律为：

$$P\{X=k\} = \frac{\lambda^k e^{-\lambda}}{k!}, \quad k=0,1,2,\cdots$$

在这种情况下，我们称随机变量 X 服从参数为 λ 的泊松分布，记为 $X \sim \pi(\lambda)$。

（2）连续型随机变量的概率分布。

连续型随机变量的所有可能取值不能逐个列举出来，它是某一区间内的任一点，所以我们不能像离散型随机变量那样确定其概率分布，而是要通过数学函数的形式来表达。用 $f(x)$ 表示连续型随机变量的概率密度函数，其概率用分布函数 $F(x)$ 表示，即

$$F(x) = P(X \leqslant x) = \int_{-\infty}^{x} f(t)\mathrm{d}t$$

根据分布函数，$P(a \leqslant X < b)$ 可以写为

$$P(a \leqslant X < b) = \int_{a}^{b} f(x)\mathrm{d}x = F(b) - F(a)$$

显然，连续型随机变量的概率密度函数 $f(x)$ 是分布函数 $F(x)$ 的导数。概率密度函数 $f(x)$ 具有以下几个特征。

- 概率密度函数是非负函数，即 $f(x) \geqslant 0$。
- $\int_{-\infty}^{+\infty} f(x)\mathrm{d}x = 1$。
- 随机变量 X 落在区间 (x_1, x_2) 内的概率等于它的概率密度函数 $f(x)$ 在该区间上的定积分，即 $P(x_1 \leqslant X \leqslant x_2) = \int_{x_1}^{x_2} f(x)\mathrm{d}x$。

在平面直角坐标系中画出 $f(x)$ 的图形，则对于任何实数 $a<b$，$P(a \leqslant X < b)$ 是该曲线下从 a 到 b 的面积，即

$$P(a \leqslant X < b) = \int_{a}^{b} f(x)\mathrm{d}x$$

连续型随机变量的数学期望为

$$E(X) = \int_{-\infty}^{+\infty} xf(x)\mathrm{d}x$$

连续型随机变量的方差为

$$\sigma^2 = \int_{-\infty}^{+\infty} [x - E(X)]^2 f(x)\mathrm{d}x$$

下面介绍几种常用的连续型随机变量的概率分布。

① 正态分布。

在连续型随机变量的概率分布中，正态分布是应用最广泛的一种分布。现实生活中，很多现象都呈现出两端小中间大的分布形态，即正态分布。正态分布最初由高斯提出，所以又称为高斯分布。

如果随机变量 X 的概率密度函数为

$$\varphi(X) = \frac{1}{\sqrt{2\pi}\sigma} \mathrm{e}^{-\frac{(X-\bar{X})^2}{2\sigma^2}} \quad (-\infty < X < +\infty)$$

则称 X 服从正态分布，记作 $X \sim N(\bar{X}, \sigma^2)$。

根据正态分布概率密度函数的图形，我们可以知道，正态分布为单峰钟形对称分布，以 $x=\bar{X}$ 为对称轴，且沿不同的水平方向单调下降，当 $X \to +\infty$ 时，曲线以 X 轴为渐近线。总体均值决定分布曲线的位置；当平均数不同时，分布曲线也会发生平移。总体标准差决定分布曲线的形状，总体标准差越大，分布曲线越平缓；总体标准差越小，分布曲线越陡峭。

参数 $\bar{X}=0$、$\sigma^2=1$ 时的正态分布，称为标准正态分布，记作 $X \sim N(0,1)$，其密度函数为

$$\varphi(X) = \frac{1}{\sqrt{2\pi}\sigma} \mathrm{e}^{-\frac{x^2}{2}} \quad (-\infty < X < +\infty)$$

标准正态分布的分布函数用 $\Phi(X)$ 表示，$\Phi(X) = P(X \leqslant x) = \int_{-\infty}^{x} \varphi(X)\mathrm{d}x$，由于标准正态分布的概率密度函数以 0 作为对称轴，所以 $\Phi(-X) = 1 - \Phi(X)$。在实际应用中，标准正态分布求概率并不通过积分求得，而是编制了标准正态分布概率表，通过查表可以求得概率。

为了计算方便，在求正态分布的概率时，首先需要将正态分布变换为标准正态分布，计算服从标准正态分布的变量取值在某个区间的概率只需查标准正态概率分布表。对于任何一个正态分布，都可以通过变换使其标准化。设 $X \sim N(\bar{X}, \sigma^2)$，通过变换 $Z = \dfrac{X - \bar{X}}{\sigma}$，则 $Z \sim N(0,1)$。

【例 5-7】某地区 10 000 名考生参加了一次统计学考试，考生的成绩服从正态分布，即 $X \sim N(50, 10^2)$，现从 10 000 名考生中随机抽取出一名考生，问其成绩落在 (40,60) 的概率为多少？

解：

$$P(40 \leqslant X \leqslant 60) = P\left(\frac{40 - 50}{10} \leqslant \frac{X - 50}{10} \leqslant \frac{60 - 50}{10} \right) = P\left(-1 \leqslant \frac{X - 50}{10} \leqslant 1 \right)$$
$$= \Phi(1) - \Phi(-1) = 2\Phi(1) - 1 = 0.6827$$

【例 5-8】已知某产品的使用寿命服从正态分布，已知平均使用寿命为 550h，使用寿命的标准差为 50h，随机抽取出一个产品，问其使用寿命在 525～575h 的概率为多少？

解：已知使用寿命 $X \sim N(550, 50^2)$

$$P(525 \leqslant X \leqslant 575) = P\left(\frac{525 - 550}{50} \leqslant \frac{X - 550}{50} \leqslant \frac{575 - 550}{50} \right)$$
$$= P\left(-0.5 \leqslant \frac{X - 550}{50} \leqslant 0.5 \right)$$
$$= 2\Phi(0.5) - 1 = 0.3829$$

② χ^2 分布。

设随机变量 $x_1, x_2, \cdots, x_n$ 相互独立，且 x_i（$i = 1, 2, \cdots, n$）服从标准正态分布，则它们的平方和 $\displaystyle\sum_{i=1}^{n} x_i^2$ 服从自由度为 n 的 χ^2 分布。

χ^2 分布的特点有以下几个方面。

- χ^2 分布的数学期望 $E(\chi^2) = n$，方差 $D(\chi^2) = 2n$。
- χ^2 分布具有可加性。若 $\chi_1^2 \sim \chi_1^2(n_1)$、$\chi_2^2 \sim \chi_2^2(n_2)$，且独立，则 $\chi_1^2 + \chi_2^2 \sim \chi^2(n_1 + n_2)$。
- χ^2 分布为非对称分布，分布形状取决于自由度的大小，自由度越大，分布越趋于对称分布。当自由度 $n \to +\infty$ 时，χ^2 分布的极限分布为正态分布，即 $\chi^2(n) \sim N(n, 2n)$。
- χ^2 分布随机变量的取值范围为 $(0, +\infty)$。
- χ^2 分布：$P(X \geqslant \chi_\alpha^2) = \alpha$。

③ F 分布。

设随机变量 Y 和 Z 相互独立，且 $Y \sim \chi^2(m)$，$Z \sim \chi^2(n)$，则随机变量 $X = \dfrac{Y/m}{Z/n}$ 服从 F 分布，即 $X \sim F(m, n)$。

F 分布的特点有以下几个方面。

- F 分布随机变量的取值范围为 $(0, +\infty)$。
- F 分布的分布曲线受两个自由度的影响。
- 若 $F \sim F(m, n)$，则 $1/F \sim F(m, n)$。
- F 分布：$P(F \geqslant F_\alpha) = \alpha$。

④ t 分布。

设随机变最 X 和 Y 相互独立，且 $X \sim N(0,1)$，$Y \sim \chi^2(n)$，则随机变量 $t = \dfrac{X}{\sqrt{Y/n}}$ 服从自由度为 n 的 t 分布，记为 $t(n)$。

t 分布的特点有以下几个方面。

- t 分布是以 $t=0$ 为中心的钟形对称分布，这一点与正态分布类似。
- 分布曲线随自由度的变化而变化，自由度越大，分布曲线越陡峭，离散程度越小；反之，自由度越小，分布曲线越平缓，离散程度越大。
- 当自由度 n 越来越大时，t 分布与标准正态分布非常接近。
- t 分布：$P(-t_{\alpha/2} \leqslant t \leqslant t_{\alpha/2}) = 1 - \alpha$。

7）正态总体统计量的分布

（1）样本均值的抽样分布。

样本均值的抽样分布是由总体中全部样本均值的可能取值和与之相应的概率组成的。从总体里按随机原则抽取 n 个样本单位，分别为 $x_1, x_2, \cdots, x_n$，它们与总体服从同一分布。设总体均值为 $\bar{X}$，总体方差为 σ^2。

① 样本均值的数学期望和方差。

- 重复抽样。在重复抽样的情况下，n 个样本单位 $x_1, x_2, \cdots, x_n$ 相互独立，且与总体同分布。样本均值的数学期望和方差分别为

$$E(\bar{X}) = E\left(\frac{x_1 + x_2 + \cdots + x_n}{n}\right) = \frac{E(x_1) + E(x_2) + \cdots + E(x_n)}{n} = \frac{nx}{n} = \bar{X}$$

$$\sigma_x^2 = E\left(\frac{x_1 + x_2 + \ldots + x_n}{n} - \bar{X}\right)^2 = E\left(\frac{(x_1 - \bar{X}) + \cdots + (x_n - \bar{X})}{n}\right)^2$$

$$= \frac{1}{n^2}[E(x_1 - \bar{X})^2 + \cdots + E(x_n - \bar{X})^2] = \frac{\sigma^2}{n}$$

重复抽样的样本均值的数学期望等于总体均值，样本均值的方差等于总体方差除以样本单位数。

- 不重复抽样。在不重复抽样的情况下，$x_1, x_2, \cdots, x_n$ 不独立，数学上可以证明。样本均值的数学期望和方差分别为

$$E(X) = \bar{X}$$

$$\sigma_{\bar{x}}^2 = E\left(\frac{x_1 + x_2 + \cdots + x_n}{n} - \bar{X}\right)^2 = \frac{\sigma^2}{n} \cdot \frac{N - n}{N - 1}$$

从样本均值的数学期望和方差的计算公式中我们可以看到，样本均值的数学期望是总体均值，说明样本均值是总体均值的无偏估计量，而样本均值的方差为总体方差的无偏估计量（以重复抽样为例），当样本容量 n 越来越大时，样本均值取值的离散程度越来越小，说明用样本均值估计总体均值越来越准确。

② 样本均值的抽样分布。

当总体服从正态分布 $N(\bar{X}, \sigma^2)$ 时，样本均值也服从正态分布，即

$$\bar{x} \sim N(\bar{X}, \sigma_{\bar{x}}^2)$$

在现实生活中，很多现象的分布不是正态分布或者也不是近似正态分布，样本均值的分布也依赖于总体的分布情况。根据中心极限定理，不管总体服从什么分布，当样本容量 n 足够大时，样本均值也近似服从正态分布，n 越大，近似程度越好。所需要的样本容量与总体的分布相关，但只要样本容量 $n \geq 30$，无论总体服从什么分布，都可以满足近似服从正态分布的要求。

【例 5-9】从一个总体里抽取一个容量为 $n=49$ 的简单随机样本，总体均值为 25，总体方差为 0.49，要求计算样本均值小于 24.9 的概率。

解：因为 $n>30$，所以样本均值近似服从正态分布，以重复抽样为例，$\sigma_{\bar{x}}^2 = \dfrac{\sigma^2}{n} = \dfrac{0.49}{49}$，则 $\sigma_{\bar{x}} = 0.1$，即 $\bar{x} \sim N(25, 0.1^2)$

$$P(\bar{x} < 24.9) = P\left(\frac{\bar{x}-25}{0.1} < \frac{24.9-25}{0.1}\right) = P\left(\frac{\bar{x}-25}{0.1} < -1\right)$$
$$= 1 - \Phi(1) = 0.1587$$

（2）样本比例的抽样分布。

总体比例 P 是具有某种特征的单位数在总体单位总数中所占的比重。在前面我们已经知道，比例是一个特殊的平均数，设总体单位总数目是 N，总体中具有该特征的单位数是 N_1。对于每一个总体单位，当它具有该特征时，取值为 1，当它不具有该特征时，取值为 0，则对于随机变量 X 就有两个取值 0 或 1，随机变量 X 的数学期望 $E(X) = P$，方差 $\sigma^2 = P(1-P)$。因此，我们可以将总体比例看作是一个特殊的总体均值，样本比例看作是一个特殊的样本均值，关于样本比例抽样分布的确定方法与样本均值类似。

根据渐进分布的理论，二项分布的极限分布为正态分布。当样本容量 n 足够大时，样本比例 p 近似服从正态分布。在总体比例确定的情况下，如果 np 和 nq 均大于 5，则可认为样本是足够大的。

在重复抽样下，样本比例服从均值为总体比例 P，方差为 $\dfrac{P(1-P)}{n}$ 的正态分布，即

$$p \sim N\left(P, \frac{P(1-P)}{n}\right)$$

在不重复抽样下，样本比例服从均值为总体比例 P，方差为 $\dfrac{P(1-P)}{n} \cdot \dfrac{N-n}{N-1}$ 的正态分布，即

$$p \sim N\left(P, \frac{P(1-P)}{n} \cdot \frac{N-n}{N-1}\right)$$

【例 5-10】一个市场调查公司进行了一次全面调查，调查结果显示大约 87% 的客户对某企业的产品表示满意。若按照随机原则从该总体中抽取样本容量为 900 的样本，问样本比例的均值和标准差分别为多少？

解：

$E(p) = P = 0.87$

$$\sigma_p = \sqrt{\frac{P(1-P)}{n}} = \sqrt{\frac{0.87 \times (1-0.87)}{900}} = 0.011$$

$$np = 900 \times 0.87 = 783$$

$$nq = 900 \times 0.13 = 117$$

np 和 nq 均大于 5，因此，样本比例 p 的抽样分布近似服从正态分布，该分布的均值和标准差分别为 0.87 和 0.011。

（3）样本方差的抽样分布。

设总体服从正态分布，从总体中按随机原则抽取一个样本容量为 n 的样本，样本单位的取值用 x_i（$i = 1, 2, \cdots, n$）表示，$\bar{x}$ 表示样本均值，$\bar{X}$ 表示总体均值，σ^2 表示总体方差，则

$$\frac{\sum(x_i - \bar{x})^2}{\sigma^2} = \frac{\sum(x_i - \bar{X})^2 - n(\bar{x} - \bar{X})^2}{\sigma^2} = \sum\left(\frac{x_i - \bar{X}}{\sigma}\right)^2 - \left(\frac{\bar{x} - \bar{X}}{\sigma/\sqrt{n}}\right)^2$$

$$\frac{\sum(x_i - \bar{x})^2}{\sigma^2} = \frac{(n-1)S^2}{\sigma^2} \sim \chi^2(n-1)$$

因此，随机变量 $\frac{(n-1)S^2}{\sigma^2}$ 服从自由度为 $n-1$ 的 χ^2 分布。其中，S^2 为样本方差，σ^2 为总体方差，即

$$\frac{(n-1)S^2}{\sigma^2} \sim \chi^2(n-1)$$

5.2 质量波动理论

人们希望每个过程既具有能力又受控。

工序控制的概念与实施过程监控的方法早在 20 世纪 20 年代就由美国休哈特提出，今天的 SPC 与休哈特的方法并无本质区别。在第二次世界大战后期，美国开始将休哈特的理论用于实践，首先在军工部门推行。但是，上述统计控制方法未在美国制造业牢固扎根，第二次世界大战以后即已衰退。因此，美国在 1950—1980 年这段时间内，除少数企业外，SPC 几乎从制造业消失。然而，与此同时在战后经济遭到严重破坏的日本，经过 30 年的努力，却跃居世界质量与生产率方面的领先地位。

在强有力的竞争下，从 20 世纪 80 年代起，SPC 在西方开始复兴，并列为高科技技术之一。例如，加拿大钢铁公司于 1988 年列出的该公司高科技方向中第七项就是高科技的 SPC。美国从 20 世纪 80 年代起又开始在汽车工业、钢铁工业大规模推行 SPC，如福特汽车公司、通用汽车公司、伯利恒钢铁公司等。此外，SPC 在欧洲各国及东南亚一些国家也得到了广泛的发展。

1. SPC 的含义

统计工序控制（Statistical Process Control，SPC）是利用统计方法对过程中的各个阶段进行控制，从而达到改进与保证质量的目的。SPC 强调以全过程的预防为主。

SPC 给企业各类人员都带来了好处。对于生产第一线的操作者，可用 SPC 方法改进他们的工作；对于管理干部，可用 SPC 方法消除生产部门与质量管理部门之间的矛盾；对于领导干部，可用 SPC 方法控制产品质量，减少返工与浪费，提高生产率，最终可增加利税。

　　SPC 不仅用于制造过程，而且还可用于服务过程，改进与保证服务质量。SPC 的特点：全系统的，要求全员参加，人人有责；强调用科学方法来保证，这里主要应用统计方法，尤其是控制图。

2. SPC 的步骤

　　（1）SPC 培训。

　　培训内容主要有下列各项：SPC 的重要性；正态分布等统计基本知识；质量管理的 7 个工具，其中控制图是培训重点；制定工序流程图；制定工序控制标准等。

　　（2）确定关键变量（关键质量因素）。

　　① 对全厂每道工序都要进行分析（可用因果图），找出对产品质量影响最大的变量，即关键变量（可用排列图），如美国 LTV 钢铁公司共确定了大约 20 000 个关键变量。

　　② 找出关键变量后，列出工序流程图，即在图中按工艺流程顺序将每道工序的关键变量列出。

　　（3）提出或改进规格标准。

　　① 对步骤（2）所得到的每个关键变量进行详细分析。

　　② 对每个关键变量建立工序控制标准，并填写工序控制标准表，如表 5-5 所示。完成本步骤最困难、最费时间。例如，制定一个部门或车间的所有关键变量的工序控制标准，一个人需要工作两年多时间。

表 5-5　工序控制标准表

所在车间		控制点		控制因素		文件号		制定日期	
控制内容									
过程标准									
控制理由									
测量规定									
数据报告途径									
控制图	有无建立控制图		控制图类型			制定者制定日期		批准者批准日期	
纠正性措施									
操作程序									
审核程序									
制定者						审批者			

　　（4）在各部门落实将具有立法性质的有关工序控制标准的文件编制成明确易懂、便于操作的手册，供各道工序使用，如美国 LTV 钢铁公司以手册的形式共编制了 600 种工序控制标准。

　　（5）统计监控工序主要应用控制图对工序进行监控。在本步骤中，能够清楚地了解关键变量是如何受控的。依据本步骤的实践，可以对工序控制标准手册加以调整，即反馈到步骤（4）。

　　（6）诊断和采取措施解决问题。

　　① 可以运用传统的质量管理方法，如运用 7 个工具进行分析。

　　② 可以应用诊断理论，对工序进行分析与诊断。

③ 如果诊断和采取措施解决问题的效果显著，则有可能列出一个新变量并制定新的工序控制标准，即反馈到步骤（2）～（4）。

5.3　控制图原理

控制图（Control Chart），又称为管理图，是用来分析和判断工序是否处于稳定状态的，并带有控制界限的图形。它是判断和预报生产过程中质量状况是否发生异常波动的有效方法。控制图是在 1924 年由美国的休哈特首创的，因为它的用法简单、效果良好、便于掌握，因而逐渐成为质量管理中一种重要的工具。控制图的基本形式如图 5-5 所示。

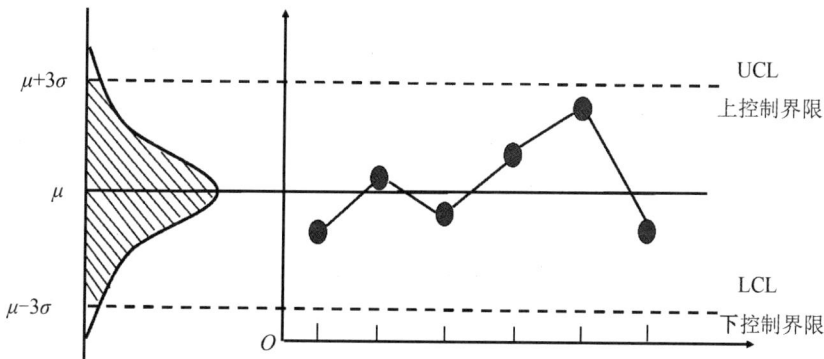

图 5-5　控制图的基本形式

控制图上的控制界限是用来判断工序是否发生异常变化的尺度。在实际工作中，无论在什么情况下（生产条件相同或不同），按一定标准制造出来的大量的同类产品的质量总是存在波动的。在生产过程中，质量控制的任务就是要查明和消除这类异常的因素，使工序始终尽量被控制在正常波动之中。利用控制图对生产过程进行控制，就是把被控制的质量特性值变为点描在图上，如果点全部落在上、下控制界限之间，而且点的排列又没有什么缺陷（如链、倾向、周期等），就判定生产过程处于控制状态，否则就认为生产过程中存在异常因索，于是，就要查明其原因，予以消除。

尽管正态变量的取值范围是$(-\infty,\infty)$，但它的值落在$(\mu-3\sigma,\mu+3\sigma)$内几乎是肯定的事99.73%。

5.3.1　控制界限的确定

通常是以样本均值$\bar{x}$为中心线，而上下取 3 倍的标准差（$\bar{x}\pm3\sigma$）来确定控制图的控制界限，因此用这样的控制界限作出的控制图，叫作 3σ 控制图，如图 5-5 所示。

在生产过程仅有偶然原因影响的稳定状态下生产出来的产品，其总体产品的质量特性分布为正态分布。根据正态分布的性质，取$\bar{x}\pm3\sigma$作为上下控制界限，这样质量特性值出现在 3σ 界限以外的概率很小，为 0.27%，即 1000 次中大约有 3 次。如果这 3 次忽略不计，即认为正态分布总体的产品质量特性值全部分布在 3σ 界限以内；如果在生产过程中有特性值出现并超过 3σ 界限以外的情况，就可以判断为有异常原因使生产状态发生了变化。因此，把按这种原则确定控制界限的方法称为千分之三法则。

5.3.2　控制图的用途

控制图在质量诊断方面，可以用来确定什么时候需要对过程加以调整，而什么时候需要使用过程保持相应的稳定状态；在质量改进方面，可以用来确认过程是否得到了改进。控制图通常可概括为以下三种用途。

（1）确定统计控制状态：根据描点的位置和分布状况，监视过程状态。

（2）监视过程并在过程超出控制界限时提供报警信号：即发现异常变异，启动必要的调查和纠正措施。

（3）确定过程能力：在一个较长的时期里，比较控制图所显示过程的统计控制状态或比较不同过程的控制图，显示和提供关于过程能力、过程稳定的证据。

5.3.3　控制图的类型和适用情况

控制图根据数据的种类不同，基本上可以分为两大类，即计量值控制图和计数值控制图。计量值控制图一般适用于以长度、强度、纯度等计量值为控制对象的场合，属于这类的有均值-极差控制图（$\bar{x}-R$ 控制图）、中位数-极差控制图（$\tilde{x}-R$ 控制图）等。

计数值控制图是以计数值数据的质量特性值为控制对象的，属于这类的有不合格品率控制图（p 控制图）和不合格品数控制图（p_n 控制图），这两种控制图称为计件值控制图；还有缺陷数控制图（c 控制图）和单位缺陷数控制图（u 控制图），这两种控制图称为计点值控制图。控制图种类及适用场合如表 5-6 所示。

表 5-6　控制图种类及适用场合

类　别	名　称	控制图符号	特　点	适 用 场 合
计量值控制图	均值-极差控制图	$\bar{x}-R$	最常用，判断过程是否正常的效果好，但计算工作量较大	适用于产品批量较大，且稳定、正常的过程
	均值-标准偏差控制图	$\bar{x}-S$	比较常用，判断过程是否正常的效果好，但计算工作量大	适用于产品批量较大，且稳定、正常的过程
	中位数-极差控制图	$\tilde{x}-R$	计算简便，但效果较差	适用于产品批量较大，且稳定、正常的过程
	单值-移动极差控制图	$x-R_S$	简便省事，并能及时判断过程是否处于稳定状态。缺点是不易发现过程分布中心的变化	因各种原因（时间、费用等）每次只能得到一个数据，或希望尽快发现并消除异常因素
计件值控制图	不合格品数控制图	p_n	较常用，计算简单，操作工人易于理解	样本数量相等
	不合格品率控制图	p	计算量大，控制线凹凸不平	样本数量可以不等
计点值控制图	缺陷数控制图	c	较常用，计算简单，操作工人易于理解	样本数量相等
	单位缺陷数控制图	u	计算量大，控制线凹凸不平	样本数量不等

5.4 控制图的设计及判断

5.4.1 控制图的设计

常用控制图类型及其控制界限的计算如表 5-7 所示。

表 5-7 常用控制图类型及其控制界限的计算

数据类型	分 布	控制图名称	表示方法	中心线	上限 下限
计量	正态分布	均值-标准偏差控制图	$\bar{x} - S$	$\bar{\bar{x}}$ $\bar{S}$	$\bar{\bar{x}} \pm A_1\bar{S}$ $B_4\bar{S}$, $B_3\bar{S}$
		均值-极差控制图	$\bar{x} - R$	$\bar{\bar{x}}$ $\bar{R}$	$\bar{\bar{x}} \pm A_2\bar{R}$ $D_4\bar{R}$, $D_3\bar{R}$
		中位数-极差控制图	$\tilde{x} - R$	$\bar{\tilde{x}}$ $\bar{R}$	$\bar{\tilde{x}} \pm E_2\bar{R}$ $D_4\bar{R}$, $D_3\bar{R}$
		单值-移动极差控制图	$x - R_S$	$\bar{x}$ $\bar{R}$	$\bar{x} \pm 2.66\bar{R}$ $3.27\bar{R}$, 0
计件	二项分布	不合格品数控制图	p_n	$n\bar{p}$	$n\bar{p} \pm 3\sqrt{n\bar{p}(1-\bar{p})}$
		不合格品率控制图	p	$\bar{p}$	$\bar{p} \pm 3\sqrt{\bar{p}(1-\bar{p})/\bar{n}}$
计点	泊松分布	缺陷数控制图	c	$\bar{c}$	$\bar{c} \pm 3\sqrt{\bar{c}}$
		单位缺陷数控制图	u	$\bar{u}$	$\bar{u} \pm 3\sqrt{\bar{u}/\bar{n}}$

在计算控制界限时,其系数取值如表 5-8 所示。

表 5-8 控制界限系数表

子组观测值个数	A_1	A_2	B_3	B_4	D_3	D_4	E_2
2	2.121	1.880	0.000	3.267	0.000	3.267	2.659
3	1.732	1.023	0.000	2.568	0.000	2.574	1.772
4	1.500	0.729	0.000	2.266	0.000	2.282	1.457
5	1.342	0.577	0.000	2.089	0.000	2.114	1.290
6	1.225	0.483	0.030	1.970	0.000	2.004	1.184
7	1.134	0.419	0.118	1.882	0.076	1.942	1.109
8	1.061	0.373	0.185	1.815	0.136	1.864	1.054
9	1.000	0.337	0.239	1.761	0.184	1.816	1.010
10	0.949	0.308	0.284	1.716	0.223	1.777	0.975

建立和应用控制图的一般过程包括以下几个步骤。

(1)选取控制图及控制的质量特性,如重量、不合格品数等。

(2)选用合适的控制图种类。

(3)确定样本组、样本大小和抽样间隔。在样本组内,假定波动只由偶然原因引起。

(4)收集并记录至少 20～25 个样本组数据,或使用以前记录的数据。

(5)计算各组样本的统计量,如样本均值、样本极差和样本标准偏差等。

(6)计算各统计量的控制界限。

（7）画出控制图并标出各组的统计量。

（8）研究在控制界限以外的点和在控制界限内排列有缺陷的点，并标明异常（特殊）原因状态。

（9）决定下一步措施。

5.4.2 控制图的判断

对于控制图的判断准则一般分为两大类：判稳准则和判异准则。两类准则在使用时，根据具体的判断阶段和判断需求进行选择。

1）判稳准则

在点子随机排列的情况下，符合下列 3 点之一就认为过程处于稳定状态。

（1）连续 25 个点子都在控制界限内。

（2）连续 35 个点子至多一个点子落在控制界限外。

（3）连续 100 个点子至多两个点子落在控制界限外。

2）判异准则

为了应用判异准则，将控制图等分为 6 个区域，每个区域宽为 σ，如图 5-6 所示。这 6 个区的标号从上至下分别为 A、B、C、C、B、A。其中两个 A 区、B 区和 C 区都和中心线 CL 对称。

准则 1：一点落在 A 区以外。

准则 2：连续 9 点落在中心线同一侧。

准则 3：连续 6 点递增或递减。

准则 4：连续 14 点中相邻点交替上下。

准则 5：连续 3 点中有 2 点落在中心线一侧的 B 区以外。

准则 6：连续 5 点中有 4 点落在中心线同一侧的 C 区以外。

准则 7：连续 15 点落在中心线两侧的 C 区以内。

准则 8：连续 8 点落在中心线两侧，无点落在 C 区。

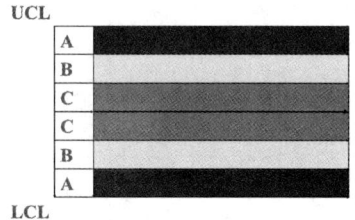

图 5-6　控制图分区示意图

总结起来，按这 8 条判异准则对点子的排列进行规律性的分析，如果出现下列特点则认为过程中存在异常因素。这些特点包括点子越界，或排列有缺陷、出现点子连续偏高（或偏低），连续上升（或下降）或周期性变化，即可判为出现异常。总结点子排列有缺陷的几种常见形式如下。

① 链形排列。

在中心线一侧连续出现 7 点链，如图 5-7 所示。

点子在中心一侧多次出现，如图 5-8 所示。连续 11 点中至少有 10 点在同一侧；连续 14 点中至少有 12 点在同一侧；连续 17 点中至少有 14 点在同一侧。

② 点子出现在控制界限附近。

这是指点子出现在 $\pm 2 \sim \pm 3$ 倍标准偏差这个范围的意思，如图 5-9 所示。当然个别点子出现在这个范围内并不说明排列异常；反之，排列正常时，此类点的出现不应具有密集性。若连续 3 点中有 2 点出现在控制界限附近，则应判定排列有缺陷。

③ 上升或下降排列。

当有 7 个以上点子连续排列具有上升或下降趋势，应判定为异常，如图 5-10 所示。

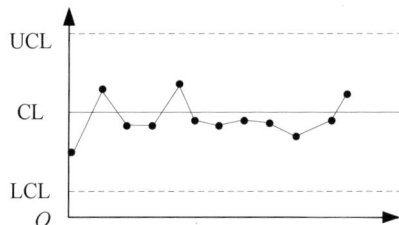

图 5-7　有缺陷控制图 1

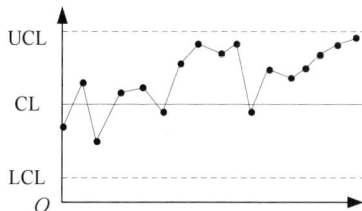

图 5-8　有缺陷控制图 2

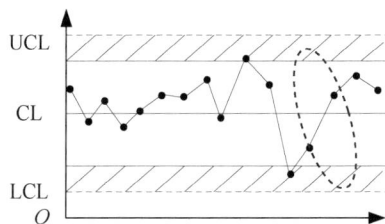

图 5-9　有缺陷控制图 3

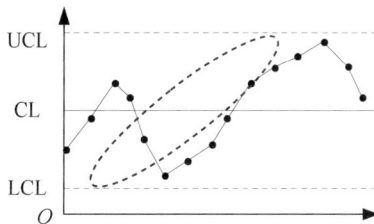

图 5-10　有缺陷控制图 4

④ 周期性排列。

周期性排列的情况复杂，图 5-11 仅是其中一种情况。周期性排列往往预示着某种周期性干扰因素的存在。

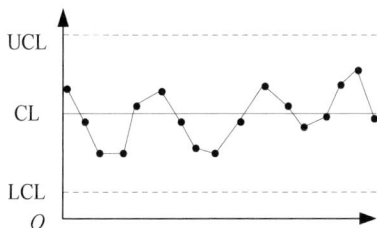

图 5-11　有缺陷控制图 5

3）控制图应用中常见的问题

（1）控制图用于何处。

原则上可应用于需要进行质量控制、具有重复性（统计规律）的任何过程。

但这里还要求所控制的过程必须具有重复性，即具有统计规律。对于只有一次性或少数几次的过程显然难以应用控制图进行控制。

（2）如何选择控制对象。

选择能代表过程的一个或多个主要质量指标作为控制对象。一个过程往往具有各种各样的特性，需要选择能够真正代表过程情况的指标。例如，假定某产品在强度方面有问题，就应该选择强度作为控制对象。在电动机装配车间，如果对于电动机轴的尺寸要求很高，这就需要把机轴直径作为控制对象。

（3）如何分析控制图。

① 通过判稳准则判断过程的稳定性。如果控制图点子未出界，同时点子的排列也是随机的，则认为生产过程处于稳定状态或控制状态。

② 通过判异准则进行过程实时监控。如果控制图点子出界或界内点排列非随机，则认为生产过程失控。

对于应用控制图的方法还不够熟悉的人员来说，即使在控制图点子出界的场合，也首先应该从下列几个方面进行检查：样品的取法是否随机，数字的读取是否正确，计算有无错误，描点有无差错，再调查生产过程方面的原因，经验证明这点十分重要。

（4）对于点子出界或违反其他准则的处理。

若点子出界或界内点排列非随机，应立即追查原因并采取措施防止它再次出现。

（5）控制图的作用。

控制图可以起到报警的作用，但不能说明这种报警是由何种异常因素造成的。应做到：查出异因，采取措施，保证消除，不再出现，纳入标准。

（6）控制图的重新制定。

控制图是根据稳定状态下的条件（操作人员、设备、原材料、工艺方法、环境）来制定的。如果上述条件变化，如操作人员更换或通过学习操作水平显著提高、设备更新、采用新型原材料或其他原材料、改变工艺参数或采用新工艺、环境改变等，这时，控制图也必须重新加以制定。

5.5　过程能力分析

过程能力也称为工序能力，是指处于稳定状态下的过程的（或工序）实际加工能力，是衡量过程加工内在稳定性的标准。过程能力的测定一般是在成批生产状态下进行的，过程满足产品质量要求的能力主要表现在以下两个方面：①产品质量是否稳定；②产品质量精度是否足够。因此，当确认过程能力可以满足精度要求的条件时，过程能力是以该过程产品质量特性值的变异或波动来表示的。

5.5.1　影响过程状态的因素

在生产制造过程中，对过程质量起主要作用的有以下几个方面的因素。

（1）设备，如设备精度的稳定性、性能的可靠性、定位装置和传动装置的准确性、设备的冷却润滑的保护情况、动力供应的稳定程度等。

（2）工艺，如工艺流程的安排，过程之间的衔接，工艺方法、工艺装备、工艺参数、测量方法的选择，过程加工的指导文件，工艺卡、操作规范、作业指导书、过程质量分析表等。

（3）原材料，如原材料的成分、物理性能、化学性能处理方法、配套元器件的质量等。

（4）操作人员，如操作人员的技术水平、熟练程度、质量意识、责任心等。

（5）环境，如生产现场的温度、湿度、噪音干扰、振动、照明、室内净化、现场污染程度等。

过程能力是上述 5 个方面的因素的综合反映，在这 5 个方面的因素影响下，过程可能出现以下几种状态。

（1）稳定状态：能预测，但不一定能满足规定的能力和要求。

（2）受控状态：在要求范围内波动（随机因素引起）。

（3）失控状态：异常因素存在。

在实际生产中，这 5 个方面的因素对不同行业、不同企业、不同过程，以及对质量的影响程度有着明显的差别，起主要作用的因素称为主导因素，比如对于化工企业来说，一般设备、装置、工艺是主导因素，又比如机械加工的铸造过程的主要因素一般是工艺过程和操作人员的技术水平，因此手工操作较多的冷加工、热处理及装配调试中的操作人员更为重要。这些因素对产品质量都起着主导作用，因此是主导因素。在生产过程中，随着企业的技术改造和管理的改善，以及产品质量要求的变化，主导因素也会随着变化。例如，在设备问题解决后，可能工艺管理或其他方面又成为主导因素；在工艺问题解决后，可能操作人员的水平、环境条件的要求又上升到主导因素。进行过程能力分析，就是要抓住影响过程能力的主导因素，采取措施，提高过程质量，保证产品质量达到要求。

5.5.2　过程能力指数

在稳定生产状态下，影响过程能力的偶然因素近似地服从正态分布。为了便于过程能力的量化，可以用 3σ 原理来确定其分布范围：当分布范围取为 $\mu \pm 3\sigma$ 时，产品质量合格的概率可达 99.73%接近于 1。因此以 $\pm 3\sigma$，即 6σ 为标准来衡量过程的能力是具有足够的精确度和良好经济特性的。所以在实际计算中就用 6σ 的波动范围来定量描述过程能力。将过程能力用 B 表示，那么 $B=6\sigma$。

过程能力指数表示过程能力满足产品技术标准的程度。技术标准是指加工过程中产品必须达到的质量要求，一般用符号 T 表示。质量标准（T）与过程能力（B）的比值，称为过程能力指数，记为 C_P。

C_P 是衡量过程能力满足产品技术要求程度的指标。过程能力指数越大，说明过程能力越能满足技术要求，甚至有一定的储备能力。

5.5.3　过程能力指数的计算

1. 计量值情况下双侧公差约束

1）过程的实际分布中心和标准中心重合

过程的实际分布中心 μ 和标准中心 M 重合，如图 5-12 所示，此时，$C_P = \dfrac{T_U - T_L}{6\sigma}$，其中 σ 可以用样本的标准偏差 S 来估计。

2）过程的实际分布中心和标准中心不重合

过程的实际分布中心 μ 和标准中心 M 不重合，如图 5-13 所示，其中偏差量记为 ε。

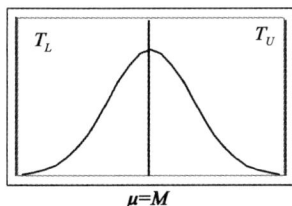

图 5-12　分布中心与标准中心重合示意图　　　　图 5-13　分布中心与标准中心不重合示意图

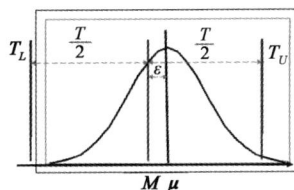

此时，虽然过程的分布标准差 σ 没变，标准要求也没变，但却出现了过程质量在标准界限之外的情况，表示出现了过程能力不足的现象。从图 5-13 中可以看到，左侧过程能力的增加值补偿不了右侧过程能力的损失，所以在有偏移值时，只能以两者中较小值来计算过程能力指数。这时的过程能力指数称为修正过程能力指数，用 C_{PK} 表示，则

$$C_{PK} = C_P (1 - K)$$

式中， $K = \dfrac{\varepsilon}{T/2}$ ，则 $C_{PK} = \dfrac{T - 2\varepsilon}{6\sigma}$ 。

2. 计量值情况下单侧公差约束

技术要求以不大于或不小于某一标准值的形式表示，这种质量标准就是单侧公差，如强度、寿命等就只规定下限的质量特性界限，又如机械加工的形状位置公差、光洁度，材料中的有害杂质含量，只规定上限标准，而对下限标准却不作规定。

1）只有下限

当技术要求只有下限时，如图 5-14 所示。

此时，过程能力指数 $C_{PL} = \dfrac{\bar{X} - T_L}{3\sigma}$ 。

2）只有上限

当技术要求只有上限时，如图 5-15 所示。

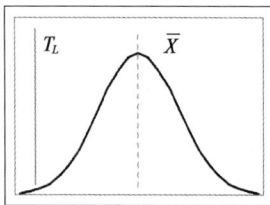

图 5-14　只有下限要求示意图　　　　　图 5-15　只有上限要求示意图

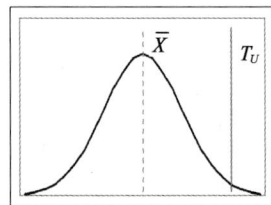

此时，过程能力指数 $C_{PU} = \dfrac{T_U - \bar{X}}{3\sigma}$ 。

3. 计件值情况下

对计件值过程能力指数的计算相当于对生产产品的过程中产生的缺陷产品有上限的要求时的计算方法。其过程能力指数的计算公式为 $C_P = \dfrac{T_U - \bar{X}}{3\sigma}$ 。

设试验 E 只有两个可能结果：A 及 $\bar{A}$ ，则称 E 为伯努利试验。设 $P(A)=p$（$0<p<1$），此时 $P(\bar{A})=1-p$ ，将 E 独立地重复进行 n 次，则称这一串重复的独立试验为 n 重伯努利试验。

$\forall X \sim b(n,p)$

$\exists \mu = E(X) = np$　　　　　$\sigma^2 = D(X) = np(1-p)$

所以，当以不合格品数 nP 作为检验产品质量指标，并以 $(nP)_\mu$ 作为检验标准要求时，过程能力指数的计算公式为

$$C_P = \frac{T_U - \mu}{3\sigma} = \frac{(nP)_\mu - n\bar{P}}{3\sqrt{n\bar{P}(1-\bar{P})}}$$

4. 记点值情况下

对计点值过程能力指数的计算相当于对生产产品的过程中产生的缺陷数有上限的要求时的计算方法。其过程能力指数的计算公式为 $C_P = \dfrac{T_U - \bar{X}}{3\sigma}$ 。

当以不合格数 c 作为检验产品质量指标，并以 c_μ 作为检验标准要求时，取样本 k 个，每

个样本大小为 n，其中不合格数分别为 $c_1, \cdots, c_k$，则不合格数服从 $\pi(c)$，则存在 $D(X)=E(X)=c$，即 $\mu=\sigma^2$。所以过程能力指数的计算公式可写为

$$C_P = \frac{c_\mu - \bar{c}}{3\sqrt{\bar{c}}}$$

5.5.4　过程能力分析

在求出过程能力指数后，就可以对过程能力是否充分做出分析和判定，也就是判断 C_P 值在多少时，达到设计要求。一般会出现下面几种情况。

（1）根据过程能力指数的计算公式，如果质量特性值的分布中心与标准中心重合，这时 $K=0$，则标准界限范围是 $\pm 3\sigma$（6σ）。这时的过程能力指数 $C_P=1.00$，可能出现的不合格品率为 0.27%。这种过程能力基本满足设计质量要求。

（2）如果标准界限范围是 $\pm 4\sigma$（8σ）时，$K=0$，则过程能力指数为 $C_P=1.33$。这时的过程能力不仅能满足设计质量要求，而且有一定的富余能力。这种过程能力状态是理想的状态。

（3）如果标准界限范围是 $\pm 5\sigma$（10σ）时，$K=0$，则过程能力指数为 $C_P=1.67$。这时的过程能力有更多的富余，即过程能力非常充分。

（4）当过程能力指数 $C_P<1.00$ 时，我们就认为过程能力不足，应采取措施提高过程能力。过程能力的判断标准表如表 5-9 所示。

表 5-9　过程能力的判断标准表

C_P 的范围	级　别	过程能力的评价参考
$C_P \geq 1.67$	I	过程能力过高（应视具体情况而定）
$1.33 \leq C_P < 1.67$	II	过程能力充分，表示技术管理能力已很好，应继续维持
$1.00 \leq C_P < 1.33$	III	过程能力充足，但技术管理能力勉强，应设法提高为 II 级
$0.67 \leq C_P < 1.00$	IV	过程能力不足，技术管理能力已很差，应采取措施改善
$C_P < 0.67$	V	过程能力严重不足，应采取紧急措施，必要时可停工整顿

5.5.5　提高过程能力的途径

在实际的过程能力调查中，质量特性值的分布中心与标准中心完全重合的情况是很少的，大多数情况下都存在一定量的偏差。所以过程能力分析时，计算的过程能力指数一般都是修正过程能力指数。从修正过程能力指数的计算公式 $C_{PK} = \dfrac{T - 2\varepsilon}{6\sigma}$ 中看出，式中有 3 个影响过程能力指数的变量，即质量标准 T、偏移量 ε 和过程质量特性分布的标准差 σ。那么要提高过程能力指数就有 3 条途径：减小偏移量、降低标准差和扩大标准范围。

（1）减小偏移量。偏移量是质量特性值的分布中心和技术标准中心偏移的绝对值，即 $\varepsilon=|M-\mu|$。当过程存在偏移量时，会严重影响过程能力指数。假设在两个中心重合时过程能力指数是充足的，但由于存在偏移量，过程能力指数下降，造成过程能力严重不足。

（2）降低标准差。由公式 $B=6\sigma$ 可知，过程能力是由人员、机器、材料、方法、环境 5 个因素所决定的，这是过程固有的分布宽度，当技术标准固定时，过程能力对过程能力指数的影响是十分显著的。由此看出，降低标准差 σ，就可以减小分散程度，从而提高过程能力，以满足技术标准的要求程度。一般来说，可以通过以下一些措施减小分散程度。

① 修订操作规程优化工艺参数。补充增添中间过程，推广应用新工艺、新技术。

② 改造更新与产品质量标准要求相适应的设备，对设备进行周期性检查，按计划进行维护，从而保证设备的精度。

③ 提高工具、工艺装备的精度，对大型的工艺装备进行周期性检查，加强维护保养，以保证工装的精度。

④ 按产品质量要求和设备精度要求来保证环境条件。

⑤ 加强人员培训，提高操作者的技术水平和质量意识。

⑥ 加强现场质量控制，设置关键、重点过程的过程管理点，开展 QC 小组活动，使过程处于控制状态。

（3）扩大标准范围。标准范围的大小直接影响对过程能力的要求，当确认若降低标准要求或放宽公差范围不致影响产品质量时，就可以修订不切实际的现有公差的要求。这样既可以提高过程能力指数，又可以提高劳动生产率。但必须以切实不影响产品质量，不影响用户使用效果为依据。

思考题

1．控制图用于何处？

2．如何分析控制图？

3．控制图的作用是什么？

4．控制图的判断准则如何使用？

案例分析

控制图的应用

问题描述：某厂生产 $\phi 10mm \pm 0.20mm$ 的圆柱销，每隔一定时间随机抽取 5 个样品，共取 20 组，所得数据如表 5-10 所示。

表 5-10　　$\bar{x} - R$ 控制图数据表

序号	x_1	x_2	x_3	x_4	x_5	$\sum x$	$\bar{x}$	R
1	10.009	9.978	10.010	9.937	10.010	49.945	9.989	0.073
2	9.947	10.088	10.016	10.013	9.962	50.026	10.005	0.141
3	10.031	9.981	10.021	9.950	10.051	50.034	10.007	0.101
4	10.010	9.915	10.009	10.020	9.982	49.936	9.987	0.105
5	9.982	10.026	9.948	10.012	9.912	49.880	9.976	0.114
6	10.035	9.995	10.038	9.965	10.010	50.043	10.009	0.073
7	9.920	10.070	9.884	10.015	10.000	49.838	9.978	0.186
8	10.006	9.981	10.009	10.026	9.939	49.861	9.992	0.087
9	10.000	9.996	10.057	9.940	10.019	50.017	10.002	0.117
10	9.970	10.095	9.975	10.059	9.942	50.041	10.008	0.153
11	10.140	10.007	9.998	10.051	9.934	50.139	10.026	0.206
12	9.950	10.047	10.009	10.010	10.068	50.086	10.017	0.118
13	10.030	9.990	9.968	9.911	9.972	49.873	9.974	0.119
14	9.930	9.960	10.109	9.973	10.005	49.982	9.995	0.179
15	10.070	10.025	9.988	10.029	9.950	50.062	10.012	0.120

续表

序号	x_1	x_2	x_3	x_4	x_5	$\sum x$	$\bar{x}$	R
16	9.960	10.052	9.925	10.009	10.008	49.962	9.991	0.127
17	10.010	9.958	10.150	10.090	9.969	50.180	10.035	0.192
18	9.990	10.028	9.978	9.919	10.081	49.959	9.999	0.162
19	10.120	9.940	10.010	10.089	9.942	50.101	10.020	0.180
20	9.948	10.093	9.971	10.012	9.986	50.010	10.002	0.145
					$\bar{\bar{x}}=10.001$，$\bar{R}=0.135$			
				系数表		N	A_2	D_4
						4	0.73	2.28
						5	0.577	2.115

问题：计算相关数据并绘制控制图。

解答：

计算 $\bar{\bar{x}}$、$\bar{R}$，其中

$$\bar{\bar{x}} = \frac{\bar{x}_1 + \bar{x}_2 + \cdots + \bar{x}_k}{k} = \frac{9.989 + 10.005 + \cdots + 10.002}{20} = 10.001$$

$$\bar{R} = \frac{R_1 + R_2 + \cdots + R_k}{k} = \frac{0.073 + 0.141 + \cdots + 0.145}{20} = 0.135$$

计算 $\bar{x}\text{-}R$ 控制图的控制界限。查表 5-10 得：$A_2 = 0.577$，$D_4 = 2.115$，$D_3 = -$(不考虑)，所以 $\bar{x}$ 控制图的界限是

$$\text{UCL} = \bar{\bar{x}} + A_2\bar{R} = 10.001 + (0.577 \times 0.135) = 10.079$$

$$\text{LCL} = \bar{\bar{x}} - A_2\bar{R} = 10.001 - (0.577 \times 0.135) = 9.923$$

R 控制图的界限是

$$\text{UCL} = D_4\bar{R} = 2.11 \times 0.135 = 0.285$$

$$\text{LCL} = D_3\bar{R} = -(\text{不考虑，取作 0})$$

根据以上数据作图并打点，如图 5-16 所示。

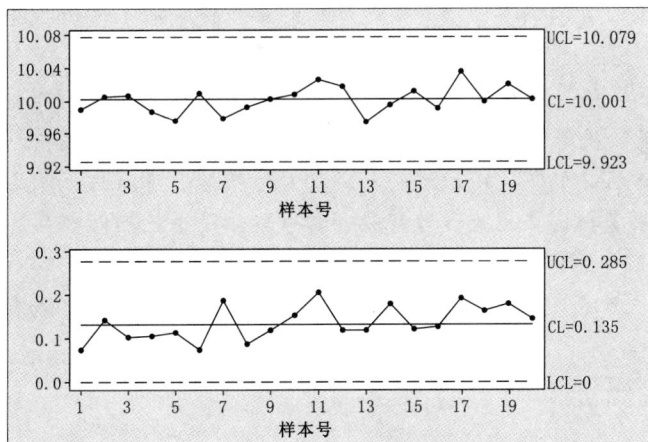

图 5-16　控制图

第6章 抽样检验

学习目标

- 了解质量检验的定义。
- 了解抽样检验的原理。
- 熟悉抽样检验的过程。
- 熟悉抽样检验的方法。

引导案例

某检验人员和某车间主管的对话：

问：出过批量质量事故吗？

答：出过。

问：要求做首件检验吗？

答：也有要求。

问：知道为什么要做首件检验吗？

答：知道，为了防止质量事故。

问：知道什么时候做首件检验吗？

答：应该是开班的时候做吧。

问：你们做首件检验，有记录吗？

答：没有，车间质检验证没问题就可以生产。

在设备或制造工序发生任何变化，以及每个工作班次开始加工前，都要进行严格的首件检验。

首件检验是对每个班次刚开始时或过程发生改变（如人员变动、换料、换模具、设备修理、工艺变更、工装刀具的调换修磨等）后加工的第一件或前几件产品进行的检验。一般要检验连续生产的3~5件产品，合格后方可继续加工生产。

首件检验的目的是尽早发现生产过程中影响产品质量的因素，预防批量性的不良发生，如工装夹具严重磨损或安装定位错误、测量仪器精度变差、看错图纸、投料或配方错误等。

因此，在生产过程中的不同阶段进行产品的质量检验，可以防止产品出现成批超差、返修、报废等问题，它是控制产品生产过程的一种手段，是企业确保产品质量，提高经济效益的一种有效、必不可少的方法。

除了首件检验之外还有哪些质量检验方法？它们适用于什么样的场合？

6.1 质量检验概述

6.1.1 质量检验的定义

质量检验阶段是质量发展史上重要的一个阶段，衡量产品是否达到了质量标准的要求，就需要进行质量检验。产品质量检验是实现生产过程、保证产品质量不可缺少的部分，也是质量管理工作中的一项重要内容。

ISO 9000：2000 标准对检验的定义是：通过观察和判断，适当地结合测量、试验所进行的符合性评价。ISO 9000：2015 标准对检验的定义是：对符合规定要求的确定。

质量检验就是对产品的一项或多项质量特性进行观察、测量、试验，并将结果与规定的质量要求进行比较，以判断每项质量特性合格与否的一种活动。通过质量检验，可以决定已生产出来的产品是否合格，投产的原材料是否符合要求，有助于及时发现生产过程中产品质量不稳定的苗头，从而做到"成品不合格不出厂，原材料不合要求不投产，在制品不合格不流入下道工序"，起到提高和保证产品质量的作用。

6.1.2　质量检验的职能

1．鉴别职能

鉴别职能是对检查对象合格与否做出判定。根据技术标准、产品图样、作业（工艺）规程或订货合同、技术协议的规定，采用相应的检测、检查方法观察、试验、测量产品的质量特性，判定产品质量是否符合规定的要求，这是质量检验的鉴别职能。

鉴别是"把关"的前提，通过鉴别才能判断产品质量是否合格。不进行鉴别就不能确定产品的质量状况，也就难以实现质量"把关"。因此鉴别职能是质量检验各项职能的基础。

2．把关职能

把关职能是质量检验的基本职能。这种职能是质量检验一出现时就存在的，不管过去、现在还是将来，不管检验的手段和技术如何发展和变化，质量检验的把关作用都是不可缺少的。只有通过检验把关，在整个制造环节中挑选并剔除不合格品，真正做到不合格的原材料、外购件、外协件不进厂，不合格的半成品不转入下道工序，不合格的零部件不组装，不合格的成品不出厂，才能保证产品质量。

3．预防职能

现代质量检验不单纯起把关的作用，同时还起到预防的作用。预防职能的主要表现如下。

（1）在生产过程中，要求首件检验符合规范的要求，从而预防批量产品质量问题的发生。

（2）通过巡回检验及时发现工序的质量失控问题，从而预防出现大的质量事故。

（3）保证检验人员和操作人员统一量仪的量值，从而预防测量误差造成的质量问题。

（4）当终检验发现质量缺陷时，及时采取改进措施，预防质量问题的再次发生。

4．报告职能

对检验中获得的信息认真记录，及时整理、分析，计算质量指标，以报告的形式反馈给有关管理部门，以便及时掌握生产中的质量状况和管理水平，做出正确的判断和采取有效的措施。报告的主要内容如下。

（1）原材料、外购件、外协件进厂验收检验的情况和合格率。

（2）成品出厂检验的合格率、返修率、报废率、相应的金额损失及排列图分析。

（3）各生产单位质量情况，如合格率、返修率、报废率、相应的金额损失及排列图分析。

（4）产品报废原因的排列图分析。

（5）不合格品的处理情况。

（6）重大质量问题的调查、分析和处理情况。

（7）改进产品质量的建议。

（8）其他有关问题。

6.2　抽样检验原理

6.2.1　抽样检验基本概念

1．抽样检验的概念

抽样检验是从一批产品或一个过程中抽取一部分单位产品组成样本，根据对样本的检验结果进而判断产品批或过程是否合格的活动。

区别于全数检验，抽样检验不是逐个检验批中的所有单位产品，而是按照规定的抽样方案和程序从一批产品中随机抽取部分单位产品组成的样本，根据样本测定结果来判定该批产品是否合格。

2．批的概念

在生产实践中，工序与工序、库房与车间、生产者与使用者之间进行产品交换时，要把产品划分为批。一个产品批总是由一定数量的单位产品构成的。抽样检验就是从产品批里抽取一部分产品进行检验，然后根据样本中不合格品数，或质量特性的规定界限，来判断整批产品是否合格。

3．抽样检验的特点

因为抽样检验不是检验批中的全部产品，所以相对于全数检验，它具有如下特点。

（1）检验的单位产品数量少、费用少、时间短、成本低。

（2）检验对象是一批产品。

（3）合格批中可能包含不合格品，不合格批中也可能包含合格品。

（4）抽样检验存在两类错判的风险，即把合格批误判为不合格批，或把不合格批误判为合格批的可能。但从统计检验的原理可知，这两类错误都可以被控制在一定的风险以下。

4．抽样检验的分类

（1）抽样检验按检验特性值的属性，可以分为计数抽样检验和计量抽样检验。计数抽样检验包括计件抽样检验和计点抽样检验。计件抽样检验是根据样本中包含的不合格品数来推断整批产品是否合格的活动。计点抽样检验是根据样本中包含的不合格数的多少来推断整批产品是否合格的活动。而计量抽样检验是通过测量被检样本中的产品质量特性的具体数值并与标准进行比较，进而推断整批产品是否合格的活动。

（2）抽样检验按抽取的样本次数，可以分为一次抽样检验、二次抽样检验、多次抽样检验和序贯抽样检验。所谓一次抽样检验，就是从检验批中只抽取一个样本就必须对该批产品做出是否接收的判断；二次抽样检验是一次抽样检验的延伸，它要求对一批产品抽取一个或两个样本后就必须对该批产品做出是否接收的结论；在我国，多次抽样最多允许抽取5次样本就必须对检验批做出接收与否的判断；序贯抽样检验不限制抽样次数，但每次抽取一个单位产品，直至按规则做出判断为止。

6.2.2 抽样检验常用术语

1．单位产品

单位产品是指为实施抽样检验而划分的基本产品单位。有的单位产品是可以自然划分的，如电视机、电冰箱等。而有的单位产品是不可自然划分的，如铁水、布匹等。对不可自然划分的单位产品必须根据具体情况给出单位产品的定义，如 1L 自来水、$1m^2$ 玻璃等。

2．检验批

检验批是指为实施抽样检验而汇集起来的一定数量的单位产品。检验批的形式有"稳定的"和"流动的"两种。前者是将整批产品存放在一起同时提交检验，而后者的各个单位产品是一个一个地从检验点通过的。构成检验批的所有产品应当是同一生产条件下所生产的单位产品。一般地，当产品质量较稳定时，宜组成较大的批以节约检验费用。

3．批量

批量是指检验批中单位产品的数量，常用 N 表示。一般地，体积小、质量稳定的产品，批量宜大些。但是批量不宜过大，批量过大，一方面不易取得具有代表性的样本；另一方面，这样的批一旦被拒收，经济损失也大。

4．样本

样本是指取自一个批并且提供有关该批的信息的一个或一组产品。

5．样本量

样本量是指样本中产品的数量，常用 n 表示。

6．不合格

不合格是指单位产品的任何一个质量特性不满足规范要求。根据质量特性的重要性或不符合的严重程度，不合格分为以下 3 种：①A 类不合格，被认为应给予高关注的一种类型的不合格，也可以认为单位产品的极重要的质量特性不符合规定，或单位产品的质量特性极严重不符合规定；②B 类不合格，关注程度稍低于 A 类的不合格，或者说单位产品的重要的质量特性不符合规定，或单位产品的质量特性严重不符合规定；③C 类不合格，单位产品的一般质量特性不符合规定，或单位产品的质量特性轻微不符合规定。

7．不合格品

有一个或一个以上不合格的单位产品称为不合格品。通常不合格品分为以下 3 种：①A 类不合格品，有一个或一个以上 A 类不合格，也可能有 B 类和 C 类不合格的单位产品；②B 类不合格品，有一个或一个以上 B 类不合格，也可能有 C 类不合格，但没有 A 类不合格的单位产品；③C 类不合格品，有一个或一个以上 C 类不合格，但没有 A 类、B 类不合格的单位产品。

8．抽样方案

抽样方案是指规定了每批应检验的单位产品数和有关批接收准则的一个具体的方案。

6.2.3 批质量的表示方法

批质量是指检验批的质量。由于质量特性值的属性不同，衡量批质量的方法也不同，计数抽样检验衡量批质量的计算方法有：①批中不合格单位产品所占的比例（批不合格品率）；②批中每百单位产品平均包含的不合格品数及批中每百单位产品平均包含的不合格数。

1. 批不合格品率 p

用 $p=\dfrac{D}{N}$ 表示批中不合格单位产品所占的比例，其中，N 为批量，D 为批中的不合格品数。$100 \times p\%$ 为不合格品百分数，$100 \times p$ 为批每百单位不合格数。

2. 过程平均

过程平均是指一定时期或一定量产品范围内的过程水平的平均值，用 $\overline{P}$ 表示，它是过程处于稳定状态下的平均不合格品率。在抽样检验中常将其解释为"一系列连续提交批的平均不合格品率""一系列初次提交的检验批的平均质量（用不合格品百分数或每百单位产品不合格数表示）"。

过程平均是不能计算或选择的，但可以估计，即根据过去抽样检验的数据来估计过程平均。过程平均是稳定生产前提下的过程平均不合格品率的简称，其理论表达式为

$$\overline{P} = \frac{D_1 + D_2 + \cdots + D_k}{N_1 + N_2 + \cdots + N_k} \times 100\%$$

式中，$\overline{P}$ 为过程平均不合格品率；N_k 为第 k 批产品的批量；D_k 为第 k 批产品的不合格品数；k 为批数。实际上，$\overline{P}$ 值是不易得到的，一般可利用抽样检验的结果来估计。一般来说，在生产条件基本稳定的情况下，用于估计过程平均不合格品率的产品批数越多，检验的单位产品数量越大，对产品质量水平的估计就越可靠，一般不应少于 20 批。

6.2.4　批产品质量的判断

抽样检验的对象是一批产品，而不是单个产品。在提交检验的一批产品中允许有一些不合格品，可用批不合格品率 p 作为衡量其好坏的指标。

当然，$p=0$ 是理想状态。在抽样检验中，要做到这一点是困难的，从经济上讲，也没有必要。因此，在抽样检验时，首先要确定一个合格的批质量水平，即批不合格品率的标准值 p_t，然后将交检批的批不合格品率 p 与 p_t 比较。如果 $p \leqslant p_t$，则认为这批产品合格，予以接收；如果 $p > p_t$，则认为这批产品不合格，予以拒收。但在实际中，通过抽样检验是不可能精确地得到一批产品的批不合格品率 p 的，除非进行全数检验。所以在保证 n 对 N 有代表性的前提下，用样本中包含的不合格品数 d 的大小来推断整批质量，并与标准要求进行比较。因此，对批的验收归结为两个参数：样本量 n 和样本中包含的不合格（品）数，后者用 A_c 表示，称为合格判定数。这样就形成了一个抽样方案 (n, A_c)。由此可以看出，用抽样方案 (n, A_c) 去验收一批产品实际上是对该批产品质量水平的推断并与标准要求进行比较的过程。

批质量的判断过程：从批量 N 中随机抽取 n 个单位产品组成一个样本，然后对样本中每一个产品进行逐一测量，记下其中的不合格品数 d，如果 $d \leqslant A_c$，则认为该批产品质量合格，予以接收；如果 $d \geqslant A_c+1$，则认为该批产品质量不合格，予以拒收。A_c+1 为不合格判定数，用 R_e 来表示，即 $R_e=A_c+1$，一次抽样检验程序如图 6-1 所示。

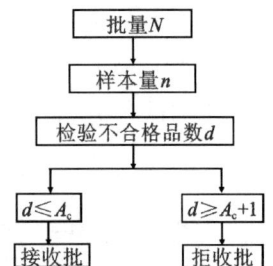

图 6-1　一次抽样检验程序

6.2.5 接收概率与抽样特性曲线

使用抽样方案（n，A_c）对产品批验收，当批质量好于质量标准要求时，应接收该批产品；而当批质量劣于标准要求时，应不接收该批产品。但由于抽样的随机性，所抽到的样本并不一定能够正确反映总体批质量的情况。

因此，使用抽样检验时，抽样方案对优质批和劣质批的判断能力的好坏是极为关键的，方案的判别能力可以用接收概率、抽样特性曲线和两类风险来衡量。

1. 接收概率

接收概率是指根据规定的抽样方案，把具有给定质量水平的检验批判为合格而接收的概率，即用给定的抽样方案（n，A_c）去验收批量 N 和批质量 p 已知的检验批时，把检验批判断为合格而接收的概率。接收概率通常记为 $L(p)$，它是批不合格品率 p 的函数，随着 p 的增大而减小。当 p 一定时，根据不同的情况，可用超几何分布、二项分布、泊松分布来求得 $L(p)$ 的值。

2. 接收概率的计算

1）超几何分布计算法

超几何分布计算法适用于总体有限的情况。

设从不合格品率为 p 的总体 N 中随机抽取 n 个单位产品组成样本，样本中出现 d 个不合格品的概率可按超几何分布公式计算，该公式为

$$L(p) = \sum_{d=0}^{A_c} \frac{C_{Np}^d C_{N-Np}^{n-d}}{C_N^n} \tag{6.1}$$

式中，C_{Np}^d 为从批的不合格品数 Np 中抽取 d 个不合格品的全部组合；C_{N-Np}^{n-d} 为从批的合格品数 $N-Np$ 中抽取 $n-d$ 个不合格品的全部组合；C_N^n 为从批量 N 的一批产品中抽取 n 个单位产品的全部组合。

从式（6.1）中可以看出，用超几何分布计算接收概率虽然精确，但当 N 与 n 值较大时，计算很烦琐，一般可用二项分布或泊松分布近似计算接收概率。

2）二项分布计算法

当总体为无穷大或近似无穷大（$\frac{n}{N} \leqslant 0.1$）时，可以用二项分布去近似求超几何分布接收概率，接收概率的公式为

$$L(p) = \sum_{d=0}^{A_c} C_n^d p^d (1-p)^{n-d} \tag{6.2}$$

式（6.2）是无限总体计件抽样检验时，计算接收概率的公式。

3）泊松分布计算法

当 $\frac{n}{N} \leqslant 0.1$ 且 $p \leqslant 0.1$ 时，式（6.2）又可用泊松分布来表示，即

$$L(p) = \sum_{d=0}^{A_c} \frac{(np)^d}{d!} e^{-np} \quad (e = 2.71828\cdots) \tag{6.3}$$

式（6.3）是计点抽样检验时，计算接收概率的公式。

3. 抽样特性曲线——OC 曲线

根据 $L(p)$ 的计算公式，对于一个具体的抽样方案 $(n，A_c)$，当检验批的批质量 p 已知时，方案的接收概率是可以计算出来的。但在实际中，检验批的不合格品率 p 是未知的，而且是一个不固定的值，因此，对于一个抽样方案，有一个 p 就有一个与之对应的接收概率。如果用横坐标表示自变量 p 的值，纵坐标表示相应的接收概率 $L(p)$，则 p 和 $L(p)$ 构成的一系列点连成的曲线就是抽样特性曲线，简称 OC 曲线，图 6-2 所示为抽样方案为（30，1）的 OC 曲线。

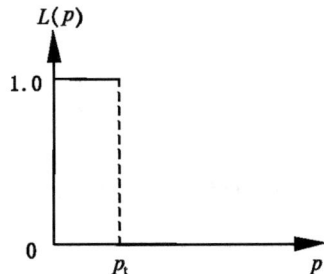

根据接收概率的计算公式可知，OC 曲线与抽样方案是一一对应的，即一个抽样方案对应着一条 OC 曲线，而每条 OC 曲线又反映了它所对应的抽样方案的特性。因此，OC 曲线定量地告诉人们产品质量状况和被接收可能性大小之间的关系，也可以告诉人们采用该抽样方案时，具有某种不合格品率 p 的批被判为合格的可能性有多大。同时，人们可以通过比较不同抽样方案的 OC 曲线，比较它们对产品质量的辨别能力，选择合适的抽样方案。

1）理想的 OC 曲线

当批不合格品率不超过 p_t 时，这批产品是合格的，那么一个理想的抽样方案应当满足：当 $p \leq p_t$ 时，接收概率 $L(p)=1$；当 $p > p_t$ 时，接收概率 $L(p)=0$。理想的 OC 曲线如图 6-3 所示。

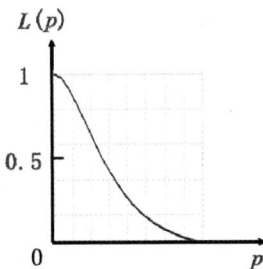

图 6-2 抽样方案为（30，1）的 OC 曲线　　　　　图 6-3 理想的 OC 曲线

理想的 OC 曲线实际上是不存在的，因为只有在 100%检验且保证不发生错检和漏检的情况下才能得到。

当然，我们也不希望出现不理想的 OC 曲线。例如，方案（10，1，0）的 OC 曲线为一条直线，如图 6-4 所示。

从图 6-4 中可看出，这种方案的判断能力是很差的。因为当批不合格品率 p 达到 50%时，接收概率仍有 50%，也就是说，质量很差的产品也可能被接收，因此，不理想的 OC 曲线判断能力很差。

2）实际的 OC 曲线与两类风险

一个好的抽样方案所对应的 OC 曲线应当符合以下特点：当批质量好（$p \leq p_0$）时能以高概率判它合格，予以接收；当批质量差到某个规定界限 $p \geq p_1$ 时，能以高概率判它不合格，予以拒收；当产品质量变坏，如 $p_0 < p < p_1$ 时，接收概率迅速减小，其 OC 曲线应如图 6-5 所示。

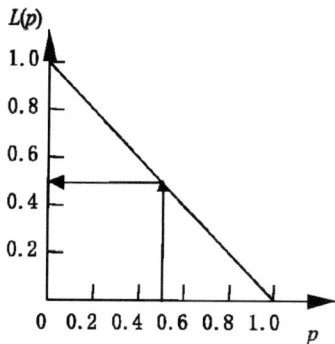

图 6-4　不理想的 OC 曲线

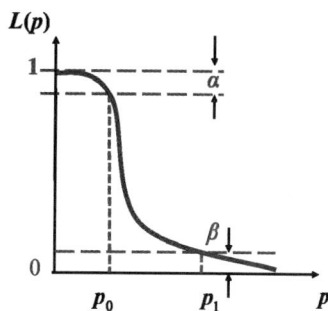

图 6-5　实际的 OC 曲线

从图 6-5 可知，当检验批质量比较好（$p \leqslant p_0$）时，如果采用抽样检验，就不可能 100% 接收（除非 $p=0$），而只能以高概率接收，低概率 α 拒收这批产品。这种由于抽检原因把合格批判为不合格批而予以拒收的错误称为第一类错判。这种错判给生产方带来损失，这个拒收的小概率 α 叫作第一类错判概率，又称为生产方风险率，它反映了把质量较好的批错判为不合格批的可能性大小。

另一方面，当采用抽样检验来判断不合格品率很高的劣质批（$p \geqslant p_1$）时，也不可能 100% 拒收（除非 $p=1$）这批产品，还有小概率 β 接收的可能。这种由于抽检原因把不合格批错判为合格批而接收的错误称为第二类错判。这种错判使用户蒙受损失，这个接收的小概率叫作第二类错判概率，又称为使用方风险率，它反映了把质量差的批错判为合格批的可能性大小。

一个好的抽样方案应该由生产方和使用方协商，对 p_0 和 p_1 进行通盘考虑，使生产方和使用方的利益都受到保护。

4．抽样方案变化对 OC 曲线的影响

OC 曲线与抽样方案是一一对应的。因此，当抽样方案中的参数变化时，OC 曲线必然随着变化。下面讨论 OC 曲线是怎样随着抽样方案（N，n，A_c）中的 3 个参数变化而变化的。

1）n、A_c 不变，N 变化

当 n、A_c 不变，N 变化时 OC 曲线的变化如图 6-6 所示。

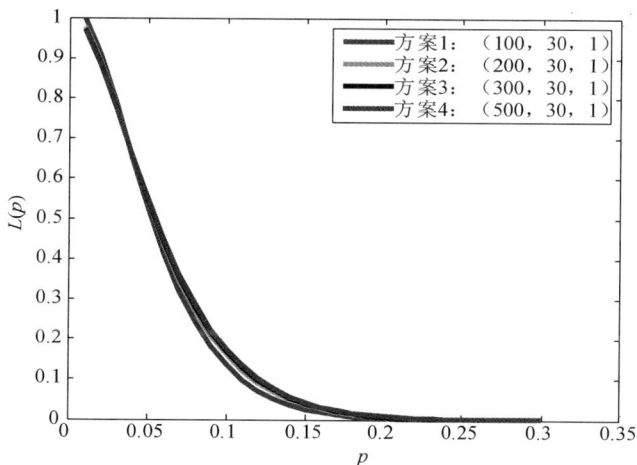

图 6-6　当 n、A_c 不变，N 变化时 OC 曲线的变化

从图 6-6 中看出，批量大小对 OC 曲线影响不大，所以当 $N/n \geqslant 10$ 时，就可以采用不考虑批量影响的抽样方案。

因此，我们可以将抽样方案简单地表示为 (n, A_c)。但这绝不意味着抽检批量越大越好。因为抽样检验总存在着犯错误的可能，如果批量过大，一旦拒收，则给生产方造成很大的损失。

2）N、A_c 不变，n 变化

当 N、A_c 不变，n 变化时 OC 曲线的变化如图 6-7 所示。

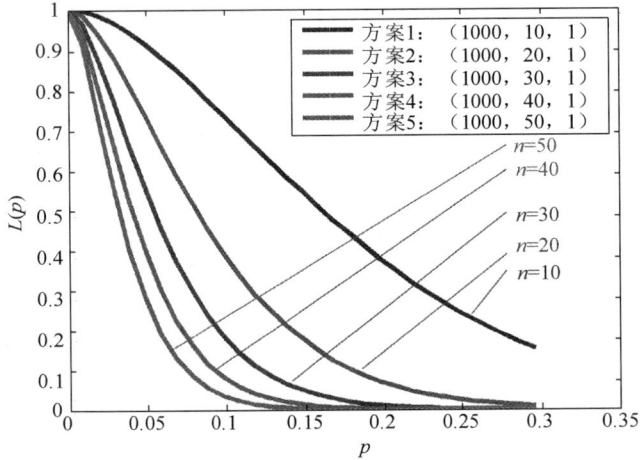

图 6-7   当 N、A_c 不变，n 变化时 OC 曲线的变化

从图 6-7 中看出，当 A_c 一定时，样本量 n 越大，OC 曲线越陡，抽样方案越严格。

3）N、n 不变，A_c 变化

当 N、n 不变，A_c 变化时 OC 曲线的变化如图 6-8 所示。

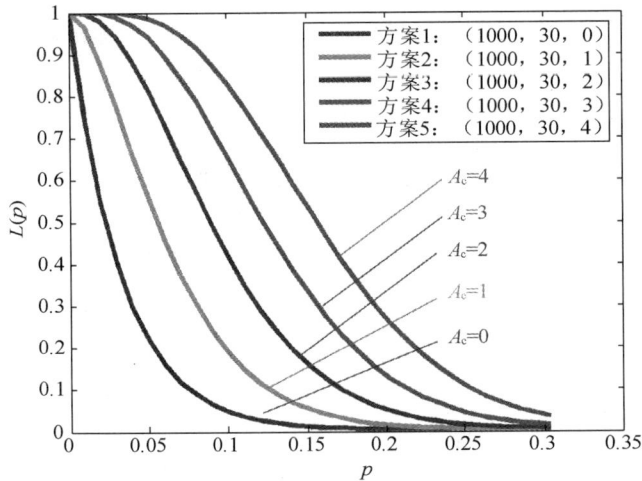

图 6-8   当 N、n 不变，A_c 变化时 OC 曲线的变化

从图 6-8 中看出，当 n 一定时，合格判定数 A_c 越小，则 OC 曲线倾斜度就越大，抽样方案越严格。

6.3　计数标准型抽样检验

6.3.1　计数标准型抽样检验概述

计数标准型抽样方案是基本的抽样方案。所谓计数标准型抽样检验，就是同时严格控制生产方与使用方的风险，按供需双方共同制定的 OC 曲线所进行的抽样检验，即它同时规定对生产方的质量要求和对使用方的质量保护。典型的计数标准型抽样方案是这样确定的：希望不合格品率为 p_1 的批尽量不合格，设其接收概率 $L(p_1)=\beta$；希望不合格品率为 p_0 的批尽量合格，设其拒收概率 $1-L(p_0)=\alpha$。一般规定 $\alpha=0.05$、$\beta=0.10$，其 OC 曲线如图 6-9 所示。

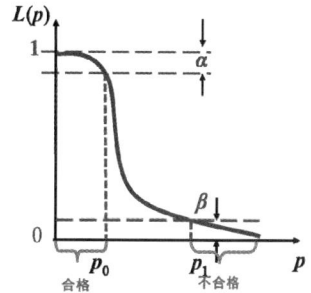

图 6-9　计数标准型抽样方案所对应的 OC 曲线

α 为生产方风险率。对于给定的抽样方案，当批质量水平为某一指定的可接收值的拒收概率时，即好的质量批被拒收时生产方所承担的风险。

β 为使用方风险率。对于给定的抽样方案，当批质量水平为某一指定的不满意值的接收概率时，即坏的质量批被接收时使用方所承担的风险。

p_0 为生产方风险质量。对于给定的抽样方案，与规定的生产方风险率相对应的质量水平。

p_1 为使用方风险质量。对于给定的抽样方案，与规定的使用方风险率相对应的质量水平。

计数标准型抽样方案的特点如下。

（1）通过选取相应于 p_0、p_1 的 α、β 值，同时满足生产方与使用方的要求，对双方提供保护。

（2）不要求提供检验批验前资料（如制造过程的平均不合格品率），因此计数标准型抽样方案适合于对孤立批的检验。

（3）同时适用于破坏性检验和非破坏性检验。

（4）对拒收的检验批未提出处理要求。

（5）由于同时对生产方与使用方实施保护，在同等质量要求的条件下，所需抽取的样本量较大。

6.3.2　计数标准型一次抽样检验的程序

在使用计数标准型一次抽样检验时，通常遵循以下程序。

1）规定质量标准

要明确规定区分单位产品缺陷或合格与不合格的标准界限。

2）规定质量特性不合格的分类与不合格品的分类

一般将产品质量特性的不合格划分为 A 类、B 类及 C 类 3 种类别。

3）指定 p_0、p_1 及 α、β

在进行抽检之前，产品的生产方与使用方应通过协商，确定双方所能接受的风险质量 p_0、p_1 及双方所能承受的风险率 α、β。

在确定 p_0、p_1 时要综合考虑生产能力、制造成本、质量要求及检验费用等因素。一般来说，A 类不合格或 A 类不合格品的 p_0 值要选得比 B 类的小，而 B 类不合格或 B 类不合格品的 p_0 值要选得比 C 类的小。

4）确定批量 N

对于同一批产品，要求是在相同条件下生产出来的。同时，批量也要适当。因为批量越大，平均检验费用越小，经济性越好，但当出现错判时，造成的损失也越大，因此不能随意增大批量。

5）确定抽样方案（n，A_c）

根据双方明确的 p_0、p_1 及 α、β 值，从如表 6-1 所示的计数标准型抽样方案表中检索合适的抽样方案。

表 6-1　计数标准型抽样方案表（节选）

p_0	p_1													p_0 范围
	0.95	1.05	1.20	1.30	1.50	1.70	1.90	2.10	2.40	2.60	3.00	3.40	3.80	
0.095	395, 1	370, 1	345, 1	315, 1	280, 1	250, 1	225, 1	210, 1	185, 1	160, 1	68, 0	64, 0	58, 0	0.091~0.100
0.105	380, 1	355, 1	330, 1	310, 1	275, 1	250, 1	225, 1	200, 1	185, 1	160, 1	150, 1	60, 0	56, 0	0.101~0.112
0.120	595, 2	340, 1	320, 1	295, 1	275, 1	245, 1	220, 1	200, 1	180, 1	160, 1	150, 1	130, 1	54, 0	0.113~0.125
0.130	580, 2	535, 2	305, 1	285, 1	260, 1	240, 1	220, 1	200, 1	180, 1	160, 1	150, 1	130, 1	115, 1	0.126~0.140
0.150	545, 2	520, 2	475, 2	270, 1	250, 1	230, 1	215, 1	195, 1	175, 1	160, 1	140, 1	130, 1	115, 1	0.141~0.160
0.170	740, 3	495, 2	470, 2	430, 2	240, 1	220, 1	205, 1	190, 1	175, 1	160, 1	140, 1	125, 1	115, 1	0.161~0.180
0.190	710, 3	665, 3	440, 2	415, 2	370, 2	210, 1	200, 1	185, 1	170, 1	155, 1	140, 1	125, 1	115, 1	0.181~0.200
0.210	875, 4	635, 3	595, 3	395, 2	365, 2	330, 2	190, 1	175, 1	165, 1	155, 1	140, 1	125, 1	115, 1	0.201~0.224
0.240	1015, 5	785, 4	570, 3	525, 3	350, 2	325, 2	300, 2	170, 1	160, 1	145, 1	135, 1	125, 1	115, 1	0.225~0.250
0.260	1165, 6	910, 5	705, 4	510, 3	465, 3	310, 2	290, 2	265, 2	150, 1	140, 1	130, 1	120, 1	110, 1	0.251~0.280
0.300	1275, 7	1025, 6	810, 5	625, 4	450, 3	410, 3	275, 2	260, 2	240, 2	135, 1	125, 1	115, 1	110, 1	0.281~0.315
0.340	1385, 8	1145, 7	920, 6	725, 5	555, 4	400, 3	365, 3	250, 2	230, 2	210, 2	120, 1	110, 1	105, 1	0.316~0.355
0.380	1630, 10	1235, 8	1025, 7	820, 6	640, 5	490, 4	355, 3	330, 3	220, 2	205, 2	190, 2	110, 1	100, 1	0.356~0.400
0.420		1450, 10	1100, 8	910, 7	725, 6	565, 5	440, 4	315, 3	295, 3	195, 2	180, 2	165, 2	95, 1	0.401~0.450
0.480			1300, 10	985, 8	810, 7	545, 5	505, 5	390, 4	285, 3	260, 3	175, 2	165, 2	150, 2	0.451~0.500
0.530				1165, 10	875, 8	715, 7	495, 5	455, 5	350, 4	255, 3	230, 3	155, 2	154, 2	0.501~0.560
0.600					1035, 10	770, 8	640, 7	435, 5	405, 5	310, 4	225, 3	205, 3	140, 2	0.561~0.630
0.670						910, 10	690, 8	570, 7	390, 5	360, 5	275, 4	200, 3	185, 3	0.631~0.710
0.750							815, 10	620, 8	610, 7	350, 5	320, 5	250, 4	180, 3	0.711~0.800
0.850								725, 10	550, 8	455, 7	310, 5	285, 5	220, 4	0.801~0.900
0.950									650, 10	490, 8	405, 7	275, 5	255, 5	0.901~1.00
1.05										580, 10	435, 8	360, 7	245, 5	1.01~1.12
1.20										715, 13	515, 10	390, 8	280, 6	1.13~1.25
1.30											635, 13	465, 10	350, 8	1.26~1.40
1.50											825, 18	565, 13	410, 10	1.41~1.60
1.70												745, 18	505, 13	1.61~1.80
1.90													660, 18	1.81~2.00
p_1 范围	0.91~1.00	1.01~1.12	1.13~1.25	1.26~1.40	1.41~1.60	1.61~1.80	1.81~2.00	2.01~2.24	2.25~2.50	2.51~2.80	2.81~3.15	3.16~3.55	3.56~4.00	

6）抽取样本

按照已经确定的样本容量，从检验批中抽取样本，这里需要注意的是，需要抽取那些能够真正代表检验批的样本，一般采用随机抽样法。

7）确定产品特性值

根据规定的质量标准，对样本中的每一个单位产品进行检验，并统计不合格品数。

8）对检验批进行判断

根据一次抽样检验的判断方法，判断批产品质量。

9）处理检验批

对判定为接收的批，订货方应整批接收；对判定为拒收的批，应全部退回供货方，未经有效处理不得再次提交检查。

6.4 计数调整型抽样检验

6.4.1 计数调整型抽样检验概述

计数调整型抽样方案主要适用于连续批的检验，是目前使用广泛、理论上研究比较多的一种抽样检验方法。

所谓计数调整型抽样检验，是指根据已检验过的批质量信息，随时按一套规则"调整"检验的严格程度的抽样检验过程。当生产方提供的产品正常时，采用正常检验方案进行检验；当产品质量下降或生产不稳定时，采用加严检验方案进行检验，以免第二类错判概率 β 变大；当产品质量较为理想且生产稳定时，采用放宽检验方案进行检验，以免第一类错判概率 α 变大。这样可以鼓励生产方加强质量管理，提高产品质量的稳定性。计数调整型抽样检验较多地利用了抽样检验结果的历史资料，因此在对检验批质量提供同等鉴别能力时，所需抽取的样本量要少于计数标准型抽样检验，且能较好地协调供需双方各自承担的抽样风险。

具有代表性的计数调整型抽样检验标准是美国的军用标准 MIL-STD-105D（简称105D）。105D 起源于 1945 年美国哥伦比亚大学统计研究小组为美国海军制定的、由美国国防部命名的抽样检验表 JAN-STD-105。经美国国防部对 JAN-STD-105 某些细节的修改，形成了于 1959 年正式出版的军用标准 MIL-STD-105A。以后，又相继更新为 1958 年出版的 MIL-STD-105B 和 1961 年出版的 MIL-STD-105C。由于这些标准在美国各工业部门和国际上的广泛影响，从 1960 年起，由美国、英国和加拿大 3 国联合组成了一个 ABC 工作小组，在 MIL-STD-105C 的基础上，负责研究并制定了适合于 3 国的共同的抽样标准，于 1963 年公布了 ABC-STD-105。作为国家标准，该标准在美国命名为 MIL-STD-105D，在英国命名为 BS-9001，在加拿大命名为 105-GP-1，在日本命名为 JIS-Z-9015。国际上更习惯称为 MIL-STD-105D。1989 年，美国国防部修订了 MIL-STD-105D 标准，新标准的代号为 MIL-STD-105E。1974 年，国际标准化组织（ISO）在美国军用标准 MIL-STD-105D 的基础上，制定颁布了计数调整型抽样检验的国际标准，代号为 ISO 2859。1989 年，将其修订为 ISO 2859-1。1999 年，又将其进行了修订，代号为 ISO 2859-1：1999。我国在博采众长的基础上，于 1987 年颁发了 GB/T 2828 "逐批检查计数抽样程序及抽样表"，并于 1988 年 5 月 1 日起实施。GB/T 2828—1987 是参考 ISO 2859、MIL-STD-105D、JIS-Z-9015 的技术内容制定的，其编制原理科学、技术内容先进、可操作性强，是我国应用范围广、有影响的抽样检验标准。但随着科学技术的进步，质量管理水平的提高和适应加入世界贸易组织后国际贸易与技术交流的需要，我国又对 GB/T 2828—1987 标准进行了修订，于 2003 年发布了 GB/T 2828.1—2003《计数抽样检验程序第一部分：按接收质量限（AQL）检索的逐批检验抽样计划》标准，该标准完全等同采用 ISO 2859-1：1999 标准。GB/T 2828.1 主要适用于下列检验范围：①终产品；②零部件和原材料；③操作；④在制品；⑤库存品；⑥维修操作；⑦数据或记录；⑧管理程序。

GB/T 2828.1 的特点：保证长期的质量，如果使用方按规定的程序检验，从长远观点来看可保证有接收质量限水平的质量；确定了不合格批的处理方法；批量和样本量之间有一定的关系，这种关系不是建立在严格计算的基础上的，而是考虑了风险和经济要求的；生产方风险不固定；多种类型的抽样方案，包括 1 次、2 次和 5 次 3 种不同类型的抽样方案；有 7 个检验水平，26 个接收质量限和 17 个样本量；接收质量限值和样本量均采用优先数，接收质量限值采用 R5 数系，样本量采用 R10 数系；主表结构简单、匀称，使用方便；可调整宽严程度。

6.4.2　合格质量水平

1. 合格质量水平定义及特点

合格质量水平（Acceptable Quality Limit，AQL）是当一个连续系列批被提交验收抽样时，可允许的最差过程平均质量水平，以符号 AQL 表示，也叫作接收质量限。

AQL 是在抽样检验中，认为连续提交批的过程平均的上限值，是控制大过程平均不合格品率的界限，是计数调整型抽样方案的设计基础。

由此可知 AQL 具有以下特点。

（1）AQL 是可接收的和不可接收的过程平均的分界线。当生产方提供的产品批过程平均优于 AQL 时，抽样方案应保证绝大部分的产品批抽检合格。当生产方提供的产品批过程平均劣于 AQL 时，则转换用加严检验；如果拒收比例继续增加就要停止检验。当然，因为 AQL 是平均质量限，所以只规定 AQL 并不能完全保证接收方不接收比 AQL 质量坏的产品批。但从长远看，使用方得到的产品批的平均质量等于或优于 AQL。

（2）AQL 是对所希望的生产过程的一种要求，是描述过程平均的参数，不应把它与生产方生产过程的实际过程平均相混淆。

2. 确定 AQL

确定 AQL 时，应考虑对生产方的认知程度（如过程平均、质量信誉）、使用方的质量要求（如性能、功能、寿命、互换性等）、产品复杂程度、产品质量不合格类别、检验项目的数量和经济性等因素。常用方法如下。

1）根据过程平均

根据生产方近期提交的初检产品批的样本检验结果对过程平均的上限加以估计，与此值相等或稍大的标称值若能被使用方接受，则以此作为 AQL。此种方法大多用于品种少、批量大，而且质量信息充分的场合。

2）按不合格类别

对于不同的不合格类别的产品，分别规定不同的 AQL。越是重要的检验项目，验收后的不合格品造成的损失越大，越应指定严格的 AQL。原则上，A 类的 AQL 要小于 B 类的

AQL，C 类的 AQL 要大于 B 类的 AQL。另外，也可以考虑在同类中对部分或单个不合格再规定 AQL，也可以考虑在不同类别之间再规定 AQL。

3）根据检验项目数

同一类的检验项目有多个（如同属 B 类不合格的检验项目有 3 个）时，AQL 的规定值应比只有一个检验项目时的规定值要适当大一些。美国陆军对具有严重缺陷的产品按检验项目数来规定 AQL，如表 6-2 所示。

表 6-2　美国陆军严重缺陷 AQL 规定（按检验项目数）

检 验 项 目	AQL/%	检 验 项 目	AQL/%
1～2	0.25	12～19	1.5
3～4	0.40	20～48	2.5
5～7	0.65	≥49	4.0
8～11	1.0		

4）根据产品本身的特点

对一些结构复杂的产品或缺陷只能在整机运行时才被发现的产品，AQL 应规定得小些；产品越贵重，不合格造成的损失越大，AQL 应越小。另外，对同一种电子元器件，一般用于军用设备比用于民用设备所选的 AQL 应小些。

5）根据检验的经济性

对一些破坏性检验，检验费用比较高或检验时间比较长的检验，为了减小样本量，AQL 应规定得小些。应注意的是，AQL 的值并不是可以任意取的。在计数调整型抽样方案中，AQL（%）只能采用 0.01,0.015,…,1000，共 26 档，这些值都是 R5 优先数系。其中，AQL 在 10 以下时，可以是每百单位不合格品数，也可以是每百单位不合格数，但在 10 以上的 AQL，只能是每百单位不合格数。如有可能，应尽量选择抽样表中给出的 AQL；否则，抽样表就不适用，而要求设计特殊的方案。

6.4.3　检验水平

检验水平（IL）明确了批量 N 与样本量 n 之间的关系。GB/T 2828.1 标准规定了 2 类，共 7 种检验水平，一类是一般检验水平，共有 3 种，分别是 Ⅰ、Ⅱ、Ⅲ；另一类是特殊检验水平，共有 4 种，分别是 S-1、S-2、S-3、S-4。

按照Ⅲ、Ⅱ、Ⅰ、S-1、S-2、S-3、S-4 的顺序，当批量 N 一定时，样本量 n 逐渐减小，因此对批产品的鉴别能力也逐渐减弱。当需要的鉴别能力较弱时，可规定使用一般检验水平 Ⅰ；当需要的鉴别能力较强时，可规定使用一般检验水平Ⅲ。高检验水平意味着抽取更多的样本量进行检验，与之对应检验越严格。

一般检验水平中，Ⅱ 为正常检验水平。特殊检验水平所抽取的样本量较小，仅适用于必须用较小的样本而且允许有较大错判风险的场合。计数调整型抽样方案中，检验水平的设计原则是：如果批量增大，样本量一般也随之增大，但不是成比例地增大，而是大批量中样本量所占的比例比小批量中样本量所占的比例要小。在计数调整型抽样方案中，检验水平Ⅰ、Ⅱ、Ⅲ的样本量比约为 0.4∶1∶1.6。图 6-10 给出了一般检验水平的批量与样本量之间的关系。

n/N（%）	水平Ⅰ N	水平Ⅱ N	水平Ⅲ N
≤50	≥4	≥4	≥10
≤30	≥7	≥27	≥167
≤20	≥10	≥160	≥525
≤10	≥50	≥1250	≥2000
≤5	≥640	≥4000	≥6300
≤1	≥2500	≥50000	≥80000
n之比例	0.4	1	1.6

图 6-10　一般检验水平的批量与样本量之间的关系（一次正常检验）

选择检验水平应考虑以下几点。

1）产品的复杂程度与价格

构造简单、质量要求低的产品的检验水平应低些，检验费用高的产品应选择低检验水平。

2）破坏性检验

破坏性检验宜选低检验水平或特殊检验水平。

3）生产的稳定性

生产的稳定性差或新产品应选高检验水平。

4）保证用户的利益

如果想让大于 AQL 的劣质批尽量不合格，则宜选高检验水平。

5）批与批之间的质量差异性

批与批之间的质量差异性小并且以往的检验总是被判合格的连续批产品，宜选低检验水平。

6）批内质量波动幅度大小

批内质量波动比标准规定的波动幅度小，可采用低检验水平。另外，在选取检验水平和 AQL 时，应避免 AQL 同检验水平的不协调。如在检验水平为特殊检验水平 S-1 的情况下，字码不超过 D，而与字码 D 相对应的一次正常检验的样本量为 8，若规定 AQL 为 0.1（%），其样本量为 125，此时指定的 S-1 无效。

6.4.4　转移规则

按照交验批所接受检验的严格程度，GB/T 2828.1 规定有 3 种不同严格度的检验：正常检验、加严检验和放宽检验。

正常检验的设计原则：当过程质量优于 AQL 时，抽样方案应以很高的接收概率接收检验批，以保护生产方的利益。而加严检验是为保护使用方的利益而设立的。一般情况下，加严检验的样本量与正常检验的样本量相同，但是降低了合格判定数，加严检验是带强制性的。放宽检验的设计原则：当批质量一贯很好时，为了尽快得到批质量信息并获得经济利益，以减少样本量为宜。放宽检验的样本量一般为正常检验样本量的 40%。

严格度调整规则如图 6-11 所示。

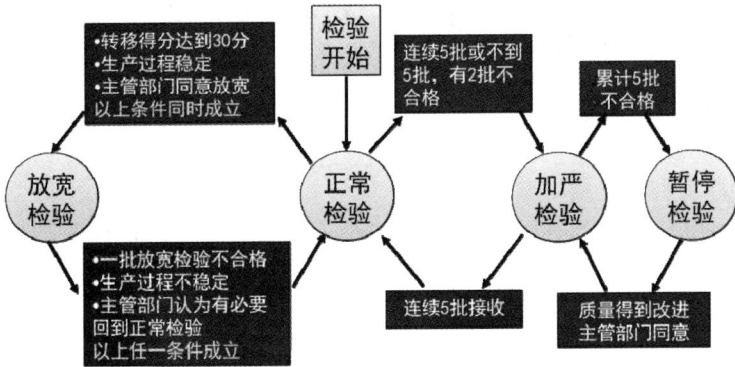

图 6-11　严格度调整规则（GB/T 2828.1）

1）从正常检验转到加严检验

抽样检验一般从正常检验开始，只要初检（第一次提交检验，而不是不合格批经过返修或挑选后再次提交检验）批中，连续 5 批或不到 5 批中就有 2 批不合格，则应从下批起转到加严检验。

2）从加严检验转到正常检验

进行加严检验时，如果连续 5 批初次检验合格，则从下批起恢复正常检验。

3）从正常检验转到放宽检验

从正常检验转为放宽检验必须同时满足下列 3 个条件，缺一不可。

（1）当前的转移得分至少是 30 分。

（2）生产过程稳定。

（3）主管部门同意使用放宽检验。

正常检验转到放宽检验的转移得分规则如图 6-12 所示。

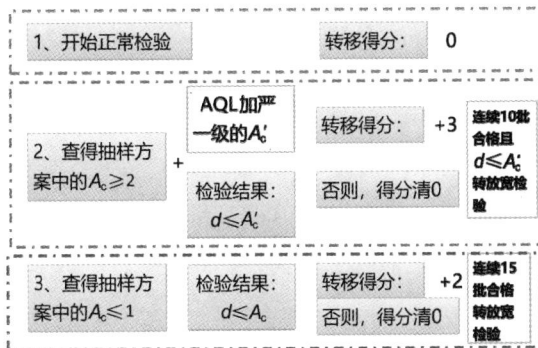

图 6-12　正常检验转到放宽检验的转移得分规则

除非主管部门另有规定，在正常检验一开始就应计算转移得分。在正常检验开始时，应将转移得分设定为 0，而在检验完每个批后应更新转移得分。当 $A_c \geq 2$ 时，如果在 AQL 加严一级后该批被接收，则转移得分加 3 分；否则将转移得分重新设定为 0。当 $A_c \leq 1$ 时，如果该批被接收，则给转移得分加 2 分；否则将转移得分重新设定为 0。

不难看出，GB/T 2828.1 的转移得分规则，若在其他条件满足时，对于一次抽样检验，在 $A_c \leq 1$，等效于正常检验连续 15 批被接收后，从下一批开始执行放宽检验；在 $A_c \geq 2$，等效于正常检验下 AQL 加严一级连续 10 批被接收后，从下一批开始执行放宽检验。对于二次抽样检验，在正常检验下连续 10 批检验第一个样本后被接收，从下一批开始执行放宽检验。对于多次抽样检验，在正常检验下连续 1 批检验第一个样本或第二个样本后被接收，从下一批开始执行放宽检验。

4）从放宽检验转到正常检验

进行放宽检验时，如果出现下面任何一种情况，就必须转回正常检验。

（1）一批放宽检验不合格。

（2）生产不稳定或延迟。

（3）认为应恢复正常检验的其他情况。

5）暂停检验

进行加严检验时，如果不合格批累计达到 5 批，应暂时停止检验，只有在采取了改进产品质量的措施之后，并经主管部门同意，才能恢复检验。此时，应从加严检验开始。

6.4.5　计数调整型抽样检验的程序

根据计数调整型抽样方案规定，抽样标准的使用程序如下。

（1）确定产品的质量要求。

（2）规定不合格品分类。

（3）规定 AQL。

（4）确定检验水平。

（5）检索抽样方案。合理选择 AQL、检验水平和批量，都是为了确定一组能保证产品质量达到预定要求的抽样方案。在确定正常检验方案的同时，确定相应的加严检验和放宽检验抽样方案，并切实执行转移规则，就能保证生产方和使用方的利益，并有助于促使生产方提供优于 AQL 质量的产品。抽样方案的检索主要根据样本量字码和 AQL，利用抽检表来进行。首先进行样本量字码的检索，在图 6-13 中，从检验批的批量所在行和规定的检验水平所在列的相交处读出样本量字码。接着，再根据检索出的样本量字码、AQL 的值、抽样类型及检验的严格程度在图 6-14 中检索出抽样方案（n, A_c, R_e）。

批量 N	特殊检验水平				一般检验水平		
	S-1	S-2	S-3	S-4	Ⅰ	Ⅱ	Ⅲ
1-8	A	A	A	A	A	A	B
9-15	A	A	A	A	A	B	C
…	…	…	…	…	…	…	…
281-500	B	C	D	E	F	H	J
501-1200	C	C	E	F	G	J	K
1201-3200	C	D	E	G	H	K	L
3201-10000	C	D	F	G	J	L	M
10001-35000	C	D	F	H	K	M	N
35001-150000	D	E	G	J	L	N	P
150001-500000	D	E	G	J	M	P	Q
500001以上	D	E	H	K	N	Q	R

图 6-14　样本量字码表（ISO 2859-1）

样本量字码	样本量 n	AQL								
		0.25	0.40	0.65	1.0	1.5	2.5	4.0	6.5	10
		A_c R_e	A_c R_e	A_c R_e	A_c R_e	A_c R_e	A_c R_e	A_c R_e	A_c R_e	A_c R_e
E	13	↓	↓	↓	0 1	↑	↓	1 2	2 3	3 4
F	20		↓	0 1	↑	↓	1 2	2 3	3 4	5 6
G	32		0 1	↑	↓	1 2	2 3	3 4	5 6	7 8
H	50	0 1	↑	↓	1 2	2 3	3 4	5 6	7 8	10 11
J	80	↑	↓	1 2	2 3	3 4	5 6	7 8	10 11	14 15
K	125	↓	1 2	2 3	3 4	5 6	7 8	10 11	14 15	21 22
L	200	1 2	2 3	3 4	5 6	7 8	10 11	14 15	21 22	↑
M	315	2 3	3 4	5 6	7 8	10 11	14 15	21 22	↑	↑
N	500	3 4	5 6	7 8	10 11	14 15	21 22	↓		↑

↓ 使用箭头下面的第一个抽样方案，当样本量≥批量时，执行100%检验；

↑ 使用箭头上面的第一个抽样方案；A_c—接收数，R_e—拒收数。

图 6-14　正常检验一次抽样方案（ISO 2859-1）

（6）抽取样本。

（7）检验样本并统计。

（8）接收性判定。对于一次抽样方案，根据样本检验的结果，若样本中的不合格（品）数小于或等于 A_c，则判该批产品合格。如果样本中不合格（品）数大于或等于 R_e，则判该批产品不合格。

（9）不合格批的处置。计数调整型抽样方案中规定了不合格批的再提交，供货方在对不合格批进行百分之百检验的基础上，将发现的不合格品剔除或修理好后，允许再次提交检验。除非造成批不合格的原因是某个或某些不可修复的不合格的出现，可能导致整批产品报废。

6.5　计量抽样检验

1. 计量抽样检验与计数抽样检验的区别

计量抽样检验是定量地检验从批中随机抽取的样本，利用样本数据计算统计量，并与判定标准比较，以判断产品批是否合格的活动。

与计数抽样检验相比，计量抽样检验具有如下特点。①从难易程度来看，计数抽样检验较简单，计量抽样检验较麻烦。②从取得的信息来看，计量抽样检验能获得较多、较精密的信息，能指出产品的质量状况，一旦质量下降能及时提出警告。③计量抽样检验的可靠性比计数抽样检验高，这是因为对每批产品的某种质量特性进行严格的计量检验要比对每批产品的质量仅仅区别其为合格与否的计数检验更为确切。④与计数抽样检验相比，在同样的质量保护下，计量抽样检验的样本量可以减少 30%，因而当检验过程的费用很大时（如破坏性检验），计量抽样检验显示出其巨大的优越性。⑤计数抽样检验较易被接受和理解，计量抽样检验却并非如此。比如，使用计量抽样检验时有可能会出现在样本中没有发现不合格品而被拒收的情况。⑥计量抽样检验的局限性是要求被检的质量特性必须服从或近似服从正态分布，因为设计计量抽样方案的依据是正态分布理论。计量抽样检验按衡量质量的标志分为以总体平均数 μ、总体标准差 σ 和总体不合格品率 p 衡量批质量的计量抽样检验。目前我国公布的计量抽样方案有《不合格品率的计量标准型一次抽样检验程序及表》（GB/T 8053）、《平均值的计量标准型一次抽样检验程序及抽样表》（GB/T 8054）、《不合格品率的计量抽样检验程序及图表》（GB/T 6378）和《计量截尾序贯抽样检验程序及抽样表》（GB/T 16307）。本节重点介绍 GB/T 6378 标准的有关内容。

计量抽样检验与计数抽样检验相比，所需的样本量少，获得的信息多。但是，对样品质量特性的计量和测定比检查产品是否合格所需的时间长、工作量大、费用高，并需要具备一定的设备条件，判断程序比较复杂。在实际中，常把计量抽样检验和计数抽样检验结合起来使用。对于主要质量指标的检查、破坏性检查和费用高的检查，通常采用计量抽样检验；对于一般质量指标的检查，采用计数抽样检验。两者相互配合，可以收到较好的技术经济效果。

2．不合格品率计量抽样检验的数理统计原理

不合格品率是指不合格产品占全部产品的比率。下面先以上规格限为例来介绍不合格品率计量抽样检验的数理统计原理。在给定上规格限 U 的情形下，不合格品率 p 定义为

$$p=P\{X>U\} \tag{6.4}$$

由于 X 服从正态分布，要 $p=0$ 在理论上是不可能的。通常是指定一个可接收质量水平 p_0，只要 $p \leqslant p_0$，就认为这些产品批可以接收。

由于 $X \sim N(\mu, \sigma^2)$，其标准化后的随机变量 $(x-\mu)/\sigma$ 服从标准正态分布 $N(0,1)$，故式（6.4）可改写为

$$p = P\{X > U\} = P\left\{\frac{X-\mu}{\sigma} > \frac{U-\mu}{\sigma}\right\} = 1 - P\left\{\frac{X-\mu}{\sigma} \leqslant \frac{U-\mu}{\sigma}\right\} = 1 - \Phi\left(\frac{U-\mu}{\sigma}\right) \tag{6.5}$$

因此 μ 和 σ 已知时的接收准则 $p \leqslant p_0$ 可写为

$$\Phi\left(\frac{U-\mu}{\sigma}\right) \geqslant 1 - p_0 \tag{6.6}$$

由于当 $x \geqslant 0$ 时，$\Phi(x)$ 是严格递增函数，因此式（6.6）等价于

$$\frac{U-\mu}{\sigma} \geqslant \Phi^{-1}(1-p_0) \tag{6.7}$$

如果令 $k = \Phi^{-1}(1-p_0)$，$Q_U = \dfrac{U-\mu}{\sigma}$，则接收准则可写为 $Q_U \geqslant k$，其中，k 称为接收常数，由可接收质量水平 p_0 和样本量唯一确定，Q_U 称为上质量统计量。

对于给定下规格限 L 的情况，也可用相同的方法求得。

因此，不合格品率计量抽样检验的接收准则如下。

如果仅给出上规格限 U，当 $Q_U \geqslant k$ 时，接收该批，反之，拒收该批。

如果仅给出下规格限 L，当 $Q_L \geqslant k$ 时，接收该批，反之，拒收该批。

如果上、下规格限 U、L 均给出（如果对应于上、下规格的 AQL 值不同，k 的值也不同），那么当 $Q_L \geqslant k_L$ 且 $Q_U \geqslant k_U$ 时，则接收该批；当 $Q_L < k_L$ 或 $Q_U < k_U$ 时，则拒收该批。

3．计量调整型抽样检验标准 GB/T 6378 的使用

GB/T 6378 是一个关于计量调整型抽样检验的标准。它以不合格品率来表示批的质量，

并用来控制过程不合格品率不超过某个指定值。它预先确定 3 个抽样方案：正常抽样方案、加严抽样方案和放宽抽样方案，再规定一套方案之间进行转换的规则。

当产品的质量资料表明生产者的生产一直是正常时，采用正常抽样方案；当产品的质量资料表明产品质量开始恶化或者有其他充分理由怀疑质量时，改用加严抽样方案；根据以往质量记录，证明质量足够好时，可以用放宽抽样方案代替正常抽样方案，以减少工作量。

调整型抽样方案就是把正常、加严、放宽 3 种抽样方案用一套调整的规则联系起来，从而达到促进生产者加强质量管理、提高产品质量的目的。

GB/T 6378 的转移规则如下。

（1）从正常检验到加严检验。在执行正常检验时，如果连续 5 批或少于 5 批内，有两批被拒收，则从下一批开始执行加严检验。

（2）从加严检验到正常检验。在执行加严检验时，如果连续 5 批被接收，则从下一批开始执行正常检验。

（3）从正常检验到放宽检验。在执行正常检验时，如果连续 10 批被接收，并且符合以下情况则可转到放宽检验：如果 AQL 加严一级，则这些批还能被接收；产品质量处于统计受控状态；主管部门认为放宽检验可行。

（4）从放宽检验到正常检验。在执行放宽检验时，如果发生以下情况之一，则从下一批开始执行正常检验：一批未被接收；生产不稳定或中断；其他情况确认需要恢复正常检验。

（5）从加严检验到暂停检验。在执行加严检验时，如果累计 5 批被拒收，则暂停检验。

（6）暂停以后的恢复检验。对于因为产品（或服务）质量问题导致的检验的暂停，如果有充分的证据表明生产者已采取措施，有效地提高了产品（或服务）质量；经主管部门允许，可以恢复按本标准的检验，并从加严检验开始。

思考题

1．质量检验有什么作用？

2．现实中抽样检验容易犯哪些错误？

3．确定抽样方案的关键是什么？

4．接收概率如何精确计算？

5．计数调整型抽样检验如何开展？

案例分析

抽样检验在国家质量监管中的应用

在 2016 年国家市场监督管理总局开展的农资打假"质检利剑"行动中，湖北省市场监督管理局根据国家市场监督管理总局执法司通报的案件线索，对湖北旺隆富肥业有限公司开展执法检查，对该企业生产的 7 个批次，共计 603.84 吨复合肥进行了随机抽样，经检验，产品质量均不合格，涉案货值 151 万元。检查的 7 个批次中有 6 个批次，共计 563.84 吨复合肥涉嫌伪造厂名、厂址，伪造、冒用生产许可证标志及编号。湖北省市场监督管理局依据《行政执法机关移送涉嫌犯罪案件的规定》，将案件依法移送公安机关处理。

2016 年 3 月 22 日，根据全国电子商务产品打假维权协作网和阿里巴巴提供的线索，国家市场监督管理总局执法司派员赴现场督办，广东省市场监督管理局组织深圳市市场监督管理局、东莞市市场监督管理局执法人员对深圳市锋达通通讯设备有限公司、深圳市京立通讯器材有限公司开展突击执法检查。经查，深圳市锋达通通讯设备有限公司生产不符合标准要求的手机 2731 台，货值金额共计 328 691 元。深圳市京立通讯器材有限公司生产质量不合格福中福品牌手机 240 台，冒用认证标志的手机 1342 台，同时还存在未经认证进行出厂、销售及商标侵权等违法行为。深圳市市场稽查局依法对这两家企业予以行政处罚。

2016 年 5 月 23 日，根据举报，湖南省湘潭市市场监督管理局执法人员会同公安部门冒雨连夜对湘潭市岳塘区荷塘乡荷塘村制售假冒燃气器具产品的窝点进行执法检查，现场查获大量涉嫌假冒燃气器具产品，假冒品牌涉及迅达、樱花、美的等 10 多种，数量达 1600 余台，涉案货值达 300 余万元。湖南省湘潭市市场监督管理局将该案件依法移送公安机关处理。

第三部分 行业篇——服务质量管理

第 7 章 服   务

▶▶▶学习目标

- 了解服务的相关概念。
- 了解服务的研究现状。
- 熟悉现代服务业的内容。
- 熟悉现代服务业的发展趋势。

引导案例

海尔公司车队有个小车司机叫于喜善，他今年 40 多岁，开车时喜欢听音乐。他接待了来自欧洲的一位客户，这位客户是一位女士，女士上车后，司机开始放音乐并通过车内的反光镜，看一看坐在后边的客户喜欢不喜欢听放的音乐，如果喜欢听，他就把音量开得大一点；如果不喜欢听，他就放小一点或关掉。这次他放的是腾格尔的《在银色的月光下》，那位女士在后边随着音乐边听边晃，说："这音乐真好听，我也要买一盘。"说完之后，客户下了车，要司机一个小时之后再来接她。司机这时想，"她在青岛人生地不熟的，去哪里买呢？"于是他就买了一盘同他在车上放的一样的《在银色的月光下》的碟片，待那位欧洲的客户上车时给了她，那位客户非常感动，连连称赞海尔公司为客户考虑得太周到了。

从观察客户是否喜欢所放音乐到为客户购买碟片，都体现了司机的细心和贴心。关注客户的享受服务过程是"应该的服务"，而为客户买碟片就是"超乎想象的服务"。

7.1 服务和服务科学

7.1.1 服务的内涵及发展

1．对于服务的理解

对于服务的理解，人们往往侧重于两个不同的方面：一方面侧重服务产品（产出），即它与制造的有形产品不同，具有无形性、顾客参与性、不可存储性等特征；另一方面侧重服务提供（消费）的系统与过程，即以协同创造、获取客户价值为目标，服务提供商与客户之间的交互行为及其过程。说到服务，人们通常认为它只是针对服务业的专门研究。服务业是提供服务的行业，包括国民经济中在流通、生产生活、科学文化教育、社会公共需求等领域提供各种服务产品的部门或行业。

20 世纪 30 年代，英国经济学家 AG Fisher 在《安全与进步的冲突》一书中提出"第三产业"的概念，将国民经济中直接取自自然界的部门归属为第一产业，将对初级产品进行再加工部门（如采掘、制造、自来水、煤气和建筑等）归属为第二产业，将第一、二产业之外为生产和消费提供各种服务的部门归属为第三产业。从产业结构调整的角度看，人们往往很纠结：一方面，我国第三产业 GDP 占比不断增加，三次产业结构不断向发达国家靠拢，似乎是产业结构优化与升级的表现；另一方面，不少人也担心，服务业 GDP 占比过大，将导致我国制造业的没落与边缘化；有人甚至将现代服务业等同为虚拟经济，认为发展服务业将导致制造业空洞化。究其原因，是一些人对服务概念的理解存在偏颇。那么，到底什么是服务呢？

（1）服务是一种理念。服务理念是在经济和社会发展过程中自然形成的，由来已久，它既有主动性又有被动性。服务是人与人、人与组织、组织与组织之间的基本关系之一。服务将人与组织编织成一张无时不在、无处不在的无形网络，这就是服务网络。服务效用最大化是服务提供者和服务消费者的一种共同追求，服务型经济、服务型社会、服务型政府等就是这一理念的体现。

（2）服务是一类产品。消费者对有形产品的需求可以转变成具体的产品特征和规格，这些产品特征和规格也是其生产、营销和创新的基础。服务同有形产品一样，也强调要满足不同的消费者/客户需求，而服务产品一般是无形的，它包含着基本的一般性服务本质，还体现出服务提供商一定的服务理念（一般包含在隐性服务之中）。服务产品由服务提供者通过所构建的服务系统，以不同的服务过程或模式提供给客户，而客户则在"使用"服务产品的过程中获取一定的服务体验和服务效用。以"产品"的视角看待服务，并不是将服务物化，而是通过把对产品的理解移植到服务上，从而形成更为完整而具象的服务观。

（3）服务是一种关系。服务是服务提供者与客户之间的一种契约关系。这种契约关系以明确或隐含的方式，确定了客户的服务需求与需求满足需要给出的支付，以及服务提供者提供服务的内容和相关要求。例如，信息服务水平协议（Service Level Agreement，SLA）是服务提供者和客户之间经过磋商的一个正式合同，以陈述服务的质量、优先级和责权，并用来保证服务所必须达到的质量。服务的这种直接契约关系与制造不同，产品制造商一般不与顾客建立直接的契约关系，而往往是通过供应链网络和分销商与顾客建立间接的契约关系。由于服务过程的客户参与性，客户需要与服务提供者开展合作与协调，以实现"Win-Win"的结果和价值共创。在这种合作过程中，客户投入的是与其情境、情感相关的需求信息、对服务的期望，以及给服务提供者的支付（现金的与非现金的），收获的是需求的被理解与满足；服务提供者投入各种服务资源（信息、知识、专业技能、资金、设备、环境等），收获的是对客户的理解、利润和各种其他相关效用。

（4）服务是一门科学。随着计算机应用的深入，IBM 公司认识到客户的真正需求不是计算机产品，而是基于计算机的高品质服务。因此 IBM 公司又开始了从产品供应商到制造服务提供商的转变。在这个过程中，IBM 公司发现，必须利用科学、技术和商业知识，提高服务的生产力、服务的质量和服务的创新能力，并由此提出服务科学的概念。

随着生产型经济的高度成熟和信息技术的飞速发展，人类社会的经济形态已逐步从工业化、信息化进入"服务化"，形成了"服务经济"或"后工业化社会"，产品质量、服务质量和工程质量是市场竞争力的基础，是消费者合法权益的保障，是一个国家综合国力的象征，也是社会可持续发展的关键因素。

随着我国改革开放进程的深入，企业界人士越来越认识到服务对企业生存和发展的重要性。由于生产力的发展和科技的进步已使有形产品在质量上的差异越来越小，同类产品越来越多，仅仅通过产品本身的特性来增加产品的差别化越来越困难。因此，企业为了增强自身的竞争实力，开始重视对产品附加值或附加产品的开发，而服务作为附加产品的一部分，也逐渐受到企业的青睐。提高服务质量，已成为企业增强竞争力的一种有效策略。

2. 服务的相关研究

服务在经济发达国家的企业中占据非常重要的地位。在 1991 年的一项关于服务问题的调查中，研究者就企业家如何看待服务作为企业日常工作的一部分和服务在企业未来发展的重要性这两个问题，对美国、日本和欧洲的 19 个国家近 4000 家企业进行调查，结果发现，美国企业界认为"服务非常重要"的比例达到 62%，欧洲达到 59%，日本高达 84%；被调查者还认为，在随后 5 年中，服务的重要性还要增强，如美国及欧洲企业界认为随后 5 年中"服务非常重要"的比例都达到 69%，日本高达到 88%。这一结果说明服务作为企业进行市场竞争的途径之一，已得到了世界上的许多国家的重视。

不难预见，随着关于服务相关研究的逐步深入，服务经济一定能够获得高质量的发展。随着服务经济在国民经济中所占的比重越来越大，装备制造、现代金融、社会管理等传统领域都将呈现出典型的服务特征。更多的产品、广泛的人与人之间的交互活动都将通过服务来体现价值。因此，服务并不仅仅存在于服务业中，它存在于各个行业，包括农业与制造业之中。第一、第二和第三产业融合的概念与实践本质上也正是这种观点和趋势的反映。

7.1.2 服务科学

1. 服务科学的概念

服务科学的概念的雏形最早出现在 2002 年 IBM Almaden 研究中心与美国加州大学伯克利分校组成的团队从社会工程系统角度研究服务的研讨会上。2004 年，美国竞争力委员会发布的题为"创新美国：在充满挑战和变化的世界中持续繁荣"的报告中正式提出了"服务科学"的概念，使得服务科学开始受到广泛的关注。

服务科学的概念在学术界存在争议，不同学者从各自的研究视角对服务科学进行了不同的界定和理解。

（1）学科主导型定义。Abe 和 Bitner 认为服务科学是运筹学、工程学、计算机科学、管理学和认知科学的综合运用，目的是来推动服务创新以提高服务生产效率和绩效，利用知识不断优化，强调服务科学的多学科性质和服务科学对于服务的促进作用。这一定义基本上等同于 SSME（服务科学、管理与工程）的概念内涵。

（2）功能主导型（系统主导型）定义。Maglio 认为服务科学是对服务系统的研究，以建立系统性的服务创新基础为目标，一般的服务科学是对一个系统如何利用其资源使得系统本身和另一系统互相受益的研究。服务科学将组织与人类学理解和商业与技术结合起来解释服务系统的类型、服务系统如何形成和相互作用以共同创造价值，目的是提升设计、改善和测量服务系统的能力。服务科学的主要功能表现在解释服务系统的产生与发展，解决如何投资最优以提升服务质量等基础问题。Spohrer 也从理解、改善和测量服务系统的方法和途径的角度界定了服务理论的内容。

（3）价值主导型定义。Vargo 等人围绕服务科学如何创造价值展开研究，强调多个服务系统所构成的价值创造体的相互作用，提出服务科学是对多种复杂资源共同创造价值的研究。

（4）内容主导型定义。Cai 等人通过现代服务业的实践经验和研究，认为服务提供商的竞争力不仅取决于服务能力，而且取决于可被利用的服务资源，并由此提出了包含服务需求、服务能力和服务资源三部分的服务科学三层级结构，服务需求对应 Maslow 需求层次理论被划分为 6 个层级，服务能力包含服务过程导向的垂直服务能力和服务利益相关者导向的水平服务能力，服务资源分为服务产品等内部资源和与合作伙伴的关系等外部资源。其中，服务能力是服务科学的瓶颈因素。此外，Chesbrough 等人从服务创新和增强服务供应能力的角度界定了服务科学。

通过以上分析可以看出，以上 4 种定义存在导向差异，但这 4 种定义在本质上具有一定的共性，包括：

① 强调服务系统的重要作用，服务科学的研究大多都是围绕服务系统的设计、改善和测量等一些微观方面展开研究的；

② 强调服务科学研究的目的，即通过对服务系统的研究，利用知识不断进行服务创新，提高服务效率和服务质量，持续创造服务价值；

③ 强调服务科学的多学科性质和交叉学科研究方法。

2. 服务科学的内涵

服务科学是一门新兴交叉学科。科学是一个建立在可检验的解释和对客观事物的形式、组织等进行预测的有序知识的系统。科学与非科学的根本区别在于假设与理论能否被验证，而不在于知识系统是否完善。按研究对象的不同，科学可分为自然科学、社会科学和思维科学。服务科学研究和发展以服务为主导的经济与社会活动所需的理论和技术。服务科学以相互联结的人和各种服务资源组成的服务系统为研究对象，揭示和发现人际交互、人机交互、技术、组织和信息在各种不同条件下创造价值的规律；旨在提高服务效率，促进服务创新，改善服务体验。简言之，服务科学研究如何在服务系统关系状态及其变化规律的测量、感知与识别的基础上，通过更广泛的关联、更智慧的共享与协同形成新的服务关系与服务模式，以提高服务效率、创造社会价值。

服务科学是以互联网和信息技术为支撑，以服务为主导的经济活动相关理论和技术的一门新兴交叉学科，融合了运筹学、管理科学、经济学、计算机科学等诸多学科。自 2002 年 IBM 公司提出服务科学的概念以来，从事计算机科学、管理学及经济学研究的学者各自从自己的领域开展了大量的研究，取得了很多成果，初步形成了服务科学的知识系统。所谓服务科学，是指对所有具有服务本质并创造价值的人类行为与活动进行研究的科学。服务科学通过提炼服务主体与客户的行为特征和服务关系的科学本质，发现服务过程与服务系统效率的关键要素及其作用规律，探索服务价值的测度方法、创造模式与传递机制，目的是在服务实践中全面提升服务生产力、改善服务体验。简单地说，服务强调价值创造过程的参与和协同，而服务科学研究服务的需求、供给及交付问题，属于人文社科与理工科交叉融合的新兴学科。

郭重庆院士在 2008 年"服务科学"双清论坛上指出："服务科学是一门极具前沿意义的学科，信息技术与服务科学紧密结合必将改变世界。"

杨卫院士在 2016 年主题为"服务科学：跨学科研讨"的第 166 期双清论坛上提出："服务科学就是一个可能孕育、引发、产生新动能的突破点。目前服务业在我国经济发展中的比重越来越大，发展速率也快于第一产业和第二产业，是我国提供就业岗位最多的产业。服务业本身必然有科学的内涵，也需要科学的引领，从这个意义上说，服务科学就是引爆发展的新动能。我们国家'十三五'规划确立了五大发展理念：创新、协调、绿色、开放、共享，其中每一项都和服务科学息息相关。"

3. 服务科学的特点

从服务科学的上述内涵可以看出，这一新兴交叉学科有以下几个重要的新特点。

（1）服务主导的观念，即不再将服务作为产品的附属品，而是认为服务是生产的最终目的，产品只是服务交付的载体，服务科学的重心发生了改变。

（2）在客户行为与决策方面，即时、移动通信等技术的发展使得服务交互与服务接触的模式发生了根本性改变，服务交互与接触方式的数量大大增加且可以动态切换，社交媒体等使得客户之间的选择相互影响，并影响服务提供者的决策。

（3）在服务资源组织与整合方面，强调社会服务资源协同地满足社会服务需求，而不是单个企业孤立地满足若干细分市场的需求。传统的服务企业选址需要贴近市场，服务资源为企业所在地周围的顾客服务。在信息技术与知识管理等的支持下，专业化服务提供商的资源借助平台或跨界模式等在很大的区域范围内共享，并通过协作形成体系化的服务。

目前已有的大量研究结果表明，服务科学是科学，其研究对象是服务关系、服务过程和服务系统。因为服务系统中有物也有人，所以服务科学兼具自然科学和社会科学的特性，是一门交叉学科。由于服务科学主要在信息技术快速发展与广泛应用的基础上产生，新的服务模式和实践不断涌现，服务科学的知识正处在快速发展与增长过程中，知识系统目前显得还不够完备，因此，服务科学是一门新兴的交叉学科。

7.2　服务的概念及特征

7.2.1　服务的概念

二十世纪五六十年代，西方市场营销学界开始对服务进行系统研究。在这一过程中，许多人都对服务的概念提出自己的见解。

（1）美国市场营销协会（AMA）在 1960 年将服务定义为用于出售或者与销售产品有关的活动、利益或满意。

（2）Regan 把"服务"定义为直接提供满足（如交通、租房）或者与有形商品及其他服务（如信用卡）一起提供满足的抽象性活动。

（3）Lehtinen 认为服务是与某个中介或机器设备相互作用并为消费者提供满足的一种或者一系列的活动。

（4）美国学者斯坦顿（Stanton）在 1974 年将服务定义为可被独立识别的不可感知的活动，为消费者或工业用户提供满足感，但并非一定要与某种产品或服务连在一起出售。

（5）美国学者菲利浦·科特勒在 1983 年将服务定义为一方能向另一方提供的，基本上属于无形的，并不产生任何影响所有权的一种活动或好处。服务产出可以但不一定与物质产品紧密相连。

（4）芬兰学者格鲁诺斯在 1990 年将服务概括为或多或少具有无形特征的一种或一系列活动，但并非一定发生在顾客同服务提供者及其有形的资源、商品或系统相互作用的过程中，以便解决消费者的有关问题。

（5）英国学者 A.佩恩将服务定义为一种涉及某些无形性因素的活动，它包括与顾客或他们拥有的财产的相互活动，不会造成所有权的更换。

（6）ISO 9000 标准的定义：服务通常是无形的，并且是在组织和顾客接触面上至少需要一项活动的结果。

7.2.2　服务的特征

与实体产品相比，服务具有无形性、生产和消费不可分离性、过程性、异质性、不可储存性等特征，这些特征导致服务不可能像实体产品那样依据产品外观、寿命周期等客观指标进行质量判断。

1）无形性

服务最基本的特征是服务的无形性。首先，服务不像有形产品那样，能够看得见、摸得着，服务及组成服务的要素很多且具有无形的性质，服务的本质是一种绩效或行动。例如，医疗保健服务是指提供者针对患者进行的行为，包括检查、诊断和治疗等，尽管患者可以接触到服务的某些有形部分（如设备、病房），但是即使一项诊断或治疗这样的服务已经完成，患者也很难完全理解已经提供了的服务。其次，服务不仅本身是无形的，甚至消费服务获得的利益也可能很难察觉到或仅能抽象地表达。因此，在服务被购买以前，消费者很难去品尝、感觉、触摸到"服务"，购买服务必须参考许多意见与态度等方面的信息。例如，家用电器发生故障，使用者将其交到维修公司修理，但在修理完成以后，使用者仅从外观上往往难以准确地判断维修服务的质量。

2）生产和消费不可分离性

有形产品从设计、生产到流通、消费的过程，需要经过一系列的中间环节，生产和消费过程具有非常明显的时间间隔。而服务与之相比则有较大的不同，服务的生产和消费具有不可分离的特征，即服务的生产和服务的消费是同时进行的，服务人员在提供服务给顾客的同时，也是顾客消费服务的过程，二者在时间上具有不可分割性。例如，在顾客没有来到理发店接受服务之前，理发店的服务是没有办法提前生产出来的，理发师提供服务的过程和消费者的消费过程基本是同时完成的。服务的这个特征决定了服务的生产者（提供者）与服务的消费者如果不在同一场所同时相遇，则服务的生产和消费就很难成立。例如，在教育服务中的教师和学生，医疗服务中的医生和病人，只有两者相遇，服务才有可能成立。

3）过程性

服务质量管理不是有形产品，即不是实物，服务是服务企业通过一系列的活动或过程将服务提供给服务的买方，也是服务企业生产和服务买方消费的一系列活动或过程。服务质量管理的企业也不是按传统的方式来控制服务质量的。当然，服务的种类繁多，个性千差万别，不能一概而论，但一般而言，服务的生产过程的大部分是不可见的，顾客可见的生产过程只是整个服务生产过程的小部分。因此，顾客必须十分注意自己看得见的那部分服务的生产过程，对所看见的活动和过程进行仔细的体验和评估。

4）异质性

由于服务基本上是由人表现出来的一系列行为，因此就没有两种服务会完全一致。服务的构成成分及其质量水平经常变化，很难统一界定。一方面，由于服务人员自身因素的影响，人的行为可能每天，甚至每小时都会变化，因此即使由同一服务人员在不同时间提供的服务也很可能有不同的质量水平，而在同样的环境下，不同服务人员提供的同一种服务的服务质量也有一定差别；另一方面，没有两个顾客会完全一样，每位顾客都有独特的需求，由于顾客直接参与服务的生产和消费过程，不同顾客在学识、素养、经验、兴趣等方面的差异客观存在，直接影响到服务的质量和效果，同一顾客在不同时间消费相同质量的服务也会有不同的消费感受。

5）不可储存性

由于服务的无形性，以及服务的生产和消费同时性，服务不可能像有形产品那样可以被储存起来，以备将来销售；或者顾客能够一次购买较多数量的服务回去，以备将来需要时消费。当飞机离开跑道时，从该航班获得的收入已经确定，即使该飞机上还有部分空座位，也不可能再从该航班上获得任何收入。同样的道理，宾馆里的空床位，只要过了该夜，也不可能再利用，从该项生产能力获利的机会就完全消失。

由于服务具有不可储存性，因此服务能力的设定就非常重要。若服务能力不足，一些顾客将得不到服务，会失去应有的盈利机会；而服务能力过剩，会白白支出固定成本。尽管服务没有及时消费，如影剧院内的座位、游轮上的舱位、电信部门的通信容量等，并不一定增加服务企业的总成本，仅仅表现为服务能力的闲置，但实际上这种闲置对服务企业的盈利影响非常大，因为单个顾客的消费成本将增加，而顾客的消费价格一般不会由于数量的减少而提高，最终可能会导致服务的价格低于服务的成本。

服务的不可储存性还意味着对于服务的需求，服务质量管理至关重要。服务企业必须研究如何充分利用现有资源（包括人员、设备等），提高使用效率，解决服务企业供需矛盾。例如，在公共交通中上下班高峰期乘客数量远远超过其他时段，旅游区淡季游客数量很少而节假日则过于拥挤，这就要求服务企业尽量增加服务供给的弹性，以适应变化的服务需求。

服务的目的是满足顾客的需要，并且需要一次就把事情做好，没有调整的余地。顾客的需要通常包含在服务的技术标准或服务的规范中，有时也指顾客的具体需要。顾客的需求包含在组织内的有关规定中，也包含在服务提供过程中。服务的条件是必须与顾客接触。这种组织与顾客之间的接触，可以是人员的，也可以是货物的。服务的内容是发生在组织和顾客接触面上的一系列活动。服务产生于人、机器、设备与顾客或顾客的设备、货物之间互动关系的有机联系，并由此形成一定的活动过程。

7.3　服务的研究现状

目前已有的服务研究主要以服务系统及组成服务系统的人和服务资源为研究对象，研究发现服务系统中各种主体之间关系状态及其变化规律，服务模式与商业模式的创新与设计理论、服务资源组织与协调理论和方法，以提高服务效率，改善服务体验。服务系统既包括服务流程和服务供应链，也包括开放共享的服务生态系统。部分研究结果及服务科学的知识系统包括以下几方面。

7.3.1　服务系统

服务系统包括对服务系统关系状态及其变化规律的测量、感知与识别研究，具体分为微观行为与决策和宏观集聚行为与变动模式两方面。

（1）在微观行为与决策方面，主要研究成果集中在：

① 基于学习的辅助决策支持。例如，基于移动健康监测信息的疾病诊断、基于观众年

龄与偏好的电影排片方法等。

② 基于社交、电商、搜索、位置、情境、游戏等信息的行为与需求预测和推荐。例如，社交服务网络中用户的付费行为、攀比行为、黑客攻击与用户信息安全感知关系；亚马逊的"预期递送"，即根据历史订单信息和其他相关因素，预测某一特定区域的客户可能购买的商品，并提前对这些商品进行包装和寄送；苏宁易购的"预测营销"，在上海、北京等地选择部分 VIP 会员，通过大数据预测会员购物潜在需求，通过利用上门送货和服务的场景，对关联商品实物进行推荐；腾讯地图的导航终点停车位置推荐服务等。

③ 用户注意力吸引与增强。例如，基于脑电信息的行为分析、电商企业的页面布局等。

④ 个体/群体有限理性与策略性消费行为。例如，考虑决策者有限理性的库存决策，策略性消费者的卖家定价及库存决策问题；考虑消费者选择行为的收益管理及网络收益管理问题；考虑反常消费者行为如何产生，其对销售商的影响及销售商如何应对反常的消费者问题。

（2）在宏观集聚行为与变动模式方面，主要研究成果集中在：

① 服务连接网络的宏观结构特性。例如，生产网络、贸易网络、社交网络等的结构特性。

② 利用数据的外部性，即信息对直接相关方以外的影响，通过大量个体行为的集聚反映大尺度复杂对象的变动规律。例如，全球无数台手机从不同的地点、不同的角度拍摄月食照片，整合起来比一台超级天文望远镜还有价值；2009 年，谷歌公司在 H1N1 流感爆发的几周前，依靠人们在网上的搜索记录成功地进行了冬季流感的发生与传播预测。类似的例子在新闻事件报道、舆情热点分析领域也较为普遍。人们发现，大量个体行为的集成融合可以扩大信息的"维度"，其作用可能超越最初信息系统设计的目的，数据的能量和价值可得到意想不到的放大。

③ 非常规突发条件下人们的通信行为、信息传播规律、人群移动轨迹。例如，人们发现，在发生非常规突发事件情况下，人与人之间的通信量明显增加，在通信量数据中表现为陡增的尖峰形式；而消息的传播方式也发生了明显的改变，不再是从信息源扩散式的向外传播，而变成事件经历者与他们的重要联系人之间的多次双向通信。地震后，根据 300 万名用户地震前后约 10 亿条手机定位数据整理分析发现，在严重灾害发生后，人类的行为也并不是慌乱而不可预测的，相反却是非常理性并有迹可循的，即通常会选择去以往社会关系较为密切的地方，如亲戚朋友家、以前常去的公园等。

7.3.2 服务模式

服务模式的研究主要针对服务模式与商业模式的创新与设计。信息通信技术的广泛应用促进了产业融合，使得服务产品提供者的供给能力和产品开发能力不断提高，服务的内容和领域不断扩展，无论在生产性、生活性还是公共服务领域，都涌现出大量新兴的服务模式和服务创新设计，涉及的服务类型包括医疗服务、信息服务、交通服务、物流服务、养老服务、金融服务、社交网络服务等。

21 世纪初，基于网络的平台服务模式快速发展，日益成为现代服务业的主流模式，在很大程度上提高供需匹配的效率。在这类模式下，数量众多、种类丰富的服务资源得到整合，数量众多、种类众多的服务需求得以满足。如何将同质或异质的服务资源更好地组织起来为用户服务，成了众多实践者与研究者关注的问题。人们已经在双边平台及多边平台的定义、定价、制度设计、竞争与合作问题等方面进行了大量开创性的研究，并从战略层次提炼了网络环境下的平台服务及其管理问题。平台服务模式能在很大程度上提高供需匹配的效率。基于平台模式的共享经济（也称为分享型经济）能在节约资源的同时提高社会福利（如降低碳排放、增加参与者收入等）。随着在全球范围内多种形式的共享经济体的出现，与其有关的概念、用户决策、对传统经济体的影响等问题开始得到研究。

从经济发展规律来看，共享经济目前尚处于萌芽状态，对共享经济的研究会迅速升温。新一代信息技术的应用不仅改变了很多服务行业的服务模式，还触发了很多服务创新设计。服务创新设计方面的研究问题主要集中于创新管理技术、创新服务开发模型、创新绩效评估等。也有学者在创新服务开发模式、电子服务、创新绩效比较等方面进行了研究，并从服务主导逻辑的角度解释了协同制造与协同供应链的相关概念。

新兴信息和网络技术极大程度地改变了人们的社交方式，由此也诞生了很多新兴的社交网络形式，并产生了众多服务创新。例如，在社交网络服务方面，社交网络中用户的心理及其对网络购物的影响等问题的研究及成果。在物流服务行业，物联网和云计算的出现使得云物流模式成为可能。近年来有一批学者对于云物流服务模式、云物流服务平台构建、云物流服务资源虚拟化和服务封装等问题进行了研究，如多种类型乘客和多种类型出租车服务共存情景下的建模问题，存在多种类型乘客时交通网络均衡与系统最优化问题，可变信号指示灯对缓解交通拥堵的作用，多用户类型和多停车设备类型情境下车位收费定价和车位供应网络优化问题，大学校园里的停车问题等。在公共服务领域，服务资源（尤其是优质服务资源）不足的问题属于世界性的难题。

近年来，在公共服务领域也产生了一些服务创新研究。人们发现，将私立企业利润的一部分通过特殊准入费/税等方式用来补贴公立服务机构的能力建设能取得很好的社会福利效果。因此，新兴信息与网络技术的应用不仅可以对传统的服务行业（如交通、物流、社交、医疗、养老等）进行升级改造，而且还催生了大量新的服务模式与服务创新设计。其中，平台服务模式、共享经济模式等对服务经济与服务科学的发展起着不可估量的作用。

7.3.3 服务资源

服务资源主要是指服务资源组织与协调理论和方法。服务资源的类别包括传统资源（具有某些技能/专长的人、资金、设备/设施/物品）、非传统资源（数据资源、信息资源、知识资源），以及服务特有资源（客户）。服务资源组织与协调是对传统资源、非传统资源及服务特有资源的获取、组织、协调与优化。

随着经济全球化发展，服务外包作为一种新兴的发展模式，逐渐成为当代服务业生产方式变革的重要推动力。尤其是 20 世纪末以来，随着互联网技术的快速发展和广泛应用，服务外包在全球范围内得到了迅速发展。服务外包供应链的协调与优化问题，面向物流服务供应链的服务组织协调与优化问题都得到了诸多研究者的关注。例如，服务外包合同设置问题、合同顾客和非合同顾客协调问题、呼叫中心外包合同比较研究等。不同于产品供应链，物流服务供应链作为能力链，其协调手段只能通过服务能力的调整与优化来实现。

在新兴信息和网络技术条件下，数据资源、信息资源和知识资源成为重要的服务资源。与之相对应的是，信息处理需要大量的计算能力和存储能力。因此，非传统资源、计算和存储能力的分配、组织与协调就成了一类新兴的问题。国内外一些学者对这些新的问题进行了研究，如云服务提供商关于资源的分配问题，网络宽带资源的分配与整合问题，云服务资源的分配问题、物联网资源分配问题等。

7.4 现代服务业的内容

7.4.1 现代服务业的概念

现代服务业概念的正式提出是在我国，最早出现在 1997 年 9 月的"十五大"报告中，认为它是在工业化比较发达的阶段产生的，主要依托信息技术和现代管理理念发展起来的，信息和知识相对密集的服务部门。后来，在 2000 年 10 月中国共产党第十五届中央委员会第五次全体会议关于"十五"计划的建议中也提出：要发展现代服务业，改组和改造传统服务业。2012 年，科学技术部发布的《现代服务业科技发展"十二五"专项规划》明确定义现代服务业为：以现代科学技术特别是信息网络技术为主要支撑，建立在新的商业模式、服务方式和管理方法基础上的服务产业。它既包括随着技术发展而产生的新兴服务业态，也包括运用现代技术对传统服务业的改造和提升。2017 年，科学技术部发布的《"十三五"现代服务业科技创新专项规划》中，进一步将其定义为：在工业化比较发达的阶段产生的、主要依托信息技术和现代管理理念发展起来的、信息和知识相对密集的服务业。它包括传统服务业通过技术改造升级和经营模式更新而形成的服务业，以及伴随信息网络技术发展而产生的新兴服务业。

7.4.2 现代服务业的基本特征

根据西方发达国家经济发展历程可以看出，伴随着第三产业持续繁荣发展，其内部结构也得到了持续优化，作为对经济发展有着最大推动作用的现代服务业在第三产业中的占比有了较大增长，而且其增长速度不仅比第三产业增长速度快，而且更远高于整体经济的增长率。例如，Niles Hansen 对美国主要地区与整个国家生产性服务业发展进行了实证分析，结果表明其在对人均收入的增加、劳动生产率的提升及劳动分工的扩张方面都起着主要作用。

分析以美国为代表的发达国家的服务业发展经验，可以初步总结出现代服务业的活动及发展呈现出的 6 个典型基本特征。

（1）高科技性或高技术性特征，即科技含量高，服务方式或者服务手段广泛采用了现代信息网络技术。

（2）知识性特征，即现代服务业可以为消费者提供知识的生产、传播和使用服务，使知识在服务过程中实现了增值，如教育服务、科研服务、文化传媒服务、专业技术服务、计算机软件应用服务等。

（3）高收益性或高附加值性特征，即现代服务业不仅可以使服务过程产生知识和技术应用的增长效应，而且可以使服务过程产生服务的规模效应和个性化消费需求效应。

（4）集聚性或集群性特征，即现代服务业的发展是各种服务活动和服务业相互分工、相互补充、相互融合、交互集群的结果。

（5）高素质性特征，即现代服务业的从业人员大都具有良好的教育背景、专业基础知识和技术管理能力等，从而构成了现代服务业的核心能力和白领、灰领阶层的聚集区。

（6）新兴性特征，即现代服务业是现代兴起的，或者通过创新活动而新兴的服务业，在发展进程上是继工业化产品大规模消费阶段之后才呈现出加速增长态势的服务业，或者由过去服务结合新兴技术演变而来的、具有巨大增长潜力的服务业。

从严格意义上讲，符合以上 6 个特征的称为现代服务业。从广义上讲，同时具有 2 个或者 3 个即可以称为现代服务业，而这更适合于不同地区、不同阶段的实际发展情况，因而更切合实践。

7.4.3 现代服务业的分类

对于服务业的分类，早期大多根据克拉克提出的三次产业划分为基础。1984 年，联合国统计署第一次制定并发布国际标准产业分类（ISIC），服务业分类才开始走向正规。随后，Signalman 根据不同服务的特点、性质，将服务业分为生产者服务业、流通服务业、个人服务业和社会服务业 4 类。在此基础上，形成了现在世界各国通行的分类方法。而我国在制定《国民经济行业分类与代码》时更多参照的是联合国国际标准产业分类。

现代服务业是相对于传统服务业而言的，在我国现行的统计制度和对服务业的分类中，并没有现代服务业及与之相对应的具体分类条目。自政府文件明确提出发展现代服务业以来，国内学者就现代服务业含义形成以下 3 个主流观点。

第一，现代服务业即现代生产性服务业。由于生产性服务业在国内影响较大，持此观点的学者较多，其主要观点为：发展现代服务业的本质是实现服务业的现代化，现代服务业特指经济在后工业化阶段所产生的现代生产性服务业。

第二，现代服务业是以高科技为主的新兴服务业。

第三，现代服务业是新兴服务业与经过现代技术改造后的传统服务业的总和。以《国民经济行业分类与代码》为蓝本，我国学者根据自己对现代服务业的定义与理解，对于现代服务业分类研究主要分为以下两类分类方法。

（1）单级分类法，如将现代服务业划分为七大类：信息服务业；现代物流业；金融业；电子商贸服务业；文化、教育、体育、娱乐业；知识、技术咨询业及创意产业；适应居民生活水平提高所产生的高端消费服务业。

（2）多级分类法，如将现代服务业划为四大类，大类下设各行业：

① 基础服务部门，包括通信服务和信息服务部门；

② 生产和市场服务部门，包括金融、物流、批发、电子商务、农业支撑服务，以及包括中介和咨询等专业服务部门；

③ 个人消费服务部门，包括教育、医疗保健、住宿、餐饮、文化娱乐、旅游、房地产、商品零售部门；

④ 公共服务部门，包括政府的公共管理服务、基础教育、公共卫生、医疗及公益信息服务等。

此外，科学技术部发布的《现代服务业科技发展"十二五"专项规划》中，将现代服务业分为生产性服务业、新兴服务业和科技服务业，也属于多级分类法。在其"十三五"专项规划中也提出要打造生产性服务业、新兴服务业、文化与科技融合、科技服务业四大产业链。

随着经济的发展，现代服务业功能特征不断演化，在国民经济中的地位和作用日益提高，有必要进一步整理划分，建立一个适合于政策制定与分析的分类方法。参考国际国内行业分类标准及相关研究成果，基于政策原理与实际实施特征，现将现代服务业分为以下三大类。

① 运用新技术或技术升级的现代生产性服务业。涉及生产和市场服务部门的金融、物流、批发、电子商务、农业支撑服务部门及公共管理服务等。

② 经现代技术改造后的现代生活服务业。涉及个人消费服务部门的教育、医药保健、住宿、餐饮、文化娱乐、旅游、房地产、商品零售部门和"适应居民生活水平提高所产生的高端消费服务业"，以及公共卫生、医疗公共服务部门。

③ 伴随信息网络技术发展而产生的以高科技为主的科技创新服务业。涉及通信服务和信息服务，研发、设计、知识、技术咨询业及创意产业，以及中介专业服务等。

7.4.4 现代服务业的发展趋势

经过多年的发展，伴随信息革命和网络技术，以及经济全球化、科技全球化的飞速发展，我国服务业发展势头强劲，2011 年服务业成为吸纳就业最多的产业，2012 年服务业增加值首次超过第二产业，2015 年服务业增加值占 GDP 比重超过 50%，2017 年服务业增加值占 GDP 比重达到 51.6%，连续 5 年在三次产业中领跑，服务业增长对国民经济增长的贡献率达到 58.8%。国家发展和改革委员会印发的《服务业创新发展大纲（2017—2025 年）》中指出，预计到 2025 年，我国将在优化结构、提高质量、提升效率的基础上，实现服务业增加值"十年倍增"，占 GDP 比重提高到 60%，服务就业人口占比达到 55%，服务业在支撑经济发展、促进民生改善、推动社会进步、提升国际竞争力等方面的作用显著增强。当前现代服务业呈现出一些新的发展趋势。

（1）现代服务业内部结构不断升级优化并不断加速，彰显出了知识经济的巨大潜力和优势。

一是经济全球化加速产业细化分工，极大地带动了对全球性流动的现代服务业的中间需求，促使现代服务内嵌于商品生产体系内而蓬勃发展，集中表现在信息服务业上，特征是与商品生产、流通和消费密切关联的信息搜集、识别、处理、加工、分析等需求带动服务业务的迅猛发展。

二是随着产业结构变革和企业组织创新发展，企业管理与市场运作方式在信息服务推动下发生革命性变化，推动了专业分工基础上的一批新兴服务业的独立化发展，如业务管理、咨询、广告、研发、会计等，这些服务越来越需要专业知识、专业技能及其相关信息服务，同时通过开发使用不断进步的信息技术使服务业自身的生产率水平得到大幅提高，形成了现代服务业发展的"知识化"和"信息化"，在释放对自然资源需求的基础上极大地带动了社会财富的增长。

（2）现代服务业与制造业融合发展，加速制造业技术进步与效率提升。

在有关经济、管理及政策的现有研究中，都指出一个重要趋势，那就是在现代经济发展中呈现现代服务业主导制造业的特征，社会经济活动发生了"以制造为中心"向"以服务为中心"的转变，很多学者将其总结为"制造业部门服务化"趋势。它有两个重要表现：一是制造业部门的产品是为了提供某种服务而生产的；二是随产品一同售出的有知识和技术服务。这实际上是由新科学技术发展推动的，特别是信息技术的发展及其推动的管理理念的变化，如企业对"顾客满意"重要性的认识等，制造业企业逐步认识到现代服务对降低成本、提高效率并提升竞争力的意义，越来越多地通过提供服务来增加新产品的价值，甚至转而集中去销售产品的功能或服务,成为一种新型的制造服务企业。现代服务业与制造业不再是简单的供应商和需求者的关系,二者逐步进入高度相关和互动发展的阶段,形成了复杂的产业互动和融合发展的创新新趋势。

(3)现代服务业是新技术或新科学发现应用的重要促进者。

相对以往制造业而言,现代服务业对新技术或新科学发现应用的加速推动作用主要表现在以下4个方面。

第一,现代服务业是新科学发现成果或新技术最主要的直接或间接使用者,现代服务企业和个人对新技术的广泛性引入和应用创造了巨大的社会价值,让新技术的发明创造者在这种经济反馈中得到丰厚的回报,加速创新经济循环,对新技术带来的创新发展起到了重要的促进作用。

第二,现代服务业是新技术最主要的直接推广者,如研发服务业、技术咨询服务业和技术支持服务业等。

第三,新技术创新需要现代服务为其导入市场需求的发展方向,现代服务业中的新的需求是新技术的用户反应,包括对现有技术研究和开发的批评与改进,对新技术的研究开发及优化升级的发展方向发挥了关键的导入作用,在服务中让二者形成良好的对接。

第四,现代服务业在服务过程中促进了多项技术及新技术相关各方(如研发者、开发企业、用户、中介服务等)之间的相互沟通和互动发展,形成了新技术后续研发完善及改进优化的创新合作平台,如现代物流中对运输技术、仓储技术、信息技术、网络技术、管理系统(软件),以及运输交通工具(如电动货车等)等之间的运用与要求,必然促进相关交叉研发与技术创新及其应用服务的提升。

(4)现代服务业还呈现出与信息技术深度融合发展、向大城市和创新型城市加速集聚的发展趋势等。

随着以信息通信技术为代表的新一轮科技革命的发展,全球的服务业正经历着技术—经济范式转换的核心,互联网、云计算、物联网、知识服务、智能服务的迅猛发展,正在为服务创新提供有力的工具和支撑环境,服务内容、服务业态和服务商业模式日新月异,进一步推动了服务网络化、智慧化、平台化发展。人们的生产和生活方式受到以互联网为代表的新兴信息和通信技术快速发展的影响而发生极大改变,不同经济实体(个人、企业、组织和政府)可以通过信息通信技术(Information and Communication Technology,ICT)进行跨时空的交互服务。服务业正在成为推动经济和社会发展的高端和战略性产业。服务业融合发展态势日益明显,体验式、互动式、个性化等服务消费蓬勃兴起,使得产业边界日渐模糊,服务业的转型升级正在推动新一轮产业变革和消费革命。

思考题

1. 如何理解服务的本质?
2. 服务科学的概念和特点是什么?
3. 与有形产品相比,服务有哪些特征?这些特征对企业的营销活动有什么影响?
4. 未来服务业的发展趋势是什么?

案例分析

商人卡特的汽车服务

一名叫卡特的商人,当他开始从事机场的汽车服务时,他的注意力放在了培训司机为客户服务方面，如怎样帮客户搬运行李，怎样准确报站等，司机们也做得很好。但是，卡特一开始没有意识到客户的一个最主要的需求，对客户来说，最主要的是两班车之间的时间间隔要短。这一服务上的缺陷引起了不少客户的抱怨，尽管事实上客户的评价等车时间为 7～10min。为此，卡特投资巨款购买了汽车并雇用了司机，把两班车之间的标准间隔时间定为5min，有时两班车之间的时间间隔时间仅 2～3min，最终使客户满意。

卡特公司的另一项业务是租车给乘飞机来该市的客户。待他们回来乘飞机时再将车归还。由于租车的客户大多数是商人，因此对他们来说最重要的是速度。卡特认真地处理了这些租车客户的抱怨，尽管租车时的服务速度很快，但还车时的速度太慢了，客户没有时间在柜台前站队等着还车，卡特想了一个办法，能使客户即刻还车。这个办法是：当客户将车开到卡特的停车场时，服务人员就将汽车上的号码（车的挡风玻璃上设有车的编号牌）输入计算机，这些计算机与主机相连，等到客户到柜台前时，服务人员能叫出其姓名，再问两个问题：里程数与是否加过油，然后就能把票据打印出来。这样一来，原来需要 10min的服务时间缩短到只需 1min，大大提高了服务效率，也提升了客户满意度。从此以后，生意十分兴隆。

第8章 服务质量

学习目标

- 了解服务质量的相关概念。
- 了解服务质量的来源和形成模式。
- 熟悉服务质量分析模型。
- 熟悉服务质量评价模型。

引导案例

某市有一家具有百年历史的餐饮老店，以经营当地特色面点闻名省内外。但这家餐饮店是国营体制，在计划经济时代，一直是当地餐饮业的龙头。而进入市场经济时代，尤其是进入21世纪后，落后的体制造成了管理理念和管理水平的落后，整体服务水平明显跟不上形式的发展。

A曾有一次随朋友前去，亲身体验了这家餐饮店的服务水平。由于是中午就餐高峰期，加上是名店，门外一派车水马龙的繁荣景象，店内人声鼎沸。他们进店后，没有服务员引导，只好自己找位置，但找了一圈没有找到，就问传菜的服务员，让他帮忙找个位置，没想到服务员竟然说："自己找吧，我现在太忙。"正好有顾客要走，有空位了，A和朋友只好将就坐下来，桌椅破旧，桌布上还有许多污点和破洞，室内装修陈旧，老式空调没有太多的凉意，但也无可奈何。半天才有服务员前来用脏兮兮的抹布乱擦了几下桌子，随后用油腻腻的手端来餐具，白色筷子已经用得有些发黑，还是刚洗过滴着水的，小碗上面有打破的小口，玻璃杯上也是油渍，上面贴着手印，让人顿时一下没有了食欲。服务员拿上有些破旧的菜单，冷冷地说："点菜吧。"虽然菜价格并不贵，但因为服务质量的低劣让他们感到饭菜价格再低也不值。整个吃饭的时间A认真地观察，每一个服务员都是表情麻木、严肃、冰冷的，他们的服装也不是整洁如新的，除上衣是一致的以外，下衣和鞋子五花八门。

后来这家百年老店生意逐渐萧条，加上退休人员的包袱，没有几年就在市场竞争的大浪冲击下破产了，最后落得个百年品牌被一家餐饮公司低价收购的结局。这一切都是缺乏服务意识，不注意服务质量造成的悲剧。只有关注服务细节、突出服务个性、提升服务质量、时时处处站在消费者的角度去做事，一切以满足并超越消费者期望为中心做好服务工作，企业才能立于不败之地。

服务是一种复杂的社会现象，也是一种不可或缺的经济行为，具有特殊的使用价值。探究服务质量旨在界定服务质量及其维度，促进人们对服务质量概念、评价、控制、改进和提升的一致认同。服务质量与成本、顾客满意度、顾客忠诚度、顾客保留度、获利能力等具有直接或间接的联系，是企业营销效果和经济效益的最重要决定因素，服务质量研究是服务管理研究者关注的重点领域之一。大部分研究者以传统服务行业为背景，从服务营销角度对服务质量的内涵、评价及管理进行探索。服务经济时代的到来推动了服务科学的兴起和发展，服务质量管理研究面临着新的问题和新的机会。

随着服务经济兴起和发展，服务质量已成为服务贸易及其评价活动的焦点，监管机构、行业组织和第三方机构实施的服务评价、顾客满意度评价及服务认证，无不关注对服务质量的判断。服务质量关乎一项服务的成功、顾客满意度，是服务提供者生存与发展的前提条件与原动力，是服务经济高质量发展的基石。然而，人们对服务质量的理解存在差异或歧义，各种服务质量的评判与顾客体验服务的结果，经常出现显著差异性，阻碍了评价结果的采信，影响服务质量改进和提升。厘清"服务质量"概念与边界，成为促进服务经济和社会发展的迫切需求，也成为服务质量评价结果采信与否的关键。

20 世纪 70 年代，随着服务经济发展，服务质量问题和争议不断产生，学界和业界开始关注"服务质量"。其间，形成了一些有关服务和服务质量管理的概念、技术、方法和理论，影响比较大的有服务质量的定义和内涵、服务蓝图技术、服务质量分析模型及服务质量评价模型。

8.1 服务质量的内涵

8.1.1 服务质量的概念

20 世纪 70 年代，不少学者定义了服务质量。其中，勒维特将服务质量定义为：服务结果符合标准的程度。此定义的认同度较高，但是定义中的"服务结果"和"标准"内涵不明，不易实践应用。GB/T 19000—2016《质量管理体系基础与术语》分别对服务和质量作了定义，采用该标准给出的概念图法构建服务质量的定义为：服务的一组固有特性满足要求的程度。该定义表明服务质量与"一组固有特性"有关。参照产品质量的定义，服务质量定义中"一组固有特性"就是服务特性，它由服务设计确定，其满足程度用于衡量服务质量水平。服务设计将服务特性和性能兼容设计，使所设计的服务特性具有可测量性，确保顾客或服务测评者在使用特定服务时可体验、可感知、可测量。服务质量往往基于顾客体验获得服务特性的满足程度来衡量，服务质量表征了特定服务的合格水平。

20 世纪 80 年代，国外对服务质量进行了深入和广泛的研究。早期的研究集中在服务营销领域，后来逐步扩展到服务作业、人力资源管理等领域，呈现出多学科交叉研究的特点。北欧学者在 20 世纪 80 年代初对服务质量的内涵和性质等进行了开拓性的研究，美国营销科学研究院从 20 世纪 80 年代初开始资助意向为期 10 多年的服务质量专项研究。欧美已有不少高校成立了服务质量专项研究机构，以服务质量研讨会（QUIS）为代表的一系列国际性学术会议相继召开，一批颇具影响的研究成果陆续问世。

北欧学者格鲁诺斯根据认知心理学的基本理论，提出顾客感知服务质量的概念，认为顾客感知服务质量是顾客对服务期望与体验到的服务质量之间的比较。若体验到的服务质量大于服务期望，则顾客感知服务质量是良好的，反之亦然。此研究是服务质量理论及结构模型的开创性与基础性研究。

Lehtinen 和 Laitanaki 假设了服务质量的 3 个构面，即实体的质量、交互关系的质量和全体的质量。

PZB 认为服务质量是在传递过程中服务提供者与客户间互动过程所产生的服务水平优劣程度，提出了差距模型，发展和完善了格鲁诺斯的顾客感知服务质量。

服务质量是服务的一组固有特性满足顾客要求的程度。角度的不同决定了对服务质量理解的差异。从服务提供者的角度出发，服务质量意味着组织对服务特征的规定与要求的符合程度。从顾客角度出发，服务质量意味着服务达到或超过顾客期望的程度。服务质量是一个主观范畴，它取决于顾客对服务质量的预期，也就是预期质量同其实际感知的服务水平（体验质量）的对比。服务质量之所以引起人们的高度关注，主要有以下几方面原因。

（1）服务业在社会经济中的地位与日俱增。二战以后，发达国家先后进入服务社会，服务业占国民生产总值的比重和服务业就业人数占全社会就业总人数的比重均超过 60%，部分国家接近 80%。在一些发展中的国家，服务业所占比重也达到 50%。目前，全国国民生产总值的 58% 来自服务业，服务贸易在国际贸易中的比重达到 25%，服务业的国际投资近些年来也取得迅速发展。

（2）服务质量成为企业竞争的重要手段。服务业在系统的质量管理方面落后于制造业。服务质量普遍低下的现象引起社会的广泛关注。格鲁诺斯在 1990 年出版的《服务管理与营销》一书中，将企业的竞争战略划分为以成本、价格、技术和服务为主的 4 种形态，并指出，目前的市场处于服务竞争阶段，促使企业逐渐转向采用服务主导战略。西方的服务企业在 20 世纪 70 年代政府放松管制后，面临着前所未有的激烈的市场竞争，纷纷通过增加新的服务项目和服务质量来寻求竞争优势。以美国为例，在 1987 年设立了全国性的马尔卡姆·波多里奇国家质量奖后，不少企业将之作为改善服务质量的契机，ATT 公司等成为最初获奖者。1992 年，国际标准化组织推出了面向服务业的 ISO 9004-2 系列标准，服务质量体系国际认证纳入正轨。不仅如此，服务质量对生产企业也十分重要，如 IB 公司提出了"IBM 就意味着服务"的口号，对服务质量可谓精益求精。特别是近些年来，越来越多的企业认识到，在市场低速增长甚至萎缩的条件下，提高服务质量对于改善顾客关系、维持市场份额具有十分重要的意义。

（3）提高服务质量可以改善企业的经营绩效。在以制造业为核心的全面质量管理运动的推动和市场竞争不断加剧的条件下，很多企业都认识到了改善服务质量的必要性。但是，改善服务质量需要增加投入，那么能否最终给企业带来更大的收益呢？

一系列研究对此做出了肯定的回答。在 20 世纪 80 年代由美国战略计划研究院组织的著名的 PIMS 研究中发现，质量与投资回报率和市场占有率之间存在正相关关系。美国哈佛大学商学院的专家在有关服务利润链的研究中，探讨了其影响可以导致较高的顾客满意度，进而产生高的顾客忠诚度，最终带来较高的收益增长和利润率。质量与企业获利性之间的关系如下。

①　从生产角度看，高质量可以减少返工成本，进而导致高利润。

②　从现有顾客的影响看，高质量导致现有顾客高的满意度，这样可以提高服务效率、降低成本。同时，满意的现有顾客继续使用和消费企业的服务，企业可以保持高的市场份额和收益；此外，满意的现有顾客会为企业带来好的口碑，为企业免费宣传和推荐，吸引新的顾客，促进销售。

③　高质量吸引竞争者的顾客，产生高的市场份额和收益。由于成本、利润率、顾客满意度、顾客保留率和积极的口碑之间存在明显的关系，因此服务质量是财务业绩的重要驱动力。持续的服务质量改进不是成本支出而是顾客的投资，可以带来未来更大的收益和利润。

（4）服务与实体产品存在本质差异，服务质量管理需要新的理论和方法。早在 20 世纪 60 年代，欧美的一些营销学者就发展、基于消费品营销经验的传统营销理论和方法不能适应服务的具体情况，探索新的营销理论并最终导致一个新的学科分支——服务营销学的诞生。20 世纪 60—70 年代，学者们进行了长期艰苦的探索，识别出了服务不同于实体产品的几大特征。他们识别出的服务的无形性、异质性、不可储存性、生产与消费不可分离性等特征现在已得到人们的认同。由于服务具有这些特征，因此与实体产品相比，服务质量有着不同的内涵，服务质量管理需要不同的理论与方法。美国服务问题专家詹姆克（Ron Zemke）说，"服务质量需要与产品质量不同的管理方法，典型的质量保证工具用于服务时，不会产生神奇的效果。"

他指出，在考虑服务质量时，至少要注意以下几个方面。

① 服务是无形的，当顾客接受服务后，留给他们的记忆是关键的。如果记忆是积极的，他们会再来。当然，记忆受到很多因素的影响。

② 服务管理的目的是独特性，而产品质量的目的是统一性或一致性。

③ 服务过程的重要性超过服务产出，对顾客回头率影响更大。能够让人们对交易过程有深刻影响的是服务过程。组织与顾客的人际接触是最具影响的因素。

④ 顾客参与服务生产，是合作生产者。

⑤ 员工对服务质量管理方面的理论还很不熟悉，这一点至少可以有 ISO 服务质量保证体系推出较晚而且至今没有推出具体操作指南的事实得到印证。

改革开放以来，我国的服务业取得了长足发展，国民经济中的比重已达到 30%，发达地区已接近 50%。交通运输、银行、零售等传统服务行业稳步发展，电信、金融保险、咨询等新兴服务业迅速成长。随着市场经济体制的逐步建立和外资的介入，我国服务业面临重大的挑战，不少服务企业力图通过增加服务项目和提高服务质量来改善市场竞争力，如各服务行业推出的服务承诺制。一些成熟的制造业对服务也给予了空前的关注，在产品质量、功能和价格等逐渐趋同的情况下，服务成为制造业争夺的焦点。尽管服务问题已引起企业的高度重视，但从总体上看，我国企业的服务质量水平普遍较低。究其原因，除服务措施不得力外，对服务质量缺乏深入研究也是重要因素。我国有关服务质量的研究远远落后于实践的发展，对实践的指导作用相当有限。

8.1.2　服务质量的特征

（1）服务质量是一种主观质量。服务质量是顾客对服务过程的一种"感知"，是一种主观质量。顾客评价一个服务机构的服务质量是好是坏，一般是根据自己的期望和实际感知的服务做比较进行判断的。在一定的环境和道德前提下，顾客根据自身的需要或期望，说服务质量是"什么"就是"什么"。有形产品的质量是由具体的技术指标来衡量的，而服务质量来自顾客的感知。

（2）服务质量是一种互动质量。服务具有生产与消费的同时性，服务质量是在服务提供者与顾客互动的过程中形成的。互动性是服务质量与有形产品质量的一个非常重要的区别。如果没有顾客的紧密配合、响应，或者是顾客无法清晰地表达服务要求，服务过程就将失败，服务质量受到严重影响。

（3）过程质量在服务质量构成中占据及其重要地位。大多服务需要顾客参与服务过程，与员工进行面对面接触，顾客不仅关注产出质量，而且注重服务过程中的感受。所以，服务的过程质量是评价服务质量的一个重要组成部分。

（4）服务质量是一种整体质量。服务质量的形成，需要服务企业全体人员的参与和协调。不仅一线的服务生产、销售和辅助人员（直接接触人员）关系到服务质量，而且二线的营销策划人员，后勤人员（非直接接触人员）对一线人员的支持和有形证据也关系到服务质量。服务质量是服务企业整体的质量。

（5）服务质量是产品生产的服务或服务员满足规定或潜在要求（或需要）的特征和特征的总和。

8.1.3 服务质量的维度

质量维度是指（产品/服务）质量包含的相对独立、相互关联的一些关键要素。由服务和服务质量概念界定分析，结合 GB/T 24620—2009《服务标准制定导则 考虑消费者需求》中提出的"可用性"和"易用性"两项典型服务特性，以及我国服务认证技术的相关研究成果，构建服务特性的 3 个基本等级层次：可用性、易用性和魅力性，形成衡量服务质量的典型维度。每一维度具有质量特性的属性和内容，呈现服务质量递进的等级层次关系。由于服务质量维度受通用的服务特性支撑，因此可用于服务质量描述、测量和改进，也可用于服务认证或行业组织对服务质量的评价。需要说明的是，目前有关服务质量维度有多种说法，如功能性、响应性、舒适性、可靠性、安全性、经济性、能力等，既有描述服务技术特性维度，也有描述服务管理特性维度，又有描述服务质量影响因素维度等。产品质量和服务质量的维度不同，不同性质服务的服务质量维度也不同，以下列举不同学者对质量维度的观点。

（1）加文（Carvin）提出的 8 个产品质量维度。

性能：产品的主要操作特点，如汽车最高时速、耗油量、载客数等。

特征：产品的次要或辅助特点，如汽车颜色、安全性、音响装置等。

可靠性：出现故障和事故的可能性。

达标度：达到规定指标的程度，如汽车安全性指标、废气排放指标等。

耐用性：在维护成本超过可接受水平之前产品的使用寿命时间。

服务性：产品的服务是否方便，特别是成本和速度方面。

美感性：产品的外观、声音、感受、味道或气味等。

感受质量：产品的形象、美誉度，体现顾客的身份和品位。

（2）菲茨杰拉德（Fitzgerald）提出的 12 个服务质量维度。

便利性：顾客能否方便愉快地获得所需提供的服务，如银行电话服务的范围、银行提供的客户停车场等。

美感性：服务场所和服务人员给顾客的感觉和印象，如银行的装饰布置、员工接电话的声调语气等。

及时性：顾客能否在需要时及时得到服务，如电话服务范围的扩大进一步提高了银行服务的及时性。

整洁性：服务实施干净整齐的程度，如银行创造干净整齐的形象，以便增强顾客的舒适感和安全感。

舒适性：顾客享受服务时的舒适程度，包括物质和精神两个方面，如顾客到银行申请贷款时，客户经理的态度和专业性等。

沟通：服务提供者与顾客之间的沟通程度，沟通的形式包括告示、标识、服务人员同顾客交流的内容及方式等，如银行工作人员是否使顾客清楚地了解所提供的产品或服务。

技能：服务提供者提供服务的熟练程度和技巧。这一点对银行尤为重要，因为没有人会愿意把自己的钱交给不专业的人保管。

礼貌：服务提供者对顾客的礼貌程度，每个人都希望自己能得到基本的礼遇和尊重，如银行员工对顾客的礼貌和尊重。

友好性：服务的友好程度，同其他维度一样，友好性很大程度上与所在国的文化有关，现在越来越多的世界级服务组织都把顾客的国籍和民族作为重要的因素加以考虑，不同国家的顾客偏好不同，如美国人可能喜欢比较热情的服务，而法国人则愿意公事公办。

可靠性：服务的可靠程度，如银行对承诺的服务或礼品，是否按时完成或寄送，是否需要催办等。

反应性：组织对顾客的要求反映效率和方式，处理非常规要求的数量是这个维度的一个度量指标，提供这类服务需要管理干预的层次是反应性的另一个度量，如银行是根据客户的财务需求提供相应的服务还是要求顾客根据银行所提供的服务提出他们的需求。

安全性：服务本身和服务过程是否安全，如人们会考虑将现金放在这家银行是否安全，到银行办事是否有安全感。

上述许多质量维度是"无形的"和难以度量的，对它们的有效管理无疑是提供服务质量的关键。

（3）PZB（Parasuraman、Zeithaml、Berry）的 10 个质量维度。

可靠性：包括绩效与可信性的一致，如公司第一次服务要及时、准确地完成；准确结账；保持好记录；在指定时间完成记录等。

响应：员工乐意或随时提供服务，如及时服务、即刻办理邮购、迅速回复顾客打来的电话、提供恰当的服务等。

能力：掌握所需技能和知识的能力，如与顾客接触的员工所应具备的知识和技能、操作人员的知识和技能、组织和研究能力等。

接近顾客：包括易于接触和方便地联系，如通过电话联系到服务很容易、接受服务所等待的时间不长、运营时间便利、服务设备安置地点便利等。

礼貌：包括客气、周到和友善，如与顾客交流时的语气、态度和行为等。

交流：用顾客听得懂的语言表达和耐心倾听顾客的陈述，如介绍服务内容、介绍所提供服务费用、介绍服务与费用之间的关系时的表达是否准确、简洁、清晰。

可信度：真正、信任、诚实和心中想着顾客的利益，包括公司名称、公司声誉、接触顾客人员的个人特质等。

安全性：摆脱危险、冒险、疑惑的自由度，包括人身安全、财务安全、信任程度等。

理解：尽力去理解顾客的需求，如了解顾客的特殊需求，提供个别关心，认识老顾客等。

有形的东西：包括服务的实物方面，如实物设施、人员形象、提供服务时所使用的工具和设备、服务的实物表现（卡片等）、服务设施中的其他东西。

8.1.4 服务质量与顾客满意、顾客忠诚的关系

1. 顾客满意与顾客忠诚的概念

质量管理形成了一个闭环系统，从顾客开始到顾客结束，所有质量工作的目标就是让顾客满意，顾客处于质量管理的中心地位。重视和保持现有顾客是企业生存和发展的关键。重视顾客的根本体现是重视顾客的需求，保持顾客首先必须让顾客满意。

ISO 9000：2000 关于"顾客满意"的定义：顾客对其要求已被满足的程度的感受。定义有两个方面，即顾客抱怨是一种满意程度低的最常见的表达方式，但没有抱怨并不一定表明顾客很满意；即使规定的顾客要求符合顾客的愿望并得到满足，也不一定确保顾客很满意。"顾客满意度"作为顾客的一种心理感受，具有以下特性：①社会客观性；②个体主观性；③动态可变性。

顾客忠诚是从顾客满意概念中引出的概念，是指顾客满意后从而产生的对某种产品品牌或公司的信赖、维护和希望重复购买的一种心理倾向。顾客忠诚实际上是一种顾客行为的持续性。不同的顾客所具有的顾客忠诚差别较大，不同行业顾客忠诚也各不相同。那些能为顾客提供高水平服务的公司往往拥有较高的顾客忠诚度。

2. 服务质量——顾客满意度——顾客忠诚度

服务质量和顾客满意度是两个相似的概念，二者均为顾客感知服务水平与期望服务水平之间差距的函数。服务质量与顾客满意度之间的差异主要在于：服务质量只着重服务因素，而满意度所涉及的范围比服务质量广，它受产品质量、价格、情境因素、个人因素及服务质量等因素影响，因此服务质量是影响顾客满意度的重要因素之一。

服务质量管理，它取决于顾客对服务质量的预期（期望的服务质量）同其实际体验到的服务质量水平的对比，顾客对服务质量的满意度是通过对所接受服务的感知和体验与对服务的期望相比较得到的。如果顾客所体验到的服务质量水平高于或等于顾客预期的服务质量水平，则顾客会获得较高的满意度，从而认为企业具有较高的服务质量水平，反之，则会认为企业的服务质量水平较低。

PZB 指出，服务质量与顾客忠诚度之间关系密切，服务质量决定顾客最终行为，若企业能提供卓越服务，则将导致顾客产生正向的意图。国内学者白长虹和刘炽指出，服务质量对顾客忠诚度的影响按以下过程发生：改善服务会提高过程和特性上的顾客满意水平，而过程和特性方面的满意度的增加又会导致总体顾客满意度或总体服务质量的提高，继而使顾客购买倾向提高，最终导致忠诚行为。

服务质量决定顾客满意度的高低，顾客满意度又决定顾客忠诚度，而顾客忠诚度直接或间接带来利润增长。由此不难推知这样的逻辑关系：服务质量→顾客满意度→顾客忠诚度。

8.1.5　服务质量的影响因素

由服务质量概念和内涵分析可知，服务提供者向顾客提供服务，顾客以体验的方式感知服务质量。每个服务质量维度都有一组对应的服务特性予以支撑，或者说每组服务特性都为相应的服务质量呈现提供了基础。没有服务特性的服务质量是不存在的，服务特性是服务质量的基础。同时，从服务质量定义可知，服务质量与服务特性满足程度有关，服务特性满足程度越高，服务质量就越好；反之，服务质量就越差。服务特性是判断服务质量是否合格的要因，服务质量与服务特性存在必然的正相关关系。

对服务质量及其影响因素的探究，始于服务经济发展及其出现的瓶颈。服务质量决定了服务经济发展的质量，影响着服务经济发展的可持续性。然而，由服务的无形性、异质性、不可储存性等基本特征来定义服务质量的概念并非易事，其影响因素不仅复杂，还具有不确定性。服务质量源自服务提供和交付过程中服务特性及其满足的程度，服务特性的实现和服务质量的形成可能受到各种因素的影响。

1. 典型影响因素的分析

服务质量的影响因素可能来自服务提供者、顾客和服务系统。从客观上分析，包括：①与服务供需两侧有关的因素，如主动性、时效性、可信度、知识和技能；②与服务系统有关的因素，如设施设备响应性、可靠性、安全性、可维修性、服务规范时效性和有效性。

对服务提供和交付过程而言，服务质量的影响因素可能来自服务环境和服务接触，包括：①与服务环境有关的因素，如氛围适宜性、舒适性、安全性；②与服务接触有关的因素，如接触可靠性、响应性、时效性和能力。综合服务三要素原理与服务提供和交付过程，结合服务实验矩阵分析可确定：可靠性、响应性、可信度、安全性和能力5类因素是服务质量典型的影响因素。

2. 顾客特征的影响

不同的顾客特征导致了服务质量差异性。首先，新老顾客的服务质量感知显著不同。其次，不同文化背景的顾客对服务质量的期望与感知有所差异。例如，有研究表明，中国消费者对安全性、可靠性和移情性等的期望较高；在权力距离高的文化背景下，顾客的关系质量感知较低。此外，性别、年龄、受教育程度、收入水平等人口统计特征对服务质量的形成也有一定的影响，但系统性研究较少。

3. 交互环境中服务质量的心理影响机制

（1）服务前——顾客期望和信息的影响作用。

首先，不同类型期望导致顾客感知服务质量差异的形成：预期式期望提高服务质量感知，规范式期望降低服务质量感知。其次，服务企业外显信息（广告、公司年龄及价格）影响了顾客对服务质量的预期，且该影响机制受到顾客对公司内在属性了解程度的调节：那些对产品内在较为满意的顾客，若是收到适当夸大质量的广告会较高地感知服务质量；普通顾客认为老公司的服务质量较高，不过随着其对公司内在属性的了解，这种感知会逐渐减弱；服务企业通过价格标识服务水平，价格传递信息的准确度会在后续消费中影响顾客感知服务质量。此外，服务经历影响顾客期望从而动态地影响感知服务质量，这种动态影响机制仍待探讨。

（2）服务中——顾客与员工的心理交互作用。

服务中员工与顾客的互动使两者期望与感知协同进化，其感知、态度和意图互有很强的正相关，员工所表现出的诸如热情、友好、有责任心等特性将积极影响顾客对服务消费经历的整体评价及服务质量感知。虽然顾客与员工之间的心理感受会互相影响，但这些影响机制在不同接触度的服务业、不同文化环境间的差异及服务中的变动仍待研究。

（3）服务后——顾客心理调适机制。

服务结束后，顾客心理调适方式的不同将影响他们感知到的服务质量。早在20世纪70年代，"认知不和谐理论"认为顾客感知服务质量时存在验证性偏好；"反差理论"认为当顾客感觉到在期望与实际服务之间存在距离时，总是放大差距。之后，Bitner将归因模式正式引入服务质量管理领域，提出顾客在遭受服务结果和服务期望不一致时，会自发探究原因并调适感知与期望之间的心理状态，从而形成最终感知服务质量。由于顾客归因难以把握，心理调适机制研究较少，未来研究的方向之一可以探寻不同类型顾客的归因模式。

4．其他影响因素的分析

服务质量的影响因素复杂，除上述几种影响因素之外，服务质量还可能受一些其他的因素影响。例如，服务设计也是一种影响服务质量的因素。

8.2　服务质量的来源和形成模式

8.2.1　服务质量的来源

北欧学派的两名服务管理学家，瑞典的古默森和芬兰的格鲁诺斯对产品和服务质量的形成过程进行了深入的研究，并于 20 世纪 80 年代发表了各自的研究成果。

古默森的理论称为 4Q 模式，即质量的形成有 4 个来源：设计来源、生产来源、供给来源和关系来源。这里根据服务的生产和消费不可分离的特征，将服务质量的来源综合为设计、供给和关系 3 个来源。服务企业如何认识和管理这 3 个来源，将会影响顾客对总体服务质量的认识。

（1）设计来源，即服务是否优质，首先取决于独到的设计。

（2）供给来源，即将设计好的服务，依靠服务提供系统，并以顾客满意和希望的方式操作实际服务过程，把理想中的技术质量转变为现实中的技术质量。

（3）关系来源，即服务过程中服务人员与顾客之间的关系。服务人员越是关心体贴顾客，解决顾客的实际问题，顾客对服务质量的评价就越高。

格鲁诺斯的理论认为，服务质量包括两个基本方面，即技术质量（又称为结果质量）和功能质量（又称为过程质量）。技术质量表现了服务过程和结果的技术性方面，也就是顾客在服务过程结束后得到了什么（What）。由于技术质量涉及的是技术方面的有形内容，故顾客容易感知且评价比较客观。功能质量体现了提供服务的方式和行为方面，指的是企业如何提供服务及顾客是如何得到服务的（How），涉及服务人员的仪表仪态、服务态度、服务方法、服务程序、服务行为方式等，相比之下更具有无形的特点，因此难以做出客观的评价。在功能质量评价中顾客的主观感受占据主导地位。

因此，根据古默森和格鲁诺斯两位教授的研究，服务质量主要有设计、供给和关系 3 个来源，包括技术质量和功能质量 2 个方面。服务质量的 3 个来源体现了服务质量的产生、形成和实现过程，而技术质量和功能质量反映了服务质量的不同构成。

8.2.2　服务质量的形成模式

1．古默森-格鲁诺斯服务质量形成模式

关于服务质量的内容和来源的理论可归结为古默森-格鲁诺斯服务质量形成模式。考虑到服务的生产和供给过程的一致性，将生产和供给综合在一起，分析服务质量的形成和实质。顾客感知的服务质量受到企业形象、预期质量和体验质量 3 个方面的综合作用，如图 8-1 所示。

2．服务质量环

朱兰在 1999 年指出，服务质量管理由质量策划、质量控制和质量改进 3 个过程组成，基于朱兰三部曲，构建如图 8-2 所示的服务质量环。服务质量环是从识别需求到评价这些需

求是否得到满足的各个阶段中，影响服务质量的相互作用的活动的概念模式。该模式也是全面质量管理的原理和基础，涵盖了服务质量体系的全部基本过程和辅助过程，是设计和建立服务质量体系的基础。只有对本企业的服务质量环分析清楚，准确恰当地确认质量环，才能有针对性地选择服务质量控制因素，保证本企业的服务质量达标。

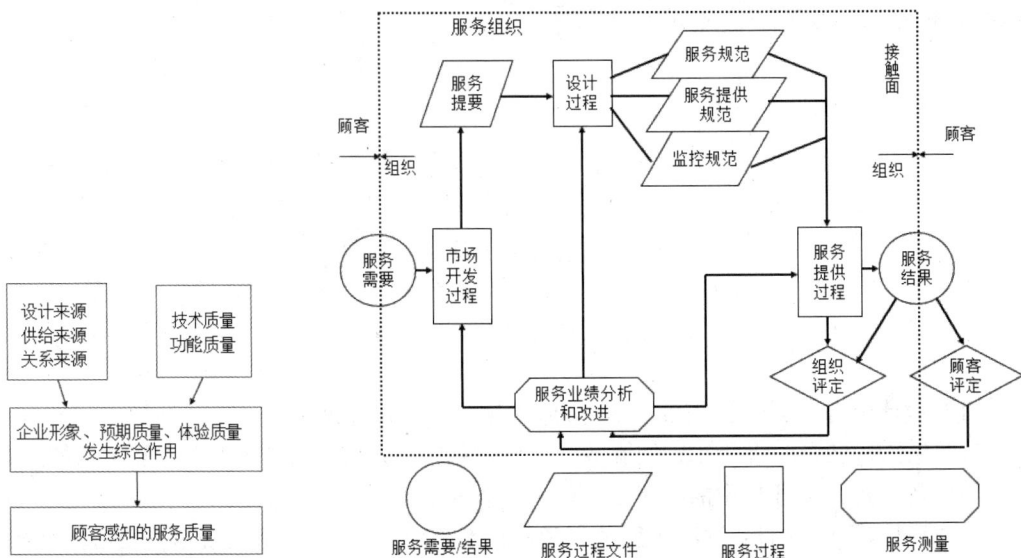

图 8-1　古默森-格鲁诺斯服务质
　　　　量形成模式

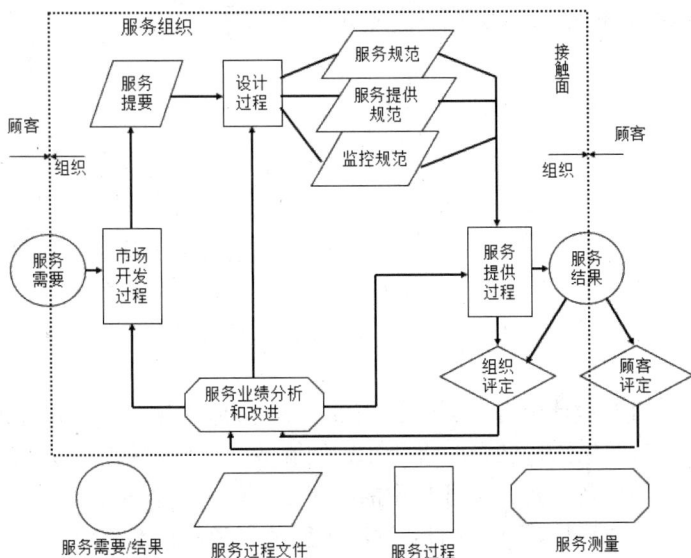

图 8-2　服务质量环

3. 服务"金三角"

服务产品或有形产品的服务成分比较复杂，很难标准化，服务质量也很难被精确控制和衡量，即使同一项服务，由于服务消费环境、氛围的不同，以及顾客经验、文化、期望等的差异，顾客对服务质量的认知也可能不同。因此，企业在进行服务质量管理时，应当以顾客为中心，采用各种措施，激发服务人员的主动性和创造性，来满足或超常满足新老顾客的要求和愿望，建立顾客忠诚，这也是服务质量管理的目标。

以顾客为中心的服务质量管理架构如图 8-3 所示。从图 8-3 中可以看出，模式中的每一个部分都相互管理、相互作用。管理职责、人员和设备资源及质量管理体系结构是基于顾客中心的互动关系，三者之间的作用最终都会在顾客接触面上发挥。

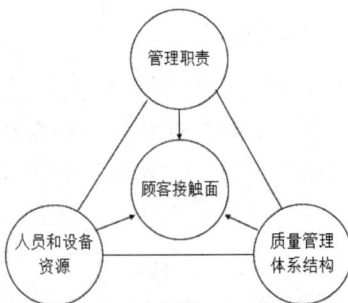

图 8-3　以顾客为中心的服务质量管理架构

顾客接触面的 4 种类型如表 8-1 所示。

表 8-1　顾客接触面的 4 种类型

顾　客	人　员	物　资
人员	最常见的服务形式，如拜访顾客	如处理报废板材、修理仪器等
物资	如提供客户标准、协作客户测试样品等	如无线通信服务、有线电视服务、网络服务等

人-人互动类服务质量控制关键在于以下几个方面。

（1）顾客研究。顾客对服务质量的认知更多的是依靠其对服务的感觉和体验，决定了服务业需要面对更多的具有个性化要求的顾客；针对同一服务，顾客的感觉会随着时间、空间的变化而不断变化。上述特点决定着企业需要对市场进行详细分析，需要对服务进行分类、分级。

（2）以人为本的管理。在与顾客接触面上，服务人员往往是独立的、直接面对各种不同类型的顾客的，其服务技能和方式直接决定着顾客对服务质量的感受，这种感受可能在同样的背景，产生完全不同的结论，顾客的感受直接决定着服务的成败，服务的所有无形成分往往是由人来决定的。

（3）运用最终检验来影响和控制与顾客接触过程中的服务质量通常是不可能的。服务流程的策划必须考虑到服务过程中所可能发生的意外事件和应对措施。在服务过程中的服务的补救措施需要及时提供，这决定了服务流程的策划还应考虑到可能出现的不合格，并策划相应的补救措施。服务流程是否满足需求需要确认和再确认；服务前的准备成为服务质量控制的重点。

（4）有些服务项目的质量受到顾客参与程度的影响。特定的服务项目（如按摩、美容、娱乐、医疗、培训、咨询等）需要顾客的参与和配合；应确定顾客的职责、责任和应遵循的规则（如学生守则、患者须知等）；为了保证服务的质量，必要时可能需要对顾客的行为施加影响（如对学校对学生的管理、对顾客享受西餐的指导等）。

（5）组织的人员通过和顾客的物品接触为顾客提供服务，该类服务经常会表现为提供维修、代存、看护等服务项目；该类服务需要通过最终检验影响和控制服务质量；服务提供前对顾客提供物品的品名、规格型号、数量、质量状况（应注意识别目前存在的问题）等进行确认并和顾客达成一致；在服务的全过程中应采取措施保护顾客的物品，对于任何问题均应及时和顾客沟通。

物-人互动类服务质量控制关键在于以下几个方面。

组织通过提供的设施、工具与顾客互动提供服务，该类服务一般体现为一些需要顾客自助的服务，如自动取款服务、顾客利用提供的设施享受洗浴服务等；设施、工具的性能、安全性、可靠性、适用性、易操作性等是保证服务的关键要素；应规定顾客的相关职责、责任和应遵循的基本原则，并通过适当的方式与顾客沟通（如提供顾客须知、设施安全操作说明）。

在服务质量管理中必须注意以下难点。

（1）服务具有不可储存性（服务提供结束时也是服务消失时）的特点，服务质量不能够"维修"和"更换"。差错发生后，即使采取补救措施，企业服务质量的声誉也会受到一定损害。

（2）与顾客接触时间越长，令顾客不满意的可能性越大。

（3）服务提供者和顾客共同参与服务过程，影响服务质量，因此顾客管理和辅导也是关键问题。

8.3　服务过程的质量管理

8.3.1　服务接触质量管理要素

服务接触对服务质量的形成和感知具有至关重要的影响。服务接触质量管理的目的是要准确、客观地测评服务过程中的服务水平，确定过程改进方向与重点，保证服务系统持续稳定地提供满足客户需求的服务。

1）组织文化

组织文化是企业的软实力，对服务质量具有积极影响。组织效力对顾客感知的服务质量有很强的正面影响，团队共识是重要的调节因素，组织氛围对服务质量管理也具有重要的意义，如医疗行业管理者通过影响力形成组织内部安全优先意识，让员工时刻意识到合适的安全流程和清晰的安全信息，可减少医疗事故。除了内部作用，组织文化具有对外渗透作用。在高顾客参与度的行业，理解文化渗透对顾客感知服务质量的影响具有重要意义。

2）员工行为

顾客接触是多维度和复杂的，员工行为是影响顾客服务感知的最重要因素，相关学者探索了有利于提高服务质量的员工行为：清晰地了解服务接触、了解顾客需求知识（CNK）并迅速判断其需求。此外，关于如何让员工履行积极的行为有：以自愿小费为代表的买方监测机制、渐为企业采纳的神秘人机制、渐成热点的内部服务质量管理。事实上，在服务质量管理中，员工积极行为的发现和鼓励一样重要。

3）顾客心理

服务质量的主观特征决定了顾客心理管理在服务接触管理中的重要性。顾客心理管理的重要内容之一是顾客期望管理，包括顾客期望的静态识别和动态管理。Teas 认为期望包括"向量特性"期望和"典型理想点特性"期望，前者满足得越多，感知服务质量越高；后者在达到最佳期望水平时感知服务质量会降低。Ojasalo 则认为顾客期望包括模糊期望、显性期望和隐性期望，服务提供者一方面要善于发现模糊和隐性的顾客期望，并使其显性化；另一方面要善于辨别显性服务，帮顾客将非现实期望转化为现实期望。此外，顾客期望的动态变化既受到之前服务经历影响，还受到当次服务中感知的动态变化影响，不过当前相关研究较少。另外，顾客心理管理的手段也受到了国内外学者的关注，为顾客建立学习机会，包括量的学习和质的学习；根据服务能力水平和顾客对传递时间期望的敏感度，合理承诺服务传递时间；尽量提供准确的延迟信息；适度的顾客心理授权，包括消费自主权和消费影响力。这些研究为服务企业在服务交互中提高服务质量感知提供了大量细节性建议，而对于长期性的并从情感层面对顾客心理管理的研究相对较少。

4）服务设施及技术

服务设施是判断搜寻质量的重要因素之一，影响了顾客对服务提供者的选择。众多学者对服务设施管理进行大量的实证研究并取得了不少成果，不过以应用性结论为多，如根据行业特征，进行空间感受、色彩、声音、温度、气味、灯光等的设计。虽然有学者以酒店为例，分析服务设施与员工行为共同对顾客感知服务质量的影响，但分析服务设施管理与服务质量之间规律性关系的文献相对较少。随着自助服务技术（SST）的推广使用，顾客与技术交互变得愈加频繁和重要，自助技术服务质量（SST Service Quality）也渐受重视。国内外学者研究了顾客对各类 SST 属性（可用性、易用性、绩效、愉悦、风险）的态度及使用意愿，发现了顾客特性与人口统计变量会影响顾客对 SST 的态度，建立了各类自助技术服务质量评价体系，为自助技术服务质量管理提供有益参考。此外，还有学者提出技术焦虑会降低顾客的自助技术感知服务质量，技术准备则有利于提高顾客的自助技术感知服务质量。但总体上，自助技术管理的研究大部分集中在互联网的自助技术，对基于线下的自助技术管理研究不多见。

8.3.2 服务设计过程的质量控制

服务设计是服务质量体系中预防质量问题的重要保证。一旦系统中有一个缺陷，它将被连续不断地重复。戴明认为，94%的质量问题是设计不完善而导致的，而仅有 6%是由于粗心、忽视、坏脾气等原因造成的。更重要的是，设计的缺陷使服务质量的源泉——企业员工受到伤害。由设计而造成的系统缺陷不断地使员工和顾客之间、员工和员工之间处于不能融洽相处的状况。

1. 服务设计的职责、规范和内容

1）服务设计的职责

服务设计的职责应包括：策划、准备、编制、批准、保持和控制服务规范、服务提供规范和质量控制规范；为服务提供过程规定需采购的产品和服务；对服务设计的每一阶段执行设计评审；当服务提供过程完成时，确认是否满足服务提供要求；根据反馈或其他外部意见，对服务规范、服务提供规范、质量控制规范进行修正；在设计服务规范、服务提供规范及质量控制规范时，重点是设计服务需求变化因素计划，预先采取措施防止可能的系统性和偶然性事故的发生，以及超过企业控制范围的服务事故的影响。

2）服务规范

（1）设计服务规范之前要确定首要的和次要的顾客需要，如去旅游是顾客的基本需要。如果选择飞机出行，就有一些其他问题：怎样订票、怎样去机场和从机场到目的地等，这些就是次要需要，是由不同的选择产生的。

（2）服务规范中要规定核心服务和辅助服务，核心服务是满足顾客首要的需求另外附加的支持服务，要求满足顾客的次要需要。高质量的服务包括相关的一系列的适当的支持服务，服务质量优劣的差别主要在于支持服务的范围、程度和质量。顾客把一些支持服务认为是理所当然的、服务企业必须提供的，因而在设计服务规范时，定义和理解次要服务的潜在需求是必要的。

服务规范对提供服务的阐述要包括每一项服务特性的验收标准，如等待时间、提供时间、服务过程时间、安全性、卫生、可靠性、保密性、设施、服务容量和服务人员的数量等。

（3）服务企业在设计服务提供过程中应考虑到服务企业的目标、政策和能力，以及诸如安全、卫生、法律、环境等方面的要求。在服务提供规范中应描述服务提供过程所使用方法的服务提供程序。

对服务提供过程的设计，可通过把过程再划分为若干个工作阶段来有效地实现，这些程序的描述包含了每个阶段中的活动，具体包括：对直接影响服务业绩的服务提供特性的阐述，对每一项服务提供特性的验收标准，设备、设施的类型和数量的资源要求必须满足服务规范，要求人员的数量和技能，对提供产品和服务的供方的可依赖程度等。

（4）质量控制规范应能有效地控制每一服务过程，以保证服务满足服务规范和顾客需要。质量控制的设计应包括：识别每个过程中对规定的服务有重要影响的关键活动；对关键活动进行分析，明确其质量特性，对其测量和控制将保证服务质量；对所选出的特性规定评价的方法；建立在规定界限内影响和控制特性的手段。

3）服务设计的内容

（1）员工。服务设计应包括人员选择、培训、教育和开发，以及与激励系统相适应的工作内容和工作设计的分析。

（2）顾客。应考虑到顾客在服务不同时间的作用、顾客接触的方式等。考虑潜在的顾客有利于分清服务过程中顾客的参与程度和性质。需要仔细设计以使顾客尤其是初次使用者理解。

（3）组织和管理结构。组织和管理部门必须和服务体系的其他要素相配合。通过清晰定义服务概念、授权和分配责任，确保在控制和自由之间的平衡；确保组织内的非正式结构（质量团队、质量项目组）和执行不同任务的员工所在部门之间的自动协调。

（4）有形/技术环境。高质量的有形/技术环境对员工和顾客都是重要的，它们传递着无形服务的线索和信息，而且是服务质量体系的一部分。

2. 服务蓝图

蓝图是指在分析服务过程的不同阶段所使用的一种系统的图示方法，是一种注重质量的服务设计技术。通过图表把服务看作一个流动的过程可以更好地理解人财、物与服务体系和其他部分之间的相互依赖，有助于确定服务潜在的缺陷。蓝图技术使在服务过程的不同阶段计算顾客能接受的时间成为可能。

在服务蓝图中，一条"视野分界线"把服务提供过程中顾客可见的部分与顾客不可见部分分离开来。这条隔离线有助于服务业在顾客视线之外集中控制过程中最困难的部分，降低服务质量的风险。

斯科斯塔克（Skostack）指出，蓝图技术能帮助服务企业在质量问题发生以前发现可能的问题隐患，她总结出以下 4 个步骤：绘制事件的过程、发现潜在的缺陷、建立时间框架、分析获利能力。

金曼-布兰奇（Kingman-Brandage）把蓝图发展为"服务图"，它可以显示服务过程的一切活动，如图 8-4 所示。服务图强调 4 个群体：顾客、接触员工（前台人员）、支持员工（后台人员）和管理层（经理人员）。实施分界线把管理层和运营系统分离开来，视野分界线把顾客与服务后台分离开来。

运用蓝图技术，通过对服务过程时间的控制可以提高服务系统的服务能力弹性，服务企业能随着需求的起伏适当调整自己的供给状态。

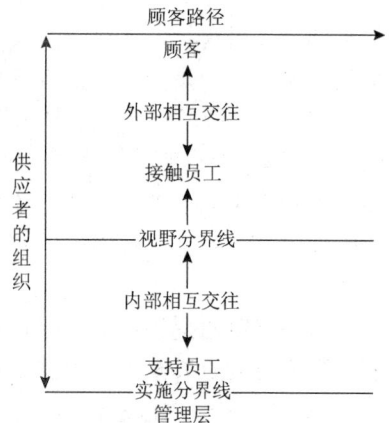

图 8-4　服务图

8.3.3　服务提供过程的质量管理

服务提供过程是顾客参与的主要过程。其基本特征：服务提供者与顾客之间的关系十分密切，服务生产过程和消费过程是同时的。

1. 服务提供过程模型

根据如图 8-5 所示的服务提供过程模型，服务的提供被视野分界线划分为两个部分：一部分是顾客可见或可解除的；另一部分是顾客看不见的，是由服务企业辅助部分提供的，但又是顾客服务不可缺少的。

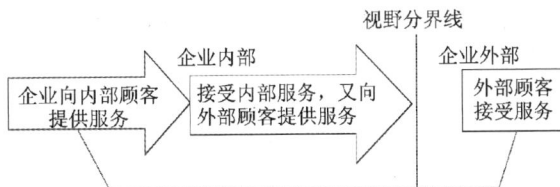

图 8-5　服务提供过程模型

（1）相互接触部分。外部顾客通过相互接触部分接受服务。这一相互接触的过程能够产生影响服务质量的资源，包括介入过程的顾客、企业和一线员工、企业的经营体制和规章制度、企业的物质资源和生产设备。

（2）后勤不可见部分。后勤不可见部分可分为两个部分：一部分是直接为顾客提供服务的一线员工接受企业后勤人员的服务；另一部分是企业后勤人员作为服务企业向其他内部顾客提供后勤支持的服务。

内部后勤支持服务是企业向顾客提供服务不可少的条件，但由于视野分界线，顾客不一定能了解，因而认识不到那部分服务提供过程对整个服务质量所做的贡献。顾客只关注相互接触阶段，即使内部服务相当优异，但接触过程服务质量低劣，顾客就会认为企业的服务质量不高。由于顾客没有看到企业在可见分界线之后做了多少工作，他们认为看得到的服务提供过程并不复杂，因而可能无法理解为什么服务具有价格牌上标明的那么高的价格。通常服务企业可以采取适当的宣传或扩大顾客与企业的接触范围的方式，使顾客理解服务的全部内涵，但由于扩大了相互接触部分，可能会增加服务质量控制的难度。辅助部门在服务提供过程中起到后勤支持作用，这种支持作用表现在管理支持、有形支持和系统支持 3 个方面。

2. 服务企业的评定

服务企业进行过程质量测量的一个方法是绘制服务流程图，明确工作步骤和工作任务，确定关键时刻，找出服务流程中的管理人员不易控制的部分、不同部门之间的衔接等薄弱环节，分析各种影响服务质量的因素，确定预防性措施和补救性措施。

各种质量控制制度应能发掘质量缺陷并奖励质量优良者，协助改善工作，以机器代替人力，尤其是取代那些例行性服务。

在服务提供过程中建立及执行质量控制标准，通常要经历多次试验和失误。许多可以改善生产率的方法也都可以用来改善服务质量，如机器设备的使用、时间和动作研究、流程图、专门化、标准化、流水线作业等。

3. 顾客评定

顾客评定是对服务质量的基本测量，可能是及时的，也可能是滞后的或回顾性的。很少有顾客愿意主动提供自己对服务质量的评定，不满意的顾客在停止消费服务前往往不作任何明示或暗示，以致服务企业失去补救机会。所以，片面地依赖顾客评定作为顾客满意的测量，可能会得出错误的结论，导致服务企业决策失误。

顾客评定与服务企业自身评定相结合，可以克服自我评定中的自以为是，也可以弥补顾客评定的随机性和滞后性，对于服务企业避免质量差错、持续改进服务质量是一条行之有效的管理途径。

美国运通公司从 1986 年开始，每年大约追踪 12 000 笔交易。在顾客与公司有过某种接触之后对他们进行访谈，以了解他们对柜台作业的满意程度，以及是否会影响他们将来对信用卡的使用。美国运通公司有位高层主管解释说，顾客满意度的调查，能做到他们利用其他方法无法做到的事，这种调查能使他们与信用卡持有人更加接近，更重要的是，调查报告并未被束之高阁，这些报告最后建议他们改善服务、质量必须采取的具体行动，以及提出有关如何加强服务的新观念，所以这种调查是质量保证的最佳工具。

8.3.4　服务承诺与补救

1．服务承诺

承诺是一种特别的工具。有效的服务承诺可以补充公司的服务补救策略，作为一种服务工具来帮助实现服务补救策略。服务承诺可以作为一种特殊的质量标准。例如，美国联邦快递公司所承诺的 24h 内将包裹送到。服务承诺可以采取多种形式，如没有达到标准向顾客退款、下次提供免费服务、提供其他一些服务作为补偿等。服务承诺由于激励顾客主动确认并投诉未达到标准的服务而促进反馈，同时也思考产生不合格服务的原因，并采取措施保证不再出现类似问题。

（1）服务承诺的好处。许多服务性组织机构已经开始认识到，承诺不仅可以作为一种营销工具，同时也是在组织内对质量进行定义、培养和维护的一种方法，一个有效的服务承诺对于公司的益处数不胜数。

① 一个好的承诺促使公司关注其顾客。要开发一个有意义、了解对顾客来说什么是重要的——他们的期待和价值。在许多情况下，承诺使顾客"满意"是为了让承诺更有效地发挥作用，公司必须清楚了解对其顾客来说满意的含义是什么（如他们认为什么是有价值和被期望的）。

② 一个有效承诺为组织设立了清晰标准，它促使公司清晰定义什么是员工的期望，并为此与他们进行沟通。承诺为员工提供以服务为导向的目标，它可以很快让员工围绕顾客策略一起行动。

③ 一个好的承诺可以从顾客那里得到快速的反馈，它能够激发顾客来抱怨，因此，较之仅仅依赖于那些较少的爱讲出自己意见的顾客来收集信息的方法，有信誉的服务保证更能给公司提供有代表性的反馈信息。承诺使顾客了解到他们有权利抱怨。

④ 如果服务出现失误，实施承诺时会有一个快捷的机会补救，既令顾客满意也有助于维持其忠诚。

⑤ 通过承诺产生的信息可以被跟踪，并可以在改善行动中持续加以利用。顾客和服务提供商之间的互动关系可以通过承诺得到强化。

⑥ 对服务承诺影响的研究表明，承诺使员工的士气和忠诚度得到加强。承诺可以使员工产生自豪感。通过实现承诺，服务得以改进，这既使客户受益，间接地也使员工受益。

⑦ 对于顾客来说，承诺降低了风险，并建立了对服务组织的信任。因为服务是无形的，

并且经常具有高度个性化或个人牵涉性，顾客希望找到可帮助其降低不确定感的信息和暗示。承诺已经显示出可用来降低风险和增加在采前对服务的积极评估。

（2）服务承诺的类型。

① 满意承诺和服务属性承诺。服务承诺可能是无条件的满意承诺或是服务属性承诺。例如，对任何不满意其信托服务的顾客可以退还费用；以时间属性为核心的服务承诺可以是：等待时间不超过 5min 等。

② 外部承诺和内部承诺。令人感兴趣的是，承诺不仅仅适用于外部顾客，一些公司发现，内部服务承诺——组织内部的一部分承诺对另一部分的服务，是连接内部服务运行的有效方法。例如，在 Embassy Suites 公司，客房用品部向客房服务部承诺，它可以当天提供所要求的供应品，否则，客房用品部将向客房服务部支付 5 美元。

③ 有效承诺的特性。承诺应该是无条件的——没有附加条件。一些承诺看起来好像是法律部门撰写的（事实上常常是），带有各种各样的约束、需要的证明和限制，这通常都不是有效承诺。承诺应该有意义，对很显然的事情进行承诺对顾客毫无意义。

（3）服务承诺的条件。在下述情况下，承诺可能行不通。

① 公司现有服务质量低劣。在建立一项承诺时，公司应该解决所有重大质量问题。当一项承诺确实引起对这些失误和严重质量问题的注意时，实现该承诺的成本会轻易超过任何收益，这些成本包括：因为严重质量问题而付给顾客的实际货币，以及与顾客改善关系有关的其他成本。

② 承诺与公司形象不符。如果公司已经因质量高而拥有很好声誉，并且实际上无形地保证了它的服务，那么一个形式上的承诺好像就没有必要了。

③ 服务质量确实无法控制。尽管这常常被用作不使用承诺的借口，但很少有质量真正失去控制的情况出现。不过，这里有两个例子可以证明这种情况的确存在。比如对一个培训组织，当成绩合格更多的是依赖于学员的个人努力时，那么承诺所有参加者在课程结束时都能通过某个特定水平的认证考试就不是一个好做法，不过，公司可以保证培训本身或培训过程中某个特定方面会令人满意。类似地，在冬季从芝加哥起飞的航班可能不会承诺准时出发，因为天气因素是不可控制的。

④ 承诺的成本超过利润。对于任何质量方面的投资，公司要仔细计算预期收益（顾客忠诚、质量改善、新顾客开发、口头广告）和期望成本（对失误的赔偿和进行改善的成本），看成本是否超过利润。

⑤ 顾客在服务中感觉不到风险。当顾客对公司或其服务质量不确定时，承诺常常是最有效的。承诺可以降低不确定性，有助于降低风险。如果顾客觉察不到风险，如服务价格相对低廉并且有大量潜在的替代者，或质量相对来说是不可变的，那么承诺对公司可能没什么效果，还不如促销的价值大。

⑥ 顾客在比较竞争者之间的质量方面感觉不到什么差异。在某些行业，竞争者之间在质量方面可能有极大差异，在这种情况下，承诺可能非常有效，特别是对第一家提出这种承诺的公司。而在另一些行业，竞争者之间质量水平普遍较低，这一招也很有效，第一家使用承诺的公司常常能脱颖而出。但如果质量相差无几，承诺就不会很有效。

2．服务失误与补救

服务补救是组织针对服务失误采取的行动。失误可归于多种原因，可能是送货延期或太慢、服务可能不正确或执行质量低劣、对接下来可能的情况漠不关心。所有这些种类的失误都会引起顾客的消极情绪和反应。接下来可能的情况是顾客离开，将其经历告知其他顾客，甚至通过消费者组织或法律渠道投诉该组织。

调查表明，有效解决顾客问题会对顾客满意度、忠诚度及最低绩效有重大影响。也就是说，经历服务失误的顾客如果经公司努力补救并最终感到满意，将比那些问题未被解决的顾客更加忠诚，更可能发生再次购买行为。

有些人提出，那些不满意的顾客若经历了高水平的服务补救，比那些第一次就获得满意的顾客有更高的满意度，并更可能再次光顾。例如，一位酒店顾客到前台登记房间时发现没有他想要的房间了，作为一种补救，酒店前台人员立刻以原价格向顾客提供了更好的房间，顾客被这种补救措施打动，对这次经历非常满意，甚至获得比以前更好的印象，并发誓今后将成为忠诚顾客。逻辑上，提出的不合理的结论是：公司应故意令顾客失望，这样它们可以利用补救服务获得更高的顾客忠诚度，这种观点被称作"补救悖论"。

确实，"补救悖论"比其表面上的意思更复杂。首先，改正失误要付出代价，并且鼓励服务失误看上去有些滑稽，毕竟，我们知道可靠性（第一次就把事情做对）是整个行业服务质量最重要的决定因素。其次，经验研究表明，只有在最高水平的顾客服务补救措施的情况下，顾客满意度和忠诚度才会提高。这表明顾客比较看重其最近的经历以决定是否再次光顾，如果这种经历是负面的，对公司的总体感觉将会下降，重复购买倾向也会显著减少。除非补救努力是绝对超水平的，否则它不足以抵消初始经历的负面影响，以及使顾客产生比一开始就享受正确服务时更好的重复消费倾向，从而使客户产生再次购买意图。"第一次就把事情做对"当然是最好的，不过，当失误确实发生时应该努力采取优质的补救服务。最后，相互公平对待。顾客除了要求公平赔偿、无须争吵及快速处理的补救措施，也希望被有礼貌、细心和真诚地对待。如果顾客觉得公司及其员工态度冷漠，几乎没做什么就试图解决问题，就有可能采取其他对抗行为来寻求平衡。不过，为什么员工在服务失误情况下会漠不关心或者粗鲁地对待顾客，多数是因为缺乏培训和授权。一名无权补偿顾客的一线员工很容易做出漠不关心的反应，尤其是如果顾客本身就很恼怒或粗暴。

3. 服务补救理念

不合格服务在服务企业仍是不可避免的。对不合格服务的识别和报告是服务企业内部每个员工的义务和责任。服务质量体系中应规定对不合格服务的纠正措施的职责和权限，并鼓励员工在顾客未受到影响之前，尽早识别潜在的不合格服务。企业也应像制造业那样，实施"零缺陷服务"和统计过程控制（SPC），来不断提高服务质量的可靠性。

当有不合格服务发生时，顾客对服务企业的信任将会发生动摇，但并不会完全迷失，除非出现以下两种情况，过去的缺陷重复出现或不合格服务的补救方式使顾客感到不满意，加重了缺陷的程度，而不是纠正了缺陷。

第一种情况意味着服务可靠性可能发生了严重问题。由于可靠性是优质服务的基础和核心，当一个企业的不合格服务连续不断地出现时，再好的服务补救措施也不能有效地弥补持续的服务不可靠对顾客的影响。

第二种情况是当出现不合格服务时，紧跟着一次毫无力度的服务补救，也就是服务企业让顾客失望了两次，丧失了两次关键时刻，这将极大地降低顾客对服务企业的信任。

完善的服务质量体系要求有很高的服务可靠性，以及发生偶然的不合格服务时，有完备的超出顾客期望的纠正措施。

8.4　服务质量分析模型

8.4.1　顾客感知服务质量模型

1. 模型的提出

1984 年，格鲁诺斯指出服务质量可以分解为功能质量和技术质量，并在此基础上提出顾客感知服务质量模型，之后经过 1988 年和 2000 年的两次修改，形成较为完善的顾客感知服务质量模型。该模型认为总体感知服务质量是顾客期望质量与实际感知质量的差距，其中，顾客期望质量受市场沟通、形象、口碑和顾客需要等因素的影响，企业的技术质量和功能质量通过企业形象决定了实际感知质量，同时，总体感知服务质量反过来影响企业形象。如果实际感受满足了顾客期望，那么顾客感知质量就是上乘的，如果顾客期望未能实现，即使实际质量以客观的标准衡量是不错的，顾客感知质量仍然是不好的，顾客感知服务质量模型如图 8-6 所示。

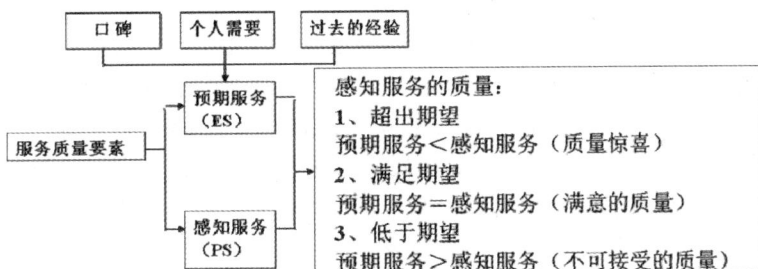

图 8-6　顾客感知服务质量模型

2. 顾客感知服务质量模型的要素

（1）技术质量与功能质量。技术质量与服务的产出有关，是在服务生产过程中和买卖双方的接触过程结束之后顾客所得到的客观结果。功能质量与服务的过程有关，是在服务生产过程中，通过买卖双方的接触，顾客所经历和所感受的东西。服务的技术质量表示顾客得到的是什么（What），便于顾客客观地评估；而功能质量则表明顾客是如何得到这些服务结果的（How），颇具主观色彩，一般很难客观地评定。

（2）期望质量与经验质量。期望质量就是顾客在头脑中所想象的或期待的服务质量水平。它是一系列因素的综合作用的结果，包括：营销宣传，如广告、邮寄、公共关系、推销等；顾客以往接受的相同或类似服务的经历，作为质量标杆，使顾客的期望发生变化；提供服务的企业形象越好，顾客对其服务的期望值就越高；其他顾客接受类似服务后所做的评价也会影响某个顾客的服务评价；顾客对服务的需求越强烈紧迫，对服务质量的期望值就越低。顾客的经验质量是指顾客在接受服务的过程中，通过对服务的技术质量和功能质量的体验和评价而得到的印象。

3. 顾客感知服务质量模型的核心

格鲁诺斯的"顾客感知服务质量模型"的核心是"质量是由顾客来评价的"，实际上是要求服务厂商从顾客的角度来评价和管理服务质量，顺应了"以客户为中心"的现代市场营销潮流。基于格鲁诺斯的模型，Brogowicz 等人提出了顾客感知服务质量综合模型，将顾客感知服务质量差距细分为技术质量差距和功能质量差距，并认为人力资源、有形要素、企业形象及企业使命也是服务质量影响因素。Bolto 和 Drew 考虑了组织特性和工程特性等要素对服务期望和感知的影响，强调了顾客满意的特殊性，它不仅是期望与感知差距的影响结果，同时也是顾客总体感知服务质量的决定因素。Gummesson 将顾客感知服务质量模型和工业品质质量概念加以综合，以期望和感知的差距为基础，提出 4Q 产品/服务质量模型，强调形象和品牌要素的影响作用。可见，学者普遍认为服务质量形成机制的核心是感知差距。

追求过高的服务质量在经济上是不划算的，而太低的感知质量又会导致顾客的不满意，因此，服务质量管理的主要目标就是追求最佳（性能/价格比最高）的顾客感知质量。

格鲁诺斯创建的感知服务质量评价方法与差异结构（Disconfirmation Construct，用来衡量顾客服务经历和服务结果与预期吻合程度的方法）至今仍是服务质量管理研究中最为重要的理论基础。

8.4.2   PZB 服务质量差距分析模型

1. 模型介绍

1985 年，Parasuraman、Zeithaml、Berry（简称 PZB）沿着 Gronroos 的思路构建了服务质量差距分析模型（Service Quality Gap Analysis Model）：将顾客感知与期望差距（差距 5）细分为四种差距（差距 1～4）进而形成 PZB 五差距模型，即 PZB 服务质量差距分析模型，它展示了服务质量形成过程，专门用来分析质量问题的根源。所谓服务质量差距是指顾客对期望的服务与顾客对企业所提供的服务感受之间的差距，也可以理解为服务的客观现实与顾客的主观感受质量的差距。PZB 服务质量差距分析模型如图 8-7 所示。

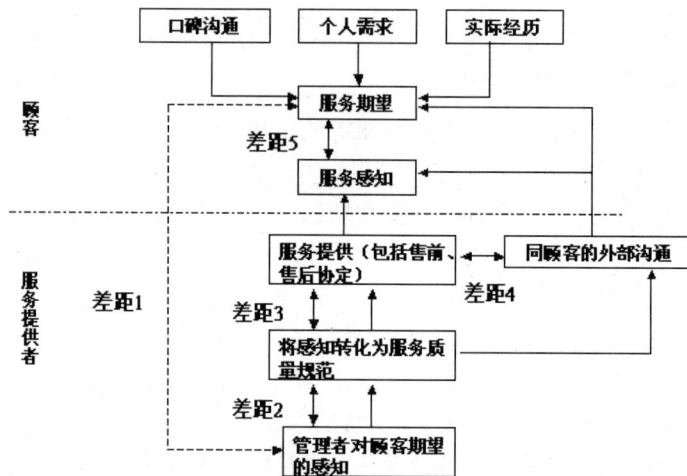

图 8-7   PZB 服务质量差距分析模型

顾客感知与期望差距（差距 5），即顾客期望与顾客感知的服务之间的差距，这是 PZB 服务质量差距分析模型的核心。要弥合这一差距，就要对以下 4 个差距进行弥合：差距 1——不了解顾客的期望；差距 2——未选择正确的服务设计和标准；差距 3——未按标准提供服务；

差距 4——服务传递与对外承诺不相匹配。

首先，模型说明了服务质量是如何形成的。模型的上半部分涉及与顾客有关的现象。期望的服务是顾客的实际经历、个人需求及口碑沟通的函数。另外，也受到企业营销沟通活动的影响。

实际经历的服务，在模型中称为感知的服务，它是一系列内部决策和内部活动的结果。在服务交易发生时，管理者对顾客期望的认识，对确定组织所遵循的服务质量标准起到指导作用。当然，顾客亲身经历的服务交易和生产过程是作为一个与服务生产过程有关的质量因素，生产过程实施的技术措施是一个与服务生产的产出有关的质量因素。

分析和设计服务质量时，这个基本框架说明了必须考虑哪些步骤，然后查出问题的根源。要素之间有五种差距，也就是所谓的质量差距。质量差距是由质量管理前后不一致造成的。最主要的差距是顾客感知与期望差距（差距 5）。

2. 差距分析

服务质量是服务质量差距的函数，测量企业内部存在的各种差距是有效地测量服务质量的手段，差距越大，顾客对企业的服务质量就越不满意，因此，差距分析可以作为复杂的服务过程控制的起点，为改善服务质量提供依据。因此，服务质量差距研究便成了学者们关注的焦点。自从 PZB 提出五差距模型至今，该模型在酒店服务质量研究领域不断地被完善和扩展。这些扩展研究基本上都是围绕着顾客、各级管理者和一线员工三个层面、采用定性或定量两种研究方法展开的。五种差距及它们造成的结果和产生原因分述如下。

1）管理者认识的差距（差距 1）

这个差距指管理者对期望质量的感觉不明确。引起这一差距的原因如下。

（1）对市场研究和需求分析的信息不准确。

（2）对期望的解释信息不准确。

（3）没有需求分析。

（4）从企业与顾客联系的层次向管理者传递的信息失真或丧失。

（5）臃肿的组织层次阻碍或改变了在顾客联系中所产生的信息。

如果问题是由管理引起的，显然不是改变管理，就是改变对服务竞争特点的认识。不过后者一般更合适一些。因为正常情况下，没有竞争也就不会产生什么问题，但管理者一旦缺乏对服务竞争本质和需求的理解，则会导致严重的后果。

2）质量标准差距（差距 2）

这一差距指服务质量标准与管理者对质量期望的认识不一致。引起这一差距的原因如下。

（1）计划失误或计划过程不够充分。

（2）计划管理混乱。

（3）组织无明确目标。

（4）服务质量的计划得不到最高管理层的支持。

差距 1 的大小决定计划的成功与否。但是，即使在顾客期望的信息充分和正确的情况下，质量标准的实施计划也会失败。出现这种情况的原因是，最高管理层没有保证服务质量的实现。质量没有被赋予最高优先权。治疗的措施自然是改变优先权的排列。今天，在服务竞争中，顾客感知的服务质量是成功的关键因素，因此在管理清单上把质量排在前列是非常必要的。

总之，服务生产者和管理者对服务质量达成共识，缩小质量标准差距，远要比任何严格的目标和计划过程重要得多。

3）服务交易差距（差距3）

这一差距指在服务生产和交易过程中员工的行为不符合质量标准。引起这一差距的原因如下。

（1）标准太复杂或太苛刻。

（2）员工对标准有不同意见，如一流服务质量可以有不同的行为。

（3）标准与现有的企业文化发生冲突。

（4）服务生产管理混乱。

（5）内部营销不充分或根本不开展内部营销。

（6）技术和系统没有按照标准为工作提供便利。

综合以上因素，引起这一差距的原因可粗略分为3类：①管理和监督的失误；②员工对标准规则的认识和对顾客需要的认识不一致；③缺少生产系统和技术的支持。

在管理监督方面的问题可能很多。例如，管理者的方法不能鼓励优质服务行为，或者企业的监督机制与重视质量的活动发生冲突，甚至于服务规范自相矛盾。企业的控制和奖惩机制一般具体体现了企业文化，表明了企业管理层的态度。当质量标准对服务的要求与现有的控制和奖惩机制发生冲突时，一线员工作为服务的提供者，当顾客提出合情合理的要求，服务人员也有能力予以满足时，却由于违背了企业制定的服务质量规范或标准而使员工感到非常为难，如果这种情况发生频繁，而服务企业又不能及时修正服务质量规范或标准，则不仅会失去顾客，还会打消企业员工为顾客提供良好服务的积极性。要解决这些问题，既要改变运营系统，使其与服务质量规范或标准一致；又要加强员工培训，使员工认识到他们的权限，即在企业允许的范围内独立思考、自主判断，提供顾客最大灵活性。

引起服务交易差距的原因也可能是服务企业的技术设备和经营体制不支持企业提供优质服务。企业的技术设备不支持企业提供优质服务是指企业的硬件设施达不到服务质量规范或标准的要求；而经营体制则是指企业的软件环境，即企业的内部机制设置、职责及职能的分工、规章制度等。企业的经营体制不能支持企业提供优质服务，可能是企业内部分工不明或各职能部门缺乏有效的衔接，导致服务质量规范或标准难以执行。解决这类问题，需要在技术上进行更新和对应体系进行适当变革，支持服务质量规范或标准的正确执行；或者加强对员工的培训和内部营销管理，达到缩小服务交易差距的目的。

服务交易差距还可能是由于员工无法胜任造成的。一方面可能是企业把不具备提供优质服务所必需的专业技能和工作态度的员工安排到服务企业一线，这需要改革现有的人事制度，并对现有人员进行调整。另一方面可能是员工没有正确对待服务工作，不把解决顾客的实际问题作为自己的工作职责。解决这方面的问题只有制定严格的操作规程和服务项目内容细则，并加强对员工的培训，尽可能提高企业内部运作效率，使顾客得到满意的服务。

4）营销沟通的差距（差距4）

这一差距指营销沟通行为所做出的承诺与实际提供的服务不一致。引起这一差距的原因如下。

（1）营销沟通计划与服务生产没统一。

（2）传统的市场营销和服务生产之间缺乏协作。

（3）营销沟通活动提出一些标准，但组织却不能按照这些标准完成工作。

（4）有故意夸大其词，承诺太多的倾向。

引起这一差距的原因可分为两类：一是外部营销沟通的计划与执行没有和服务生产统一起来；二是在广告等营销沟通过程中往往存在承诺过多的倾向。在第一种情况下，治疗措施是建立一种使外部营销沟通活动的计划和执行与服务生产统一起来的制度。例如，至少每个重大活动应该与服务生产行为协调起来，达到两个目标：第一，市场沟通中的承诺要更加准确和符合实际；第二，外部营销沟通活动中做出的承诺能够做到言出必行，避免夸夸其谈所产生的副作用。在第二种情况下，由于营销沟通存在滥用"最高级的毛病"，所以只能通过完善营销沟通计划加以解决。治疗措施可能是更加完善的计划程序，不过管理上严密监督也很有帮助。

5）顾客感知与期望差距（差距 5）

这一差距指感知或经历的服务与期望的服务不一样，它会导致以下后果。

（1）消极的质量评价（劣质）和质量问题。

（2）口碑不佳。

（3）对公司形象的消极影响。

（4）丧失业务。

这一差距也有可能产生积极的结果，它可能导致相符的质量或过高的质量。这一差距的产生原因可能是本部分讨论的众多原因中的一个或者是它们的组合。当然，也有可能是其他未被提到的因素。

3．PZB 服务质量差距分析模型的修正

在 PZB 服务质量差距分析模型基础上，一些学者提出了新的观点，洛夫洛克（Lovelock）对 PZB 服务质量差距分析模型进行修正，把差距 4 分成服务承诺和顾客对承诺信息的理解，由此产生了差距 6，即顾客对企业市场宣传信息的理解偏差，且增加了差距 7，即顾客感知、顾客对市场沟通的理解、两者与服务经历的比较。李亚德尔（Liljander）等人把顾客对服务质量的感知分为情节感知和关系感知，提出关系质量模型，指出在管理层面上同样存在容忍区。这些观点对 PZB 的五个差距及容忍区模型做出有益的补充，有助于理解服务质量的内涵。

PZB 服务质量差距分析模型指导管理者发现引发质量问题的根源，并寻找适当的消除差距的措施。差距分析是一种直接有效的工具，它可以发现服务提供者与顾客对服务观念存在的差异。明确这些差距是制定战略、战术，以及保证期望质量和现实质量一致的理论基础。这会使顾客给予质量积极评价，提高顾客满意度。

8.4.3 L-S 关系质量模型

1．模型简介

关系质量是顾客对服务质量长期的动态的感知。最具代表性的是李亚德尔（V. Liljander）和斯特拉迪维克（T. Strandvik）提出的"Lijiander-Strandvik（L-S）关系质量模型"，开始从关系层面上度量顾客感知服务质量。对顾客感知服务质量、顾客感知价值、顾客满意度、顾客忠诚和企业竞争力这些要素之间的关系提出了许多极具价值的观点。

L-S 关系质量模型首先将感知质量区分为情节层次和关系层次，通过情节绩效与标准的比较，形成情节质量，而关系绩效与标准的比较，形成关系质量。L-S 关系质量模型从多个角度探讨了感知服务质量及其关系的形成过程，描述了顾客在不同阶段的服务体验，解释了顾客如何感知与服务提供者的关系，对关系质量的形成机制进行了较为科学的说明。

2．L-S 关系质量相关模型

赫尼格-图劳和克利提出了关系质量概念模型。他们指出，顾客满意是质量的前提，顾客满意会导致顾客的全面质量感知，进而影响信任、承诺等关系质量构件，而信任对承诺也有积极影响。霍尔伦德运用互动分析理论，提出了关系质量动态模型。该理论将服务互动分为四个层次：活动、情节、片段、关系。霍尔伦德认为，顾客对服务质量的感知在四个不同的互动层次上都存在，而且会逐渐累积。低层次的感知质量与高层次的感知质量是一种相互影响的关系，最终片段层次上的感知质量的不断累积，映射到关系层次上就形成了感知关系质量。

3．关系质量管理的特点

关系质量管理不仅强调顾客对服务的感知，更为重要的是，它通过强调顾客对关系的感知，引导管理人员从微观和动态层面出发，以系统、更深入的观点来理解顾客同服务提供者之间的关系，从而更有效地管理服务企业的顾客。

（1）关系质量管理的有效性与效率。服务质量管理要强调对服务中的关键时刻、服务接触等的管理，本质上来看，仍然是企业导向而不是顾客导向。这种管理模式由于将其重点放在了服务战略本身，而忽视了顾客对企业服务的心理认同（情感纽带），以及顾客的其他障碍表现（如技术约束、地理约束等），这种结局降低了服务管理的有效性与效率。关系质量管理能够很好地避免这种情况。由于关系质量管理的对象是顾客同服务企业的关系，而不是仅限于企业的服务本身，在这种情况下，企业就会系统地考虑顾客和企业两者的利益，通过对顾客进行细分，找出最有投资回报潜力的优质顾客群，从而使企业能够有效地对这部分顾客关系进行投资，避免了在服务质量管理模式中的投资盲目性（因为没有考虑到顾客的约束）。

（2）更微观地分析了质量感知的不同层面。在服务质量管理中，管理重点放在期望质量与实际体验质量的差距上。从本质上看，服务质量管理更加强调宏观管理，关系质量管理则有很大的不同。无论是在服务业还是在其他任何商业关系中，对于关系双方来说，互动都是一个关键概念。互动是质量和价值创造过程中的基本要素，对关系质量的感知是在互动过程中形成的。因此，关系质量管理的实质就是互动管理。这种管理模式决定了服务提供者必须对互动过程的层次及其本质进行更微观的分析，进而确定相应的管理手段。在质量管理中，它将顾客同服务企业的互动过程依照高低次序划分为活动、情节、片段、关系四个层次，并且区分为四种不同的感知质量。最终感知关系质量的形成，与低层次的感知质量有很大关系，将感知质量细分为不同层次的好处是，不仅可以更微观地对其进行管理，而且有利于对服务业进行分类管理。

（3）运用动态分析方法对感知质量进行了拓展。传统的服务质量管理模型描述了在情节层次（服务接触层次）上质量是如何被感知的，其方法是静态的。根据霍尔伦德的关系质量动态模型可知，关系质量是在顾客感知质量的动态演化中逐渐形成的。在服务互动过程中，顾客低层次的互动感知质量会映射到下一个较高层次，形成较高层次的感知质量。最后片段质量映射到关系层次，经过不断累积形成关系质量。例如，顾客入住酒店过程中，不同活动的感知质量，如电话预订、迎客、登记、领客、入住等会映射到顾客从预订到入住酒店这一情节的感知质量，从而形成情节感知质量；在一天时间内，顾客会经历入住、就餐、客房等不同情节，经过累积形成片段质量（时间片段）；客人在酒店经历不同的片断（一次或多次）会映射到客人同酒店的关系，最终形成感知关系质量。

8.5　服务质量评价模型

8.5.1　SERVQUAL 模型

1. 模型简介

SERVQUAL 为英文"Service Quality"（服务质量）的缩写，由 PZB 在 1988 年提出，是目前最流行的服务质量评价模型之一。

SERVQUAL 模型衡量服务质量的五个尺度为：有形性、可靠性、响应性、保证性和移情性。根据上述五个尺度，依据全面质量管理（Total Quality Management，TQM）理论，PZB 建立了 SERVQUAL 评价方法，该方法建立在对顾客期望服务质量和顾客接受服务后对服务质量感知基础之上，采取评分量化的方法来测量企业的服务质量，其理论核心是"服务质量差距分析模型"。

SERVQUAL 将衡量服务质量的五个尺度细分为若干个问题，通过调查问卷的方式，让用户对每个问题的期望值、实际感受值及最低可接受值进行评分，并由其确立相关的 22 个具体因素来说明，如表 8-2 所示。然后通过问卷调查、顾客打分和综合计算得出服务质量的分数。

表 8-2　PZB 的 SERVQUAL 量表

要　　素		组　成　项　目
服务质量（SQ）	有形性	（1）有现代化的服务设施（X1）
		（2）服务设施具有吸引力（X2）
		（3）员工有整洁的服务和外表（X3）
		（4）公司设施与他们所提供的服务相匹配（X4）
	可靠性	（5）公司向顾客承诺的事情能及时地完成（X5）
		（6）顾客遇到困难时，能表现出关心并提供帮助（X6）
		（7）公司是可靠的（X7）
		（8）能准确地提供所承诺的服务（X8）
		（9）正确记录相关的服务（X9）
	响应性	（10）不能指望他们告诉顾客提供服务的准确时间（X10）※
		（11）期望他们提供及时的服务是不现实的（X11）※
		（12）员工并不总是愿意帮助顾客的（X12）※
		（13）员工因为太忙以至于无法立即提供服务，满足顾客需求（X13）※
	保证性	（14）员工是值得信赖的（X14）
		（15）在从事交易时顾客会感到放心（X15）
		（16）员工是有礼貌的（X16）
		（17）员工可以从公司得到适当的支持，以提供更好的服务（X17）

要　　素		组 成 项 目
服务质量（SQ）	移情性	（18）公司不会针对不同的顾客提供个别的服务（X18）※
		（19）员工不会给予顾客个别的关怀（X19）※
		（20）不能期望员工了解顾客的需求（X20）※
		（21）公司没有优先考虑顾客的利益（X21）※
		（22）公司提供的服务时间不能符合所有顾客的需求（X22）※

注：问卷采用 7 分制，7 分表示完全同意，1 分表示完全不同意。中间分数表示不同的程度。问卷中的问题随机排列。

　　※表示对这些问题的评分是反向的，在数据分析前应转换为正向得分。

2．对服务质量的评分量化方法

（1）开展问卷调查，由顾客打分。

（2）计算 SERVQUAL 分数。

$$SQ = \sum_{i=1}^{n}(P_i - E_i)，\ i = 1,2,3\cdots,22 \tag{8.1}$$

式中　SQ——SERVQUAL 模式中总的感知服务质量；

　　　　P_i——第 i 个问题在顾客感受方面的分数；

　　　　E_i——第 i 个问题在顾客期望方面的分数。

　　式（8.1）表示单个顾客的总的感知服务质量，将此时的分数 SQ 再除以 22（问题数目），就得到了单个顾客的 SERVQUAL 分数，然后将调查中所有顾客的 SERVQUAL 分数相加总再除以顾客数目，就得到了企业想要的平均 SERVQUAL 分数。

　　式（8.1）成立的一个前提条件就是认为服务质量的五个属性在决定 SERVQUAL 分数时是同等重要的，而在实际中，不同服务的五个属性的重要性是不同的。于是，服务企业需将服务质量的五个属性进行重要性评估，得出每个属性在某一服务质量中的权重，然后加权平均就得出了更为合理的 SERVQUAL 分数。公式为

$$SQ = \sum_{j=1}^{5} W_j \sum_{i=1}^{R}(P_i - E_i)，\ i=1,2,3\cdots,22，\ j=1,2,3,4,5 \tag{8.2}$$

式中　SQ——SERVQUAL 模式中总的感知服务质量；

　　　　W_j——每个属性的权重；

　　　　R——每个属性的问题数目；

　　　　P_i——第 i 个问题在顾客感受方面的分数；

　　　　E_i——第 i 个问题在顾客期望方面的分数。

3．SERVQUAL 模型的应用步骤

第一步，选取服务质量的标准。

第二步，根据各条标准在所调查的服务行业中所占的地位确定权重。

第三步，对每条标准设计 4～5 个具体的问题。

第四步，制作问卷。

第五步，发放问卷，请顾客逐条评分。

第六步，对问卷进行综合统计。

第七步，采用顾客期望值模型分别测算出预期质量和感知质量。

第八步，根据式（8.2），求得差距值。

SERVQUAL 分数=实际服务感受分数−期望服务分数

SERVQUAL 在理论上具有完整的要素，包括感知的结果（服务感知）和评价的标准（服务期望），是评价服务质量和用来提高服务质量行为的有效工具。

8.5.2 SERVPERF 模型

自从 SERVQUAL 评价方法诞生后，争议就一直没间断过，有学者质疑其对不同行业的适用性并质疑其可靠性和合理性，有的认为它容易误导被访者。克罗宁和泰勒提出的 SERVPERF 评价方法，摒弃了 SERVQUAL 所采用的差异比较法，只是利用一个变量（服务绩效）来度量顾客感知服务质量。SERVPERF 虽然创新性不大，但比 SERVQUAL 简单实用。

1）基本原理

服务质量的评价就是对所收集的问卷的得分进行计算。顾客对服务质量的实际的感知绩效，不同顾客对某一问题的打分是不同的，计算总体服务质量用以下公式表示：

$$Q = \frac{1}{m} \sum_1^m P_i^*$$ （8.3）

式中 Q——SERVPERF 标尺中总体感知服务质量的数量指标；

P^*——顾客对第 i 个问题感知绩效平均数值；

m——SERVPERF 量表问题数目。

2）SERVPERF 与 SERVQUAL 的比较

由学者克罗宁和泰勒发展出来的 SERVPERF 评价方法，实际上可以看作是 SERVQUAL 评价方法的变形。该方法放弃了 SERVQUAL 中的 GAP 模型而直接测量感受的服务质量结果，但是继承了 5 个构面和 22 项属性的量表，并认为 SERVPERF 具有比 SERVQUAL 更佳的预测能力及收敛效度（Convergent Validity）与判别效度（Discriminant Validity）。虽然 PZB 对 SERVPERF 的信度、效度及预测能力等项目加以反驳，但 PZB 仍然承认 SERVPERF 具有较佳的预测能力。而且 SERVPERF 减少了 50%测量项目，使质量评估简便易行。但是存在着信息量较少、导致分析能力较差的缺陷。

与 SERVPERF 相比，SERVQUAL 有以下优势。

（1）SERVQUAL 可以提供更多有价值的信息。

（2）SERVQUAL 能帮助企业更准确地把握顾客对其服务质量的真实看法。

（3）采用 SERVQUAL 评价方法可以更好地理解顾客的服务期望和服务感知。

8.5.3 其他服务质量评价方法

1. 关键事件技术

关键事件技术（CIT）由美国匹兹堡大学心理学教授弗拉纳甘（Flanagan）于 1954 年提出。关键事件技术用于收集和分类导致客户在服务接触过程中产生非常满意或非常不满意的经验的事件。他们通过定性的访谈来获得这种关键事件。访谈中他们询问顾客，使其回忆经历过且记忆深刻的事件，以及在哪里接受的这种服务，并对事件加以详细描述。然后，将事件分为几组，相似的主题归在一起，进行渐进的内容分析。

2．服务重要性-表现程度分析法

服务重要性-表现程度分析法（IPA），也称服务重要性-绩效分析法。IPA 技术是一种通过测量服务对顾客的重要性及顾客对服务表现的感知来确定特定服务属性优先顺序的技术，即通过对顾客关注的某些服务因素或项目的重要性和顾客对服务的满意度进行组合评价，从而确定服务中究竟应该突出哪些服务因素，淡化哪些服务因素作为确定服务质量的客观依据。

3．无差异衡量法

布朗、丘吉尔和彼得于 1993 年对 SERVQUAL 评价方法提出疑问，认为这种评价方法会导致顾客把之前的服务经历带入期望，弱化差异比较法的说服力。因此，他们提出"无差异衡量法"来解决量表中存在的期望与感知两个变量会对服务质量造成交叉影响的问题，通过直接测量顾客服务期望与绩效感知间的差异来衡量服务质量。

4．归因模型

归因是指顾客在遭遇服务结果和其期望不一致时所进行的一种自发地探究原因并调适绩效感知与期望之间关系的心理状态。不同的顾客，其调适的方式不一样，从而他们感知的服务质量也会产生差异。

归因理论最大的特点是在差异比较的框架内加以更合乎逻辑和心理层面的变量，而在以往的评价方法中，只是对"期望"与"绩效"进行简单的比较，而不太关注企业在整个过程中对顾客满意与否的心理的影响程度。

思考题

1．服务质量的概念和特征是什么？
2．服务质量的维度有哪些？
3．影响顾客感知质量的要素有哪些？
4．服务质量的分析模型有几种？分别是什么？

案例分析

中国联通海南分公司服务质量问题

中国联合通信有限公司海南省分公司（以下简称"中国联通海南分公司"）依托中国联合通信有限公司的雄厚实力，立足海南省，致力发展通信业务，建立起了覆盖全海南省的高质量通信、营销、服务网络，服务日臻完善，客户规模不断扩大，成为海南省电信市场的重要力量。2009 年，在与中国网络通信集团公司海南省分公司融合重组以后，中国联通海南分公司更是加速向规模、效益并重的内涵型发展模式转型，完善面向市场和客户的高效支撑运营体系建设，加快各项业务发展，不断提高发展的质量。中国联通海南分公司目前主要经营基本电信网络的语音、数据、图像及多媒体通信与信息服务，以及与之相关的系统集成、技术开发等业务。同时，中国联通海南分公司还承担普遍服务和党政专用通信、应急通信等任务，是承担着海南省国民经济与社会信息化建设重任的主导通信企业。

目前，中国联通海南分公司的服务、营销和基站网络等遍布海南省各地，下设海口、三亚、儋州等 20 家分公司，现有员工 1500 人，公司业务实现了城乡光缆传输化、交换程序化，并新建和扩建了宽带网、可视电话网、光纤网、无线市话网、SCDMA 网络、VSAT 通信网、移动 5G 网，形成一个现代化通信网络。

　　中国联通海南分公司在高速发展的同时，也需要服务质量的提高。电信行业作为一个高科技行业，随着新技术、新业务的推广及消费者消费水平、维权意识的不断提高，新的服务热点和难点必然会不断凸现出来。例如，在电话服务领域，随着移动电话使用率的持续增长，针对移动电话通话质量的投诉问题愈渐突出；随着用户数量的增多，以及前期投资的各种设备和线路的使用老化等，服务过程质量和网络质量成为首要解决的难点问题。

1. 中国联通的竞争优势

　　（1）网络覆盖面广。

　　中国联通建成了覆盖全国、联通世界的综合通信网络。1999—2003 年，为适应市场需要，中国联通进行了大规模的通信网络基本建设，累计完成固定资产投资 2000 多亿元，年均投资规模达到 400 多亿元。截至 2010 年底，中国联通建成了覆盖全国、总容量 6 亿户的移动通信网络，其中，2010 年仅用半年多时间，建成开通了覆盖全国、具有国际先进水平的 CDMA 移动通信网络，其建设规模和建设速度，在世界移动通信发展史上前所未有。中国联通在国内率先采用统一的基础网络平台技术，建成具有联通特色的全国性长途电话网、数据通信网和互联网，开通了 IP 电话、互联网、视频会议系统、可视电话系统等业务，真正实现了综合业务的一体化服务。

　　（2）技术更新速度快。

　　当模拟技术盛行时，刚刚成立的中国联通率先采用当时先进的 GSM 数字蜂窝技术建设移动通信网络。在 CDMA 建设方面，根据中国用户的习惯，独创了 CDMA 机卡分离技术。为协调 GSM 和 CDMA 两网的发展，中国联通又开创性地开展 GSM 1X 技术试验，成功地开发出了"G&C 移动双模系统"。这一双模系统以"世界风"为品牌全面推向市场。该系统建成后，具有三大功能：一是使 GSM 用户能够享受 CDMA 1X 的高速数据服务；二是实现 CDMA 用户的全球漫游；三是弥补 G 网和 C 网的覆盖不足。这将极大地方便广大移动用户尤其是目前的双机双卡用户，给他们带来全新的移动通信体验。利用先进的技术，中国联通通过与高通、SUN 及众多 SP/CP 合作，开发出了丰富多彩、深受用户喜爱以"联通无限"为总品牌的增值业务。类似的 WAP2.0 在统一网络平台上，中国联通采用 ATM+IP 技术，建立了统一的多业务网络平台（China Uninet）。在朱高峰院士主持的该网络平台项目技术鉴定会上，鉴定委员会一致认为：China Uninet 为向下一代网络过渡走出了一条新的技术发展路线，具有国际领先水平。基于这一网络的 IP 电话、在线通等业务，一推向市场就受到广大用户的热烈欢迎。

2. 中国联通的竞争劣势

　　（1）中国联通的数据传输业务很强，但是这个业务只有企业用到，个人很少用到。

　　（2）中国联通的服务网点相较中国移动仍需进一步扩展等。

　　（3）中国联通的服务与竞争对手的服务同质化较强。

　　从目前中国联通海南分公司的客户需求满足上看，与竞争对手没有形成差异化竞争，虽然中国联通的客户服务做得相对较好，但是通信服务和网络传输相对于竞争对手还需功能强化，同时需要推出更多的新产品以增强产业的竞争力。

第9章 可靠性工程

▶▶▶**学习目标**

- 了解可靠性管理的相关概念。
- 了解可靠性分析的模型。
- 熟悉可靠性分析的方法。
- 熟悉常见的故障分布及故障率函数分布。

引导案例

可靠性工作在制造业中有大量的应用，涵盖了信息技术、家电、航空、航天、机械、能源等众多领域。

海尔一直都是可靠性研究的领军企业之一，它不仅对每一种产品进行质量检测，还设立专门的质量保证检测中心，进行专门的可靠性研究。截至目前，海尔集团质量监控中心已建立了涵盖九大类产品、2800 多个平台的产品可靠性检测分析中心。为了提高海尔产品在全球市场的竞争力，海尔在家电行业带头执行可靠性测试方面的研究，通过研究家用电器产品的可靠性验证协议，期望达到用户的保修承诺保证过渡时期。由于家用电器产品与人们的日常生活紧密相关，其产品的可靠性的重要性不言而喻。只有通过可靠性测试的验证，产品才能进入全球市场，真正实现对全球用户的高质量服务。

联想也是电子行业发展可靠性的早期企业。2006 年 12 月，根据美国的 *PC Magazine* 对超过 35 000 名用户进行的调查可知，在笔记本电脑的可靠性调查中，苹果和联想在笔记本电脑的可靠性和用户对可靠性的满意度方面得分均高于平均水平。

可靠性工作的开展不仅可以提高客户满意度，提升消费者体验，还可以减少故障和事故，减少停机时间，提高产品可用性，无形中降低大量的维护成本，为公司减少很多不必要的经济损失，所以可靠性的研究对于企业来说至关重要。提高产品的可靠性需要在各个方面做出努力，设计阶段是整个过程中最重要的阶段。一旦设计阶段设计的产品不合理，通过事后维护很难达到预期的理想效果，所以要对可靠性工作的研究十分严谨。我国的可靠性行业虽然处于发展的初级阶段，但具有很大的发展潜力。

我国可靠性工程近几年来发展十分迅速，但是与发达国家相比，仍有很大的差距。尽快改变我国可靠性工程落后的局面，需要各级领导和各类工作人员应尽快摒弃不合时宜的质量观，积极转变观念，树立当代的质量观，平等看待产品的质量和可靠性，使企业走上可持续发展的道路。有效推进可靠性工程，将理论成果与实际应用紧密结合，将产品的可靠性要求纳入产品指标体系并进行相应的评价。只有这样，中国产品才能更快更好地走出国门，树立自己的品牌形象。

9.1 可靠性概述

可靠性是衡量产品质量的重要评价标准，对于满足现代技术和生产的需要、获得更高的经济效益、提高市场竞争力具有重要意义。很多企业都在通过提高产品可靠性来提高产品的质量，从而提升产品销量，获得更多的市场份额。

可靠性研究的萌芽期是在 20 世纪 40 年代。到了 20 世纪中期，可靠性已经被应用到航天工业中。为了解决电子设备和导弹系统的可靠性问题，美国展开了很多严密的可靠性研究。1952 年，成立电子设备可靠性咨询小组（AGREE），其在可靠性设计、实验及管理的程序及方法上有很大的推动作用，对美国可靠性工程的发展方向起到了决定作用。1957 年，颁发《军用电子设备可靠性》研究报告，该报告从 9 个方面论述了可靠性的设计、试验、管理的程序和方法，最终成为可靠性发展的奠基性文件，这也标志着可靠性学科发展的一个十分重要里程碑，它已经成为一门真正的独立的学科。20 世纪 60 年代以后，许多国家相继进行了可靠性研究，使得可靠性问题的研究得到了进一步发展，这些研究对于降低机器设备的故障率、减少工伤事故的发生起到了重要作用。

在我国，可靠性的研究从工业部门开始，在国家国防科技工业局的统一领导下，结合我国国情，努力汲取国外的先进技术，制定了一系列与可靠性相关的和技术标准。与此同时，相关的工业企业部门越来越重视可靠性管理，加强了全国范围内的信息系统数据和学术研究方面的可靠性交流学习活动。全国的各专业系统的可靠性学会也都开始建立起来；全国军用电子技术设备的可靠性数据交换网也随后成立，这些都保证了我国的可靠性理论研究的顺利展开。

9.1.1　可靠性定义

人们对可靠性的理解主要是：系统、部件、产品在一定时间、一定条件下无故障地按照指定的功能来运转。通常可通过可靠度、可维修性、故障率、平均寿命、置信度与置信水平、可靠寿命、可靠性增长、保障性、可用性、可测性、可信性等评价指标来评价产品的可靠性。

通常说的"可靠性"也可称其为信赖性或信任性。比如说一个人非常可靠，也就是说这个人说到做到，而不可靠的人则不一定能够完全说到做到，可不可靠完全取决于这个人的意志、品德和能力。同样，一台机器，当它工作时，它就可以无故障地持续工作，则说它是可靠的；而当它工作时，它不能够持续无故障地工作，那么它就是不可靠的。

当然，一个产品可靠性肯定是越高越好。产品的可靠性越高，就可以在很长的一段时间内运作且不发生任何故障（这正是所有消费者需要得到的），从专业术语上来讲，产品的可靠性越高，表示它可以无故障工作的时间就越长。

狭义的"可靠性"指的是一个产品在使用期间没有发生故障。比如一次性的医疗器械，在它的使用的时间内没有发生任何故障，就认为这个产品是可靠的；再比如某些一旦发生故障就不能再次使用的一次性产品，灯泡就是这类型的一次性产品，一般损坏了只能更换新的。

广义的"可靠性"是指使用者对产品的满意程度或对企业的信任程度。而这种满意程度或信任程度是从消费者直观上来决定的，需要对产品的可靠性做出具体和准确的判断，对于产品可靠性，可以将其定义为在规定的时间和规定的情况下，机器设备与系统持续完成任务的程度与能力。比如冰箱在使用过程中，当某个功能部件出现了问题，经过维修后能够继续使用。

我国国家标准 GB 3187—1982《可靠性基本名词术语及定义》规定的可靠性定义为产品在规定的条件和规定的时间内，完成规定功能的能力。这里所说的规定的条件包括产品所处的环境条件（温度、湿度、压力、振动、冲击、尘埃、雨淋、日晒等）、使用条件（载荷大小和性质、操作者的技术水平等）、维修条件（维修方法、手段、设备和技术水平等）。

9.1.2 可靠性的评价尺度

对机器、系统及零部件等的可靠性的评价，需要制定有效可靠的指标。产品整体可靠性水平高低的各种可靠性指标统称为可靠性的评价尺度。可靠性的评价尺度理论上是数值，实际上是不知道的，各个评价尺度的不同数值需要分别具体分析。通过分析样本的观测值，并且进行大量的统计分析才可得出评价尺度的估计值。估计值可以是点估计，也可以是区间估计。衡量可靠性的评价尺度主要有可靠度、可维修性、故障率、平均寿命、置信度与置信水平、可靠寿命、可靠性增长、保障性、可用性、可测性、可信性等。

1. 可靠度

可靠度是指产品在规定的时间内，在规定的条件下，完成预定功能的能力。它包括结构的安全性、适用性和耐久性。它是时间的函数，记作 $R(t)$。设 T 为产品寿命的随机变量，t 为规定的时间，则可靠度函数为

$$R(t)=P(T>t), \quad 0 \leqslant t < \infty \tag{9.1}$$

该可靠度函数表示产品的总寿命 T 超过规定时间 t 的概率，即产品在规定的时间 t 内完成规定的功能的概率。

产品的可靠度越高越好，可靠度高的产品，可以长时间地持续工作；从专业术语上来说，产品可以无故障工作的时间就越长，说明产品的可靠度越高。

产品的可靠度可分成两个层面，第一个是组件的可靠度，将产品拆解成若干个不同的零部件，先对这些零部件的可靠度进行分析，然后深入探讨整个系统及整个产品的整体可靠度，即系统的可靠度。组件的可靠度分析方法，换言之，就是统计分析，对于系统可靠度的分析，比较复杂，可采取的方法主要有以下 4 种：①按相对故障率分配可靠度；②按技术水平、任务情况等的综合指标分配可靠度；③按复杂程度分配可靠度；④按重要程度分配可靠度。

2. 可维修性

可维修性是指产品经有一定技能的人员利用可获得的资源、在规定的时间内按规定的程度和维修保养级别进行维修后，保持或恢复到规定状态的能力。

可维修性的量度可以通过可用维修时间等指标来分析，如预防维修时间中值、平均预防维修时间、修复时间最大值、维修停机时间率、单个故障排除时间等。产品在设计时经常把很多重要指标作为设计参数，从而达到更高的可维修性。

在产品的设计过程中，强调可靠性可以降低产品出现故障的频率，但是不能确定产品在出现故障之后能不能修好或多大代价才能修好、需花多长时间。可维修性高的产品，可以在比较短的时间内、用较少的资源和费用，通过维修使产品的可靠度大大提升。

3. 故障率

故障率是指某产品在某时刻工作尚未发生故障，在该时刻后单位时间内发生故障的概率。一般记为 λ，它也是时间 t 的函数，同时也记为 $\lambda(t)$，称为故障率函数。根据上述定义，故障率是某产品在某一时刻 t 尚未发生故障但该产品在 $t+\Delta t$ 的单位时间内发生故障的概率。

实践证明，大部分设备的故障率是有关时间的函数，故障率曲线也称为"浴盆曲线"。

故障率曲线的横坐标为产品的使用时间，纵坐标为故障率，该曲线的形状为两头较高，中间较低，其形状类似浴盆，故称为"浴盆曲线"，故障率曲线的变化随使用时间变化分为 3 个阶段：初期故障期、偶然故障期和耗损故障期。图 9-1 为典型的故障率曲线。

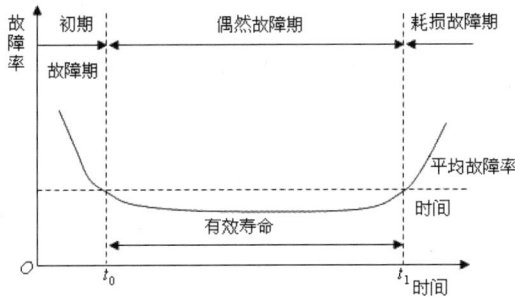

图 9-1　典型的故障率曲线

初期故障期，此阶段的故障率曲线为快速递减型。产品投入使用的初期，故障率比较高但是会快速下降。主要是因为在设计、运输、制造、储存的过程中形成的问题，和测试、使用不规范等人为因素所造成的问题。这些初期的故障会在后期逐渐运行正常，故障率就会保持平稳，到 t_0 时故障率曲线已开始变得平稳。t_0 以前称为初期故障期，针对初期发生故障的原因，应该尽量寻找合适的方法降低该产品发生故障的概率，争取将故障率降到最低。

偶然故障期，此阶段的故障率曲线为稳定型，即 $t_0 \sim t_1$ 间的故障率近似为一个不变的常数。故障的发生主要是因为预料之外的产品负担过重、操作失误、自然灾害及一些未知的不可预测的因素造成的。由于发生故障的原因大多是偶然间发生的，故称为偶然故障期。

耗损故障期，此阶段的故障率曲线为快速递增型。在 t_1 以后产品发生故障的概率上升得较快，这是由于产品已经出现腐蚀、生锈、老化、磨损等问题造成的，所以称为耗损故障期。对于耗损故障产生的原因，应该多注意对产品定期检查、实时监控，做好提前维修的准备，使故障率不再上升。

4. 置信度与置信水平

置信度是指对抽取的样本进行分析，在对总体的数据进行估计的时候，由于样本的随机特性，总体数据的结论也具有不确定性。因此，运用一种新的概率统计方法，即数理统计中的区间估计法，使得估计值在一定的误差区间内，得到的这个相应的概率就称为置信度。

置信水平表示样本的统计值的准确程度，是指样本所统计的数值落在参数值某个区间内的概率。置信区间是指在某一置信水平下，样本统计值与总体参数值之间造成误差的范围。置信区间越大，表示置信水平越高。图 9-2 所示为简单的置信区间图。

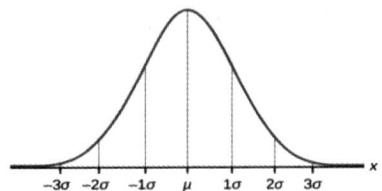

图 9-2　简单的置信区间图

5. 平均寿命

平均寿命（Mean Life）是指产品寿命的平均值，即产品在丧失规定功能前的平均工作时间。对于可以修复的产品或系统，平均寿命是指平均无故障工作时间（Mean Time Between Failure，MTBF），即对于可以修复的产品中的一个或多个产品在它的使用寿命期内某个观察期间，累积工作时间与故障次数之比。

对于不可修复的产品或系统，平均寿命是指平均修复时间（Mean Time To Repair，MTTR），即产品发生故障前的平均工作或储存时间。

6. 可靠寿命

在已知产品可靠度的前提下求出的产品相应的工作时间，称为可靠寿命。

例如，可靠度为 $R=0.88$，其对应工作时间记作 $t(0.88)$，即可靠寿命。在可靠度未知的情况下，只要其对应工作时间小于 $t(0.88)$，则产品的可靠度就会小于 88% 的给定值，就可能出现产品故障率更高的情况。图 9-3 所示为某高速钢丝锥的可靠寿命。

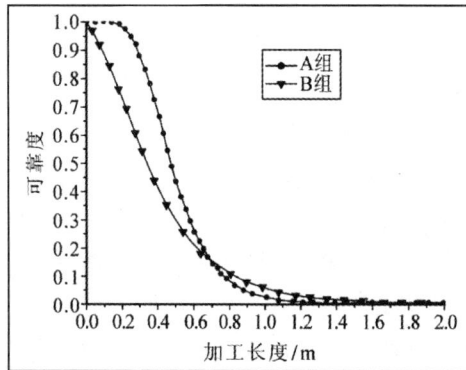

图 9-3　某高速钢丝锥的可靠寿命

7. 可靠性增长

通常来说，为了了解设计是否正确，以及在设计中运用的模型和分析工具是否有效，必须要进行大量的试验来保证结果的准确性。可靠性增长试验的主要工作在于研制各种统计模型，从而使得计划和跟踪经过试验取得可靠性增长。在试验费用比较高的情况下，应该把更多的精力放在可靠性增长试验过程及制作好的模型上。

过去，用一系列试验作为专门的可靠性增长试验，对试验中出现的问题进行分析，并找到修改方案阻止或延缓问题再次出现。试验必须在有限的时间内用有限的资源完成，因为一个开发项目还要经过大量的开发试验，包括环境、功能和验证试验等其他开发试验。通常情况下，可靠性增长试验过程也包含着对这些开发试验中出现的故障进行的分析，可靠性增长试验过程往往取决于故障问题来源的发现和及时修正。在准确快速地收集数据，并对产生的故障进行全面分析的前提下，所有类型的试验都将是故障信息收集分析的潜在来源。对于开发试验和可靠性增长试验来说，分析各种开发试验中的各种故障，检查设计中使用的各种模型是非常重要的。

8. 保障性

保障性是装备系统的固有属性，它包括两方面含义，即与装备保障有关的设计特性、保障资源的充足和适用程度。

保障性的定量要求通常以与装备完好性相关的指标提出，如使用可用度、能执行任务率、出动架次率、再次出动准备时间等。装备保障资源方面的定量要求包括保障设备利用率、保障设备满足率、备件利用率、备件满足率、人员培训率等。

9. 可用性

可用性是在某个考察期间，系统可以正常运行的概率或时间占有率的期望值。考察时间为指定瞬间时，称为瞬时可用性；考察时间为指定的时段时，称为时段可用性；考察时间为连续使用期间的任一时刻时，称为固有可用性。可用性是用来评价设备或系统在投入使用后实际的使用效能，是设备或系统的可靠度、可维修性的一种综合特性。

可用性是交互式系统的重要的质量评价指标，是客户主观的对产品的高效、易学、好记、少错和令人满意的特点的感受，也就是用户能否用该设备实现其自身的目的、效率如何、主观感受如何，根本上来说上是从用户角度来看待产品质量的，这是产品竞争力的核心。

10. 可信性

可信性是一个集合性术语，用来表示可用性和其他的影响因素：可靠性、可维修性、保障性。它仅用于非定量条款中的一般性描述。这个概念是随着科学技术的发展及军事技术的发展，不断进化完善发展而来的。

9.2　可靠性管理

9.2.1　可靠性管理概述

1. 可靠性管理基本概念

可靠性管理指的是为确定和达到要求的产品可靠性特性所需要的各项管理活动的总称。它从系统的角度出发，通过制订、实施一项科学的计划，组织、控制和监督可靠性活动的顺利展开，在利用最少的资源的情况下实现用户所要求的产品可靠性。

可靠性是产品在使用中展现出来的一种性质，是通过一系列工程活动设计、制造到产品中去的，这些工作的顺利实施需要恰当的组织和管理。

可靠性管理除了是重要的保证技术，还是企业中一项非常重要的经营决策，有利于大大提高企业成员的综合素质，提升企业的可靠性管理水平，企业中一整套以可靠性为重点的质量管理制度的形成将大大提高企业成员的可靠性素质及企业的生产效率，是企业持续生产可靠性产品的强大力量。

在产品设计、制造到使用的所有过程中，进行科学化管理，对提高和保证产品的可靠性非常重要。可靠性管理是质量管理的主要内容之一。

可靠性管理是为保证产品质量所采取的各项技术组织措施，是产品质量管理的组成部分。可靠性管理包括以下几个方面。

（1）可靠性计划。可靠性计划是指降低产品在使用过程中的寿命周期总费用、保证产品达到特定要求的可靠性标准、提供重要的可靠性信息管理的全部工作计划。它控制着产品成本和生产进度。其主要内容包括可靠性工程工作和不同阶段产品可靠性评估工作的安排。可靠性工程的重中之重在于预防、发现和改善可靠性薄弱环节，其中包含设计不当，元件、器件、材料和工艺不合格等方面。

（2）可靠性分配。可靠性分配是指在产品设计阶段，将系统规定的可靠性指标合理地分配给组成系统的各部件的过程。可靠性分配结果是可靠性预测的依据和目标，可靠性预计相对结果是可靠性分配与指标调整的基础。可靠性分配是一个维持系统之间平衡的过程，为了达到系统优化设计的目的，还要考虑其他约束条件，如实用性等。在可靠性分配的过程中，要考虑根据现实要求对上述原则进行适当的修改，尤其是对于约束条件的管理，可以根据不同的要求制定不同的分配原则。

（3）可靠性试验。为了了解、评价、分析和提升产品的可靠性，进行的各种试验称为可靠性试验。可靠性试验的目的在于发现产品在设计、制造，以及材料和工艺等各个过程中存在的问题，通过分析和改进，使产品的可靠性可以逐步增强，从而达到一个较高的可靠性水平。

（4）可靠性评价。可靠性评价是指对现有系统或系统组成部分的可靠性所达到的水平进行分析和确认的过程。

（5）可靠性验证。由生产方与使用方以外的第三方，通过对生产方的可靠性组织、管理和产品技术文件及对产品可靠性试验结论进行审查，以验证产品是否达到规定的质量标准。

2. 可靠性管理的职责

（1）计划。开展可靠性管理，首先要分析确定目标，选择达到可靠性要求必须进行的一组可靠性工作，制定每项工作实施要求，估计完成这些工作所需的资源。目标的建立主要是指企业的目标制定、分解过程。由于企业目标体系是目标管理的依据，因此这一阶段是保证目标管理有效实施的前提和保证。从内容上看，企业目标首先要明确企业的目的和宗旨，并结合企业内外环境决定一定期限内的工作具体目标。

（2）组织。组织职能是指管理者根据既定目标，对组织中的各种要素及人们之间的相互关系进行合理安排的全过程，即建立组织的物质结构和社会结构，确定可靠性工作的总负责人和建立相应的可靠性管理机构，确定相关的可靠性工作人员。

（3）领导。领导职能是指管理者为组织内部各个职位领域配备合适的工作人员，包括人才选拔、培训、考评等，同时可将对人员的配置扩展为选人、用人、评人、育人、留人等多个方面，通过激励和引导组织成员来使他们与组织目标共进退，为实现组织目标做贡献。为了提高领导职能的工作效率，管理者要清楚个人和组织的行为特征、激励员工及进行有效沟通等各种能力，只有运用高效的领导能力，组织目标才有可能顺利实现。

图 9-4　可靠性管理的职责

（4）控制。在计划执行过程中，因为工作环境的变化和其他外部因素的影响，可能会导致人们的生产活动，以及日常的行为与组织的要求或对未来的各种期望出现偏差。为了实现组织成员能够根据原定的计划继续进行生产活动，管理者需要对组织绩效进行实时监控，对比实际工作绩效与预先设定的标准，同时运用已有的标准衡量实际的工作绩效，寻找偏差及其产生偏差的原因，制定相应的措施并及时纠正，这个过程就是执行管理的控制职能的全过程。

3. 可靠性管理的总目标

产品在设计时要考虑可靠性设计目标，在制造过程中要保证产品可靠性的实现，在使用过程中继续完善产品的可靠性水平。可靠性管理涉及的范围很广，它除了直接与产品的设计部门、生产制造部门、质量管理部门等进行沟通，还跟管理部门、人事部门、采购部门和供应部门等有重要的联系。

4．可靠性工作计划及内容

企业应有可靠性工作计划。该计划主要包括以下内容。

（1）完善企业的可靠性保证体系。

（2）实施企业的可靠性教育计划。

（3）提高企业主导的产品可靠性水平的实施情况。

（4）可靠性设计标准文件的编制。

（5）协调各业务部门之间的可靠性工作计划。

（6）在设备、技术、生产和原材料的供应等方面采取的计划。

（7）企业可靠性评价和考核。

（8）对产品的使用可靠性进行数据收集、现场调研及产品质量的改进。

（9）分析国内外同类先进产品的可靠性指标，与本企业产品的可靠性指标进行对比，找出差距，制订相应的改进计划。

5．可靠性管理的意义

美国著名质量管理专家朱兰曾说过，"质量是 21 世纪的核心。"全世界商业领域的质量管理专家和管理者都非常赞同这一论断。企业只有向市场提供高质量的产品和服务，才能在当前的市场中站稳脚跟，从而获得更多的利润，为企业开拓更广阔的市场提供持续的资金支持。因此，质量是每个企业都必须关注的重要内容。从产品的角度来看，任何产品的设计和制造都是为了满足用户的需求。可靠性是产品质量的一个重要方面。确保产品的可靠性是为了防止在预定的使用寿命内出现随机故障。

质量管理和可靠性管理的宗旨始终如一。可靠性管理属于质量管理体系，可靠性管理是质量管理的重要组成部分，两者相辅相成。产品质量性能的好坏，产品的可靠性决定了产品性能保持时间的长短。用户更喜欢可靠性高的产品。毕竟，产品的可靠性越高，质量就越好。21 世纪，质量管理进入了一个新的阶段。质量管理新阶段的一个重要标志是在传统性能指标的基础上增加了可靠性、可维护性、周期性、成长性、可用性和可支持性。因此，可靠性管理和质量管理相辅相成，不可分割。可靠性管理在许多可靠性活动和整个质量管理体系中处于领先和核心地位。在可靠性管理和质量管理的理论和应用上，只有建立以可靠性管理为核心的质量保证体系，才能实现质量管理体系更加完善的目标。

可靠性管理贯穿于产品的整个生命周期，如设计、生产、制造、使用、维修和维护。可靠性是质量的本质。质量管理包括可靠性管理，但质量管理不能取代可靠性管理。可靠性管理是现代质量管理体系的核心，在质量管理中起着决定性的作用。只有正确认识可靠性的重要性，才能有效提高产品质量，进一步提升质量管理水平。

9.2.2　可靠性大纲

1．可靠性大纲基本概念

可靠性大纲是为了保证产品质量满足规定的可靠性要求而制定的文件，其中包括可靠性工作项目、工作程序，组织机构、职责及资源等。可靠性大纲是产品在研制过程中全部可靠性工作的总体规划，包括可靠性目标要求、必须进行的各项工作及实施要求，是一份纲领性文件。其内容主要有以下几点：所研制或改进产品的可靠性目标要求；实现可靠性要求所需的工作项目；实施可靠性工作的保证措施，包括组织机构及其职责等；实施可靠性工作所需的资源等其他内容。

2．可靠性大纲的制订

可靠性工作计划是为了实现可靠性大纲中规定的各项目标和任务而制订的重要的实施计划。主要的工作任务有：完成可靠性工作项目；完善可靠性工作报告制度；引用有关文件与资料；确定各工作项目的责任单位、人员的分工；完成各项目的进度、工作量、具体措施及工作进度；协调与其他专业工作的关系；可靠性信息的收集、传递和分析等其他内容。

3．可靠性大纲监督与控制的步骤

（1）制订可靠性工作计划。

根据可靠性大纲的要求进行计划的制订，按年度、季度制订具体的、周期性的可靠性工作计划。

（2）对转承包商的监督与控制。

① 以甲方的身份对转承包商的可靠性工作提出要求；

② 落实可靠性、可靠性大纲和验收交付中的各项要求；

③ 贯彻总体单位的规范要求等；

④ 按阶段监控、控制。

（3）可靠性（大纲）评审。

组织各系统的评价组织对可靠性工作的成果，进行阶段性、最终的评审、分析、研究并做出结论。

（4）建立 FRACAS。

建立故障分析、报告、纠正系统，及时发现故障、解决故障。

（5）建立故障审查委员会。

承制方在研制期间设立故障审查组织，对故障报告、分析和纠正活动进行监测，以保证故障分析的完全性和措施纠正的准确性。

9.2.3　可靠性设计

1．可靠性设计概述

可靠性设计是指根据可靠性理论与方法确定产品零部件，以及整体的结构方案和有关参数的过程。

可靠性设计的一个重要内容是可靠性预测，即利用所得的资料预报零部件或系统实际可能达到的可靠性，预报这些零部件或系统在规定的条件下和在规定时间内完成规定功能的概率大小。在产品设计的初期阶段及时完成可靠性预测工作可以了解产品各零部件之间可靠性的相互关系，找出提高产品可靠性的有效途径。

2．可靠性设计的原则

（1）设计方案在选择时尽量避免成熟度不高的新系统和零部件，尽量采用已经标准化的零部件和成熟的技术。

（2）简化结构，削减零部件。

（3）考虑功能零部件的可接近性，运用模块结构等保证产品的可维修性。

（4）设置故障监测和诊断装置。

（5）采用功能并联、冗余等技术。

（6）考虑零部件的可互换性。

（7）对防误操作的设计。

（8）可靠性确认试验。

3．可靠性设计辅助措施

为了保证产品设计时能充分地预测和预防故障的发生，需要把经常出现的故障经验设计到产品中，所以必须要帮助产品的设计人员完全掌握充分的故障情报资料和设计依据。通常采取以下具体措施。

（1）可靠性检查表，从可靠性观点出发，列出设计中应该重点考虑的问题。在设计的过程中逐项检查并考虑预防措施。

（2）采用 FMEA（故障模式及影响分析）、FTA（故障树分析）等分析方法。故障模式及影响分析和故障树分析是可靠性分析的常用方法。故障模式及影响分析是一种从零部件的故障模式开始分析，评价它对系统发生故障的影响程度的大小，从而确定关键的零部件及其故障模式的分析方法。故障树分析是一种从系统故障开始分析，最终确定基本零部件的故障原因的分析方法。这两种方法在国外产品设计过程中起着十分重要的作用，作为设计的技术标准资料，它们收集总结了该种产品所有可能预料到的故障模式和原因。设计者可以较直观地看到设计中存在的问题。

（3）故障事例集。把过去在技术上的失败案例和改进的措施做成手册，供设计者可以随时参考。一般用简图来表示，把发生故障的产品和改进后的产品作对比，并对故障产生的原因、解决的具体措施进行简单说明。

（4）数据库。广泛地收集设计和制造过程中的失败教训和改进经验，试验和实际用的数据形成检索系统和数据库，使设计者可以充分利用别人的设计成果及经验教训，设计出全新的、故障率更低的产品。

（5）设计、试验规范的不断改善。把从实践过程中吸取的故障教训应用到设计、试验方法的改进中，把这些改进成果作为产品设计规范和试验标准的重要改进依据，使它们成为设计技术的重要组成部分。

4．通用的可靠性设计分析方法

1）明确可靠性要求

定性要求：用一种非量化的形式来设计、分析以评估和保证产品的可靠性。

定量要求：规定产品的可靠性指标和相应的验证方法，即选择和确定产品的故障定义和判据、可靠性指标，以及验证时机和验证方法，以便在研制过程中用量化的方法来评价和控制产品的可靠性水平。

常用的可靠性定性设计分析项目表如表 9-1 所示。

表 9-1　常用的可靠性定性设计分析项目表

定性设计分析项目名称	目　　的
制定和贯彻可靠性设计准则	将同类产品的成熟经验和失败教训以设计指令的形式要求设计人员贯彻落实
进行故障模式及影响（危害度）分析	检查系统可能发生的故障，并提出相应的措施

续表

定性设计分析项目名称	目　的
进行故障树分析	分析造成产品故障的各种原因，发现设计中容易出现的问题，提出改进措施
确定关键件和重要件	在故障模式及影响分析的基础上，确定少数的关键件和重要件，提出更详尽的质量控制要求，把有限的资源用于关键部位
进行设计评审	在产品研制的各个阶段，对可靠性工作计划和实施情况进行有效的监督和控制

2）故障模式及影响（危害度）分析

对产品的每个组成部分可能存在的故障模式进行分析，可以找到每个故障模式对产品组成部分的影响，同时也可以确定对应故障发生的概率和发生危害的危害度等级。

故障模式及影响分析表如表 9-2 所示。

表 9-2　故障模式及影响分析表

序号	设备识别代码	名称	功能	故障模式	故障原因	局部影响	最终影响	危害度等级	故障检测方法	故障发生概率	建议改进措施	负责部门
填写说明	分析识别号	分析各子系统名称	分析对象功能	故障表现形式	设想的故障原因	对自身和上一级的影响	对系统的影响	见表 9-3	检测方法或按方法难度分级	按统计数据分类	提出改进措施	负责改进部门

危害度等级举例如表 9-3 所示。

表 9-3　危害度等级举例

危害度等级	危 害 状 态
IV	可能使主要系统丧失功能，从而导致系统或其环境的重大损坏的潜在原因或造成人身伤亡潜在原因的任何事件
III	可能使主要系统丧失功能，从而导致该系统或其环境的重大损失的潜在原因，而又几乎不危及人身安全的任何事件
II	造成系统功能、性能退化而对系统或人员的生命或肢体没有可感觉的损伤的任何事件
I	可能成为系统功能、性能退化的原因而对系统或其环境几乎无损坏、对人身安全无损害的任何事件

3）确定可靠性关键件和重要件

确定可靠性关键件和重要件的原则如下。

① 发生故障会导致人员伤亡、财产严重损失的产品。

② 从寿命周期费用来说是昂贵的产品。

③ 只要发生故障就会引起系统故障的产品。

④ 严重影响系统可用性，增加维修费用和备件数量的产品。

⑤ 难以采购的或用新工艺制造的产品。

⑥ 需进行特殊处理、储存或防护的产品。

4）设计评审

对设计评审的主要要求如下。

① 充分做好评审前的准备工作。评审主管单位应确定评审组成员，与设计单位拟定评

审大纲和评审检查清单，确定应提交评审的所有文件资料。

② 评审组成员应有足够的时间审阅有关的文件和资料，并切实按评审检查清单逐项予以评审，实事求是地给予评价。

③ 对评审中提出的问题，产品设计单位应制定相应措施，限期改进。

5）建立故障报告、分析和纠正措施系统

故障报告、分析和纠正措施系统是利用"信息反馈，闭环控制"的原理，通过一套规范化的程序，使发生的产品故障能得到及时的报告和纠正，从而实现产品可靠性的增长，达到对产品可靠性和维修性的预期要求，防止故障再现。GJB 450—1988 和 GJB 841—1990 中规定：建立 FRACAS 的目的是要及时报告产品的故障，分析故障原因，制定和实施有效的纠正措施，以防止故障再现，改善其可靠性和维修性。建立 FRACAS 系统的要点如下。

① 建立 FRACAS 系统的组织机构，质量部门和技术部门均应有专责人员负责此项工作。

② 制定产品的 FRACAS 系统工作规范，并按规范执行，关键故障能及时得到纠正。

③ 应有齐全、完整的文档记录。

④ 纠正措施的有效性应经试验确认。

9.3 系统可靠性模型

系统一般是指一组相关的个体，它们能够按照预先安排好的规则完成单个部件无法单独完成的工作。系统分为自然系统和人为系统。相互关联的个体的集合称为一个系统。随着科学技术的发展，系统的复杂性越来越高，系统越复杂，发生故障的可能性就越大。

随着现代科学技术的发展，系统变得越来越复杂，其失效概率也越来越高。为了保证系统的高可靠性，对产品组件的可靠性要求越来越高。系统本身非常昂贵，系统故障会造成严重的损失甚至严重的后果。因此，应重视系统可靠性的研究，建立系统、子系统或设备的可靠性模型，以便对产品可靠性进行分析、定量分配、评估和评价。

可靠性模型是基于系统可靠性框图和为预测或估计产品可靠性而建立的数学模型，也称为可靠性逻辑框图及其数学模型。了解系统中各部分（或单元）的功能及其相互关系，以及它们对整个系统的影响具有重要意义。由于可靠性框图，系统中每个功能单元的功能和它们之间的关系可以被精确地表达。可靠性框图应与系统的工作原理图相协调。系统的工作原理图代表系统各单元或子系统之间的物理关系，可靠性框图代表系统各子系统或单元的功能关系。

9.3.1 可靠性框图

在明确任务周期与子系统之间关系的基础上，我们可以直观地表达出每个子系统的可靠性。可靠性框图是从可靠性角度看系统和组件之间的逻辑图。它是系统单元及其可靠性意义上的连接关系的图形表示，表示单元的正常或故障状态对系统状态的影响。

可靠性框图是对系统可用性和可靠性进行建模的代表性图形和计算工具。可靠性框图的结构定义了系统中每个故障的逻辑交互，但不一定是每个故障的逻辑连接和物理连接。每个块可以代表一个组件故障、子系统故障或其他具有代表性的故障。可靠性框图可以表示整个系统，也可以表示系统中故障分析、可靠性分析或可用性分析的任何子集或组合。它还可以用作分析工具，显示系统的每个组件如何工作，以及每个组件如何影响整个系统的操作。

对于特定的系统，可靠性框图的结构形式取决于该系统可靠性的定义。例如，对于一个简单的双重开关，其可靠性框图如图 9-5（a）所示。如果关心的是需要时该电路能接通，这就要求只有两个开关都处于接通状态，整个开关连接的电路才能接通，如果两个开关中只要有一个不能接通，那么整个电路也就不能接通，因此在这种情况下，其可靠性逻辑关系呈串联形式，其可靠性框图如图 9-5（b）所示。如果关心的是需要时电路断开，那么只要两个开关中的一个断开整个电路也就断开了，因此在这种情况下，其可靠性逻辑关系呈并联形式，其可靠性框图如图 9-5（c）所示。

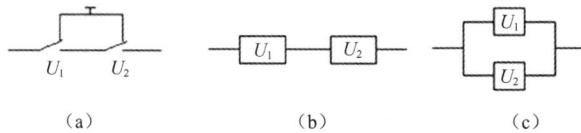

（a）　　　　　（b）　　　　　（c）

图 9-5　可靠性框图

9.3.2　串联系统模型

1．串联系统的定义

系统中任何一个单元出现故障，系统就出现故障，或者系统中每个单元都正常工作，系统才能完成其规定的功能，则称该系统为串联系统，其可靠性框图如图 9-6 所示。

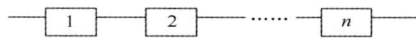

图 9-6　串联系统的可靠性框图

2．串联系统的可靠度

由于串联系统中所有单元都正常工作时，系统才能正常工作，因此事件 U 只有 $U_1, U_2, \cdots, U_n$ 事件同时发生时才能发生，即

$$U = U_1 \bigcap U_2 \bigcap \cdots \bigcap U_n \tag{9.2}$$

根据概率计算的基本规则，可得串联系统中可靠度的表达式为

$$R_S = P(U) = P(U_1 \bigcap U_2 \bigcap \cdots \bigcap U_n) \tag{9.3}$$

式中，R_S 为系统的可靠度，$P(U)$ 为系统正常工作时的概率。

如果系统中各子系统或各单元之间是相互独立的，则

$$R_S = \prod_{i=1}^{n} P(U_i) = \prod_{i=1}^{n} R_i \tag{9.4}$$

常用的可靠性乘积法则：串联系统的可靠度等于各独立子系统的可靠度的乘积。若子系统或单元可靠度是时间 t 的函数，则

$$R_S(t) = \prod_{i=1}^{n} R_i(t) \tag{9.5}$$

从式（9.5）可知，系统的可靠度小于或最多等于各个串联单元可靠度的最小值，系统串联的子系统越多，系统可靠度就越低。

9.3.3　并联系统模型

1．并联系统的定义

只有当所有单元都出现故障，系统才丧失其规定功能，或者只要有一个单元正常工作，系统就能完成其规定的功能，这种系统称为并联系统。只要有一个子系统或单元正常工作，并联系统就能正常工作，因此并联系统的可靠度大于或等于各个并联子系统可靠度的最大值，对于可靠度较低的单元可采用并联方法提高系统的可靠度。

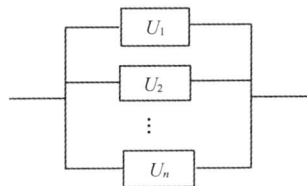

图 9-7　并联系统的可靠性框图

2．并联模型的可靠度

设系统的不可靠度为 F_S，即各子系统或单元都不工作时，系统也就不工作，则

$$F_S = P(\overline{U_1} \cap \overline{U_2} \cap \cdots \cap \overline{U_n}) \tag{9.6}$$

式中，$\overline{U}$ 是事件 U 的对立事件。如果各子系统或单元之间是相互独立的，则

$$F_S = P(\overline{U_1})P(\overline{U_2})\cdots P(\overline{U_n}) = \prod_{i=1}^{n}(1-R_i) \tag{9.7}$$

式中，R_i 表示事件 U 发生的可靠度。于是得到系统的可靠度计算公式为

$$R_S = 1 - F_S = 1 - \prod_{i=1}^{n}(1-R_i) \tag{9.8}$$

若子系统或单元可靠度是时间 t 的函数，则

$$R_S(t) = 1 - F_S(t) = 1 - \prod_{i=1}^{n}[1-R_i(t)] \tag{9.9}$$

由式（9.9）可知，对于并联系统，系统可靠度在数值上大于各个零部件的可靠度，并且随着组成系统并联零部件数目的增大而增大。

提高并联系统可靠度，主要有以下三点：①提高单元可靠度，即减小故障率；②增加并联单元数目；③等效地缩短任务时间。

并联系统模型的可靠度具有以下特点：并联系统的失效概率小于各单元的失效概率；并联系统的平均寿命高于各单元的平均寿命；并联系统的可靠度大于单元可靠度的最大值；如果并联系统的单元服从指数分布，但系统不服从指数寿命分布；随着单元数的增加，系统不遵循指数寿命分布；随着系统可靠度的增加，系统的平均寿命也随之增加，但随着单元数量的增加，新增单元对系统可靠度和寿命提高的贡献越来越小。

9.3.4　串-并联混合模型

1．串-并联混合系统的定义

把若干个串联系统或并联系统重复地加以串联或并联，得到更复杂的可靠性模型，该模型称为串-并联混合系统。如图 9-8 所示，它是三个并联子系统再串联起来组成的一个简单的串-并联混合系统。

2．串-并联混合模型的可靠度

串-并联混合模型是基本串联和并联系统组合，对于其可靠度的计算，可以连续地用串联和并联的基本公式来分析计算。例如，计算可靠度时，先计算并联子系统的等效可靠度，然后按照串联系统的可靠度计算方法用该等效可靠度来计算整个系统的可靠度。

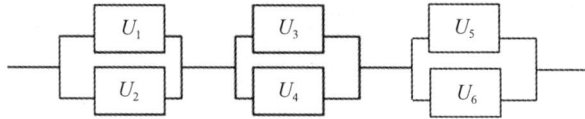

图 9-8   串–并联混合系统可靠性框图

9.3.5 复杂系统模型

一些复杂系统不是由简单的串并联子系统组成的，因此不能通过串并联可靠度来计算系统的可靠度。对于复杂系统的可靠度计算，常用状态枚举法（或真值表法）和全概率公式法（或分解法）。

状态枚举法的原理：将系统中每个子系统或单元的两个状态的所有可能情况逐一排列。列出的每种情况都是一种状态，判断相应的系统状态是故障状态还是完好状态，然后计算出各种状态故障或完好的概率，最后累加得到系统故障或完好的概率。若一个系统有 n 个子系统或单元，而每个子系统或单元都有两种状态，即完好和故障，那么系统就有 2^n 个状态，并且每个状态是互不相容的。

全概率公式是概率论中的一个重要公式。它将求解复杂事件概率的问题转化为求解不同情况下简单事件概率的问题；它在概率论的计算中起着重要的作用；它为计算复杂事件的概率提供了一种有效的方法，使复杂事件概率的计算变得简单和复杂。

9.4 可靠性分析方法

可靠性分析是研究系统可靠性的重要方法，在一定条件下可以使系统可靠性最大化。可靠性是指系统能够正常工作的可能性。可靠性分析方法主要包括以下三个方面：一是可靠性寿命试验，解决办法是如何提高每个部件或组件的工作可靠性，并进行寿命试验以找到更好的配方或工艺；二是可靠性维护，它是解决系统可靠性和研究维护的一种方法；三是对系统可靠性进行计算，主要解决改进系统结构的问题，从而提高系统的可靠性，或者提出部件或系统的可靠性指标。常用的分析方法包括：故障模式、故障影响和危害分析，故障树分析，事件树分析。

9.4.1 故障模式、故障影响和危害度分析

1. FMECA 的定义

故障模式、故障影响和危害度分析（FMECA）是一种归纳分析方法。它分析系统中每个产品的所有可能失效模式及对系统的所有可能影响，并根据其严重程度和发生概率对每个失效模式进行分类。FMECA 针对产品所有可能的故障，通过对故障模式的分析，确定每种故障模式对产品工作的影响，找出单点故障，并根据故障模式的严重程度和发生概率确定其危害度。所谓单点故障，是指导致产品故障的局部故障，它没有多余的或替代的工序作为补救。FMECA 包括故障模式及影响分析和危害度分析。

2．FMECA 的目的

从产品设计（功能设计、硬件设计、软件设计）、生产（生产可行性分析、工艺设计、生产设备设计与使用）和产品使用角度发现各种影响产品可靠性的缺陷和薄弱环节，为提高产品的质量和可靠性水平提供改进依据。

3．FMECA 的作用

（1）保证有组织地定性找出系统的所有可能的故障模式及其影响，进而采取相应的措施。

（2）为制定重点项目和单点故障的清单提供定性依据；为制定测试大纲提供定性信息；提供可靠性设计的定性信息，以确定更换零件和部件的清单；提供定性信息，确定需要注意质量和过程控制的薄弱环节列表。

（3）可及早发现设计、工艺中的各种缺陷。

（4）为可靠性（R）、维修性（M）、安全性（S）、测试性（T）和保障性（S）工作提供一种定性依据。

4．产品寿命周期各阶段的 FMECA 方法

产品寿命周期各阶段的 FMECA 方法如表 9-4 所示。

表 9-4　产品寿命周期各阶段的 FMECA 方法

	论证与方案阶段	工程研制阶段	生 产 阶 段	使 用 阶 段
方法	功能 FMECA	硬件 FMECA 软件 FMECA 损坏模式影响分析	过程 FMECA	统计 FMECA
目的	分析研究系统功能设计的缺陷与薄弱环节，为系统功能设计的改进和方案的权衡提供依据	分析研究系统硬件、软件设计的缺陷与薄弱环节，为系统的硬件、软件设计改进和保障性分析提供依据	分析研究所设计的生产工艺过程的缺陷和薄弱环节及其对产品的影响，为生产工艺的设计改进提供依据	分析研究产品使用过程中实际发生的故障、原因及其影响，为提供产品使用可靠性和进行产品的改进、改型或新产品的研制提供依据

5．FMECA 方法分类

FMECA 方法分类如图 9-9 所示。

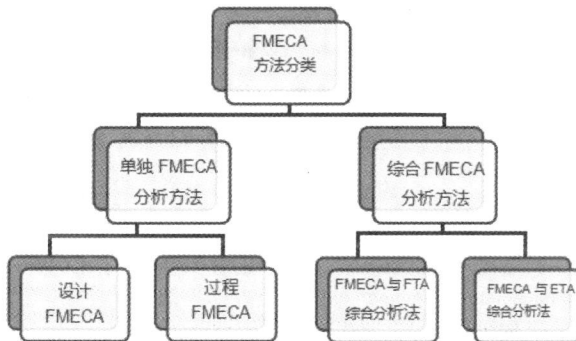

图 9-9　FMECA 方法分类

6. FMECA 的分析步骤

FMECA 的分析步骤主要分为系统定义、故障模式及影响分析（FMEA）和危害度分析（CA）三个步骤。

1）系统定义

（1）明确分析范围。

根据系统的复杂程度、重要程度、技术成熟性、分析工作的进度、费用约束条件及所需要的结果确定系统中进行 FMECA 的产品范围。

（2）系统任务分析和功能分析。

描述系统的任务要求及系统在完成各种功能任务时所处的环境条件；分析明确系统中的产品在完成不同的任务时所应具备的功能、工作方法及工作时间等。

（3）确定故障判据。

制定系统及产品的故障判据，选择 FMECA 等方法。

2）故障模式及影响分析（FMEA）

（1）FMEA 实施的步骤。

① 根据设计文件，弄清所有部件、零件、接口的工作参数及其功能，从各方面全面确定产品的定义，并按重要度递减的原则分别考虑产品的每一种工作模式（工作状态）。

② 针对每一种工作模式分别画出系统的功能原理图和可靠性框图。

③ 确定分析的范围，列出每一个部件、零件与接口明显和潜在的故障模式、发生的原因与影响。

④ 按可能的最坏结果评定每一种故障模式的危害度级别。

⑤ 研究检测每一种故障模式的方法。

⑥ 针对各种故障模式，找出故障原因，提出可能的补救措施或预防措施。

⑦ 提出修改设计或采取其他措施的建议，同时指出设计更改或其他措施对各方面的影响。

⑧ 写出分析报告，总结设计上无法改正的问题，并说明预防故障或控制故障危险性的必要措施。

（2）FMEA 的用途。

在设计管理上，FMEA 的用途如下。

① 在建立系统可靠性模型时要与 FMEA 相结合，FMEA 与产品和线路应力分析相结合，是可靠性预测、分配和评定时的一项原始资料。

② 在系统设计方案对比选择中，FMEA 是评定设计方案的一种手段。为了指定满足产品目的要求而最可靠的设计方案需修改设计时，FMEA 是修改设计的依据。

③ 在设计评审、质量复查和事故预测等活动中，FMEA 是依据和证明，也是评审和复查的对象。

FMEA 在其他方面的用途如下。

① 在安排测试点、制造和质量控制、实验计划和其他有关工作汇总中作为一种依据（判别标准）。

② FMEA 的主要作用在于预防故障，但它在实验、测试和试验中又是一种有效的故障诊断工具；为制定故障检测程序和设计内部诊断装置建立基础。

③ 与试验结果和产品故障报告一起对可靠性验证结果进行定性评定。

④ 是故障危害度分析之前的第一步，是进行可维修性分析、事故预测分析的原始资料。

3）危害度分析（CA）

危害度分析的目的是按每一故障模式的严重程度及该故障模式发生的概率所产生的综合影响对系统中的产品进行分类，以便全面评价系统中各种可能出现的产品故障的影响。危害度分析是 FMEA 的补充和扩展，只有在进行 FMEA 的基础上才能进行危害度分析。危害度分析常用的方法有两种，即风险优先数（Risk Priority Number，PRN）法和危害矩阵法，前者主要用于汽车等民用工业领域，后者主要用于航空、航天等军用领域。

危害度数字=故障模式故障率×故障影响发生概率×工作时间（或工作次数）

危害度分析的目的是按照危害度级别及危害度数字或发生改良系的联合影响来对 FMEA 所确定的每一种故障模式进行分级。

危害度分析有定性分析和定量分析两种，计算危害度数字时为定量分析；评定发生的概率时为定性分析。

为了定量量度因设计上的错误或产品故障而造成的最坏潜在影响，规定一个危害度级别，它一般分为以下五类。

Ⅰ类——灾难性故障：引起生命、财产损失的致命故障或不符合政府法规的故障。

Ⅱ类——致命性故障：中断操作的重大故障或提供舒适性的子系统不能工作的故障，用户感到强烈不满意。但此类故障不会引起安全性后果也不违反政府法规。

Ⅲ类——严重故障：引起系统性能下降的故障，用户感觉不舒适和不满意。

Ⅳ类——轻度故障：对系统性能有轻微影响的故障，用户可能会注意到并有轻微抱怨。

Ⅴ类——轻微故障：对系统的性能不会有影响，用户注意不到的轻微故障。

7．实施 FMECA 应注意的问题

（1）强调"谁设计、谁分析"的原则。

"谁设计、谁分析"的原则，也就是产品设计人员应负责完成该产品的 FMECA 工作，可靠性专业人员应提供分析必需的技术支持。

（2）实践表明，FMECA 工作是设计工作的一部分。谁设计、谁分析、及时改进是 FMECA 的宗旨，是保证 FMECA 有效性的基础，是 FMECA 国内外工作经验的结晶。如果 FMECA 没有被产品设计师实施，必然会导致分析与设计分离，偏离了 FMECA 的初衷。

（3）重视 FMECA 的策划。

实施 FMECA 前，应对所需进行的 FMECA 活动进行完整、全面、系统的策划，尤其是对复杂大系统，更应强调 FMECA 的重要性。其重要性体现在以下几个方面。

① 结合产品开发工作，运用并行工程的原理，对所需的 FMECA 进行完整、全面、系统的规划，有助于保证 FMECA 的分析目的和有效性，从而保证 FMECA 工作与开发工作的同步和协调，避免事后补缺。

② 对于复杂的大型系统，FMECA 往往需要低层次的分析结果作为输入，对相关分析活动的策划将有助于确保高层次产品 FMECA 的实施。

③ FMECA 计划阶段预先规定的基本前提、假设、分析方法和数据将有助于不同产品等级和制造商之间的沟通和共享，确保分析结果的一致性、有效性和可比性。

（4）保证 FMECA 的实时性、规范性、有效性。

① 实时性。FMECA 工作应纳入研制工作计划、做到目的明确、管理务实；FMECA 工

作、设计工作应同步进行，将 FMECA 结果及时反馈给设计过程。

②规范性。分析应严格符合美国食品药品监督管理局计划和相关标准/文件的要求。分析中应明确一些关键概念，例如，故障检测方法是系统运行或维护时发现故障的方法；严重性是对故障模式最终影响的严重性的度量，而危险是对故障模式后果严重性发生概率的综合度量。它们是不同的概念，不能混淆。

③有效性。对分析提出的改进、补偿措施的实现予以跟踪和分析，以验证其有效性。这种过程也是积累 FMECA 工程经验的过程。

（5）FMECA 的剪裁和评审。

作为一种常用的分析工具，FMECA 可以提供可靠性、安全性、可维护性、可测试性和保障性等方面的信息，并且可以针对不同的应用目的获得不同的分析结果。各单位可以根据具体的产品特点和任务，对 FMECA 的分析步骤和内容进行补充和定制，并在相应的文件中予以明确。

（6）FMECA 的数据。

故障模式是故障模式分析的基础。获取故障模式的相关信息是确定故障模式、识别有效性的关键。如果定量分析需要故障的具体数据，这些数据除通过实验获得外，一般都是通过类似产品的历史数据统计分析获得的。重视有计划、有目的地收集和整理相关产品的故障信息，逐步建立和完善故障模式和频率比的相关故障信息库，是开展有效的故障模式识别工作的基本保证之一。

（7）FMECA 应与其他分析方法相结合。

FMECA 虽是有效的可靠性分析方法，但并非万能，它不能代替其他可靠性分析工作。应注意 FMECA 一般是静态的、单一因素的分析方法。在动态方面还很不完善，若对系统实施全面分析还需与其他分析方法（如故障树分析、事件树分析等）相结合。

9.4.2　故障树分析

1. 故障树分析概述

故障树分析（FTA）是一种自顶向下的演绎故障分析方法。它使用布尔逻辑来组合低阶事件并分析系统中的不良状态。故障树分析主要应用于安全工程和可靠性工程领域，用于了解系统故障的原因，寻找降低风险的最佳途径，或者确认某一安全事故或特定系统故障的发生率。故障树分析用于航空、航天、核电、化工过程、制药、石化等高风险行业，也用于社会服务系统故障等其他领域的风险识别。故障树分析还用于软件工程和调试，它与消除错误原因的技术密切相关。

1974 年，美国原子能委员会发表了关于核电站危险性评价报告，即"拉姆森报告"，该报告大量、有效地应用了故障树分析，从而迅速推动了故障树分析的发展。

GB 3187—1982 国家标准对故障树分析的定义是：在系统设计过程中，通过对可能造成系统故障的各种因素（包括硬件、软件、环境、人为因素）进行分析，画出逻辑框图（故障树），从而确定系统故障原因的各种可能组合方式或其发生概率，以计算系统故障概率，采取相应的纠正措施，以提高系统可靠性的一种设计分析方法。

在故障树分析中，系统的各种故障状态称为故障事件，各种完好状态称为成功事件。故障事件和成功事件简称为事件，系统中的各种事件用特定的事件符号表示。在故障树分析中，逻辑门描述每个事件时间的逻辑因果关系,过渡符号是在绘制故障逻辑树时,为了避免重复,使树结构图简洁而设置的符号。

故障树分析的一般步骤为:①选择和确定顶事件;②自上而下建造故障树;③建立故障树的数学模型;④根据故障树对系统进行可靠性的定性分析;⑤根据故障树对系统进行可靠性的定量计算。

2. 故障树分析的用途

故障树分析有以下主要目的:理解最上面的事件和下面不希望的状态之间的关系;显示系统符合系统安全/可靠性规范的程度;对最重要事件的原因进行优先排序;监控复杂系统的安全性能;最小化和优化资源需求;协助系统设计,故障树分析可以作为一个设计工具,创造输出或较低层次的模块要求;诊断工具可用于识别和纠正最重要事件的原因,并帮助创建诊断手册或诊断程序。

3. 故障树分析中的常用符号

故障树中常常使用的符号有三类:事件符号、逻辑门符号和转移符号。

1)事件符号

常用的事件符号如图 9-10 所示。

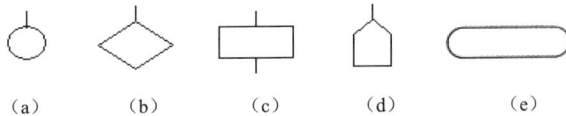

| (a) | (b) | (c) | (d) | (e) |

图 9-10　常用的事件符号

(1)基本事件。

圆形符号是故障树中的基本事件,是分析中无须探明其发生原因的事件。

(2)未探明事件。

菱形符号是故障树分析中的一个未探明的事件,即一个在原因原则上应进一步控制,但暂时没有必要或不可能找出其原因的事件。菱形符号还表示省略事件,通常指可能发生但概率很小的事件,或者到目前为止本系统不需要进一步分析的故障事件,这些故障事件在定性分析或定量计算中通常可以忽略。

(3)结果事件。

矩形符号是故障树分析中的结果事件,包含顶事件和中间事件。顶事件总是位于某个逻辑门的输出端而不是输入端;中间事件是顶事件和底事件之间的结果事件,它既是某个逻辑门的输出,同时又是别的逻辑门的输入。

(4)开关事件。

房形符号是开关事件是在正常工作条件下必然发生或必然不发生的事件。当房形中所给定的条件满足时,房形所在门的其他输入保留,否则除去。根据故障要求,开关事件可以是正常事件,也可以是故障事件。

(5)特殊事件。

特殊事件指在故障树分析中需用特殊符号表明其特殊性或引起注意的事件。

2)逻辑门符号

常用的逻辑门符号如图 9-11 所示。

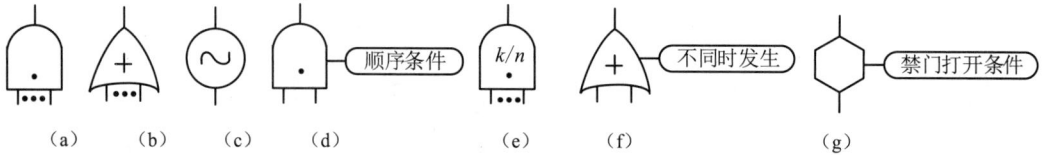

图 9-11 常用的逻辑门符号

（1）与门。只有所有输入事件全部同时发生时，输出事件才会发生。

（2）或门。输入事件中至少有一个事件发生时，输出事件才会发生。

（3）非门。输出事件是输入事件的对立事件。

（4）顺序与门。在与门的输入事件中，按规定的顺序发生时，输出事件才会发生。

（5）表决与门。在 n 个输入事件中，有 k 个或 k 个以上事件发生时，输出事件才会发生。

（6）异或门。在输入事件中，仅当一个输入事件发生时，输出事件才发生。

（7）禁门。只有当条件事件发生时，输入事件的发生才会使输出事件发生；否则，即使输入事件发生也不会使输出事件发生。

3）转移符号

常用的转移符号如图 9-12 所示。

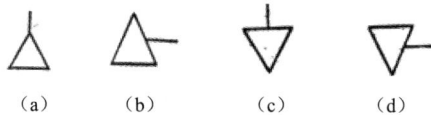

图 9-12 常用的转移符号

相同转移是将故障树（子树）的完整部分转移到另一个地方重复使用，以指示子树的位置，并显示该位置的子树与另一个子树完全相同，从而减少重复，简化故障树。转此符号：表示由具有相同字母数字的转向符号转到这里来。相似转移包含相似转向和相似转此，用于指明相似子树的位置，说明在这个位置上的子树与另一个子树相似，但事件标号不同。

4. 故障树分析的基本程序

（1）熟悉系统：要详细了解系统状态及各种参数，绘制出工艺流程图或布置图。

（2）调查事故：收集事故案例，进行事故统计，设想给定系统可能发生的事故。

（3）确定顶事件：要分析的对象为顶事件。对所调查的事故进行全面分析，从中找出后果严重且较易发生的事故作为顶事件。

（4）确定目标值：根据经验教训和事故案例，经统计分析后，求解事故发生的概率（频率），以此作为要控制的事故目标值。

（5）调查原因事件：调查与事故有关的所有原因事件和各种因素。

（6）画出故障树：从顶事件起，逐级找出直接原因的事件，直至所要分析的深度，按其逻辑关系，画出故障树。

（7）分析：按故障树结构进行简化，确定各基本事件的结构重要度。

（8）事故发生概率：确定所有事故发生概率，标在故障树上，并进而求出顶事件（事故）的发生概率。

（9）比较：根据可维修系统和不可维修系统进行讨论，前者要进行对比，后者求出顶事件发生概率即可。

（10）分析：原则上是上述 9 个步骤，在分析时可视具体问题灵活掌握，如果故障树规模很大，可借助计算机进行。目前我国故障树分析一般都考虑到第（7）步进行定性分析为止，也能取得较好效果。

5. 故障树定性分析

故障树定性分析是找寻导致顶事件发生的所有可能的故障模式，也就是找出所有导致顶事件发生的最小割集。

割集是一些能使事件发生的底事件的集合，当这些底事件同时发生时，顶事件必然发生。系统故障树的一个割集，代表该系统发生故障的一种可能性，即指一种故障模式。

最小割集指如果割集中任一底事件不发生，顶事件也不发生，这样的割集称为最小割集。系统故障树的全部最小割集的集合代表顶事件发生的所有可能性。最小割集指出了处于故障状态的系统所必须修理的基本故障，指出了系统的薄弱环节。组成最小割集的底事件个数称为最小割集的阶，阶数越小，越易出故障，最低阶的最小割集是最容易出故障的薄弱环节。

6. 故障树定量分析

故障树定量分析的基本内容可以概括为以下几个方面。

（1）底事件概率的定量分析，一般由收集到的失效数据，经过统计分析，求出单元的可靠性参数，如失效概率或无效度，也可以是某种形式的分布。

（2）顶事件概率的定量分析，一般根据故障树结构函数，由底事件概率计算顶事件概率。

（3）为了确定顶事件概率的变化范围、误差极限或分布，需要进行误差传播计算。

（4）底事件的结构和概率重要度的计算，对于系统可靠性设计、诊断和优化不可或缺。

7. 故障树分析的优缺点

1）故障树分析的优点

① 故障树的果因关系清晰、形象。对导致事故的各种原因及逻辑关系能做出全面、简洁、形象的描述，从而使有关人员了解和掌握安全控制的要点和措施。

② 根据各基本事件发生故障的频率数据，确定各基本事件对导致事故发生的影响程度——结构重要度。

③ 既可进行定性分析，又可进行定量分析和系统评价。通过定性分析，确定各基本事件对事故影响的大小，从而可确定对各基本事件进行安全控制所应采取措施的优先顺序，为制定科学、合理的安全控制措施提供基本的依据。通过定量分析，依据各基本事件发生的概率，计算出顶事件（事故）发生的概率，为实现系统的最佳安全控制目标提供一个具体量的概念，有助于其他各项指标的量化处理。

2）故障树分析的缺点

① 故障树分析事故原因是强项，但应用于原因导致事故发生的可能性推测是弱项。

② 故障树分析是针对一个特定事故作分析，而不是针对一个过程或设备系统作分析，因此具有局部性。

③ 要求分析人员必须非常熟悉所分析的对象系统，能准确和熟练地应用分析方法。往往会出现不同分析人员编制的故障树和分析结果不同的现象。

④ 对于复杂系统，编制故障树的步骤较多，编制的故障树也较为庞大，计算也较为复杂，给进行定性、定量分析带来困难。

⑤ 要对系统进行定量分析，必须事先确定所有各基本事件发生的概率，否则无法进行定量分析。

9.4.3 事件树分析

1. 事件树分析的概述

事件树分析（ETA）源于决策树分析（DTA），是根据事故发展的时间顺序，从初始事件中推断可能的后果，从而识别危害的一种方法。一个事故的发生是许多因果事件的结果，其中一些事件的发生是在其他事件先发生的情况下发生的，一个事件的发生会引起其他事件的发生。

在事件的顺序中，因果之间有一种逻辑关系。事件树分析是一种时间序列逻辑事故分析方法。它以一个初始事件为起点，根据事故的发展顺序将其划分为几个阶段，逐级分析。每个事件后续可能发生的事件只能出现两种完全相反的状态（成功或失败、正常或故障、安全或危险等）中的一种，并逐渐走向结果，直到系统发生故障或事故。所分析的情况用树形图表示，称为事件树。事件树分析不仅可以定性地了解整个事件的动态变化过程，而且可以定量地计算出各阶段的概率，最终了解事故发展过程中各种状态的发生概率。

2. 事件树分析的功能

（1）事件树分析能够提前预测事故和不安全因素，估计事故可能造成的后果，寻求最经济的预防手段和方法。

（2）事后用事件树分析事故原因非常方便。

（3）事件树分析数据不仅可以作为直观的安全教育数据，还可以帮助预测类似事故的预防对策。

（4）当积累了大量的事故数据时，可采用计算机模拟，使事件树分析对事故的预测更为有效。

（5）利用事件树分析对安全管理中的重大问题进行决策，具有其他方法所不具备的优势。

3. 事件树的编制程序

1）确定初始事件

事件树分析是一种系统研究作为危险源的初始事件如何与后续事件形成时序逻辑关系并最终导致事故发生的方法。正确选择初始事件是非常重要的。初始事件是在事故发展过程中发生的危险事件，如机器故障、设备损坏、能量泄漏或逃逸、人为误操作等。初始事件的确定有两种方式：根据系统设计、系统风险评估、系统运行经验或事故经验；根据系统主要故障或故障树分析，从中间事件或初始事件中选择。

2）判定安全功能

该系统包含许多安全功能，以消除或减轻初始事件的影响，保持系统安全运行。常见的安全功能如下：对初始事件自动采取控制措施的系统，如自动停车系统；一个警报系统，用于提醒操作员初始事件的发生；操作员根据警报或工作程序的要求采取的措施；缓冲装置，如减振、减压系统或排放系统；限制或屏蔽措施。

3）绘制事件树

从初始事件开始，根据事件开发流程从左到右绘制事件树，并使用分支表示事件开发路径。研究初始事件发生时首先起作用的安全函数，在上支路上绘制功能状态，在下支路上绘制非功能状态。然后依次检查各种安全功能的两种可能状态，绘制上支路的功能状态（也称为成功状态）和下支路的非功能状态（也称为失败状态），直到达到系统故障或事故为止。

4）简化事件树

绘制事件树的过程中，可能会有一些安全功能与最初的事件或事故，或者它们的功能关系是矛盾和不协调的，需要杰出的工程知识和系统设计知识，然后从树枝上，形成一个简化的事件树。绘制事件树时，应将事件状态写在每个分支上，将事件流程的内容特征写在分支的水平线上，在水平线下描述成功或失败。

4．事件树定性分析

在绘制事件树的过程中，对事件树进行了定性分析。绘制事件树，必须根据事件的客观条件和特征进行逻辑推理，并利用与事件相关的技术知识确定事件的可能状态。因此，在绘制事件树的过程中，分析了事件开发的各个过程和方法。

绘制事件树后的工作是找出发生事故的途径、类型和预防对策，主要分为以下两步。

1）找出事故连锁

事件树的各分支代表初始事件一旦发生其可能的发展途径。其中，最终导致事故发生的途径为事故连锁。一般地，导致系统事故发生的途径有很多，即有许多事故连锁。事故连锁中包含的初始事件和安全功能故障的后续事件之间具有逻辑关系。显然，事故连锁越多，系统越危险；事故连锁中事件树越少，系统越危险。

2）找出预防事故发生的途径

在事件树中实现安全的方法指导我们如何采取措施防止事故的发生。在实现安全性的方式中，具有安全功能的事件构成了成功的事件树链。如果这些安全功能能够保证工作，事故就可以避免。通常，在事件树中可能有几个成功链，也就是说，有几种防止事故发生的方法。显然，成功链越多，系统就越安全；成功链中的事件树越少，系统就越安全。由于事件树反映了事件之间的时间顺序，所以应该尽可能地从最先发挥功能的安全功能着手。

5．事件树定量分析

事件树定量分析是指根据各事件的发生概率计算各方式的事故概率，比较各方式的概率值，形成事故概率序列，确定最容易发生事故的方式。一般来说，当每个事件在统计上是独立的时，它的定量分析是相对简单的。当事件在统计上不是彼此独立的（如常见原因故障、顺序操作等）时，定量分析就变得非常复杂。这里只讨论前一种情况。

1）各发展途径的概率

各发展途径的概率等于自初始事件开始的各事件发生概率的乘积。

2）事故发生概率

事件树定量分析中，事故发生概率等于导致事故的各发展途径的概率和。

定量分析要有事件概率数据作为计算的依据，而且事件过程的状态又是多种多样的，一般都因缺少概率数据而不能实现定量分析。

3）事故预防

事件树分析把事故的发生发展过程表述得清楚而有条理，对设计事故预防方案，制定事故预防措施提供了有力的依据。

从事件树可以看出，最终的事故是一系列危害和危险的结果。如果这个开发过程被中断，事故是可以避免的。因此，在事故发展过程的各个阶段中，应采取各种可能的措施，控制事件的可能状态，降低危险状态发生的概率，增加安全状态发生的概率，将事件发展过程引向安全发展的路径。在事件发展的不同阶段，最好是在事件发展的早期，采取阻止事件向危险状态过渡的措施，从而产生阻止各种事故的效果。但有时由于技术和经济的原因无法控制，因此在事件发展的后期采取控制措施是必要的。显然，在所有事件发展路径上采取措施都是必要的。

9.5　常见的故障分布及其故障率函数

概率分布能够很好地描述随机变量的性质，但在工程实际中往往不清楚分布属于哪一种类型。常用的做法是，先讨论重要的分布类型及参数性质，再根据现场数据或试验数据进行统计处理，并进行假设检验，从而确定其分布类型及参数，然后在此基础上预测或计算其可靠度。可靠度函数及与其相关的故障率函数是唯一的，每一个可靠度函数仅仅对应一个故障率函数，同样故障函数或不可靠度函数也是对应同样一个故障率函数。

9.5.1　指数分布及其故障率函数

1. 指数分布

指数分布是连续型随机变量的连续型概率分布的一种，主要应用在随机事件之间发生的时间间隔的概率问题。指数分布函数也常用于分析产品的可靠性。指数分布的故障前时间 t 的概率密度函数和累积分布函数分别为

$$f(t) = \lambda e^{-\lambda t}，\ t \geq 0，\ \lambda > 0 \tag{9.10}$$

$$F(t) = \int_0^t f(t)\mathrm{d}t = \int_0^t \lambda e^{-\lambda t}\mathrm{d}t = 1 - e^{-\lambda t}，\ t \geq 0，\ \lambda > 0 \tag{9.11}$$

式（9.11）中，λ 表示故障率，是指数分布的主要参数。

因为 $F(t) = 1 - R(t)$，所以指数分布的可靠度函数为

$$R(t) = 1 - (1 - e^{-\lambda t}) = e^{-\lambda t}，\ t \geq 0，\ \lambda > 0 \tag{9.12}$$

指数分布的均值和方差分别为

$$\mu = E(t) = \int_0^\infty t f(t)\mathrm{d}t = \int_0^\infty t \cdot \lambda e^{-\lambda t}\mathrm{d}t = 1/\lambda \tag{9.13}$$

$$\sigma^2 = D(t) = \int_0^\infty \left[t - E(t)\right]^2 f(t)\mathrm{d}t = 1/\lambda^2 \tag{9.14}$$

指数分布的均值为 $1/\lambda$，即平均寿命（MTBF）为 $1/\lambda$。

2. 指数分布的故障率函数

指数分布是可靠性工程中最重要的一种分布形式，电子产品的寿命一般都服从指数分布。指数分布的故障率函数表示为

$$\lambda(t) = \frac{f(t)}{R(t)} = \frac{\lambda e^{-\lambda t}}{e^{-\lambda t}} = \lambda \tag{9.15}$$

从式（9.15）可以看出，指数分布的故障率函数为 λ，是一个常数，是平均寿命的倒数。

9.5.2　正态分布及其故障率函数

1. 正态分布

正态分布是机械产品和结构工程中研究应力分布和强度分布时最常用的一种分布形式，特别适用于描述因腐蚀、磨损、疲劳而引起的故障的产品寿命分布。正态分布的主要参数是均值 μ 和标准差 σ（或方差 σ^2）。均值 μ 决定正态分布曲线的位置，代表分布的中心倾向；而标准差 σ 决定正态分布曲线的形状，表征分布的离散程度。正态分布曲线呈钟形，两头低，中间高，左右对称，因曲线呈钟形，所以人们又经常称为钟形曲线，如图 9-13 所示。

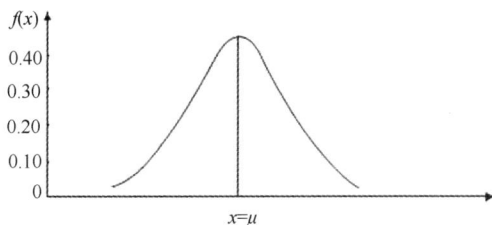

图 9-13　钟形曲线

正态分布的故障概率密度和累积分布函数分别为

$$f(t) = \frac{1}{\sigma\sqrt{2\pi}} e^{-\frac{(t-\mu)^2}{2\sigma^2}}, \quad t \geqslant 0 \tag{9.16}$$

$$F(t) = \frac{1}{\sigma\sqrt{2\pi}} \int_0^t e^{-\frac{(t-\mu)^2}{2\sigma^2}} \, dt, \quad t \geqslant 0 \tag{9.17}$$

正态分布的可靠度函数为

$$R(t) = 1 - F(t) = 1 - \frac{1}{\sigma\sqrt{2\pi}} \int_0^t e^{-\frac{(t-\mu)^2}{2\sigma^2}} \, dt \tag{9.18}$$

2. 标准正态分布

将正态分布曲线的均值移至零处，使 $\mu = 0$，又使标准差 $\sigma = 1$，则得到标准正态分布曲线，表示为 $N(0,1)$。

在均值移至零，横坐标改为以 σ 作单位之后，令

$$z = \frac{t - \mu}{\sigma} \tag{9.19}$$

式中，z 为标准正态分布随机变量的值，即偏离均值的距离。所以标准正态分布的故障概率密度函数和累积分布函数分别为

$$\phi(z) = \frac{1}{\sqrt{2\pi}} e^{-\frac{z^2}{2}} \tag{9.20}$$

$$\Phi(z) = \frac{1}{\sqrt{2\pi}} \int_0^z e^{-\frac{z^2}{2}} \, dz \tag{9.21}$$

对于具有均值 μ 和标准差 σ 的正态分布随机变量 t 有

$$F(t) = P(T \leqslant t) = P(Z \leqslant z) = P\left(Z \leqslant \frac{t-\mu}{\sigma}\right) = \Phi\left(\frac{t-\mu}{\sigma}\right) \tag{9.22}$$

使用标准正态分布表就可以根据式（9.22）的关系查到任何正态分布的故障概率。标准正态分布表如表 9-5 所示。

正态分布的可靠度函数用标准正态分布的形式表示为

$$R(t) = 1 - F(t) = 1 - \Phi\left(\frac{t - \mu}{\sigma}\right) \tag{9.23}$$

标准正态分布曲线下的面积分布规律如下：在-1.96～1.96 范围内曲线下的面积等于0.9500，在-2.58～2.58 范围内曲线下的面积为 0.9900。统计学家还制定了一张统计用表，借助该表就可以估计出某些特殊值范围内曲线下的面积。

表 9-5　标准正态分布表

z	0	1	2	3	4	5	6	7	8	9
0.0	0.5000	0.5040	0.5080	0.5120	0.5160	0.5199	0.5239	0.5279	0.5319	0.5359
0.1	0.5398	0.5438	0.5478	0.5517	0.5557	0.5596	0.5636	0.5675	0.5714	0.5753
0.2	0.5798	0.5832	0.5871	0.5910	0.5948	0.5987	0.6026	0.6064	0.6103	0.6141
0.3	0.6179	0.6217	0.6255	0.6293	0.6331	0.6368	0.6406	0.6443	0.6480	0.6517
0.4	0.6554	0.6591	0.6628	0.6664	0.6700	0.6736	0.6772	0.6808	0.6844	0.6879
0.5	0.6915	0.6950	0.6985	0.7019	0.7054	0.7088	0.7123	0.7157	0.7190	0.7224
0.6	0.7257	0.7291	0.7324	0.7357	0.7389	0.7422	0.7454	0.7486	0.7517	0.7549
0.7	0.7580	0.7611	0.7642	0.7673	0.7703	0.7734	0.7764	0.7794	0.7823	0.7852
0.8	0.7881	0.7910	0.7939	0.7967	0.7995	0.8023	0.8051	0.8078	0.8106	0.8133
0.9	0.8159	0.8186	0.8212	0.8238	0.8264	0.8289	0.8315	0.8340	0.8365	0.8389
1.0	0.8413	0.8438	0.8461	0.8485	0.8508	0.8531	0.8554	0.8577	0.8599	0.8621
1.1	0.8643	0.8665	0.8686	0.8708	0.8729	0.8749	0.8770	0.8790	0.8810	0.8830
1.2	0.8849	0.8869	0.8888	0.8907	0.8925	0.8944	0.8962	0.8980	0.8997	0.9015
1.3	0.9032	0.9049	0.9066	0.9082	0.9099	0.9115	0.9131	0.9147	0.9162	0.9177
1.4	0.9192	0.9207	0.9222	0.9236	0.9251	0.9265	0.9278	0.9292	0.9306	0.9319
1.5	0.9332	0.9345	0.9357	0.9370	0.9382	0.9394	0.9406	0.8418	0.9430	0.9441
1.6	0.9452	0.9463	0.9474	0.9484	0.9495	0.9505	0.9515	0.9525	0.9535	0.9545
1.7	0.9554	0.9564	0.9573	0.9582	0.9591	0.9599	0.9608	0.9616	0.9625	0.9633
1.8	0.9641	0.9648	0.9656	0.9664	0.9671	0.9678	0.9686	0.9693	0.9700	0.9706
1.9	0.9713	0.9719	0.9726	0.9732	0.9738	0.9744	0.9750	0.9756	0.9762	0.9767
2.0	0.9772	0.9778	0.9783	0.9788	0.9793	0.9798	0.9803	0.9808	0.9812	0.9817
2.1	0.9821	0.9826	0.9830	0.9834	0.9838	0.9842	0.9846	0.9850	0.9854	0.9857
2.2	0.9861	0.9864	0.9868	0.9871	0.9874	0.9878	0.9981	0.9884	0.9887	0.9890
2.3	0.9893	0.9896	0.9898	0.9901	0.9904	0.9906	0.9909	0.9911	0.9913	0.9916
2.4	0.9918	0.9920	0.9922	0.9925	0.9927	0.9929	0.9931	0.9932	0.9934	0.9936
2.5	0.9938	0.9940	0.9941	0.9943	0.9945	0.9946	0.9948	0.9949	0.9951	0.9952
2.6	0.9953	0.9955	0.9956	0.9957	0.9959	0.9960	0.9961	0.9962	0.9963	0.9964
2.7	0.9965	0.9966	0.9967	0.9968	0.9969	0.9970	0.9971	0.9972	0.9973	0.9974
2.8	0.9974	0.9975	0.9976	0.9977	0.9977	0.9978	0.9979	0.9979	0.9980	0.9981
2.9	0.9981	0.9982	0.9982	0.9983	0.9984	0.9984	0.9985	0.9985	0.9986	0.9986
3.0	0.9987	0.9990	0.9993	0.9995	0.9997	0.9998	0.9998	0.9999	0.9999	1.0000

3. 正态分布的故障率函数

正态分布的故障率函数可表示为

$$\lambda(t) = \frac{f(t)}{R(t)} = \frac{f(t)}{1 - F(t)} \tag{9.24}$$

用标准正态分布形式表示为

$$\lambda(t) = \frac{\phi\left(\dfrac{t - \mu}{\sigma}\right)}{\sigma R(t)} \tag{9.25}$$

9.5.3 对数正态分布及其故障率函数

1. 对数正态分布

如果随机变量 t 的对数 $x = \ln t$ 服从正态分布，则 t 为对数正态分布，对数正态分布的故障概率密度函数和累计分布函数分别为

$$f(t) = \frac{1}{\sigma t \sqrt{2\pi}} e^{-\frac{1}{2}\left(\frac{\ln t - \mu}{\sigma}\right)^2}, \quad t \geqslant 0 \tag{9.26}$$

$$F(t) = \int_0^t f(t)\mathrm{d}t = \int_0^t \frac{1}{\sigma t \sqrt{2\pi}} e^{-\frac{1}{2}\left(\frac{\ln t - \mu}{\sigma}\right)^2} \mathrm{d}t \tag{9.27}$$

式中，μ 和 σ 为参数，$-\infty < \mu < \infty$，$\sigma > 0$。

对数正态分布的故障概率密度函数图形是不对称的，是向右倾斜的，如图 9-14 所示，t_1 为最频值，与分布曲线的最高点相对应；t_2 为中位值；$\overline{t}$ 为均值。

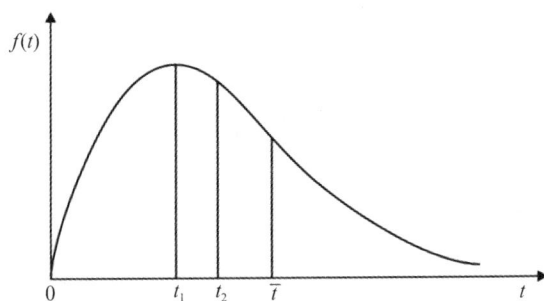

图 9-14 对数正态分布的故障密度函数

中位值是对数正态分布的中心倾向的一种度量，当分布的离散程度较大时，中位值是比均值更好地对中心倾向的度量，定义为

$$P(T \leqslant t_1) = P(T > t_2) = 0.5 \tag{9.28}$$

也就是说分布曲线在中位值的两侧，分布的面积或概率各占 50%。

由于 $x = \ln t$ 服从正态分布，所以正态分布的计算方法也适合对数正态分布，用标准正态分布的形式表示累积分布函数为

$$F(t) = P(T \leqslant t) = P(Z \leqslant z) = P\left(Z \leqslant \frac{\ln t - \mu}{\sigma}\right) = \Phi\left(\frac{\ln t - \mu}{\sigma}\right) \tag{9.29}$$

则对数正态分布的可靠度函数用标准正态分布的形式表示为

$$R(t) = 1 - F(t) = 1 - P(T \leqslant t) = 1 - \Phi\left(\frac{\ln t - \mu}{\sigma}\right) \tag{9.30}$$

2. 对数正态分布的故障率函数

根据对数正态分布的可靠度函数和故障概率密度函数的表示，可求得其故障率函数为

$$\lambda(t) = \frac{f(t)}{R(t)} = \frac{\phi\left(\dfrac{\ln t - \mu}{\sigma}\right)}{t\sigma\left[1 - \Phi\left(\dfrac{\ln t - \mu}{\sigma}\right)\right]} = \frac{\mathrm{e}^{-\frac{1}{2}\left(\frac{\ln t - \mu}{\sigma}\right)^2}}{\sigma t \sqrt{2\pi}\left[1 - \Phi\left(\dfrac{\ln t - \mu}{\sigma}\right)\right]} \tag{9.31}$$

式中，ϕ 为标准正态分布的概率密度函数，μ 和 σ 分别为故障时间随机变量 T 的自然对数 $\ln T$ 的均值和标准离差。

9.5.4 伯努利试验和二项分布

伯努利试验是在同样的条件下重复地、相互独立地进行的一种随机试验，其特点是该随机试验只有两种可能结果：发生或不发生。我们假设该项试验独立重复地进行了 n 次，那么就称这一系列重复独立的随机试验为 n 重伯努利试验，或称为伯努利概型。伯努利试验中，事件发生的次数称为随机事件，它服从二项分布，二项分布是一种离散型分布。

如果投入 n 个相同的零件进行试验，令试验出现故障，不可靠度为 $F(t) = p$，可靠度 $R(t) = 1 - F(t) = 1 - p = q$，则在规定的时间内零件出现故障这一事件发生 k 次的概率为

$$P(T = k) = C_n^k p^k (1-p)^{n-k} \tag{9.32}$$

式中，T 为随机事件发生的次数。

由累积分布函数的分布性质可知

$$\sum_{k=0}^{n} P(T = k) = \sum_{k=0}^{n} C_n^k p^k (1-p)^{n-k} = 1 \tag{9.33}$$

如果进行的 n 个产品的试验中，仅仅允许 r 个（$r < n$）产品出现故障，则通过试验的概率为

$$P(k \leqslant r) = \sum_{k=0}^{r} C_n^k p^k (1-p)^{n-k} \tag{9.34}$$

把 $P = F(t)$，$1 - p = R(t)$ 代入式（9.35），则

$$P(k \leqslant r) = \sum_{k=0}^{r} C_n^k [F(t)]^k [R(t)]^{n-k} \tag{9.35}$$

9.5.5 泊松分布

使用二项分布时，当 p 较小（$P \leqslant 0.1$），而 n 较大（$n \geqslant 50$）时，使用二项分布的公式来计算概率就比较烦琐。这时可以使用泊松分布来近似求解，因此泊松分布是二项分布的近似计算方法。泊松分布的表达式为

$$P_n(T = k) = \frac{(np)^k \mathrm{e}^{-np}}{k!} = \frac{\mu^k \mathrm{e}^{-\mu}}{k!} \tag{9.36}$$

式中，$P_n(T = k)$ 表示在 n 次试验中发生 k 次事件的概率；p 表示每次试验中事件发生的概率；μ 表示该事件发生次数的均值，$\mu = np$。

在可靠性工程中，当元件或产品的故障率为常数时，可以用 λt 代替 np，其中 t 是时间。

如果对 n 个某相同产品进行可靠性试验，仅仅允许 r 个 $(r<n)$ 产品出现故障，则通过试验的概率为

$$P_n(k \leqslant r) = \sum_{k=0}^{r} \frac{(np)^k \mathrm{e}^{-np}}{k!} = \sum_{k=0}^{r} \frac{\mu^k \mathrm{e}^{-\mu}}{k!} \tag{9.37}$$

式（9.37）可以用来计算可靠度和计算备件数，即

$$R(t) = P_n(k \leqslant r) = \sum_{k=0}^{r} \frac{\mu^k \mathrm{e}^{-\mu}}{k!} \tag{9.38}$$

式中，k 为备件数，$R(t)$ 为可靠度。

9.5.6　威布尔分布及其故障率函数

1. 威布尔分布

威布尔分布在可靠性工程中应用广泛，特别适用于机电产品磨损累积故障的分布形式。由于可以利用概率值很容易地推断出分布参数，所以威布尔分布广泛应用于寿命试验的数据处理。威布尔分布含有三个参数：

β 表征分布曲线的形状，称为形状参数；

η 表征坐标尺度，称为尺度参数；

δ 表征部分曲线的起始位置，称为位置参数。

威布尔分布的故障概率密度函数为

$$f(t) = \frac{\beta}{\eta}\left(\frac{t-\delta}{\eta}\right)^{\beta-1} \mathrm{e}^{-\left(\frac{t-\delta}{\eta}\right)^{\beta}}, \quad t \geqslant \delta \geqslant 0 \tag{9.39}$$

式中，β 为形状参数，它影响威布尔分布曲线的形状，也叫作威布尔分布斜率；η 为尺度参数；δ 为位置参数；这三个威布尔参数对威布尔分布曲线有很大的影响，它们总是正的。

威布尔分布的累积分布函数表示为

$$F(t) = \int_0^t f(t)\mathrm{d}t = \int_0^t \frac{\beta}{\eta}\left(\frac{t-\delta}{\eta}\right)^{\beta-1} \mathrm{e}^{-\left(\frac{t-\delta}{\eta}\right)^{\beta}} \mathrm{d}t = 1 - \mathrm{e}^{-\left(\frac{t-\delta}{\eta}\right)^{\beta}} \tag{9.40}$$

威布尔分布的可靠度函数为

$$R(t) = 1 - F(t) = \mathrm{e}^{-\left(\frac{t-\delta}{\eta}\right)^{\beta}} \tag{9.41}$$

2. 威布尔分布的故障率函数

威布尔分布的故障率函数表示为

$$\lambda(t) = \frac{f(t)}{R(t)} = \frac{\beta}{\eta}\left(\frac{t-\delta}{\eta}\right)^{\beta-1} \tag{9.42}$$

从式（9.42）可知，形状参数 β 变化时对故障率函数的影响情况。故障率函数在 $\beta<1$ 时是递减的，在 $\beta>1$ 时是递增的，在 $\beta=1$ 时不变。

9.5.7　伽马分布及其故障率函数

1. 伽马分布

伽马分布的故障概率密度函数为

$$f(t) = \frac{\lambda^n}{\Gamma(n)} t^{\eta-1} e^{-\lambda t}, \quad t \geq 0, \quad \eta > 0, \quad \lambda > 0 \tag{9.43}$$

式中，η 是形状参数；λ 是尺度参数。

伽马分布的累积分布函数为

$$F(t) = \int_0^t f(t) \mathrm{d}t = \int_0^t \frac{\lambda^{\eta}}{\Gamma(\eta)} t^{\eta-1} e^{-\lambda t} \mathrm{d}t \tag{9.44}$$

伽马分布的可靠度函数为

$$R(t) = 1 - F(t) = 1 - \sum_{k=\eta}^{\infty} \frac{(\lambda t)^k e^{-\lambda t}}{k!} = \sum_{k=0}^{n-1} \frac{(\lambda t)^k e^{-\lambda t}}{k!} \tag{9.45}$$

2. 伽马分布的故障率函数

伽马分布的故障率函数表示为

$$\lambda(t) = \frac{f(t)}{R(t)} = \frac{\dfrac{\lambda^n}{\Gamma(\eta)} t^{\eta-1} e^{-\lambda t}}{\displaystyle\sum_{k=\eta}^{\infty} \frac{(\lambda t)^k e^{-\lambda t}}{k!}} \tag{9.46}$$

思考题

1. 试述可靠性管理的重要性。
2. 为什么要进行可靠度预测和分配？
3. 试述质量与可靠性的关系。
4. 试述管理学在可靠性管理中的应用。
5. 试述可靠性管理的特点。
6. 试述质量管理与可靠性管理的区别与联系。
7. 试根据某一产品建立其可靠性大纲。

案例分析

物流服务供应链可靠性管理

　　物流系统是经济系统的物流支撑系统。物流外包是生产企业或商业企业普遍采用的一种物流模式。《物流业调整和振兴规划》还倡导：积极拓展物流市场需求，促进物流企业与生产商业企业互动发展，促进物流服务社会化、专业化。在社会分工和政府推动的背景下，越来越多的企业将物流服务外包出去。然而，随着生产企业或商业企业物流服务需求的日益整合，单个物流企业满足客户物流需求的难度越来越大。因此，为了满足客户物流的综合物流需求，物流企业需要提供具体的物流服务，物流服务集成商需要提供全面服务管理和信息等，共同满足物流需求，物流客户提供全面、综合物流服务。物流服务供应链是由物流企业和物流服务集成商组成的系统。物流服务供应链是随着物流业的发展而逐步形成的。

　　物流服务供应链是一个复杂的系统，提供了集成核心企业的物流功能，并且必须为节点物流企业提供特定的功能。这些企业有自己的利益，分布在不同的地理位置，并将市场合同联系在一起，为客户提供物流服务。物流服务供应链中的所有企业都面临着复杂多变的环境。由于环境因素的影响，物流服务的失败或不可靠可能导致物流需求任务的失败或部分失败，从而给物流需求企业带来生产经营影响甚至破产等致命的严重后果。

　　因此，物流服务供应链提供的物流服务的安全性和稳定性已经成为物流服务供应链管理的关键问题。物流服务供应链的可靠性已经成为提高物流管理水平和经济效益的重要手段，能够反映物流服务供应链完成物流任务的能力。同时，物流服务的可靠性是物流客户感知、衡量和评价物流服务质量的核心，直接影响物流服务供应链节点企业的核心服务效益。在此背景下，物流服务供应链的可靠性研究应运而生。

根据全国科学技术名词审定委员会对可靠性管理的定义可以知道，可靠性管理是一系列的活动和职能，如组织、规划、计划、控制、协调、监督和决策，以确定和满足部件或系统的可靠性要求。物流服务供应链是一个系统，因此物流服务供应链的可靠性管理是指对组织、规划、计划、控制、协调、监督和决策等一系列活动和功能的管理，从而确定和满足物流服务供应链的可靠性要求。为了保证或提高物流服务供应链的可靠性，物流企业有必要开展以下可靠性管理工作。

1. 建立可靠性组织保证体系

建立可靠性组织保证体系的目的是组织一切与可靠性有关的活动和资源，包括人力、物力和财力，相互之间进行协调和合作，以确保物流服务供应链的可靠性，使可靠性工作有组织地进行。在物流企业中，不需要增加新的可靠性管理部门，因为这会增加企业的成本，但需要增加原有服务质量管理部门的可靠性管理。可靠性组织保证体系包括高层管理人员、中层管理人员、主管部门和一线员工。

1）高层管理人员

一般来说，物流企业的高层管理人员并不直接对物流服务质量和服务可靠性的保证负责，但在调动和领导员工确保物流服务的质量和可靠性方面起着决定性的作用。高层管理人员的职责包括：

① 对企业物流服务可靠性保证工作应多些支持、多些了解，真正了解企业物流服务可靠性工作的实际情况；

② 应加强监督，定期检查物流服务可靠性管理计划和实施情况；

③ 确定基本的物流服务可靠性策略；

④ 推进和抓好可靠性教育，提高员工的可靠性意识；

⑤ 鼓励员工总结物流服务可靠性保证的经验，参加更多关于物流服务可靠性的学术研讨会。

此外，经验表明，在提高物流服务质量的过程中，从企业文化方面入手，让员工感到被重视，增强企业凝聚力，让员工为企业提供稳定的、可靠的物流服务而尽心尽力。

2）中层管理人员

中层管理人员直接负责物流服务质量和可靠性的保证。它必须在工作中实施，以促进企业可靠性的发展。中层管理人员的具体职责包括：

① 尊重科学，带领下属学习可靠性理论并将其应用到物流服务过程中，提高物流服务的可靠性；

② 建立物流服务可靠性管理和保证体系，完善可靠性保证奖惩制度，让物流服务可靠性工作与薪酬挂钩，并监督奖惩制度的实施；

③ 考虑长期和短期需求，明确不同流程中物流服务可靠性工作的职责和权限，为可靠性管理和保证配置必要的资源（包括人力资源、财力和物力）；

④ 注重可靠性思想的提高。

3）主管部门

企业服务质量管理部门主要负责可靠性管理和保证工作，其主要任务是：

① 负责完成定量的企业物流服务可靠性分析，评估当前的可靠性水平，发现物流服务过程中的薄弱环节，能及时发现潜在问题；

② 参与物流服务产品设计和可靠性设计对物流企业生产经营部门的评估，报告物流服务的可靠性现状和存在的问题，提出相应的建议，一起讨论并做出决定；

③ 监控物流服务的故障报告、分析和纠正措施系统，检查物流服务的故障趋势和存在的问题，必要时提出纠正措施建议。

4）一线员工

① 认真学习和运用可靠性管理知识，与具体的物流业务相结合；

② 明确具体的可靠性工作的职责和权限，落实可靠性工作；

③ 重视可靠性思想意识的提高；

④ 总结可靠性保证的经验，多参与可靠性学术讨论会。

可靠性保证对于可靠性管理来说，既是组织措施也是组织保证。为了确保可靠的组织和规章制度的顺利运行，最重要的点在于企业管理者可以明确创建稳定可靠工作的重要意义和高度可靠的服务产品，并满足可靠的管理，从实际工作的需要，并最终确保物流服务产品可以满足客户需求的物流。可靠性是保证组织可靠性或规章制度有效运行的一种组织管理措施和保证。它是企业的关键管理人员能够清晰地工作，创造出稳定、高可靠性、有意义的服务产品，并满足需求，最终确保物流服务产品能够满足客户需求的可靠性管理项目。

2. 引入物流服务供应链可靠性管理机制

物流服务供应链的可靠性管理机制是保证物流服务供应链正常稳定运行，提高物流服务供应链可靠性的重要举措之一。在物流服务供应链中引入可靠性管理机制，将物流服务的可靠性管理集成到物流服务质量的统一管理。

1）建立全员可靠性意识

在员工业务培训和质量检查的过程中，可以增加物流服务可靠性的相关知识，让员工树立"物流服务可靠性是服务质量的核心"的意识，并从源头上高度重视物流服务的可靠性，从行为上按照标准流程进行操作，提高整个系统的服务可靠性。

2）建立可靠性管理数据库

在统计整个物流服务供应链的物流服务质量数据的基础上，实现可靠性数据的收集、分析和报告，建立或加强可靠性管理数据库。通过该数据库，可以识别物流服务供应链中各成员企业内部和外部潜在的可靠性影响因素，捕捉征兆信号，对归纳出的导致异常可靠性的潜在信息进行分类和编号，及时掌握物流服务供应链可靠性指标的完成情况，及时分析物流服务可靠性在运行过程中存在的问题，为可靠性管理提供决策依据。

例如，在物流服务供应链的可靠性管理数据库中，曾出现过在运输过程中天气导致货物使用价值和运输服务可用性下降的情况。这样，物流服务集成商就可以对影响物流服务可靠性的天气因素进行管理。如果天气预报有雨，可在运输过程中对货物进行防潮处理，保证运输过程中服务质量的稳定。

3）建立可靠性管理机制

根据可靠性管理数据库分析的结果，可以得到物流服务供应链运作过程中容易失效的薄弱环节或底层事件，并根据这些信息提出相应的措施，以保证物流服务质量的稳定，实现可靠性管理的制度化和规范化。

3．节点企业间可靠性信息的共享

物流服务供应链由许多黄金行业组成。为了改善整个系统的物流，有必要改善整个物流服务供应链之间的条件、信息系统的对接和可靠性信息的共享。只有这样，我们才能通过共享可靠性信息，为稳定的集成企业提供集成的可靠性管理和物流服务。

4．建立规范的物流服务流程

在物流服务的初始阶段，面对物流服务的负一体化或物流服务的不同，分包的客户有很多物流环节，其中包括运输、仓储、配送、装卸、物流信息管理等。如果没有标准化的物流服务流程，无法保证向终端客户提供的物流服务质量，就会影响物流服务的可靠性水平，进而影响物流服务供应链的核心竞争力。例如，快递行业在商品检验过程中出现了分类不清的现象，忽视了物流服务的质量，可靠性管理将无从谈起。在物流服务供应链中建立标准化的物流服务流程，可以规范不同的物流企业的业务，为不同的企业提供相对稳定的物流服务，进一步保证或提高物流服务供应链的运行可靠性。

5．物流服务过程的监控

因为物流服务供应链的操作过程是一个动态的过程，在这个过程中，可能会受到环境的影响，只有加强物流服务过程的监控，管理者才可以根据突然和意外的环境，做出及时的调整，以确保物流服务的失效可以在最短的时间内修复，实现可靠性的快速应急管理，降低整个系统传输和传播的可靠性，减少整个系统的损耗。

综上所述，物流服务供应链的可靠性管理是质量管理的最核心部分。只有加强可靠性管理，才能保证系统提供的物流服务具有稳定的可靠性，保证系统的核心竞争力，从而保障企业的核心利益。

第四部分 应用篇——质量管理能力提升

第 10 章 质量功能展开

▶▶▶学习目标

- 了解质量功能展开的产生背景。
- 了解质量功能展开的发展。
- 掌握质量功能展开的原理及工作程序。
- 熟悉质量功能展开的应用。

引导案例

医疗服务质量是医院的生命线，它的高低关系着人民群众就医的安全性、有效性和满意度，也关系着医院的生存与发展。传统的医疗服务质量是指医疗服务的及时性、安全性和有效性，是通过临床技术科室和医务人员遵循医疗管理规章制度、执行操作规程和技术规范、实施有效评价和控制所达到的医疗技术效果。随着医学模式的转变和人们医疗需求的变化，医疗服务质量的内涵发生了很大变化，已涉及诸如工作效率、费用控制、服务态度、对患者个人需要的及时反应、对患者价值观的尊重、服务的可及性等多方面的因素，成为医院人员素质、技术服务水平、设施环境条件、费用水平、管理水平的综合体现，是医院品质、形象和价值之所在。在医院中患者就是顾客，而质量应该被顾客来定义，因此我们首先必须识别顾客，并且满足他们的需求。

质量功能展开理论是可用于医疗服务质量管理的工具，它运用科学的方法在短时间内识别患者的需求，并根据需求制定出医疗服务的内容，从而缩短患者感知的服务质量和医院提供的医疗服务质量之间的差距，帮助医务管理者持续改进医疗服务品质。在本章中，我们将学习医疗服务质量管理工具，也就是以顾客需求转化为核心的质量功能展开理论。

10.1 QFD 的产生

质量功能展开（Quality Function Deployment，QFD）产生于 20 世纪 60 年代的日本，20 世纪 80 年代后在欧美发达国家得到进一步发展，并在世界范围内得到广泛应用。

10.1.1 QFD 在日本的产生与发展

第二次世界大战之后，日本工业面临着从模仿的产品开发模式到实现自主创新开发模式的转变。从 20 世纪 50 年代开始，日本企业开始广泛开展全公司质量控制活动（Company-Wide Quality Control，CWQC），并将当时盛行的从美国引进的统计质量控制（Statistics Quality Control，SQC）方法与 CWQC 活动进行整合，在制造阶段取得了显著的成果。随后，日本工业迎来了新产品开发的新时代。该时代质量保证的重点被迫向如何生产、生产何种产品方向转移。在规划制造某种产品时，就已断定该产品是否能使顾客满意。因此，从事规划及设计的技术人员，需倾听顾客要求。因此，企业开始寻找一种方法用于新产品开发过程的质量保证。在新产品开发过程中，规划和设计部门应该基于何种思路、进行怎样的质量保证活动才能使顾客满意呢？基于此，QFD 的研究开始在日本展开。

1966 年，三菱重工神户造船厂针对产品品质与产品可靠性问题，提出了质量表的雏形，通过这种质量表将顾客需求与如何实现这种需求的控制措施联系起来，用于定制货轮的顾客需求分析和优化生产资源配置。

同年，普利司通轮胎公司的鸳海清隆在日本《品质管理》杂志上发表了题为"关于充实工厂质量保证体系"的论文，文章中绘制了一张具有全新意义的示意图，即"质量保证项目一览表"，将顾客质量要求和各道工序的作业联系起来考虑。

1972 年，赤尾洋二从当时广泛使用的"质量保证项目一览表"中得到启发，指出"质量保证项目一览表"揭示了厂内保证项目与厂外保证项目的联系，同时设想在生产开始之前就构造质量控制工序表，并构想怎样把"质量保证项目一览表"的想法应用于新产品开发的质量保证。赤尾洋二考虑在新产品开发中怎样计划、设计、制造为满足顾客要求应该具有的质量，即在产品投产之前对关键的质量保证工序进行展开，以确保设计质量在生产过程得到贯彻的方法。当时给这种想法以"目标质量展开"的名称，并在几家企业进行试行。结果表明，这种想法对新产品的开发是非常有效的。于是，赤尾洋二总结了 1966 年以来与各公司的合作研究成果，并在日本《标准化与质量管理》杂志上发表了题为"新产品开发和质量保证——质量展开系统"的论文，首次提出了质量展开（Quality Deployment，QD）这一概念，以及质量展开的 17 个步骤。不过，当时的质量展开与现在的有很大不同，主要针对制造工序用因果关系图对项目进行表示，存在表格重复、繁杂等问题，对于如何根据顾客的要求进行设计考虑不充分。随后，三菱重工神户造船厂开发的质量表技术的成功应用，弥补了质量展开的不足。集成了这些思想和成果之后，赤尾洋二又对质量展开的概念进行了完善，他认为质量展开能够将顾客的要求转化成相应的代用质量特性，决定最终产品的设计质量，并将这种质量系统地展开成零部件质量和工艺质量，并体现它们之间的关系。

与此同时，另一个汇入质量功能展开的思想是价值工程（Value Engineering，VE），石原胜吉把价值工程中的产品功能分析扩展到业务流程的功能分析，提出了业务展开（Business Deployment）的概念，后来发展成为狭义的质量功能展开（Narrowly Defined Quality Function Deployment）。将质量展开和狭义的质量功能展开相结合，称之为质量功能展开（Quality Function Deployment，QFD），它是日本式质量管理最重要的特点。

1975 年，日本质量管理学会（Japanese Society of Quality Control，JSQC）成立了以赤尾洋二为首的 QFD 研究会，继续研究 QFD 方法，成功地推进了 QFD 在日本的普及。

1978 年，水野滋、赤尾洋二合著的《质量功能展开》由日本科学技术联盟出版，专门就质量功能进行了探讨。这是一本全面介绍 QFD 的著作，将许多企业成功应用 QFD 的案例编入书中。其中，由赤尾洋二提出的质量功能展开 27 步骤，对企业开展 QFD 起到了重要的指导作用，也推动了 QFD 的迅速普及和发展。

1983 年，在日本科学协会主持开展的两日 QFD 培训班之后，中部质量管理协会、日本规格协会、日科技联培训班相继开设，开展 QFD 普及活动。1987 年，日本规格协会也出版发行了以应用事例为中心的 QFD 单行本，并在美国和德国出版了翻译本。

1988 年，日本科学技术联盟设立了 QFD 研究会。1991 年，以研究会成果报告为基础，第一届 QFD 专题研讨会启动。1995 年，第五届 QFD 专题研讨会同时作为第一届国际 QFD 研讨会在东京召开，许多海外代表到会参加。

QFD 在日本诞生以后，一些企业进行了试用。丰田汽车公司使用新的 QFD 方法获得了顾客的心声，更重要的是这种新方法使公司将顾客的愿望偏好通过工程和制造工艺得以实现。根据关注顾客的要求，在企业组织中的每一位成员都有了比较清晰的目标，即如何使他的工作来满足顾客们的要求。QFD 方法证实了这家日本汽车制造商的成功，由于其成功的小吨位货车门的改进，丰田汽车公司用此系统设计其他的汽车，今天 QFD 在汽车其他设计中也得到广泛应用。丰田汽车公司于 20 世纪 70 年代后期使用 QFD 取得了巨大的经济效益，新产品开发启动成本累计下降了 61%，开发周期缩短了 1/3。

QFD 经过多年推广应用和不断完善，应用范围从机械制造发展到汽车、电子仪器、家用电器、医院、服装、集成电路、软件开发、服务业等。

10.1.2　QFD 在世界的推广与应用

随着日本企业在美国占有越来越多的市场份额，美国人开始研究竞争对手成功背后的各种原因。1983 年，赤尾洋二等人在美国著名质量管理杂志《质量进展》上发表了 QFD 文章，并且其本人也被邀请去美国芝加哥发表演讲，这成为 QFD 在美国传播与发展的开端。

1984 年，从日本回国的 Bob King 将 QFD 方法率先介绍给美国福特汽车公司。20 世纪 80 年代早期，福特汽车公司面临着竞争全球化、劳动力和投资成本日益增长、产品生命周期缩短，顾客期望提高等严重问题，采用 QFD 方法使福特汽车公司的产品市场占有率得到改善。之后，美国供应商协会（American Supplier Institute，ASI）、劳伦斯成长机会联盟/质量与生产力中心（Growth Opportunity Alliance of Lawrence/Quality and Productivity Center，GOAL/QPC）、美国 QFD 研究会三大组织开始向工业企业推广这种方法，同时展开教育和普及活动，该方法首先在汽车制造业得到应用。

美国的《质量进展》和《哈佛商业评论》杂志在 1986—1989 年发表的关于 QFD 的系列文章引起了美国学术界及企业界的极大关注，对于 QFD 在美国的迅速推广起到了推波助澜的作用。1989 年，美国麻省理工学院（MIT）与罗克韦尔（Rockwell）国际公司共同成功举办了由 GOAL/QPC 和 ASI 赞助的第一届北美 QFD 研讨会。之后每年举行一届，为企业发表 QFD 应用成果、交流成功经验提供了平台。

除最早采用 QFD 的福特汽车公司外，通用汽车、惠普、英特尔、柯达、IBM、宝洁等企业也先后将这种方法引入产品的开发设计过程，并且很多企业将其实施 QFD 的过程写成了实际应用案例。今天，美国的许多公司都采用了 QFD 方法，在汽车、家用电器、船舶、印制电路板、变速箱、涡轮机、自动购货系统、软件开发等方面都有成功应用 QFD 的报道。

1985 年，意大利开始研究 QFD，是第一个应用 QFD 的欧洲国家，并且于 1993 年在米兰举办第一届欧洲 QFD 研究会。瑞典被认为是欧洲推广应用 QFD 相当活跃的国家，从 1987 年开始研究 QFD，并且于 1997 年成功举办了第三届国际 QFD 研讨会。20 世纪 80 年代末，QFD 先后传播到其他欧洲国家，如丹麦、奥地利等。

1978—1985 年，韩国标准化协会举办 QFD 培训班，并于 1994 年成立了 QFD 研究会。南美洲的巴西在日本海外发展团和日本科学技术联盟的帮助下也成功地导入并迅速推行

QFD，仅在 1994 年和 1995 年，获得的 QFD 成果就达 48 个。1999 年，第五届国际 QFD 研讨会成功在巴西举行。

目前，QFD 已经在全球推行。美国三大汽车公司共同制定的质量管理体系标准及在此基础上形成的汽车工业质量管理体系的国际化标准也将 QFD 的应用作为要求纳入其中。近年来，风靡全球的六西格玛管理和并行工程都把 QFD 作为一种重要的技术。随着全面质量管理和六西格玛管理的深入推广，QFD 已经在全球范围，尤其是在发达国家广泛推行，同时部分发展中国家也开始引入 QFD 进行企业产品质量管理与控制。

10.1.3　QFD 在我国的引入与实践

1979 年，由我国质量管理专家刘源张率领的质量管理实习团赴日本的株式会社小松制造所学习全面质量管理，其中一个内容就是编制质量表。回国后，该实习团撰写的《实习报告》中有专门章节介绍了这项工作，这是我国第一份介绍 QFD 的公开资料。

20 世纪 90 年代初期，当时在日本留学攻读博士学位的熊伟，作为日本科学技术联盟 QFD 研究会的唯一华人成员，参与了以创始人赤尾洋二为首的 QFD 研究活动，并接受赤尾洋二的建议，从 QFD 理论的发源地日本向国内介绍 QFD 理论。

从 1991 开始，熊伟不断在《中国质量》《世界标准化与质量管理》《上海质量》《管理工程学报》《计算机应用》《软件学报》等杂志上发表介绍 QFD 和 QFD 研究成果的文章。通过发表论文的形式向国内介绍 QFD 理论，同时追踪国际上 QFD 的最新发展动向，为以后 QFD 在国内的逐渐铺开打下了基础。后期去日本进修的张晓东回国后在《中国标准化》杂志上发表文章，并出版了《质量机能展开——质量保证的系统方法》一书。1994 年，赤尾洋二等日本研究 QFD 的专家多次来到北京、上海等地举办 QFD 讲习班。几乎与此同时，邵家俊等国内质量专家，利用赴美国进行质量保证技术考察的契机，从美国引入 QFD。邵家俊翻译出版了《质量功能展开概论》，编写了《质量功能展开指南》，1994 年又在《航空标准化与质量》杂志发文介绍 QFD 理论。中国航天标准化研究所的李跃生等人结合航天的工作实际也进行 QFD 的应用和研究。

这两个渠道引入的 QFD 内容和介绍形式也不尽相同，熊伟等人介绍的是 QFD 理论创始人赤尾洋二的综合 QFD，介绍形式早期以发表论文为主，后期以讲学、举办培训班为主；而邵家俊等人引进的是美国的 QFD 简化版模式，引进形式以翻译美国的 QFD 著作开始，但实际上是把美国人所理解的 QFD 理论引入了中国。

2003 年年底，回国工作的熊伟，在浙江大学组建了以 QFD 为中心的工作团队；2005 年，浙江大学协助中国质量协会组织成立了全国 QFD 研究会；2009 年，熊伟成立了浙江大学质量与绩效管理研究所；2013 年，其升格为浙江大学质量管理研究中心，同时熊伟创立了中国 QFD 网站，并在中国质量协会和国家市场监督管理总局的支持下开始全面研究和实践中国式 QFD；2016 年，浙江大学作为创始成员参与亚洲质量功能展开协会（AQFDA）和亚洲 QFD 优秀项目奖的设立，为进一步推动中国 QFD 的理论研究和实践提供了平台。

在 QFD 理论研究方面，浙江大学 QFD 团队拥有近百名研究成员，发展成为世界上规模最大的 QFD 研究基地。2006 年，开始首次招收 QFD 方向的博士研究生，基于 QFD 重点开拓质量创新、生态质量、食品质量安全、医疗质量、供应链质量、神经质量管理学等质量科学研究新领域，被列入国家基金"十一五"重大研究计划，得到国家自然科学基金、国家社会科学基金重大项目和国家市场监督管理总局的连续资助。熊伟团队的研究与应用成果以百余篇研究论文和博士、硕士学位论文的形式在国内外公开发表，出版《质量机能展开》《质量功能展开——从理论到实践》《质量功能展开——理论与方法》3 本 QFD 专著，成为目前中国几乎所有 QFD 研究和实践的参考书。后期归纳 QFD 的拓展研究，出版《设计开发质量管理》《质量创新——基于质量功能展开的系统方法》。2016 年，熊伟团队总结 10 多年的研究积累并结合中国儒家文化特点提出中国式 QFD 理论与方法，从而引领国内 QFD 研究的新方向。东北财经大学的唐加福教授、西北工业大学的同淑蓉教授、天津大学的何祯教授等也对 QFD 展开了有特色的研究，这些成果使中国 QFD 学术研究跨入国际先进行列。

在 QFD 普及推广方面，熊伟为中国质量协会、深圳市质量协会、珠海市质量协会等协会讲授 QFD 公开课，应邀为全国质量技术奖励大会、中国质量学术论坛等作 QFD 专题报告数十场。

在 QFD 应用实践方面，熊伟团队咨询辅导了海马汽车、宁杭高铁、万科地产等数十家企业的 QFD 应用项目。在浙江省市场监督管理局的支持下，帮助浙江省数十家企业应用 QFD 并获得中国质量协会质量技术奖中的优秀 QFD 项目和浙江省质量创新项目。在第一期至第三期"浙江制造"品牌培育训练营中，辅导近百家企业导入 QFD 理论。目前熊伟团队在航空、兵器、汽车、机械、电器、软件、医疗、房地产、生物医药、玻璃纤维、教育、餐饮、旅游等领域均有 QFD 应用案例。

在 QFD 学术交流方面，熊伟团队连续 10 多年在世界各地参加 QFD 国际研讨会并发表研究成果，熊伟也当选为国际质量功能展开组织（ICQFD）唯一华人常委，受邀在全日本质量与标准化大会、香港第十二届品质大会等做主题演讲。2008 年，第十四届国际 QFD 研讨会在中国举办。浙江大学团队与中国质量协会共同主办了数届中国 QFD 与创新论坛。在国家市场监督管理总局指导下，浙江大学质量管理研究中心主办的第二十一届国际 QFD 研讨会和首届亚洲 QFD 与创新研讨会，成为世界 QFD 史上的里程碑，也将中国 QFD 研究与实践推上了新的高度。

所有这些工作都对 QFD 在中国的普及和应用起到积极作用。今天，QFD 已在中国各界引起了广泛的重视。随着对 QFD 理论认识的不断加深，同时科学管理思想在企业家的心目中不断加强，QFD 在中国各界引起了越来越广泛的重视，我们可以看到 QFD 在中国应用的美好前景。

10.2　QFD 的原理

10.2.1　QFD 的概述

日本质量管理专家赤尾洋二、水野滋等根据 QFD 分析模型提出了"综合质量展开"与"狭义的质量功能展开"概念。

赤尾洋二将综合质量展开（质量展开）定义为"将顾客的需求转换成代用质量特性，进而确定产品的设计质量（标准），再将这些设计质量系统地（关联地）展开到各个功能部件的质量、零件的质量或服务项目的质量上，以及制造工序各要素或服务过程各要素的相互关系上"，使产品或服务事前就完成质量保证，符合顾客要求。它是一种系统化的技术方法。水野滋将狭义的质量功能展开（职能展开）定义为"将形成质量保证的职能或业务，按照目的、手段系统地进行详细展开"，通过企业管理职能的展开实施质量保证活动，确保顾客的需求得到满足。它是一种体系化的管理方法。

QFD 包括综合质量展开（质量展开）与狭义的质量功能展开，而综合质量展开又包括质量展开（质量表的绘制）、技术展开、可靠性展开、成本展开；狭义的质量功能展开则包括规划、设计、试做、制造、服务。QFD 的基本构成如图 10-1 所示。

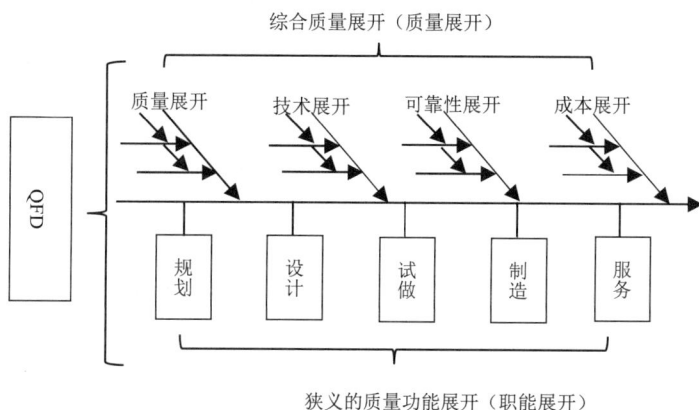

图 10-1　QFD 的基本构成

美国供应商协会的开创者 L. P. Sulliven 认为："QFD 作为一个总体概念，它提供了一种方法，通过这种方法，可以在产品开发和生产的每个阶段把顾客需求转变成适当的技术要求。"可见，L. P. Sulliven 把 QFD 定义为一种方法，看作一种过程。另一位美国专家 Lou Colen 认为："QFD 是一种结构化的产品计划与开发方法，该方法使得产品开发小组能够清楚地了解顾客的需求，并能对所提出的产品或服务的性能，根据其对顾客需求的满足程度进行系统的评价。"

通过分析国外质量专家对 QFD 的论述，我们认为，QFD 技术是一种直观地把顾客或市场的需求逐步转化、展开、分解的多层次演绎分析方法。它从质量保证的角度出发，通过一定的市场调查方法获取顾客需求，建立用图形表示的一系列量化评分表、相关矩阵的组合，对顾客需求、工程措施、需要条件等影响质量的因素和指标进行细化分解、加权评分、相关分析、权衡分析及反复迭代，最后达到系统优化。

QFD 有以下特点。

（1）目标明确的工作协调方法。在产品研制设计时，采用 QFD，通过质量策划将顾客需求变成企业相关部门与工作人员可以理解的语言来实施行动，使这些行动具有明确的目的性，保证产品完全满足顾客需求，成为企业各职能部门、各员工可以看得见、摸得着的具体行动。

（2）有效的资源优化配置方法。QFD 的核心思想是"顾客需要什么"和"怎么样来满足顾客需求"，这样在产品规划与设计过程中就能正确理解顾客需求，产品的质量、功能不会遗漏也不会多余，这实质是资源的优化配置，实现资源节约而降低成本。

（3）产品开发的质量保证方法。QFD 在新产品开发设计阶段就对产品实施全过程、全方位的质量保证。它改变了传统质量管理的事后控制，转向事前预防，而且每项预防措施都有很强的针对性。

（4）运用质量屋模型。质量屋是建立 QFD 系统的基础工具，是 QFD 的精髓。质量屋不仅可以用于新产品的开发过程，还可用于生产的局部过程，也可用于服务业的质量管理，如可单纯地应用于产品规划设计、生产工艺设计、服务质量控制等过程。它不仅可应用于机械行业，还可应用于其他行业。

（5）采用先进的制造技术。QFD 在整个产品各阶段的决策、管理、设计与制造都可以应用。从现代技术方法方面看，QFD 在计算机和信息技术支持下，继承和发展了传统的设计方法，使设计方法又发展到一个新的水平高度。同时，QFD 又能与其他先进技术方法配套综合运用，起到了 1+1>2 的放大效果。

（6）科学的现代管理方法。QFD 也可应用于现代企业管理工作，使管理人员在研发设计阶段、生产制造阶段、决策阶段，可对产品的质量、功能、成本、使用期等各方面进行科学管理，保证产品质量满足顾客需要。

QFD 的作用如下。

（1）QFD 有助于帮助企业正确把握顾客需求。QFD 是一种简单的、合乎逻辑的方法，它包含一套矩阵，这些矩阵有助于确定顾客的需求特征，以便于更好地满足和开拓市场，也有助于决定企业是否有能力成功地开拓这些市场。

（2）QFD 有助于优选方案。在实施 QFD 的整个阶段，工作人员都要按照顾客需求评价方案。即使在第四阶段，包括生产设备的选用，所有决定都是以最大限度地满足顾客需求为基础的。当做出一个决定之后，该决定必须是有利于顾客的，而不是有利于工程技术部门或生产部门的，顾客的观点置于各部门的偏爱之上。QFD 是建立在产品和服务应该按照顾客要求进行设计的观念基础之上的，所以顾客是整个过程中最重要的环节。

（3）QFD 有助于打破组织机构中各部间的功能障碍。QFD 主要是由不同专业、不同部门、不同观点的人来实施的，所以它是解决复杂、多方面业务问题的最好方法。但是实施QFD 要求有奉献精神和勤奋精神，要有坚强的领导集体和一心一意的成员，QFD 要求并鼓励使用具有多种专业的小组，从而为打破功能障碍、改善相互交流提供了合理的方法。

（4）QFD 容易激发员工们的工作热情。实施 QFD，打破了不同部间的隔阂，会使员工感到心满意足，因为他们更愿意在和谐气氛中工作，而不是在彼此矛盾的气氛中工作。另外，当他们看到成功和高质量的产品时，他们会感到自豪。

（5）QFD 能够更有效地开发产品，提高产品质量和可靠性，最大限度地满足顾客。为了产品开发而采用QFD的企业已经尝到了甜头，成本削减了约50%，开发时间缩短了约30%，生产率提高了约 200%。

（6）QFD 有助于为企业的产品设计和决策提供更好的服务。在进行 QFD 时要对市场上的同类产品进行市场竞争能力评估，这样有利于发现其他同类产品的优势和劣势，取长补短，为企业的产品设计和决策提供更好的服务。

（7）QFD 有助于减少产品设计中的反复次数，从而缩短设计周期并降低产品成本。由于其在产品设计阶段就考虑制造问题，产品设计和工艺设计交叉并行，这样会使企业在规划设计时，就同时考虑到这两种需求，从而使得产品设计周期缩短和产品成本降低。

10.2.2   质量屋技术

QFD 是一种实现产品开发和质量保证的方法论，它要求我们在产品开发时直接面向顾客需求，在产品设计阶段就考虑工艺和制造问题。QFD 的核心思想是需求转化，而质量屋（HOQ）是一种形象直观的矩阵框架表达形式，它提供了产品开发中具体实现这种需求转化的工具。质量屋将顾客需求转化为产品和零部件特征并配置到制造过程中，是 QFD 的工具和精髓。目前，在全球多种 QFD 分析模型中，质量屋是最通用的。质量屋的结构如图 10-2所示。

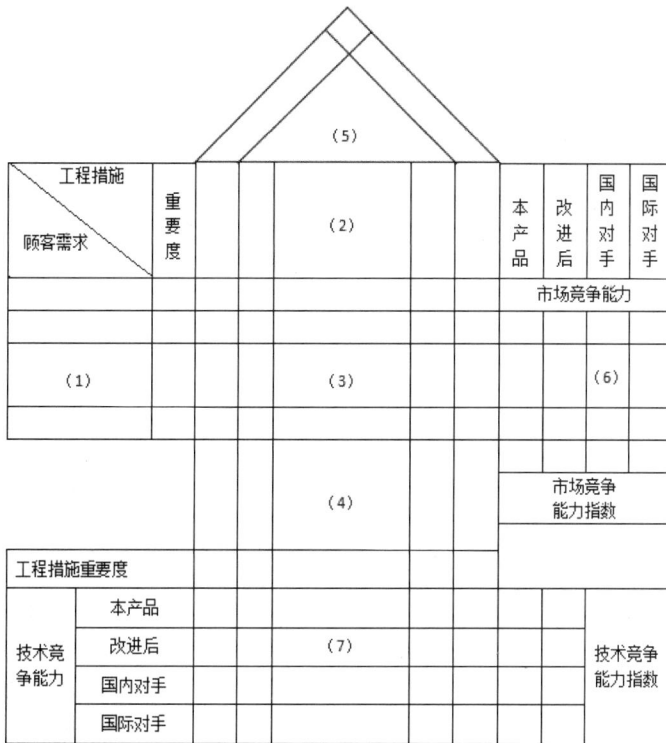

图 10-2　质量屋的结构

（1）"左墙"表示顾客需求及其重要度，是质量屋的"什么（What）"。顾客需求是质量屋的输入信息，应简单明确地描述顾客对每一个产品、服务的性能或质量的特殊要求。顾客需求的信息应通过充分的市场调研和走访客户等方法来获得，然后通过直接打分法、排序法或层次分析法等来评定各项顾客需求的重要度。

（2）"天花板"表示针对顾客需求怎样去做而提出的工程措施（设计要求或质量特性），是质量屋的"如何（How）"。工程措施是用于满足顾客需求的手段，是由顾客需求推算出来的，必须用标准化的形式进行表达。工程措施可以是产品的零件特征或技术指标，或者是一个零件的关键工序及属性，也可以是满足顾客需求的某些服务措施或管理措施等。这些措施的有效实施能够使顾客需求得以实现。

（3）"房间"表示顾客需求与工程措施的相关程度。这里，顾客需求与工程措施形成相关关系矩阵，反映从顾客需求到工程措施的映射关系，表明各项工程措施对各项顾客需求的贡献和相关程度。

（4）"地板"用于确定工程措施指标及其重要度。分析本企业产品与竞争对手产品在各项工程措施上的满足程度，结合调查结果，初步确定工程措施指标，并根据顾客需求的重要度和关系矩阵，确定工程措施的权重。

（5）"屋顶"用于评估各项工程措施之间的相关程度，形成三角形的相关矩阵（How 的相关关系矩阵），分析各项工程措施之间的影响，发现工程措施之间的重复或不协调。

（6）"右墙"用于分析市场竞争能力，旨在确定顾客对本产品及竞争对手产品的评估信息。

（7）"地下室"用于分析技术竞争能力，根据企业现有技术能力及技术发展战略设定新产品对每项工程措施的实现水平，用量化分值进行评估。

最后应对市场竞争能力和技术竞争能力进行综合评价，实际应用中可以根据具体要求对质量屋结构的部分内容进行剪裁。

质量屋的结构借助了建筑学上的用语，好懂易记，并形象地喻示 QFD 方法的结果是使顾客可以在质量大厦的庇护下，满意地享用他们所需要的产品或服务。采用质量屋的形式进行矩阵展开，不但直观易懂，具有吸引力，而且它在分析和处理的信息量方面，以及在处理的深入程度和量化程度上比其他的质量控制工具要好得多。

10.2.3　QFD 的模式

20 世纪 60—90 年代，QFD 逐渐形成了 3 种被广泛接受的模式，即综合 QFD 模式（赤尾模式）、四阶段模式（ASI 模式）和 GOAL/ QPC 模式。

1. 综合 QFD 模式

在日本，QFD 的最初图形是赤尾洋二的综合 QFD 模式，它广泛地定义了产品的质量和过程的质量。赤尾洋二认为 QFD 可以看作是由一系列关系组成的网络，通过该网络，顾客需求被转化为产品质量特性，产品的设计则通过顾客需求与质量特征之间的关系被系统地展开到产品的每个功能，并进一步展开到每个零部件和生产流程，通过这一过程，最终实现产品设计。在其最初发表的质量展开表中，针对狭义的质量归纳了 17 个工作步骤，但是，在产品开发过程中，实际上并不是只有质量，还有为了实现质量所必需的技术和所需要的成本，必须考虑和平衡这些因素。另外，如果产品在有可靠性要求的情况下，必须针对产品可靠性进行分析。为此，Akao 等人归纳了以设计阶段为中心，由 64 步工作步骤组成的综合性质量展开的框架（赤尾模式）。该框架包含以质量保证为核心的质量展开、技术展开、成本展开和可靠性展开，但在具体实践时很少能够做到把质量展开和功能展开集成起来。

综合 QFD 模式提供了一个有关 QFD 的多重网络，这是一种矩阵的矩阵，通过几个乃至几十个矩阵、图表来具体描述产品开发步骤。可以说，综合 QFD 模式是 QFD 发展史上的里程碑，使质量管理由解析型方法转变为设计型方法。

2. 四阶段模式

四阶段模式是 ASI（美国供应商协会）提倡的 QFD 展开方法。该模式首先由 L. P. Sulliven 提出，后经 Hauser 和 Clausing 改进。该模式从顾客需求开始，经过四个阶段，即四步展开，用四个矩阵得出产品的工艺和生产控制参数。这四个阶段是产品规划阶段、零件配置阶段、工艺设计阶段、生产控制阶段，如图 10-3 所示。根据某一层次的产品就是其隶属产品的"顾客"和本道工序就是上一道工序的"顾客"的原理，各个开发阶段均可建立质量屋，且各个阶段的质量屋内容有一定的内在联系。

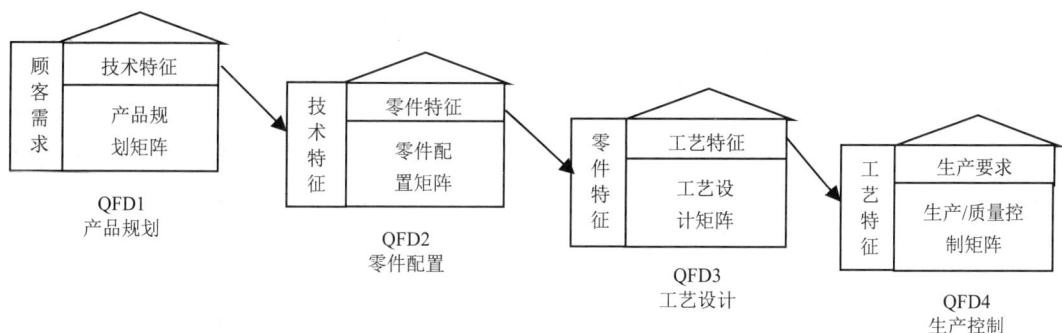

图 10-3 QFD 的四阶段模式

1）产品规划阶段

通过产品规划矩阵（质量屋），将顾客需求转换为质量特性（产品特征或工程措施），并根据顾客竞争性评估（从顾客的角度对市场上同类产品进行的评估，通过市场调查得到）和技术竞争性评估（从技术的角度对市场上同类产品的评估，通过试验或其他途径得到）结果确定各个质量特性（产品特征或工程措施）的目标值。QFD1 为 QFD 第一阶段：作用是产品策划将顾客要求（顾客的声音）转化为相应的控制特性或设计要求，即输入为顾客需求，输出为技术特征。

2）零件配置阶段

在该阶段中，前面质量屋矩阵中的行（技术特征）变成了列，零件特征作为行。需要引起注意的是，只有那些对产品市场起关键作用的技术特征被转移过来。利用前一阶段定义的质量特性（产品特征或工程措施），从多个设计方案中选择一个最佳设计方案，并通过零件配置矩阵将其转换为关键的零件特征。QFD2 为 QFD 第二阶段：输入为技术特征，输出为零件特征，作用是将设计要求分配到每一个部件、零件。

3）工艺设计阶段

零件配置矩阵中的行（零件特征）变成了第三阶段矩阵中的列，它的行是由影响零件特征的工艺特征组成的。通过工艺设计矩阵，确定了为保证实现关键的质量特性（产品特征）和零件特征所必须保证的关键工艺参数，选出最佳的工艺设计。QFD3 为 QFD 第三阶段：输入为零件特征，输出为工艺特征。

4）生产控制阶段

这是 QFD 的最后阶段，第三阶段中的行（工艺特征）转化为第四阶段矩阵中的列，其中行是生产要求。通过生产/质量控制矩阵将关键的零件特征和工艺参数转换为具体的生产（质量）控制方法或标准。QFD4 为 QFD 第四阶段：输入为工艺特征，输出为生产要求。

需要特别注意的是，质量屋的规模不宜过大，即顾客需求和工程措施的数量不宜过多，以便于操作。一般顾客需求不应多于 20 项，工程措施不宜多于 40 项。同时，四个阶段的质量屋必须按照并行工程（Concurrent Engineering）的原理在产品方法论证阶段同步完成，以便同步地规划产品在整个开发过程中应该进行的所有工作，确保产品开发一次成功。

四阶段模式的优点是有助于人们对 QFD 本质的理解，有助于理解上游的决策是如何影响下游的活动及资源配置的，其缺点是不适合复杂的系统和产品。由于四阶段模式结构简单易实施，充分体现了 QFD 的本质，因此成为企业实践的主流模式。在理论研究上，许多学者也立足于该模式。然而，绝大多数 QFD 应用都只停留在第一个质量屋。

3. GOAL/QPC 模式

美国劳伦斯成长机会联盟/质量与生产力中心（GOAL/QPC）的创始人 Bob King 提出的 QFD 模式，通常被称为 GOAL/QPC 模式。该模式包括 30 个矩阵，涉及产品开发过程等方面的信息，对 QFD 系统中的各种活动提供了良好支持。Bob King 从系统、组织的角度对 QFD 做了阐述，他认为 QFD 是一个根据顾客的需求来设计产品和服务的系统，该系统包含生产商或供应商的所有成员。该模式包括质量展开、技术展开、成本展开、可靠性展开在内的综合性质量设计和管理步骤。Bob King 在他的《时间减半设计更佳》一书中对该模式有更详细的解释。该模式的优点是比较适合复杂的系统和产品；其缺点是各种活动之间缺乏逻辑关系，难以理解，在应用上缺乏可操作性。对于有丰富经验的 QFD 实践者而言，该模式比四阶段模式更灵活。

上述三种模式代表了 QFD 研究和实践的基本形式，它们之间既有联系又有区别。综合 QFD 模式是起源，而四阶段模式和 GOAL/QPC 模式则是由此演变而来的。这三种模式的本质是相同的，都采用了直观的矩阵展开框架。这三种模式的定义阐明了同一种观点，即 QFD 可以保证顾客需求早在产品设计阶段就被结合到产品开发过程。

10.2.4 QFD 的工作程序

1. 确定开展 QFD 项目

原则上，QFD 适用于任何新产品或新服务的引进与开发，尤其是参与国内国际市场竞争的产品或服务项目的策划，都可以考虑运用 QFD。

通常，一个企业采用 QFD，项目选择应该由易到难。开始的时候可以选择规模适当的项目，比如产品的改进设计，所需的时间和精力不多，效果容易衡量，通过对一个个项目的成功运用 QFD 以加深对其方法的理解，为在大型复杂项目的开发中成功运用 QFD 打下基础。

2. 成立多功能 QFD 小组

在应用 QFD 时，必须强调加强矩阵管理，既要加强纵向（专业内部）的联系，也要加强横向（项目内容）的联系，就像纺织一块布，经线和纬线都要结实。通常工程专业的纵向联系比较紧密，而横向联系比较薄弱。加强专业横向联系行之有效的方法是成立一个多功能的、综合的 QFD 小组。这有利于消除不同部门、不同专业之间的隔阂，使产品或服务更好地满足顾客的需求。

QFD 小组的成员需要根据项目涉及范围大小而定。当 QFD 分析对象为新产品或新项目的开发时，可能需要市场营销、计划管理、供应管理、质量管理、财务会计、成品附件、采购、设计、制造、工艺、器材、售后服务等方面的工作人员参加。当 QFD 分析对象为某项质量问题的改进、某个故障的纠正、某个部件的设计修改或某道工艺的改进时，QFD 小组成员的范围可相对缩小，只要求相关的设计与工艺人员参加即可。为了充分、全面地了解顾客需求，在有条件的情况下，应邀请顾客代表参加 QFD 小组，并充分地利用从各种途径获得的产品质量与可靠性信息。

QFD 小组要在某项工作的整个周期内活动并发挥作用，因此，小组负责人应由熟悉该项工作各方面情况、权威性和协调能力较高的人担任，以便使 QFD 小组的工作卓有成效，QFD 分析结果能迅速付诸实施。同时必须推选或指定一名责任心强、知识面广、熟练掌握 QFD 方法的人作为小组的记录员，全面地记录、整理 QFD 小组活动开展过程中的情况，并形成必要的分析报告，以便之后查阅。

在 QFD 项目实施过程中，QFD 小组成员发挥各自的专业技能与经验，提出在研发、制造、生产等各阶段将会遇到的问题，把一些可以预测的问题解决在萌芽状态，确保项目开展过程中不出现致命的缺陷。

3. 顾客需求分析

1）顾客需求的分类

东京理科大学教授狩野纪昭（Noriaki Kano）提出的 Kano 模型定义了三个层次的顾客需求：基本型需求、期望型需求、兴奋型需求，如图 10-4 所示。

基本型需求是顾客对企业提供的产品或服务的基本要求，是顾客认为产品必须有的属性或功能，如夏天可以使用空调、汽车应能行驶。

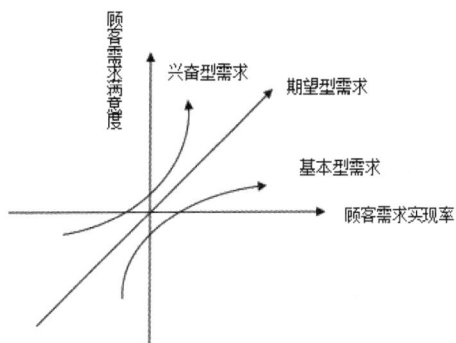

图 10-4 Kano 模型

由于这类需求被视为理所当然，一般情况下顾客不会专门提出，除非近期顾客刚好遇到产品性能失效等事件，牵扯到这些需求。基本型需求作为产品应具有的基本功能，当其不满足顾客需求时，顾客就会很不满意；当其满足顾客需求时，顾客也可能不会因此表现出特别满意。对于基本型需求，即使超过了顾客的期望，但顾客充其量达到满意，不会对此表现出更多的好感。

期望型需求要求企业提供的产品或服务比较优秀，但并不是必需的产品属性或服务行为，如空调的耗电量、汽车的乘坐舒适度。在市场调查中，顾客谈论的经常是期望型需求。在这类需求中，顾客的满意状况与需求的满足程度呈比例关系。此类需求得到满足或表现良好的话，顾客满意度会显著增加，企业提供的产品和服务水平超出顾客期望越多，顾客的满意状况越好。当此类需求得不到满足或表现不好的话，顾客的不满也会显著增加。

兴奋型需求要求提供给顾客一些完全出乎意料的产品属性或服务行为，使顾客产生惊喜。如果产品或服务没有提供这类需求，顾客不会不满意，因为他们通常想不到这类需求；当产品或服务提供了这类需求时，顾客对产品或服务就会表现出非常满意。因此，这类需求主要靠供应商发掘。

在收集顾客需求时，要注意这三类需求的区分，不要遗漏。当然这三类需求也是相对而言的，随着技术的进步、产品的变化和顾客需求的提高，原来的兴奋型需求会变为期望型需求，原来的期望型需求则会转化为基本型需求。

2）顾客需求的收集

顾客需求的收集是 QFD 的关键环节，必须给予足够的重视。在国外，这一过程被称为收集"顾客的声音"（Voice Of Customer，VOC）。应注意"顾客的声音"中的"顾客"是一个广义的概念，除了产品使用者和潜在使用者，必要时还应包括主管部门、分销商、产品维修人员等在产品寿命周期内关系密切的组织和个人。对于大型复杂产品的开发，顾客的声音将来自更多的方面。

顾客需求的获取，必须按照正确的步骤和运用科学的方法。通常获取顾客需求可以从以下几个方面入手。

（1）合理确定调查对象。一般来说，在开发新产品时，重点调查使用与开发类似产品的用户，对现有产品更新换代时，应重点调查现有产品的使用用户。为了准确把握调查情况的分布，有必要对调查对象进行定位，要从性别、年龄、地理位置、收入水平、家庭构成、职业、消费形式等角度细分市场。如果产品是通过不同的途径进入市场的，必须了解批发商、零售商的具体要求。例如，什么样的产品好销、怎样才能好销，最近顾客对该类产品有什么意见等。另外，调查对象要以全部的目标消费者为对象，不能仅以购买产品的用户为对象，这样就无法将未购买产品的用户纳入该产品未来的消费群体。

（2）深入市场展开调查。各种市场调研方法各有优缺点，必须对它们进行了解并结合实际情况进行适当地选择。常见的市场调查方法有询问、面谈、电话、邮寄、留卷、观察等。企业在具体运用各种调查方法时，要根据它们各自的特点和适用条件，结合具体的调查目的和要求，应有针对性地灵活选取其中一种或几种合适的方法。

（3）进行同类产品质量跟踪和售后服务信息分析，了解现有产品中令顾客满意或抱怨的质量特性。

（4）将涉及环境、安全等方面的国家和行业的法令、法规及标准、规范等纳入顾客需求或作为产品开发的约束条件。

（5）分析公司产品开发的战略和策略，提炼出必要的顾客需求。

（6）分析产品发展趋势与现状，通过媒体及专业杂志等手段收集信息，分析处理，从全局上把握产品发展方向，结合 QFD 小组的头脑风暴会议，对上述方式得出的顾客需求进行筛选和补充。

在进行市场调研时，应对不同层次的、有不同要求的顾客进行区分。为了更好地了解顾客对产品的需要，可以设计和采用相应的表格，对顾客展开调查。一般而言，在设计调查表时，通过更好地融合产品的实际使用情况，了解顾客的使用方式及要求，经整理后提炼出顾客需求，会取得很好的效果。表 10-1 只是一个供参考的调查表形式。

表 10-1　"顾客的声音"调查表

序号	顾客特性（Who）		顾客的声音	用　　　途									
				什么（What）		何时（When）		何处（Where）		为什么（Why）		如何用（How）	
	内/外	信息		内/外	信息	内/外	信息	内/外	信息	内/外	信息	内/外	信息

在表 10-1 中，内/外表示信息是顾客直接表达的（内在的），还是调查者根据顾客的意思所做的推测（外在的）。在"顾客特性"的"信息"栏中，记录企业希望获取顾客的个人信息，如姓名、性别、年龄、受教育程度、职业、所属消费者类型等。在"顾客的声音"栏中，调查者以顾客的语言形式描述顾客对产品的期望。

"用途"下的 4W1H（What、When、Where、Why、How）是对"顾客的声音"的补充说明，细化了产品的使用场景。"什么"表明了产品所满足的顾客需求，是主要用途还是第二用途等，如"（用钱夹存放）信用卡""（用胸针作为）身份象征"；"何时""何处"记录了产品的使用场景，如产品使用的时机、季节、频率、地理位置、周围环境等；"为什么"用于记录顾客提出该需求的动机，是出于安全考虑、个性化需求，还是要求产品具备特有的属性等；"如何用"描述了该项需求对应的产品操作程序或使用方法，是持续应用还是偶发的应用，是工业应用还是个人应用等。应根据需要填写这些信息，以方便根据调查的内容分析和归纳顾客需求。

3）顾客需求的整理

收集到的顾客需求是复杂繁多的，有要求、期望、抱怨、评价、意见，涉及质量、方法、功能、价格、外观……，所以必须对从顾客那里收集到的信息进行整理与归类。通过对调查信息的分析与整理，形成 QFD 配置所需的顾客需求信息及形式。在进行顾客需求整理的过程中要满足以下规范与标准。

（1）用语简洁，无歧义。

（2）一项顾客需求只能表达一个特定的意思。

（3）不把对应的工程措施（技术解决方案）作为顾客需求。

（4）便于工程人员的理解。

（5）同一级别的顾客需求彼此独立，内容无重复交叉。

"顾客的声音"只提供了原始的顾客需求，应按照上述标准与规范采用科学的方法进行整理、归类，而亲和图（KJ）法是一种有效的分组手段，其具体操作步骤如下。

（1）将每项顾客需求分别写在一张小卡片上，去掉内容重复的卡片，再将剩余的卡片重新排列起来。

（2）把内容相近的卡片聚集在一起，起一个可以概括其内容的名字作为高一级的需求，并另外写在卡片上。

（3）将新写的卡片按内容相近程度聚集、起名，作为更高一级的顾客需求，并另外写在卡片上。

（4）如有需要，可继续按步骤（3）进行操作，直到顾客需求被系统而有层次地组织起来。

对于简单的产品，顾客需求可能只有一级；对于稍微复杂一些的产品，为了深入细致地分析顾客对产品的要求，可能会建立多级顾客需求，应将它们填入质量需求展开表中。建立质量屋时，提取前两级或前三级顾客需求即可。质量屋中顾客需求和工程措施的项数都不宜过多，否则影响工作效率。必要时，可增加质量屋的层次或划分为几个并列的质量屋加以展开；或删除一些影响轻微的顾客需求和工程措施，或将它们做一定的归并，以减小质量屋的规模。表 10-2 给出了老年人智能水杯的顾客需求展开表，构成了质量屋的"左墙"。

表 10-2　老年人智能水杯的顾客需求展开表

一级顾客需求	二级顾客需求
造型设计	造型简单硬朗
	色彩沉稳
	价格适中
	操作简单
功能设计	智能提醒吃药、饮水
	药物存储
	显示基本信息
	无线充电
	饮水检测
	安全健康

4. 顾客需求重要度的确定

顾客需求重要度是 QFD 中极其重要的数量指标，直接影响后续的分析与操作。它通常是将定性问题进行量化分析，通过把顾客的各项需求进行量化评分来确定各项需求对顾客的重要程度。为了把握这些需求程度，可以采用询问调查法、重复频度法、加权平均法、层次分析法等。一般采用加权平均法进行重要度的评估，即 QFD 小组成员以工作经验为主要根据确定各项顾客需求重要度的分值。这种方法简便易行，使用比较广泛，但受数据准确率、操作者经验和水平的影响。

顾客需求重要度 K_i（$i=1,2,3,\cdots,m$）可取下列 5 个等级：

1——不影响功能实现的需求；

2——不影响主要功能实现的需求；

3——比较重要的影响功能实现的需求；

4——重要的影响功能实现的需求；

5——基本的、涉及安全的、特别重要的需求。

顾客需求重要度可用权重的表达形式，即

$$K_i' = \frac{K_i}{\sum\limits_{i=1}^{m} K_i}$$

这种方法在确定顾客需求重要度时，有较大的主观性，最终应由专业的技术人员确认数值。如果结果在专业的技术人员的确认下发现存在较大偏差，应该采用其他定量分析方法进行对比确定。例如，根据上述原则，综合 QFD 小组根据工作经验和相关研究给出了如表 10-3 所示的老年人智能水杯的顾客需求重要度。

表 10-3 老年人智能水杯的顾客需求重要度

一级顾客需求	二级顾客需求	顾客需求重要度 K_i	权 重
造型设计	造型简单硬朗	4	0.11
	色彩沉稳	3	0.08
	价格适中	5	0.13
	操作简单	5	0.13
功能设计	智能提醒吃药、饮水	4	0.11
	药物存储	3	0.08
	显示基本信息	3	0.08
	无线充电	4	0.11
	饮水检测	4	0.11
	安全健康	3	0.08

5. 市场竞争能力分析

在进行顾客需求分析的基础上，对新产品在市场上的定位实施市场竞争能力评估。方法是通过进一步征询意见、调查分析，对本公司产品与竞争对手的产品进行比较，分析新产品对每一项顾客需求的满足程度，并求出原产品、新产品及竞争对手产品的市场竞争能力。这一分析过程形成了质量屋的"右墙"。

首先，进行市场竞争能力比较分析，评定现有产品和竞争对手产品的竞争力。在可能的情况下，把这些产品摆在一起，客观地评估它们对各项顾客需求的满足程度，量化打分。

市场竞争能力 M_i（$i=1,2,3,\cdots,m$）可取下列 5 个数值：

1——无竞争能力可言，产品积压，无销路；

2——竞争能力低下，市场占有份额递减；

3——可以进入市场，但并不拥有优势；

4——在国内市场竞争中拥有优势；

5——在国内市场竞争中拥有较大优势，可以参与国际市场竞争，占有一定的国际市场份额。

其次，对新产品的市场竞争能力进行定位。对各项顾客需求，从公司技术能力和发展策略入手确定新产品应达到的满足程度，并给出量化分值。

最后，对市场竞争能力 M_i（$i=1,2,3,\cdots,m$）进行综合后，获得产品的市场竞争能力指数 M，即

$$M = \sum_{i=1}^{m} K_i M_i \Big/ \left(5 \sum_{i=1}^{m} K_i \right)$$

若计算出的新产品市场竞争能力指数低于企业的要求或战略目标，则重新设定新产品对各项顾客需求的满足程度，根据技术可行性适当提高量化分值。在选择工程措施时，要保证工程措施所确定的技术方案足以支持新产品达到所设定的市场地位。

为明确新产品相对于现有产品的水平提高程度，可计算出新产品对应于每项顾客需求的水平提高率 L_i（$i=1,2,3,\cdots,m$），即

$$L_i = 新产品的市场竞争能力 / 现有产品的市场竞争能力$$

为了取得竞争优势，可能需要在新产品的设计中突出对某项顾客需求的满足程度，使产品具有鲜明的特色，成为产品的卖点（Sales Point），为此引入修正因子 a_i。如果要重点突出对某项顾客需求的满足程度，可将修正因子定为 1.5；如果只是一般突出，可将修正因子定为 1.2。相应地，如果某项顾客需求被设置了修正因子，则其重要度应有所提高。为此，应对各项顾客需求的重要度进行修正，修正后重要度的绝对权值 I_{ai} 为顾客需求原重要度值 K_i、水平提高率 L_i 和修正因子 a_i 三者的乘积。相对权值 I_i 是每项绝对权值占绝对权值总和的百分比。

$$I_{ai} = K_i \times L_i \times a_i$$
$$I_i = \left(I_{ai} / \sum I_{ai} \right) \times 100\%$$

在质量屋中可以用修正后的顾客需求的权值进行圆整后代替原有的重要度值，进行质量屋的分析计算。在绘制市场能力分析表时，可参照表 10-4 进行进一步的数值分析。

表 10-4　老年人智能水杯市场竞争能力分析表

一级顾客需求	二级顾客需求	重要度 K_i	市场竞争能力分析			
			本公司		X 公司	Y 公司
			现有产品	改进产品		
造型设计	造型简单硬朗	4	3	4	4	3
	色彩沉稳	3	4	5	3	3
	价格适中	5	4	5	4	4
	操作简单	5	5	5	4	4

一级顾客需求	二级顾客需求	重要度 K_i	市场竞争能力分析		X公司	Y公司
			本公司			
			现有产品	改进产品		
功能设计	智能提醒吃药、饮水	4	3	4	4	3
	药物存储	3	3	4	4	4
	显示基本信息	3	4	5	4	4
	无线充电	4	3	4	5	3
	饮水检测	4	3	4	3	4
	安全健康	3	4	5	4	4

6．工程措施的确定

顾客需求有时是以抽象的语言形式表现出来的，不能直接转化为可以准确度量的工程措施，仅仅依靠这些需求难以进行设计、生产，需要转化成工作人员可以理解的工程技术语言。针对每一项顾客需求，系统分析产品应具有什么设计要求或工程措施，并填入质量屋的"天花板"。

质量屋中工程措施的确定主要通过召开头脑风暴会议来进行。召开头脑风暴会议时应满足以下要求：①QFD 小组成员及其他相关人员（如顾客代表等）参加会议；②会前应通知与会人员做好准备；③遵守头脑风暴会议的要求和纪律。

头脑风暴会议的特点是创造一个轻松自由的环境，鼓励参会人员充分开动脑筋，畅所欲言，发挥集体智慧。会议应由 QFD 小组负责人主持，会场气氛应活跃，为避免思考的积极性受挫，打消各种顾虑，会议应规定即便对于荒诞可笑的或不切实际的发言，也不得进行反驳或有鄙薄的表示。会议设专人详细记录所有人的发言，会后应整理会议记录，列出各种观点后进行整理分析，寻找出最有价值的意见。在头脑风暴会议上，应在分析顾客需求的基础上详细讨论满足顾客需求的工程措施。

将收集到的工程措施按照以下要求进行分析与确认：①工程措施应从产品整体着眼提出，而不是从现有产品的零部件及工艺的技术要求中总结得出，以免限制产品的设计方案，影响创造力发挥；②同一级的工程措施应相互独立；③工程措施的组合应是全面系统的，可据此产生完整的设计方案；④对于所选择的工程措施，应有助于提出量化的指标，以便对该项工程措施的实现方法和可实现程度进行科学评估。用 QFD 辅助大型、复杂产品的开发时，其顶层质量屋的工程措施难以量化，此时工程措施及其指标的组合应能为后续的方案开发等工作指明方向，使设计人员可据此判断设计工作是否偏离轨道。确认后的工程措施可用亲和图法进行分级。表 10-5 以老年人智能水杯为例，反映顾客需求与工程措施之间的对应关系。

表 10-5　老年人智能水杯工程措施一览表

一级顾客需求	二级顾客需求	工 程 措 施
造型设计	造型简单硬朗	外观造型
	色彩沉稳	外观造型
	价格适中	材质
	操作简单	易用性

续表

一级顾客需求	二级顾客需求	工　程　措　施
功能设计	智能提醒吃药、饮水	智能提醒
	药物存储	存储能力
	显示基本信息	LED 显示
	无线充电	续航能力
	饮水检测	智能检测
	安全健康	材质

7. 关系矩阵的建立

关系矩阵用来表示顾客需求与工程措施之间的相互关系。在建立关系矩阵时，应邀请有经验的专家及相关科研人员进行座谈和探讨，对各项顾客需求与对应的工程措施的相互关系进行打分，完成质量屋的"房间"部分。

用关系矩阵来表示关系度 r_{ij}，可取下列 5 个等级：

1——该交点所对应的工程措施和顾客需求之间存在微弱的关系；

3——该交点所对应的工程措施和顾客需求之间存在较弱的关系；

5——该交点所对应的工程措施和顾客需求之间存在一般的关系；

7——该交点所对应的工程措施和顾客需求之间存在密切的关系；

9——该交点所对应的工程措施和顾客需求之间存在非常密切的关系。

根据实际情况，必要时可采用中间等级：

2——介于 1 和 3；

4——介于 3 和 5；

6——介于 5 和 7；

8——介于 7 和 9。

有时，也可采用 1、3、9 等级。此时，可用符号◎表示 9、〇表示 3、△ 表示 1，空白为 0，表示不存在关系。

在关系矩阵完成后，需要对顾客需求与工程措施的关系度进行检查，以便对其调整与修改：①若某项顾客需求与所有工程措施关系值都是 0，则应重新评估顾客需求，或者增加可满足该项顾客需求的工程措施；②若某项工程措施与所有顾客需求的关系值都是 0，应检查该项工程措施是由哪一项顾客需求推导出来的，是否应该取消；③若一项顾客需求与大多数工程措施都有较强的关系，应分析量化数值的科学性，也可能该顾客需求是高一级的顾客需求，此时应将其分解为几项子需求；④若一项工程措施与大多数顾客需求都有较强的关系，应做与第③条类似的处理。

8. 技术竞争能力分析

分析现有产品及竞争对手的产品对各项工程措施的满足程度，初步确定工程措施指标（质量屋的"地板"）。由于工程措施通常是从技术角度提出的，表示各种具体的设计要求，因此，针对某一项工程措施评估各产品达到的技术水平时，应考虑是否能找到技术上的评价标准，以提高量化评分的可信度。

结合企业的现有技术能力及技术发展策略设定新产品对每项工程措施的实现水平，进行竞争能力评估，用量化的数值表示并填入质量屋的"地下室"。在设定新产品的技术竞争能力分值时，应考虑技术上的可行性，并对工程措施的指标进行相应修正，对需要实施的技术改造和技术攻关进行初步规划。完成量化评分后，计算这些产品的技术竞争能力和综合竞争能力。如得出的新产品的竞争能力不符合企业的产品发展战略，则重新确定相应的技术保证措施，并设定新产品的竞争能力分值。

技术竞争能力 T_j（$j=1,2,3,\cdots,n$）表示第 j 项工程措施的技术水平。技术水平包括指标本身的水平，本企业的设计水平、工艺水平、制造水平、测试水平等，可取下列 5 个数值：

1——技术水平低下；

2——技术水平一般；

3——技术水平达到行业先进水平；

4——技术水平达到国内先进水平；

5——技术水平达到国际先进水平。

对技术竞争能力 T_j（$j=1,2,3,\cdots,n$）进行综合后，获得的产品的技术竞争能力指数 T 为：

$$T = \sum_{j=1}^{n} h_j T_j \left/ \left(5 \sum_{j=1}^{n} h_j \right) \right.$$

综合竞争能力指数是市场竞争能力指数与技术竞争能力指数的乘积，即 $C = MT$，其中 C、M、T 值越大越好。

9. 相关矩阵的建立

工程措施间的交互关系可以分为正相关、负相关、强正相关、强负相关和不相关。对于任意两项工程措施，若其中一项的实现对另一项的实现有正面的促进作用，则可视促进作用的大小将其相关关系设定为正相关或强正相关；若两项工程措施的实现在技术上存在矛盾和冲突，实际效果可以相互抵消，则可视矛盾的严重性将其相互关系设定为负相关或强负相关；将无交互作用的工程措施的相关关系设定为不相关。工程措施间的交互作用确定后，在质量屋"屋顶"对应的菱形框中做出相应的标记。通常用下列符号表示相关度：

（1）正相关○：表示该交点所对应的两项工程措施间存在互相加强、互相叠加的交互作用；

（2）负相关×：表示该交点所对应的两项工程措施间存在互相减弱、互相抵消的交互作用；

（3）强正相关◎：表示该交点所对应的两项工程措施间存在很强制、互相叠加的交互作用；

（4）强负相关#：表示该交点所对应的两项工程措施间的作用强烈排斥，有很大矛盾；

（5）空白：表示该交点所对应的两项工程措施间不存在交互作用。

10. 工程措施指标的确定

由于工程措施指标的确定是 QFD 的重要一环，其直接影响后续技术工作的开展，在相关矩阵完成后，应参照以下原则对工程措施指标进行必要的评估和完善。

（1）为彼此负相关或强负相关的工程措施设定指标时应进行权衡，因为它们对应的技术要求互相矛盾，不可能都按高标准取值。

（2）可参照业界领先水平或世界领先水平设定指标，以开发国内领先和世界领先的产品。

（3）对于重要度高或保持企业竞争优势作用重大的工程措施应按高标准设定指标，必要时对为此导致的成本和工作量的增加寻求管理层的支持。

（4）若受到本企业技术条件限制，则工程措施的指标设定要实事求是，着眼于总体方案的优化。

（5）对重要度不高的工程措施，应结合成本控制确定其指标。

应该指出，工程措施及其指标的选择与产品技术方案的确定是相互影响、彼此关联的。通过工程措施的组合形成了产品的初步设计方案，应对此方案进行全面的评估与优化，并根据优化的结果对工程措施进行必要的调整。先进的系统设计方法是支持产品设计方案总体性、全局性优化和进行技术创新的有力工具。运用系统设计方法，还有助于将顾客需求科学地映射为功能要求、设计参数和工艺变量。

11．工程措施重要度的确定

工程措施的各元素对顾客需求的相关重要度 h_j 为

$$h_j = \sum_{i=1}^{m} K_i r_{ij}$$

如果第 j 项工程措施与多数顾客需求均密切相关，并且这些顾客需求较重要，即 K_i 较大，则该项工程措施比较重要。

12．质量屋的全面评估

在进行上述质量屋的分析之后，应由 QFD 小组进行讨论、分析，应特别注意工程措施之间的不协调之处，对产品的关键技术和竞争能力进行认真、充分的讨论和评估。主要讨论和评估的问题包括：①顾客需求重要度排序与满足该需求的工程措施的重要度排序是否明显不对应？②质量屋中各数据的可信度如何，是否需要重新评估？③修正因子的设定是否合理？④设计要求是否与竞争对手的产品的质量特性匹敌？⑤计划质量的设定是否先进合理？⑥对负相关及强负相关的工程措施如何处理，是否会引起颠覆性问题？⑦工程措施的指标是否先进合理？⑧哪些工程措施应转入下一阶段 QFD 进行深入分析？

13．关键措施及瓶颈技术的确定

经过全面评估，确定了质量屋的合理性。根据工程措施重要度的大小可找到关键工程措施作为控制重点。根据工程经验，另有一部分工程措施虽然重要度不够高，但技术实现上难度太大，对此类工程措施也必须重点攻关。瓶颈技术在多个阶段的质量屋中都存在，可按下列准则进行分析确认：①现有技术不能实现的关键工程措施；②成本过高的零部件；③质量和可靠性过不了关的零部件；④新开发的工艺和原材料等；⑤顾客评价和企业自身水平在行业中不占优势，甚至处于落后地位；⑥在功能实现上可能影响系统可靠性和其他功能的实现。

找出关键工程措施和瓶颈技术之后，应组织力量攻关，应用相关的工程技术使瓶颈技术得以突破，使关键工程措施的设计方案实现稳定性优化，使产品开发中的技术障碍得以解决，以免延误研制周期或留下质量隐患。

10.2.5 建立质量屋需要注意的问题

1．选择适当的项目

QFD 的基本原理虽然不难理解，但实施中仍然有一定的技巧，初学者在进行工程实践时，可能会由于顾客需求、工程措施分析不全面或相互混淆、量化评估不够规范等种种原因而遭受挫折，影响 QFD 的使用效果。这样的问题要通过实践经验的积累逐渐避免。因此，进行 QFD 实践时应遵循由易到难的原则，开始时选择规模适当的项目，如已有产品的改进，所需的时间和精力不太多，效果也易于衡量，通过一个个成功的案例加深对方法的理解，为在大型复杂产品的开发中应用 QFD 打下基础。

2．视情况剪裁质量屋

在实际应用中，可以根据具体情况对质量屋进行恰当的剪裁与补充。例如，一般"地下室"（技术竞争能力评估）和"右墙"（市场竞争能力评估）在产品规划阶段的质量屋中必须有，但在零件配置、工艺设计、生产计划阶段可以根据需要决定是否使用；"屋顶"（相关矩阵）也可以根据实际情况决定取舍；用于方案选择的质量屋，可以不考虑相关矩阵；"左墙"（顾客需求）和"天花板"（工程措施或设计要求或质量特性）根据情况可只建立一级顾客需求和工程措施，也可考虑细分为多级顾客需求和工程措施。

质量屋的部件结构应当灵活应用。例如，"左墙"和"天花板"在第一级质量屋中一般为顾客的需求和产品设计要求，但在第二级和以后的质量屋中应当按照上一级质量屋的"天花板"和"地板"的重点内容转换为下一级质量屋的"左墙"的原理进行处理。又如，随着"左墙"与"天花板"项目的改变，相应的称谓也可改变，如在第一级质量屋中，"左墙"与"天花板"分别被称为"顾客需求"和"技术特征"；在第二级质量屋中，则分别被称为"技术特征"和"零件特征"等。另外，根据需要在"右墙"的内容中可以加入"顾客投诉频度""销售点"等。

3．应用质量屋进行设计方案优选

质量屋对设计、工艺、施工、生产方案的优化迭代来说是非常有用的工具。对多个备选方案进行优化时，关系矩阵（房间）的数值代表的是方案对于实现每项需求的有效性。可按以下准则打分：

9 分——很有效；

7 分——相当有效；

5 分——有效；

3 分——有一定效果；

1 分——有微弱效果。

根据实际情况，必要时也可采用中间等级：

8 分——介于 7 分和 9 分；

6 分——介于 5 分和 7 分；

4 分——介于 3 分和 5 分；

2 分——介于 1 分和 3 分。

当选取一个基准方案再进行方案改进和优选时，一般可将基准方案的有效度设置为"0"，候选方案对于某项需求的有效性高于基准方案时，将有效度设置为"+1"；低于基准方案时，将有效度设置为"-1"；与基准方案相当时，将有效度设置为"0"。

4．重视权衡研究

当相关矩阵（屋顶）中出现负相关和强负相关时，说明对应的两项工程措施间存在不利的交互作用。处理办法有两种：一种是细化目标顾客群，对于定位更精确的目标顾客群，可能其要求的质量只需其中的一项工程措施即可满足，或者强负相关的工程措施的重要度有很大差别，可据此开发工程措施侧重点不同的系列产品；另一种是综合权衡，以最大限度地满足顾客需要为目标，对矛盾的工程措施进行深入的权衡分析，以便调整工程措施，减弱其交互作用，或对两项工程措施决定取舍。

还有一种异常的情况也值得关注，即当技术特征与市场竞争能力在某项顾客需求上出现矛盾时,应进行深入分析并采取相应的对策。比如,第 i 项顾客需求与第 m 项工程措施的关系度很高,对应于第 i 项顾客需求设定的新产品的市场竞争能力很强,但对应于第 m 项工程措施的技术水平却很低时,应考虑能否进行技术改造或设计、工艺方法改良等,以提高第 m 项工程措施的技术水平,降低产品寿命周期的成本,保证产品在第 i 项顾客需求方面的市场竞争能力。或者反过来,如果第 m 项工程措施的技术水平受国家发展水平限制,确实难以提高,可考虑是否适当降低第 i 项顾客需求所对应的新产品的市场竞争能力。又如,对应于第 j 项顾客需求,新产品的市场竞争能力很低,而与第 j 项顾客需求关系度很高的第 n 项工程措施的技术水平却很高,此时应考虑第 j 项顾客需求对应的新产品市场竞争能力是否确定得合理。如果该项顾客需求的重要度较高,并且其他各项工程措施也有潜力时,可考虑适当提高第 j 项顾客需求对应的市场竞争能力。

5. QFD 小组的组织落实

由于 QFD 小组要在某项工作的整个周期内活动并发挥作用,因此 QFD 小组的负责人应由熟悉该项工作各方面情况的技术或行政负责人,或具有组织能力的资历深、有威望的人来担任,以便使 QFD 小组卓有成效地工作,QFD 分析结果能迅速付诸实施。在一段较长的时间内,该项工作的技术或行政负责人可能会发生变动,QFD 小组的负责人也应视情况相应变动。同时,必须推选或指定一名责任心强、知识面广、熟练掌握 QFD 方法的工作人员作为 QFD 小组的记录员,全面地记录、整理 QFD 小组活动开展中的情况,并形成必要的分析报告。

10.2.6 QFD 与其他方法的结合研究

1. 增强的质量功能展开

20 世纪 80 年代初,当 QFD 被引入美国时,这一方法不包括产品或服务的概念选择过程。Clausing 和 Pugh 认识到创新概念的选择应当体现在把顾客要求转变为技术要求的过程中。基于这种认识,他们提出了增强的质量功能展开(EQFD)。EQFD 由 5 个相互联系的过程组成,即关联分析、静/动态状况分析、质量屋、概念选择和整个系统/子系统分析。在这 5 个过程中,概念选择过程是 EQFD 的核心过程。通过这个过程,产品开发人员可以在许多供选择的概念中找出最佳的概念。EQFD 突出强调新概念在产品研究与开发过程中的重要作用,其增强了 QFD 在产品研究与开发过程中应用的有效性。

2. 动态的质量功能展开

Adiano 和 Roth 从整个产品和过程优化的观点出发,认为传统的 QFD 不能解决顾客需求和制造过程之间的动态反馈问题。通常,在制造过程中,产品和过程参数的调整是由制造中心的内部顾客进行的。这种调整一方面没有反映外部顾客的要求,另一方面外部顾客的信息反馈不能及时传送到制造中心。为此,他们提出了动态的质量功能展开(DQFD)。DQFD 将 QFD 方法论、统计过程控制和供应商系统有机地集成起来,从而具有在制造过程中学习和适应的潜在能力。DQFD 的展开结构是顾客屋,这一结构把顾客要求与产品和过程参数放在一起,使顾客信息的直接动态反馈成为可能。

3. 模糊的质量功能展开

顾客在表达要求和期望的时候,更多的是用符合习惯的语言形式,如"重量要轻""价格要低""使用方便"等，这里的"轻""低""方便"都是模糊信息。传统的QFD方法对这些主观的、定性的和模糊的信息的处理无能为力。事实上，用精确的数字来处理，显然不能确切地反应顾客的需求。针对这一局限性，Masud和Dean首先提出了把模糊集理论用于顾客竞争性评价，导出了总的顾客满意指数。Khoo和Ho提出了模糊的质量功能展开（FQFD）。然而，需要指出的是，这些研究仍然基于传统的质量屋结构。

4．QFD与层次分析法的结合研究

层次分析法（AHP）是一种定性与定量相结合的有效评价方法，在许多领域得到了广泛应用。AHP为解决各种复杂的非结构问题提供了易于理解的思维模式。重要的是，它采用比例标度和单一准则下两两比较的矩阵模式，为决策者提供了测量无形事物及确定元素权重的有效方法。在QFD整个过程中充满着大量的判断和分析，而质量屋方法对"什么"、"项目的重要度"、"什么"与"如何"之间的关系强度、"如何"之间的相关关系，以及外部的顾客竞争性分析和内部的技术竞争性分析都采用简单的离散标度来进行绝对判断，因此质量屋方法存在着很大的缺陷。

为此，一些学者运用AHP对质量屋方法进行改进。在这些研究中，Zuitner首先意识到，传统质量屋方法采用离散标度作为判断尺度的不科学性，进而采用AHP方法，通过建立顾客需求层次得到更为精确的顾客需求权重。同样，Armacost等人提出了QFD过程中顾客需求排序的AHP框架，并将此应用于工业化住宅顾客的需求分析。后来，刘鸿恩、张列平提出了基于AHP的改进质量功能展开（IQFD）理论与方法，使AHP得以充分利用。

5．QFD与联合分析的结合研究

在QFD的具体实施过程中，大量的分析、判断、决策工作体现在质量屋的构建中，而质量屋中的相关分析被认为是QFD过程中最棘手的事情。在质量屋中，进行相关分析的目的是通过对设计要求之间的相关关系加以权衡，来实现产品的优化设计，并合理地确定出技术要求的目标值。通常，产品开发人员对设计要求之间的相关分析依靠的是经验和直觉，很少根据事实进行分析；而且每次只考虑两个技术要求间的相关关系。然而，多个设计要求通过交互作用共同对顾客要求产生影响。联合分析（Conjoint Analysis）是关于两个或两个以上相关的变量对一个独立变量产生影响的分析方法。Gustafsson把联合分析引入QFD技术中，进行系统的深入研究。这对于在QFD过程中实现产品的优化设计，合理地确定产品技术参数的目标值提供了可行的途径。

6．QFD与田口方法的结合研究

田口方法是日本著名质量专家田口玄一（Genichi Taguchi）创立的一种提高产品质量、降低成本的新颖、科学、有效的稳健性优化设计方法。田口玄一本人称之为"质量工程学"，美国将之誉为"田口方法"。田口方法将质量工程学分为线内质量控制与线外质量设计。线内质量控制包括工序的诊断与调整、预测与校正、检验和处理；线外质量设计包括系统设计、参数设计和容差设计，其中参数设计和容差设计是田口方法的核心。通过这三个步骤将产品设计与制造过程集成起来。概括地讲，田口方法的基本思想包括三个部分：①设计产品或过程，使得它们对环境条件是稳健的；②设计/开发产品，使得它们对零部件的波动是稳健的；③使围绕目标值的波动极小化。

所谓"稳健"，是指产品或过程在使用运行时和目标值相一致，并且相对来说对难于控制的因素不敏感。Ross首先提出了在QFD过程中的产品设计阶段和工艺设计阶段采用田口

方法和试验设计方法，明确了田口方法和试验设计方法在 QFD 过程的作用和地位。一方面，田口方法的参数设计思想可以用于质量屋的相关分析；另一方面，田口方法的着眼点在工程设计，对顾客要求考虑得较少，而且在系统设计阶段缺乏支持工具，而 QFD 可以弥补这一不足。所以田口方法和 QFD 方法两者可以相互补充。

7. QFD 与并行工程的结合研究

并行工程（CE）是对产品及其有关过程进行并行设计的一种系统的综合方法。它要求开发者从一开始就考虑产品整个寿命周期（从确定方案到最后处置）中的全部要素，包括质量、成本、进度和顾客要求。对产品及其过程进行综合的、并行的设计是 CE 的关键。QFD 被认为是实施 CE 的重要工具。QFD 保证了顾客要求贯穿于产品及其设计的过程，一系列展开矩阵的转化保证了产品设计、工艺设计和生产计划的连续性和一致性。作为 CE 的重要工具，设计者采用 QFD 所面临的障碍是：当设计项目的规模过大时，质量屋中的相关矩阵的工程特性的相关关系太复杂，难以分析。

Jong-Seok Shin 对于 CE 中设计问题的复杂性提出了两个解决方法：①把质量屋分解为可以独立和有效解决的小的质量屋；②对于给定的大规模质量屋工程特性的相关结构，在把质量屋分解为可以独立和有效解决的小的质量屋基础上，重新构造工程特性的相关矩阵。这样设计小组不仅可以加强设计活动的并行性，而且可以减少分析的困难性，节约了大量的时间和精力。Jong-Seok Shin 提出的方法增强了 QFD 作为 CE 工具的有效性。

8. QFD 与 TRIZ 的结合研究

TRIZ 方法是 Genrich Altshuller 于 1946 年提出的，是解决困难技术问题的原理。Genrich Altshuller 在分析数千种不同工程领域的专利和创造性解决方法后，发现在不同的技术领域中可以采用同一套核心的基础发明性原理来解决不同的问题。

TRIZ 强调概念在设计与开发中的重要性，鼓励工程师跳出原来的思考空间进入一个创造性思考的世界。TRIZ 有三种思考模式：演变、矛盾和理想状态。首先，无论是一个简单的产品还是复杂的技术系统，其核心技术的发展都是遵循着客观的规律发展演变的，即有客观的进化规律和模式；其次，各种技术难题、冲突和矛盾的不断解决是推动这种进化过程的动力；最后，技术系统发展的理想状态是用尽量少的资源实现尽量多的功能。TRIZ 方法论包括 40 条发明原理和 39 个工程冲突中最常用的参数及许多创造性解决问题的算法。1997 年，Jogh Terniko 综合 TRIZ 方法、田口方法和 QFD 方法，提出了顾客驱动的产品设计 QFD 五步模型；墨西哥蒙特雷工学院的 Noel Leon-Rovira 和 Ing. Humberto Aguayo 提出了基于 QFD、功能分析和 TRIZ 的概念设计集成模型。

10.2.7　QFD 的发展方向

随着 QFD 的日趋完善和计算机技术、信息技术等相关支撑技术的发展，QFD 呈现出以下发展趋势。

1. 智能化、集成化计算机辅助 QFD 应用环境的出现

由于 QFD 应用过程中需要具有丰富经验知识的各个领域专家，专家系统技术在许多领域已显示或正在显示其强大的生命力。因此，为了减少在顾客需求提取过程和 QFD 配置过程中对专家的依赖，将专家系统技术应用到 QFD 已经成为必然趋势。因此，智能化、集成

化计算机辅助 QFD 应用环境的开发将是今后 QFD 研究的一个主要方向,同时它的出现也必将促进 QFD 在企业界的推广和应用。

2．QFD 的应用领域不断拓宽

尽管 QFD 主要是针对产品开发而提出来的,但人们已将 QFD 成功地应用于软件开发、教育、服务等领域。随着 QFD 的不断发展,其应用领域必将不断地拓宽。

3．QFD 的标准化与规范化

虽然 QFD 是一种柔性很大的方法,但是随着 QFD 的日趋成熟和其应用的不断深入,有必要对其中某些共性的东西加以标准化、规范化,如 QFD 方法的工作流程、实施手段等,这也有助于 QFD 在企业中的推广和应用。

10.3　质量功能展开的应用

10.3.1　QFD 技术在商业银行服务质量中的应用

商业银行(Commercial Bank,CB)是银行的一种类型,是通过存款、贷款、汇兑、储蓄等业务,承担信用中介的金融机构。它主要的业务范围是吸收公众存款、发放贷款及办理票据贴现等。

随着城市银行数量的增加、外资银行的进入,银行之间的竞争会更加激烈。在所提供的金融产品基本无差异的市场上,银行之间的竞争在很大程度上就是服务水平的竞争。因此满足客户金融需求,提升客户满意度是现代商业银行的核心竞争力之一。现有对银行服务质量的研究主要集中在对客户满意度的影响因素及测评满意度水平上,采用的模型主要有顾客满意度指数模型、卡诺模型、四分图模型等,但从满足客户需求、驱动客户满意的产品/服务开发设计角度来分析银行服务质量影响因素的研究较少。将 QFD 方法引入商业银行服务质量的研究中,通过构建银行客户需求与银行内部技术措施之间的关系矩阵来研究驱动客户满意。

1．AHP 简介

AHP 是一种定性与定量相结合的有效评价方法,AHP 运用比例标度,采用基于单一准则的两两比较判断矩阵,来确定要素权重。随着 QFD 的发展,AHP 与 QFD 相结合,为客户需求权重系数,以及产品质量特性与客户需求之间相关矩阵的确定提供了一种恰当的方法。

基于 AHP 方法确定客户需求权重系数的计算步骤如下。

(1)构建客户需求关系层次结构。

(2)构造判断矩阵:按照由上至下的顺序,对于同属一项、同一层次的各因素进行两两比较分析(假设有 m 项因素),交叉功能小组(人数为 K)的每一位成员各给出一个判断矩阵 A^k,比较采用 Saaty1-9 标度法,同时满足 $a_{ij} = 1/a_{ij}$。

$$A^k = \begin{bmatrix} a_{11}^{\ k} & ... & a_{1m}^{\ k} \\ \vdots & & \vdots \\ a_{m1}^{\ k} & ... & a_{mm}^{\ k} \end{bmatrix} \tag{10.1}$$

（3）计算判断矩阵 A^k 的最大特征值 $\lambda_{\max}^k$，并进行一致性判断。按式（10.2）计算一致性指标 $C.R.^k$（式中，$R.I.$ 称为随机一致性指标），若 $C.R.^k<0.1$，则表明该判断矩阵具有满意的一致性。

$$C.R.^k = \frac{\left|\lambda_{\max}^k - m\right|}{(m-1)\ R.I.} \tag{10.2}$$

（4）在所有矩阵通过一致性检验后，用几何平均法将专家意见进行综合。

$$a_{ij} = \sqrt[k]{\prod_{k=1}^{K} a_{ij}^{\ k}} \tag{10.3}$$

由此得到综合了 K 个专家意见的判断矩阵 A。

$$A = \begin{bmatrix} a_{11} & \cdots & a_{1m} \\ \vdots & & \vdots \\ a_{m1} & \cdots & a_{mm} \end{bmatrix} \tag{10.4}$$

然后解出其最大特征值 $\lambda_{\max}$ 及对应的特征向量，并进行一致性判断。

（5）得到各层对上层的归一化权重系数，最后得到客户需求权重系数向量 $\boldsymbol{w}=(w_1, w_2, \cdots, w_m)$。同样，还可以用 AHP 方法来确定产品质量特性与客户需求的相关矩阵。

2．识别客户需求

1988 年，美国学者 PZB 提出了 SERVQUAL 量表，其中包括 5 个维度和 22 个指标，具有显著的信度和效度，该量表被广泛地应用于各行各业的服务质量研究中并取得了很好的效果。因此，商业银行以改进的 SERVQUAL 模型为基础，加入盈利性维度，建立了包括有形性、响应性、保证性、可靠性、移情性、盈利性 6 个维度的一级客户需求指标体系，并通过对银行客户及有关专家的调查，经过分析、整理，得出银行客户需求层次结构，如表 10-6 所示。

表 10-6　银行客户需求层次结构

一级客户需求指标	二级客户需求
有形性	1．网点多，且分布合理，交通方便
	2．服务设施齐全，使用方便，很少出现故障
响应性	3．排队等候时间短
	4．办理业务效率高，业务流程简单
	5．服务态度热情，尊重客户
保证性	6．服务人员值得信赖，为客户保密
	7．保证及时、准确地处理客户的抱怨、投诉
可靠性	8．提供可靠、无差错的服务
	9．银行信誉度高，品牌形象好
移情性	10．产品种类多，功能齐全，可选择性大
	11．产品个性化，满足不同需求
	12．服务意识强，乐于帮助客户
	13．营业时间合理，方便客户办理
	14．以客户利益为重，不随便进行"捆绑式"销售
盈利性	15．产品价格及收费合理且透明化
	16．给予客户更多的优惠待遇

3．确定权重系数

在建立了客户需求层次结构后，采用 AHP 法来确定客户需求权重系数。由交叉功能小组的 5 位专家首先就有形性、响应性等 6 个维度的一级客户需求的重要度进行两两比较，得到相应的判断矩阵，利用 MATLAB 计算其一致性，进行归一化后，即得到了一级客户需求的权重系数；然后逐一对各一级需求项下的二级客户需求进行两两比较，用 AHP 法得到第二层次各需求项之间的比重，如有形性项下的"网点分布"和"服务设施"进行比较，得到各自的权重系数分别为 46.3% 和 53.7%；最后用一级客户需求权重系数与各自对应的二级客户需求项的权重相乘，得到最终的客户需求权重系数，如表 10-7 所示。

表 10-7　银行客户需求权重系数（%）

	一级客户需求指标						
	有形性	响应性	保证性	可靠性	移情性	盈利性	二级客户需求
一级客户权重系数	9.4	24.3	13.0	12.4	28.8	12.2	权重系数
二级客户需求指标	二级客户需求指标之间的比重						
1．网点分布	46.3						4.4
2．服务设施	53.7						5.0
3．排队等候时间		34.7					8.4
4．办理业务效率		34.1					8.3
5．服务态度		31.2					7.6
6．服务人员值得信赖，为客户保密			52.1				6.8
7．处理抱怨、投诉			47.9				6.2
8．提供可靠服务				51.7			6.4
9．银行信誉、品牌				48.3			6.0
10．产品种类多					19.3		5.6
11．产品个性化					20.7		6.0
12．服务意识					19.1		5.5
13．营业时间					18.0		5.2
14．不进行"捆绑式"销售					22.9		6.6
15．价格及收费						57.8	7.1
16．优惠待遇						42.2	5.1

4．确定银行内部技术措施

QFD 小组在充分考虑了银行产品/服务的特征、客户需求和各专家的评价后，从硬件、软件、人员三个方面确定了影响银行客户需求的技术措施，如表 10-8 所示。

表 10-8　影响银行客户需求的技术措施

技术措施一级指标	技术措施二级指标
硬件	A．网点选址策略
	B．服务设施安置及维护
	C．银行科技水平

续表

技术措施一级指标	技术措施二级指标
硬件	D. 优化业务流程
	E. 拓宽服务渠道
	F. 推行"差异化服务"
软件	G. 产品/服务定价机制
	H. 客户信息管理系统
	I. 抱怨处理机制
	J. 完善售后服务、发挥客服中心作用
	K. 银行企业理念建设
	L. 现代化的管理
人员	M. 员工业务素质培训
	N. 员工专业技能培训及考核
	O. 大堂经理服务制度
	P. 员工激励制度

5. 构建银行客户需求与银行内部技术措施之间的关系矩阵

通过 AHP 法，计算银行客户需求与银行内部技术措施之间的关联系数 R_{ij}。首先，组织银行内部 5 位资深工作人员参与关联系数的确定。假设某一客户需求与 n 项内部技术措施有关，各专家根据自己对内部技术措施与客户需求关联程度的判断，对这 n 项内部技术措施进行两两比较，给出各自的判断矩阵。当所有的判断矩阵都通过了一致性检验后，利用式（10.3）将专家意见进行综合，形成综合判断矩阵，再通过 MATLAB 计算关联系数。

综合以上分析，构建银行客户需求与银行内部技术措施之间的关系矩阵，如表 10-9 所示。运用加权合成的思路计算各内部技术措施的相对重要性：$W_i = \sum\left(P_j \times R_{ij}\right)$，其中，$W_i$ 表示第 i 项设计管理要求的相对重要性；P_j 表示第 j 个客户需求的权重系数；R_{ij} 表示第 j 个客户需求与第 i 项设计管理要求之间的权重系数。

表 10-9　银行客户需求与银行内部技术措施之间的关系矩阵

一级客户需求	二级客户需求	权重系数/%	内部技术措施															
			硬件/%						软件/%						人员/%			
			A	B	C	D	E	F	G	H	I	J	K	L	M	N	O	P
有形性	1	4.4	100															
	2	5.0		50.2	49.8													
响应性	3	8.4		18.0		17.4	25.8	17.9							16.2	14.7		
	4	8.3			20.0	20.1	16.2	15.2							14.7			13.8
	5	7.6											20.2		27.3		26.5	26.0
保证性	6	6.8								27.4			22.3		26.3	24.1		
	7	6.2									23.7	20.1			18.8		22.3	

续表

一级客户需求	二级客户需求	权重系数/%	内部技术措施															
			硬件/%						软件/%						人员/%			
			A	B	C	D	E	F	G	H	I	J	K	L	M	N	O	P
可靠性	8	6.4			23.5	23.5				18.2	18.6	18.0				21.8		
	9	6.0						50.6						49.4				
移情性	10	5.6			26.7	26.7	25.1									22.7		
	11	6.0			20.7	20.7	20.5	21.2								16.9		
	12	5.5											33.5		36.2			30.3
	13	5.2	27.5	36.9			35.7											
	14	6.6								25.4			24.7	24.6	25.3			
盈利性	15	7.1			33.7	28.5			37.8									
	16	5.1							31.5				34.5	34.0				
相对重要性 W_i			5.8	6.0	10.8	7.8	7.1	7.1	4.3	4.7	2.7	2.4	9.2	6.3	8.7	7.9	4.8	4.8
技术措施重要性排列			10	9	1	5	6	7	14	12	15	16	2	8	3	4	13	11

6. 结果分析

在银行客户需求与银行内部技术措施之间的关系矩阵中，商业银行客户对于"排队等候时间短""办理业务效率高""业务流程简单""服务态度好""服务人员值得信赖"等方面的需求较为迫切。因此，银行在今后的产品/服务设计和开发中，就应充分考虑怎样更好地满足客户的这些需求，让客户满意。同时，通过分析，得到了对技术措施重要性的排序，其中，银行的科技水平、银行企业理念建设、员工业务及技能培训、业务流程优化、服务渠道拓宽、推行差异化服务等技术措施是改进银行服务质量的关键所在，这为商业银行服务质量改进工作提供了依据。

将 QFD 方法引入到商业银行客户满意度研究中，以改进的 SERVQUAL 模型为基础建立银行客户需求指标体系，运用质量屋将银行客户需求与银行产品/服务设计管理要求进行重要度转换，得到影响银行客户满意度的因素，通过定量分析客户需求和其影响因素之间的关系，为银行改进服务质量、提升客户满意度提供方向和依据。对于银行来说，利用质量屋来分析与改进自身服务质量是一个不断循环的过程，商业银行需要不断地进行调查分析，找出客户需求，从银行内部不断改进服务质量，提升客户满意度和银行的竞争力。

10.3.2　QFD 技术在第三方物流服务质量中的应用

我国物流行业处于持续、快速的发展阶段，行业内的竞争不断加剧，一批具有较强专业能力的第三方物流企业迅速崛起。随着第三方物流需求的扩大和第三方物流企业的增多，顾客对第三方物流服务质量提出了更高的要求。第三方物流服务质量包括可靠性、响应性、信息性、经济性、安全性等方面。同时，第三方物流服务质量也逐渐暴露出了一些问题，比如快递挤压、物流速度慢、员工工作态度消极等，这些问题会持续影响第三方物流服务质量。只有根据顾客需求有针对性地进行改进，将顾客的声音快速反馈到企业的各个环节与运营操作中，从而提高顾客满意度和忠诚度，第三方物流企业才能获得长远发展。

1. 成立 QFD 小组

第三方物流服务质量管理涉及行业内多家公司。通过 QFD 方法进行第三方物流服务质量管理时，为了消除原先各公司之间联系不紧密的问题，成立由各公司代表组成的联合 QFD 小组，共同进行第三方物流服务质量的管理与改善。其中 QFD 小组负责人由公司行政人员或具有组织能力的资历深、有威望的人来担任。

2. 顾客需求及重要度分析

不同的产品有不同的顾客需求，服务也是如此。通过市场调研的方法来确定顾客需求，并对顾客需求进行提炼与总结，将第三方物流服务质量顾客需求一级指标概括为时效性、安全性、信息性、经济性、服务性 5 个，基于此再分为 14 个二级指标。同时不仅需要知道顾客的需求是什么，还要知道这些需求对于顾客的重要程度，故对各需求按照相互间的相对重要度进行标定，采用数字 1～5 进行打分，并根据 AHP 法算出各需求的权重。第三方物流服务质量顾客需求及其权重如表 10-10 所示。

各需求的平均得分：

$$\overline{W_i} = \sqrt[14]{\prod_{j=1}^{14} W_{ij}}$$

各需求的权重：

$$\alpha_i = \overline{W_i} \Big/ \sum_{i=1}^{14} \overline{W_i}$$

表 10-10　第三方物流服务质量顾客需求及其权重

顾 客 需 求		权重（α_i）
时效性	订单响应时间	0.05
	配送速度	0.07
	交货准时率	0.10
安全性	货物完好率	0.12
	货物精确率	0.12
	物流设备安全性	0.05
信息性	信息准确性	0.05
	货物跟踪信息完整性	0.05
	误差信息反馈时间	0.05
经济性	价格合理性	0.07
	违规收费情况	0.07
服务性	工作人员态度	0.08
	配送方式灵活性	0.06
	对投诉问题的处理能力	0.06

3. 改进措施及重要度分析

根据顾客需求采取一系列改进措施来提高第三方物流服务质量，联合 QFD 小组最终确定出 6 种改进措施：①引进先进物流信息技术；②更新物流设施设备；③加强物流运作活动的管理；④采取精益物流措施；⑤提高物流人员招聘要求；⑥对物流人员进行培训。明确顾客需求及改进措施后，要确定两者之间的关系矩阵，用数字 1～5 表示顾客满意度与改进措施之间的关系，以表明改进措施能否适当地覆盖顾客需求，最后根据顾客需求重要度计算各改进措施的重要度。各项改进措施的重要度 $k_i = \sum_{i=1}^{14} M_{ij} \times \alpha_i$，具体计算结果如表 10-11 所示。

表 10-11　各项改进措施及其重要度

关系矩阵（M_{ij}）		权重（α_i）	引进先进物流信息技术	更新物流设施设备	加强物流运作活动的管理	采取精益物流措施	提高物流人员招聘要求	对物流人员进行培训
时效性	订单响应时间	0.05	5	3	4	5	2	3
	配送速度	0.07	3	5	4	4	3	3
	交货准时率	0.10	3	3	3	4	3	2
安全性	货物完好率	0.12	2	4	3	2	4	4
	货物精确率	0.12	3	2	4	2	3	4
	物流设备安全性	0.05	1	5	3	3	2	3
信息性	信息准确性	0.05	5	0	3	2	3	3
	货物跟踪信息完整性	0.05	5	1	2	0	2	2
	误差信息反馈时间	0.05	5	1	2	1	2	2
经济性	价格合理性	0.07	0	0	3	4	0	0
	违规收费情况	0.07	1	0	4	3	4	4
服务性	工作人员态度	0.08	0	0	2	0	5	5
	配送方式灵活性	0.06	3	3	4	2	0	2
	对投诉问题的处理能力	0.06	3	0	3	2	4	4
重要度（k_i）			2.77	2.39	2.62	2.06	3.44	2.44

4. 市场竞争能力及指数分析

通过对本企业、平均水平、竞争对手及标杆企业在顾客需求满意度方面的分析，评定市场竞争能力，用数字 1～5 进行打分，市场竞争能力体现了企业对顾客需求的响应程度。根据顾客需求权重和市场竞争能力的得分计算市场竞争能力指数，市场竞争能力指数 $\beta_i = \sum_{i=1}^{14} (\alpha_i \times p_{ij}) / 5 \sum_{i=1}^{14} \alpha_i$。此处假设本企业为处于同行业的中上游水平的第三方物流企业，其竞争对手为与其水平相当的企业，标杆企业为行业领先企业，具体计算结果如表 10-12 所示。

表 10-12　市场竞争能力及指数

市场竞争能力（p_{ij}）		权重（α_i）	本企业	平均水平	竞争对手	标杆企业
时效性	订单响应时间	0.05	4	3	5	5
	配送速度	0.07	4	3	4	5
	交货准时率	0.10	5	3	5	5
安全性	货物完好率	0.12	3	2	4	5
	货物精确率	0.12	4	3	4	5
	物流设备安全性	0.05	3	2	3	4

续表

市场竞争能力（P_{ij}）		权重（a_i）	本企业	平均水平	竞争对手	标杆企业
信息性	信息准确性	0.05	4	3	4	4
	货物跟踪信息完整性	0.05	3	2	4	5
	误差信息反馈时间	0.05	3	3	3	5
经济性	价格合理性	0.07	4	3	2	4
	违规收费情况	0.07	5	3	4	5
服务性	工作人员态度	0.08	4	3	5	5
	配送方式灵活性	0.06	2	3	3	5
	对投诉问题的处理能力	0.06	4	3	3	5
市场竞争能力指数（β_i）			0.76	0.54	0.77	0.97

5．技术竞争能力及指数分析

针对各项改进措施，从技术竞争的角度比较本企业、平均水平、竞争对手和标杆企业的水平，用数字 1～5 打分，根据顾客需求权重和技术竞争能力的得分计算技术竞争能力指数，技术竞争能力指数 $\gamma_i = \sum_{j=1}^{6}(Q_{ij} \times k_i)/5\sum_{j=1}^{6}k_i$，具体计算结果如表 10-13 所示。

表 10-13　技术竞争能力及指数

各项改进措施		引进先进物流信息技术	更新物流设施设备	加强物流运作活动的管理	采取精益物流措施	提高物流人员招聘要求	对物流人员进行培训	技术竞争能力指数（γ_i）
重要度（k_i）		2.77	2.39	2.62	2.06	3.44	2.44	
技术竞争能力（Q_{ij}）	本企业	3	4	5	4	4	3	0.77
	平均水平	3	3	4	3	3	3	0.63
	竞争对手	4	4	4	3	5	5	0.85
	标杆企业	5	4	5	4	5	5	0.94

6．绘制质量屋模型

综上分析，得到第三方物流服务质量屋模型，如图 10-5 所示。由顾客需求权重来看，顾客较为看重"货物完好率""货物精确率"及"交货准时率"三项指标；由改进措施重要度来看，应重点采取"提高物流人员招聘要求"和"引进先进物流信息技术"两项改进措施；在竞争能力指数上，本企业市场竞争能力指数为 0.76，技术竞争能力指数为 0.77，处于平均水平之上，但与竞争对手和标杆企业仍有一定的差距，其中在物流信息技术和物流人员上比标杆企业表现较差，故可借鉴标杆企业相关管理内容进行改善和提高。

通过构建第三方物流服务质量屋模型，第三方物流企业可以充分了解顾客需求的内容和重要度，有针对性地提出服务质量的改进措施，并能在顾客需求和改进措施分析的基础上，综合了解企业竞争力水平，包括以顾客需求为主导因素的市场竞争力和以改进措施为主导因素的技术竞争力。第三方物流企业可依据该质量屋模型全方位分析自身服务质量，制定适合本企业特点的服务改进策略。

		权重	引进先进物流信息技术	更新物流设施设备	加强物流运作活动的管理	采取精益物流措施	提高物流人员招聘要求	对物流人员进行培训	本企业	平均水平	竞争对手	标杆企业
			改进措施的相关矩阵									
			各项改进措施						市场竞争能力			
顾客需求	时效性 订单响应时间	0.05	5	3	4	5	2	3	4	3	5	5
	配送速度	0.07	3	5	4	4	3	3	4	3	4	5
	交货准时率	0.10	3	3	3	4	3	2	5	3	5	5
	安全性 货物完好率	0.12	2	4	5	2	4	4	3	2	4	5
	货物精确率	0.12	3	2	4	2	3	4	4	3	4	5
	物流设备安全性	0.05	1	5	3	3	2	3	3	2	3	4
	信息性 信息准确性	0.05	5	0	3	2	3	3	4	3	4	4
	货物跟踪信息完整性	0.05	5	1	2	0	2	2	3	2	4	5
	误差信息反馈时间	0.05	5	1	2	1	2	2	3	3	3	5
	经济性 价格合理性	0.07	0	0	3	4	0	0	4	2	2	4
	违规收费情况	0.07	1	0	4	3	4	4	5	3	4	5
	服务性 工作人员态度	0.08	0	0	2	0	5	5	4	3	5	5
	配送方式灵活性	0.06	3	3	4	2	0	2	2	3	3	5
	对投诉问题的处理能力	0.06	3	0	3	2	4	4	4	3	3	5
			2.7	2.3	2.6	2.0	3.4	2.4	0.7	0.5	0.7	0.9
			各项改进措施重要度						市场竞争能力指数			

技术竞争能力	本企业	3	4	5	4	4	3	0.7	技术竞争能力指数
	平均水平	3	3	4	4	3	3	0.6	
	竞争对手	4	4	4	3	5	5	0.8	
	标杆企业	5	4	5	4	5	5	0.9	

图 10-5 第三方物流服务质量屋模型

思考题

1. QFD 对中国企业有什么意义？

2. 简述 QFD 的基本原理并加以解释。

3. 简述 QFD 的特点。

4. 你认为 QFD 小组在一个企业中扮演着什么样的角色？有哪些具体职责？

案例分析

10.3 节以两个案例展开讲解，此处不再进行具体案例描述。

第11章 质量经济性

▶学习目标

- 掌握质量经济性的概念、构成。
- 掌握质量成本的概念、构成及分类。
- 掌握质量成本分析的几种方法。
- 掌握质量经济分析的内涵。

引导案例

克劳士比曾经说过："我们每个人都会有一点堂吉诃德式的狂想，有一些不可思议的、无法实现的追求，'缺陷的预防'很可能就是我无法达到的目标。"然而，人们周围确实存在着许多不必犯错的机会。制订好工作计划之后，在错误还没有造成损害时就找出来，从而避免巨额浪费。于是克劳士比为企业经理们写了一本后来非常受欢迎的书——《削减质量成本》。此书的目的是要告诉企业经理们，对产品质量或服务质量的控制及相关成本的削减都是可行的。质量是个名词，而不是形容词。当我们用它的时候，它就意味着"符合要求"。我们从克劳士比的经历中可以触摸到"零缺陷"思想形成的脉络。克劳士比从1952年到1965年曾学习过质量管理，在他求学的那些年中，他更多的是在学习如何做可以确定质量及如何做不能确定质量。同时，他认识到，他在那十几年间总结出的规律是普遍适用且稳定的。

后来他进入本迪克斯导弹公司工作。他在可靠性部门中担任实验技师，为海军生产TALOS导弹。他被指派到制造组装线，检查和测试后发现的缺陷由他来分类。这一工作要求严谨、负责，并需要找出问题的原因。分类工作之后，他负责对困扰设计、制造的问题背后的原因进行纠正的工作。当时，人们刚刚开始关注可靠性，他参加了几个讨论会，但在那儿他彻底地迷惑了。因为他发现当时的可靠性严重依赖于统计，其目的似乎是设法掩盖所有疑点，以证明事情不可能第一次就做对。于是，他开始怀疑这一传统的智慧，因为他们有一些供应商和个体经销商几乎从来不犯错。而质量控制部门的人们，总把精力放在写弃权声明书上，并且相信那样做是不可避免的。他认为要求才是关键，质量就是符合这些要求，而可靠性就是尽可能地符合要求。但当他公开这些想法时，得到的只是人们的冷眼。

1959年，他成为PERSGING导弹系统的质量经理。随后的几年中，他的成绩使顾客们感到，这是他们所接触过的最好的产品。他对此并不满足，但又实在不知道还能做些什么。管理工作的重点肯定应该放在质量管理上，但人们认为，无论是什么，只要经过MRB认可，就如魔法般变成优质产品了。后来克劳士比提出了"零缺陷"，并开始考虑一种叫作"缺陷预防"的工具，一种投入了艰苦的工作和思考从而获得质量改进回报的实用方法。

正如每一种管理方法都需要一种衡量的尺度，他们开始使用质量成本来衡量质量。返工、报废、保证费用、额外服务、检验、测试和质量控制等的花费累积成质量成本。大部分公司将销售额的10%作为质量成本，有的甚至超过20%。其实，这一花费不应该超过4%~5%。事实上，他们所有人都容忍了在管理上有如此大笔的开销，这仅仅说明他们还没有认真考虑过"缺陷预防"。如果真正接受了"缺陷预防"这一观点，在问题尚未出现之前，就能觉察出来并阻止它产生。正如人们在跳入深水池之前，总要花时间去学会游泳；在翻越一座渺无人烟的山峰之前，总要给汽车加满油。他们就是要让自己处于这样一种状态，并且决定为了成功地完成任务应该做怎样的调整。克劳士比诙谐地说："我想不出还有什么人会比冰激凌商贩更需要考虑缺陷预防，他们这样的单人商店在很大程度上依赖于有计划的预防措施；如果忘记了维护制冷系统，他们就会失去一个月的利润。"

11.1　质量经济性概述

11.1.1　质量经济性的基本概念

质量经济性主要是通过对产品质量与投入、产出之间关系的分析，对质量管理进行经济性分析和经济效益评价，以达到在满足顾客需求的同时为企业创造最佳的经济效益，即从经济性角度出发，应用成本收益分析方法，对不同的质量水平和不同的质量管理改进措施进行分析和评价，从中挑选出既满足顾客需求又成本较低的质量管理方案。可见，改善质量经济性就是力求做到经济地改善和提高质量，即将产品质量保持在满足质量要求的水平上，而不是片面地追求不切实际、偏离顾客要求的所谓"高质量水平"。按照质量经济性研究的观点，任何过高或过低的质量水平都是不经济的，都会导致成本增加、经济效益下降。

11.1.2　质量经济效益的构成

质量经济效益可以保证和提高产品质量，它是质量活动总收益与质量活动总支出之比，即

$$质量经济效益 = \frac{质量活动总收益}{质量活动总支出}$$

提高产品质量所获得的经济效益表现在各个方面，既有生产过程中的收益，也有使用过程中的收益；既有消耗降低获得的收益，也有销售价格提高获得的收益；既有减少不良品损失获得的收益，也有销售量增加获得的收益；既有减少退货、索赔、质量异议获得的收益，也有质量投资效益提高获得的收益，这些收益都是质量经济效益的有机构成部分。如果对上述各种各样的收益进行适当的概括和归类，基本上可以分为三个方面，即产品质量分别给生产者、消费者和社会带来不同的效益。按照质量经济效益的定义，产品质量给生产者带来的收益就是企业质量经济效益，产品质量给消费者和社会带来的收益就是社会质量经济效益。以下为质量经济效益的构成成分。

1. 企业质量经济效益

企业质量经济效益主要包括以下几个方面内容。

（1）通过提高产品质量，使产品市场扩大、产品销售量增加，从而为企业带来的经济效益。

（2）通过提高产品质量，使废品、次品、返修品损失减少，从而为企业带来的经济效益。

（3）通过提高产品质量，使用户退货、索赔、调换、销价及质量异议的申诉、处理等损失减少，从而为企业带来的经济效益。

（4）通过提高产品质量，使优质品率上升，从而为企业带来的经济效益。

（5）通过研究质量成本，使企业总成本或单位产品成本降低，从而为企业带来的经济效益。

（6）通过研究不合格品率的经济性为企业带来的经济效益。

（7）通过研究返修的经济性为企业带来的经济效益。

（8）通过研究生产速度的经济性为企业带来的经济效益。

（9）通过研究质量投资的经济性为企业带来的经济效益。

（10）通过研究产品质量设计的经济性为企业带来的经济效益。

（11）通过研究工序能力指数的经济性为企业带来的经济效益。

（12）通过提高产品质量为企业带来的各种间接的经济效益。

（13）通过研究与产品质量经济性有关的其他问题为企业带来的经济效益。

上述各项经济效益之和，便是企业质量经济效益的主要部分。

2．社会质量经济效益

社会质量经济效益大体上应包括以下内容。

（1）因产品使用价值的增加（如产品使用寿命延长，产品性能、利用率、可靠性提高等）而为用户、社会带来的经济效益。

（2）因产品使用成本下降（如能源消耗、物化劳动和活劳动占用减少，维护费用和修理费用降低，故障率下降等）而为用户、社会带来的经济效益。

（3）在相同质量情况下，因产品价格比国外同类产品价格低廉而为用户、社会带来的经济效益。

（4）通过提供良好、方便的售后服务为用户、社会带来的经济效益。

（5）通过提高产品质量为用户、社会带来的多重间接经济效益。

（6）通过提高产品质量为用户、社会带来的其他经济效益。

上述各项经济效益之和便构成社会质量经济效益的主要内容。

由质量经济效益的构成可以看出，质量经济效益贯穿于整个经济活动过程中，从产品设计、制造、销售，到使用、服务全过程，都能体现各自的质量经济效益，只不过有些是直接的，有些是间接的，有些是短期看得到的，有些则需要较长的时间才能体现，有些体现在个别企业中，有些则体现为整个社会的。研究质量经济效益，就是要研究如何通过质量管理提高产品质量，如何确保为社会提供最大经济效益的同时力争为企业创造更大的经济效益。

11.1.3　寿命周期经济性

一件产品的寿命周期经济性既包括产品阶段过程中的投入成本，又包括在同一阶段中可获得的收益。通常，产品的寿命周期可划分为三个阶段：产品在制造企业的生产阶段、产品在用户手中的使用阶段、产品报废处理阶段。

对企业而言，制造企业从事质量经济分析的目的是以最小的投入生产出满足用户质量要求的产品，因为企业为了用高质量的产品占领市场，就必须加强质量管理和质量控制，而从事质量管理和控制活动就必然会产生相应的费用。对用户而言，其从事质量经济分析的目的是寻找既能满足使用要求，又可使购置费用和使用消耗费用最少的产品，因为用户在支付产品的购买费用之余，还必须在使用过程中支付各种消耗费用，消耗费用的多少随质量水平而变化。对于社会而言，从事质量经济分析的目的是使产品给社会带来最大的效益，同时使各种损失最小化，因为产品在生产、使用和报废处理的寿命周期全过程中要消耗各种资源，也会给社会带来诸如环境污染、资源枯竭和灾难性事故等损失。

因此，在进行质量经济分析时，既要从生产者、消费者和社会三个方面进行分析，又要综合三个方面整体上考虑问题。

11.2　质量成本的基本概念

随着质量要求日益提高，企业的生产经营活动更加要求经济效益。开展质量成本的测定、报告、分析和研究，从而促进产品质量和经济效益的提高，已经日益成为企业全面质量管理工作的一个重要组成部分。

11.2.1　质量成本的概念及构成

费根堡姆最早把质量成本概念运用于实践，他主张把质量预防费用和检验费用与产品不合要求所造成的厂内损失和厂外损失一起考虑，得到了西方国家的普遍重视。

1．质量成本的含义

质量成本又称为质量费用，根据 GB/T 1900—ISO 9000 标准，质量成本的定义是：将产品质量保持在规定的质量水平上所需的相关费用，它是企业生产总成本的一个组成部分。而在 ISO/CD 84021 委员会草案中，将质量成本定义为总成本的一部分，它包括确保满意质量所发生的费用及未达到满意质量的有形与无形损失。上述两个定义在表述上不同，但本质上基本相同。总的来说，质量成本就是指企业为了保证和提高产品质量而支出的一切费用，以及因未达到产品质量标准，不能满足用户和消费者需要而产生的一切损失。

2．质量成本的构成

根据国际标准化组织的规定，质量成本由两部分构成，即运行质量成本和外部质量保证成本。运行质量成本又由预防成本、检验成本、内部故障成本、外部故障成本组成。具体内容如下。

（1）预防成本。预防成本是指为了防止产生不合格品与质量故障而产生的各项费用。它主要包括质量工作费用、产品评审费用、质量培训费用、质量奖励费用、质量改进措施费用，以及质量管理专职人员工资及福利费用。

（2）检验成本。检验成本是指为检查和评定产品质量、工作质量、工序质量、管理质量是否满足规定要求和标准所需的费用。它主要包括进货检测和试验费、现场产品制造和加工检测及产品测试等费用。

（3）内部故障成本。内部故障成本是指产品交用户前由于自身的缺陷造成的损失，以及处理故障所支出的费用之和。它主要包括不可修复的废品损失、可修复废品的返修损失、返工后或矫正后的产品重复检测和试验的复验费用、由于产品质量事故引起的停工损失及产品降级损失等。

（4）外部故障成本。外部故障成本是指在产品交用户后，因产品质量缺陷引起的一切损失费用。它主要包括由于质量缺陷而支付的诉讼费用、索赔费用、退换货损失、保修费用和降价损失等。

（5）外部质量保证成本。外部质量保证成本是指为提供用户要求的客观证据所支付的费用。它包括特殊的和附加的质量保证措施费用、产品质量验证费、质量评定费用。

此外，对于低质量所发生的机会成本，如由于质量低而导致的销售下降，低价、降价而放弃的收益等，通常并不在会计系统中进行计量，因此，又称隐含成本。但是，机会成本有可能是很大的，并且是重要的成本动因，因此在分析时应加以考虑。

质量成本按其发生的性质可以划分为三类：第一类是企业为确保产品质量而发生的预防成本、检验成本和外部质量保证成本；第二类是由产品质量和生产工作质量造成企业实际支付的内部故障成本和外部故障成本；第三类是由产品质量和工作质量造成企业不必支付而应计算的内部故障成本（如因质量事故而发生的减产损失、停工损失等）和外部故障成本（如因不良质量而失去的销售和市场份额等），即机会成本。

质量成本按其表现形式可以划分为显见质量成本和隐含质量成本两类。从价值补偿的角度考察，显见质量成本是企业在生产经营过程中实际发生的有形损失，必须得到补偿，它直接对企业造成损失，因而又称直接质量不良成本。显见质量成本是可以从企业会计记录中获取数据的成本，包括预防成本、检验成本、内部故障成本、外部故障成本和外部质量保证成本等。隐含质量成本是实际发生但并未支付的无形损失，只需计算而不必支付，主要是由不良质量而形成的机会成本，它间接地对企业造成损失，因而又称间接质量不良成本。这些机会成本往往不列示在会计记录中。

质量成本从成本控制的角度考察还可以分为可控成本和结果成本两类。预防成本、检验成本和厂外质量保证成本是可控成本，通过其增减变动使内部故障成本、外部故障成本和隐含质量成本发生变化。内部故障成本、外部故障成本和隐含质量成本是结果成本，是因质量达不到既定要求、控制失效而造成的损失，它受可控成本影响。

从以上质量成本的构成可以看出：

第一，计算质量成本的目的不是单纯为得到它的结果，而是为了进行分析，通过分析差异寻找质量改进的途径，降低成本。因此，质量成本对企业的经营决策有着重要的意义。

第二，质量成本不包括重新设计和改进设计，以及用于提高质量等级或质量水平而支付的那些费用。它是针对产品制造过程的符合性质量而言的，也就是说，在设计已经完成、标准和规范已经确定的条件下，才开始进行质量成本的计算。

第三，计算和控制质量成本是为了凭借最具经济性的手段以达到规定的质量目标。质量成本不包括制造过程中与质量有关的全部费用，而只是涉及其中的一部分，即制造过程中同质量水平具有最直接、最密切、最敏感关系的那部分费用。工人生产时的工资或材料费、车间或企业管理费等均不计入质量成本，因为这是正常生产时所必须具备的条件。

第四，质量成本是指在制造过程中那些与不合格品密切联系的费用。例如，预防成本是预防出现不合格品的费用；检验成本是为了评定是否出现不合格品的费用；而内、外部故障成本是因产品不合格而产生的损失费用。

11.2.2 质量成本的设置

在理解质量成本的概念及构成的基础上，正确合理地设置质量成本项目，有利于对质量成本的核算与分析。

正确设置质量成本项目的原则如下。

（1）根据企业的具体情况，包括行业类型、生产规模、质量成本费用的特点等。

（2）根据现行会计制度的有关规定，包括会计科目的设置及其他有关规定等。

国外质量成本项目的设置不尽相同，表 11-1 是美国质量管理专家费根堡姆和瑞典质量管理专家桑德霍姆设置的质量成本项目的比较。

表 11-1 质量成本项目设置对比表

项目	费 根 堡 姆	桑 德 霍 姆
预防成本	1. 质量规划费 2. 工序控制费 3. 质量信息设备的设计和研制费 4. 质量培训费 5. 产品设计鉴定费 6. 质量体系的研究和管理费 7. 其他预防费用	1. 质量方面的行政管理费 2. 新产品评审费 3. 质量管理培训费 4. 工序控制费 5. 数据收集分析费 6. 推进质量管理费 7. 供应商评价费
检验成本	1. 材料的试验和检验费 2. 实验室验收试验费 3. 实验室或其他计量服务费 4. 检验费 5. 试验费 6. 核对工作费 7. 试验、检验装置的调整费 8. 试验、检验用材料与小型质量设备费 9. 质量审核费 10. 外部担保费 11. 质量信息试验和检验设备的维护和校准费用 12. 产品工程审查和装运前再审查的费用 13. 现场试验费	1. 材料检验费 2. 工序检验费 3. 检测手段维护标准费 4. 成品检验费 5. 质量审核费 6. 特殊检验费
内部故障成本	1. 废品损失 2. 返修损失 3. 材料采购方面损失 4. 工厂联络费	1. 废品损失 2. 返工费用 3. 复检费用 4. 降级损失 5. 减产损失 6. 处理费 7. 废品分析费
外部故障成本	1. 保单范围内的投诉费 2. 保单以外的投诉费 3. 产品售后服务费 4. 产品责任费 5. 产品包装费	1. 受理顾客申诉费 2. 退货 3. 保修费用 4. 折扣损失

11.2.3 质量成本管理的意义

在企业质量管理活动中，必然会发生各种费用，这部分费用会占企业销售收入的很大比例。据有关调查资料，我国企业每年仅由于不良品造成的损失就要占到销售收入的10%，还不包括质量成本的其他费用。因此朱兰把"废次品损失"比作企业的一座未被发掘的金矿，对它进行开采利用的价值极大，如果措施得当，开发利用它的投入产出比是极高的。通过对质量成本数据的收集、计算和分析，对质量成本计划进行控制，促进质量改进的实施，力求降低成本，提高产品和服务质量，使构成各种质量活动的费用合理化，企业可以收到巨大的效益。概括起来，开展质量成本管理的意义如下。

（1）有利于质量管理的进一步深化。

（2）通过质量成本分析，可以明确降低生产成本的方向。

（3）通过对一段时期质量成本的管理，可以找到本企业质量成本构成的最佳比例，进而确定满足顾客要求的最佳质量水平，从而提高企业的经济效益。

（4）通过质量成本分析，可以评价企业质量职能的有效性和所开展的质量活动的效果。

（5）开展质量成本管理可以使管理人员了解质量，使工程技术人员增强经济观念，有利于提高企业的管理水平，增强企业竞争力。

11.3　质量成本分析

质量成本分析的目的是找出影响产品质量的主要缺陷和质量管理的薄弱环节，为降低生产成本，调整质量成本的构成比例，为寻求最佳质量水平提供依据。

11.3.1　趋势分析法

将一段时间内的质量成本数据画在坐标图上，可看出质量成本的变化趋势，质量成本分析可用于报警，也可用来研究质量成本不佳的原因。质量成本趋势图如图 11-1 所示。

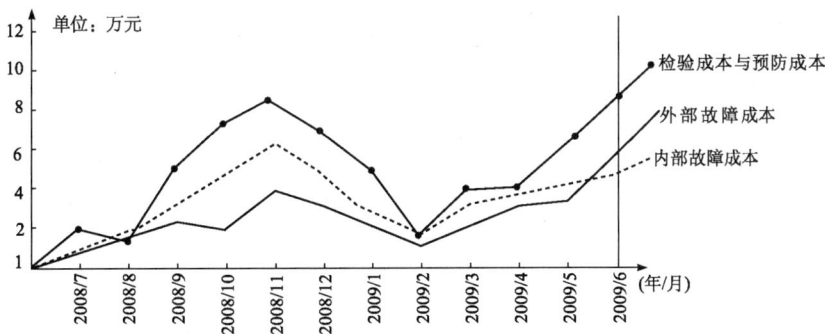

图 11-1　质量成本趋势图

内部故障成本、外部故障成本、检验成本和预防成本这四个组成部分占质量总成本的比例为：内部故障成本占 25%～40%，外部故障成本占 20%～40%，检验成本占 10%～50%，预防成本占 0.5%～10%。通常，当质量成本各组成部分之间的比例关系发生较大变化时，必须采取相应的措施使质量成本各部分之间的比例恢复到正常状态。当内、外部故障成本占的比例超过 60%，且预防成本远远小于 10% 时，质量工作的重点应放在加强质量预防控制和提高质量措施的研究上；当内、外部故障成本大约为 50%，预防成本大约为 10% 时，质量工作的重点应放在维持现有质量水平上；当内、外部故障成本占质量总成本的比例小于 40%，但检验成本大于 50% 时，质量工作的重点应放在降低检验成本上。

11.3.2　构成比分析法

可以设想，在确定的条件下，如果产品不检验或少检验，则检验成本下降，内部故障成本下降；但外部故障成本必然会增加，会使质量总成本上升；相反，如果加强检验工作，则检验成本和内部故障成本上升，但外部故障成本则会下降；如果增加预防成本，则其他三项质量成本均可下降，质量总成本一般情况下也会下降。在正常情况下，运行质量成本的四个组成部分与质量总成本存在某种适宜的比例关系，研究这种比例关系的变化，就可找出提高质量、降低成本的潜力所在。

11.3.3 总额分析法

首先求出某一时间区间内的质量成本总额，再将该数据与前期数据进行对比，可以发现问题，找出原因。在对总额数据进行对比时，还应同时考虑质量改进状况。

11.3.4 比较基数分析法

将质量成本与既定的比较基数（如销售额、产值、利润等）进行比较，可掌握质量的经济特性。表 11-2 展示了比较基数分析法中常用的计算公式及其特点。

表 11-2 比较基数分析法中常用的计算公式及其特点

序号	名 称	计 算 公 式	特 点
1	百元销售额故障损失率	$\dfrac{\text{内部故障成本}+\text{外部故障成本}}{\text{销售收入总额}}$	反映了由于质量不佳造成的经济损失对销售收入的影响，是考核企业质量经济性的重要指标
2	百元销售额外部损失率	$\dfrac{\text{外部故障成本}}{\text{销售收入总额}}$	反映了由于质量不佳造成的外部损失占销售收入的比重，可考核对用户和社会造成的损失，是体现社会经济效益的重要考核指标，也是考核企业质量经济性的重要指标
3	百元销售额质量成本率	$\dfrac{\text{质量成本总额}}{\text{销售收入总额}}$	反映了销售收入中质量成本所占的比率
4	百元产值故障损失率	$\dfrac{\text{内部故障成本}+\text{外部故障成本}}{\text{总产值}}$	反映了每百元产值因故障造成的损失，可作为企业内部制订质量成本计划的重要指标
5	百元产值内部损失率	$\dfrac{\text{内部故障成本}}{\text{总产值}}$	反映了由于企业内部质量管理不善造成的经济损失，是考核企业内部质量效益的主要指标
6	百元产值质量成本率	$\dfrac{\text{质量成本总额}}{\text{总产值}}$	反映了质量成本占总产值的比例
7	百元利润质量成本率	$\dfrac{\text{质量成本总额}}{\text{总利润}}$	反映了质量成本对企业经济效益的影响，可以考核质量成本的增加或减少对企业总收益的影响
8	百元利润故障损失率	$\dfrac{\text{内部故障成本}+\text{外部故障成本}}{\text{总利润}}$	反映了由于质量不佳造成的经济损失对企业利润的影响

11.3.5 最佳质量成本

根据前面分析可知，质量成本各组成部分之间具有相关性，当预防成本和检验成本增加时，内、外部故障成本就会下降，因此，质量总成本曲线就呈 U 形，如图 11-2 所示。由图 11-2 可以看出，内、外部故障成本随质量的提高（不合格品率降低），由高向低以较快的速度下降；当预防成本和检验成本从质量较差的水平提高到与故障成本相当时（两条曲线相交处），质量水平提高较快，而预防成本和检验成本提高的幅度却不大；但当质量水平进一步提高时，则预防成本和检验成本增加的速度很快。这时要提高质量，必须增加预防成本和检验成本，特别是增加预防成本，将两条曲线相加，得到"碗"状的质量总成本曲线。曲线的最低点 A 所对应的合格品率 P* 就是质量管理和控制应追求的最佳质量水平。P* 所对应的质量成本就是最佳质量成本。

为了便于分析，将质量总成本曲线在最低点局部放大，如图 11-3 所示。

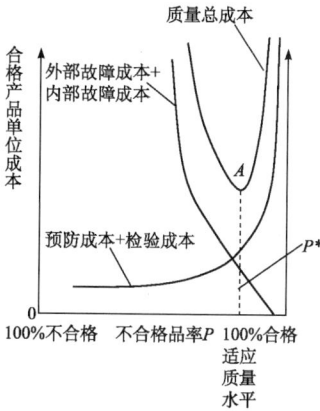

图 11-2　质量成本曲线和最佳质量成本

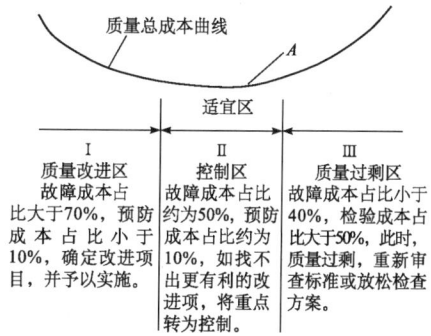

图 11-3　质量总成本曲线的最佳区域

最佳区域可分为以下三个区域。

Ⅰ区是故障成本最大的区域，所以质量管理工作的重点在于减少故障成本。改进是影响质量成本的主导因素。所以，质量管理应采取预防措施，提高质量水平。Ⅰ区称为质量改进区。

Ⅱ区表示在一定的组织技术条件下，质量总成本处于理想状态，质量工作的重点是维持现有的质量水平，Ⅱ区称为控制区。

Ⅲ区表示检验成本过高，它成为影响质量总成本的主要因素。此时，质量工作的重点是适当放宽质量标准和检验标准，简化检验程序，减少校验工作量，提高检验效率。Ⅲ区称为质量过剩区。

应当指出，Ⅰ区、Ⅱ区和Ⅲ区所给定的各项费用的比例关系不是一成不变的，应根据企业的具体情况，通过对数据的积累、统计和分析后确定。

11.4　质量经济分析

企业开展质量经济分析的目的就是要确定产品在设计、制造、销售和售后服务等各个环节、各道工序中的最具经济性的质量水平，然后分别按照这些质量水平来组织生产，从而保证企业在产品设计、制造、销售及售后服务全过程取得最好的经济效益。

11.4.1　质量经济分析的内涵

质量问题实际上是一个经济问题，质量经济性可从利益和成本两个方面考虑。在利益方面：对顾客而言，必须考虑减少费用、改进适用性、提高满意度和忠诚度；对企业而言，必须考虑提高利润和市场占有率。在成本方面：对顾客而言，必须考虑安全性、购置费、运行费、保养费、停机损失和修理费，以及可能的处置费用；对企业而言，必须考虑识别顾客需要和设计中的缺陷，包括不满意的产品返工、返修、更换、重新加工、生产损失、担保和现场修理等产生的费用，以及承担产品责任和索赔风险等。

　　一般可以把质量经济性的概念分为两种：狭义的质量经济性和广义的质量经济性，前者是指质量在形成过程中所耗费的资源的价值量，主要是产品的设计成本和制造成本及应该分摊的期间费用；后者是指用户获得质量所耗费的全部费用，包括质量在形成过程中资源耗费的价值量和在使用过程中耗费的价值量。我们可以用单位产品成本和分摊的期间费用之和，来反映企业某种产品的狭义的质量经济性，而用价值工程中的（单位产品）寿命周期成本，来反映广义的质量经济性。

　　质量经济分析是从经济效益的角度出发，应用经济分析的方法，对不同的质量水平和不同的质量管理措施进行分析和评价，从中挑选出能使质量和经济效益达到最佳结合的质量管理方案。

11.4.2　质量经济分析的程序

1．确定质量目标要求

　　产品的质量目标至少包括和体现三个方面的内容：①顾客的要求（明示的、隐含的、法律法规要求的、任何附加的）；②具体的、有针对性的产品特性（可靠性、维修性、保障性、安全性、测试性、环境适应性）指标；③与组织质量方针和质量目标相适应的指标。

2．收集质量成本数据

　　质量成本有四个大的科目：检验成本、预防成本、内部故障成本、外部故障成本。需要说明的是，质量成本的科目不是财务要求的科目，但可以成为财务科目的子科目，比如在营业成本中下设子科目。每个大科目下还可细分若干小科目、子科目。比如内部故障，可以下分报废、返工、返修，报废子科目下，又细分为原材料、设计、设备、工艺、人为因素等，总之，科目越细越好，越细越有用。事实上，一个企业的成本核算是否科学、是否准确，与其他科目设置得够不够细密切相关。比如返工损失，管理粗犷的企业是不把返工损失列为成本的，只是在财务体系外想办法，如放大工时或者调整工时。

3．收集财务数据

　　财务数据是财务管理体系的数据，是会计法、统计法约束下得到的比较准确的数据，如果经过了审计批准，这样的数据更有意义。对质量经济分析有用的财务数据有销售收入、总资产、净资产、成本、利润、应收款等。因为分析的时候要用到销售利润率、成本利润率、总资产报酬率、净资产利润率这些财务计算数据。同时，应收款中，因质量问题造成的总量、比重都是分析时要用到的。

4．分析

　　（1）质量成本分析。检验成本、预防成本、内部故障成本、外部故障成本各分类与总量的比值与近三年的增减关系。

　　（2）质量损失分析。质量损失是指内、外部损失的总和，当然，由于质量损失的存在也正是质量改进的意义或者说是质量改进的机会所在。质量损失分析需要评估质量损失占总成本的比例、趋势和影响。

　　（3）质量投资分析。ISO 9000标准提出的质量经济分析按要求包括了"质量投资分析"，目前国外很多学者提出了基于质量净收益的质量投资效益评价。他们认为从财务学角度来看，成本并不是评价某项事物效益的唯一指标，只是重要指标之一。评价某项事物的效益，除看其成本之外，同时还应看与其相关的收入，用收入减去成本得到的利润才是评价该事物经济性的主要指标。同样，质量成本也不能作为评价质量经济性的唯一指标。学者们运用质量净收益法对质量的投资效益进行分析。根据财务学原理，质量收入是指给企业带来的与质量水平相关的收入，是在一定时期内通过实现产品销售而取得的质量改进成本耗费的补偿和增值，是质量得到保证或较原有水平提高后企业和社会所得到的或将能得到的更多价值或使用价值。

11.4.3 质量经济分析的内容

质量的经济性不应局限于质量成本，还应包括由质量水平提高或降低带来的收益或损失和由高质量或低质量带来的商誉无形资产的提高或降低，这些都属于质量的经济性范畴。总的来说，质量经济分析大体可分为：质量成本分析，质量损失分析，质量投资分析，基于产品设计、制造到产品的销售和售货服务的全过程和寿命周期成本分析。这些理论主要围绕质量成本、质量损失、质量效益及产品实现各阶段质量参数的最优化，都是从经济角度考虑质量问题，以货币语言引起企业管理者对质量问题的重视，从而为质量决策提供更加有力的支持。

1. 产品的质量经济性设计

为增强顾客满意，必须提高产品的质量，而产品的质量首先取决于产品的设计。由于质量、成本和效益的 80% 是在设计阶段就确定的，除非在设计阶段就充分考虑产品的质量与成本的要求，否则仅仅在制造阶段抓质量与成本是难以奏效的。

设计过程的质量经济性管理，关键在于质量设计。质量设计是指在产品设计中，对一个产品提出质量要求，即确定其质量水平（或质量等级），这是产品设计中带有战略性或全局性的一环；无论是老产品的改进还是新产品的研制，都要经过质量设计这个过程。质量设计的首要任务是其适用性。产品适用性表现在不同的质量特性上，为此，必须了解顾客的观点和要求，着重点在于系统地调查顾客对哪些质量特性感兴趣，要求满足的程度怎样，顾客对产品关键质量特性的评价如何，使用中会受到哪些客观因素或环境的影响，本企业的生产能力如何，在技术上的优势或劣势在哪里，等等，只有真正了解顾客的需要，摸清企业的条件，从实际出发，才能达到质量设计的适用性。如果设计不好，达不到顾客的要求，就谈不上经济效益的问题。质量设计另一个任务是讲求产品的经济性，也就是讲求产品功能、成本和效益，就是要研究质量设计同成本变化的关系，计算产品的成本和投资费用，同时不能忽略产品的使用成本，即从满足顾客的需要出发，用最少的社会劳动消耗，取得最好的社会经济效果。如果企业只考虑产品的制造成本，而忽视整个产品寿命周期内的使用成本，无论从顾客或整个社会来看，都不是经济的。为提高质量设计的经济性，企业应做好以下四个方面的工作。

（1）市场需求预测。质量设计的经济性要从产品的整个寿命周期考虑，由于产品的质量水平与市场需求有紧密的关系，因此对产品在市场的需求量及变化规律要有科学的预测，每一种产品从进入市场到最后退出市场，都有一个发展过程，可以分为试销、旺销、饱和及衰退四个阶段。一般根据市场的调查和以往的经验，确定前三个阶段的时间，以预测销售量。

（2）考虑产品的技术经济指标，即对总体方案进行可行性分析，做到设计上先进、经济上合理，生产上可行，综合地考虑质量的社会经济效益。可以运用可靠性工程、价值工程、正交试验设计等先进技术，实现产品各组件质量特征参数指标的优化设计。

（3）在质量经济性设计中应注意质价匹配。质量和价格有时是矛盾的，要提高产品质量往往会增加质量成本，成本增加了又会引起价格的提高。质量成本的不恰当增加，会导致价格过高，若超过社会一般的购买力，则产品就会滞销；反之，产品质量低劣，价格即使降低，也没有市场，这里面有一个合理的质价关系，即产品的质价匹配关系。可见产品设计中质价匹配是一个相当重要的问题，不能盲目地追求先进性，而忽视经济性，否则，设计出来的产品只能成为样品、展品，而不能成为商品。

（4）在产品的设计中对功能匹配应给予足够的重视。理想的功能匹配是指产品的使用寿命和零部件的使用寿命一样长，假定要设计一辆使用期为 15 年的汽车，从经济上看最好所有零部件的使用期都为 15 年，而在实际的设计中要做到这一点并不容易。许多产品由于没有考虑功能匹配问题，致使部分零部件的功能已经失效，而有的部分功能仍完好有余，这种功能不匹配的质量设计，给顾客和社会造成很大的经济损失。企业的效益一般决定于产品的价格与产品成本的差额，而成本和价格通常又决定于产品的功能质量水平。根据成本与价格对功能质量水平的变化关系，就可以找到利润最高时的质量水平，即最佳质量水平，而不是产品的最高质量水平。最佳质量水平的概念有助于企业规划产品的等级，如经济型产品或豪华型产品。

2. 进货原材料的质量保证与成本降低

欲在进货原材料方面实施质量经济性管理，首先要了解采购成本的组成。依据《工业企业会计制度》的规定，原材料的采购成本由买价、税金、运输费、装卸费、保险费、仓储费、检验费等几部分组成。为降低原材料的买价和税金，采购实行"三比"之后确定采购价格及供货单位，是行之有效的方法，所谓"三比"，即同样产品比质量、同样质量比价格、同样价格比信誉。此外还应建立价格公开制度，鼓励相关人员提供价格信息，对原材料的价格进行管理，采购执行最低价格。由于财务管理上直接将买价、税金计入原材料的采购成本，而运输费、装卸费、保险费、仓储费等采购费用一般按原材料的重量或买价的一定比例，分摊计入各种原材料的采购成本中，使得采购人员只注重原材料的买价，而忽视其他采购费用在采购成本中的比例，因此，在购入原材料时，应明确运输费、装卸费等采购费用的所属，并尽量降低。购入的原材料必须是合格品。以供货协议的形式明确规定关键件、重要件的各指标要求，以及因原材料质量问题给企业造成损失时，供方应承担的责任等，是降低检验成本和保证原材料质量的必要依据。检验工作的有效性直接关系原材料的质量保证；依据《工业企业会计制度》，原材料的入库检验费用也属于采购成本，因此如何降低检验费用是间接降低采购成本的一个方面。一般的企业都没有单独计算进货物资的检验费用，是被企业遗忘的降低成本和保证质量的一个角落。切实降低检验费用和有效地保证原材料质量的措施，一般有采购前对供方的生产和检验能力的认定。例如，外购紫铜水管，供方应具有检验水管是否漏水的检验设备；为确保检验的真实性和准确性，对进货检验实行"封闭"检测，技术部门、物资部门及其他部门不干预检验工作，是"封闭"检测管理的一个方面；检验人员严格按照原材料的关键件、重要件和一般件的要求实施检验，保证不符合质量要求的原材料不投产，以免影响产品质量等。检验合格的原材料进入库房管理，看似万事大吉，其实不然，如果不严格按照库房管理要求去做，极易造成原材料还未进入生产线，质量会下滑，导致成本上升。原材料库存管理的最高目的有两个：①从财务上讲，防止企业在原材料上占压大量资金；②从质量上讲，有些原材料在储存过程中易被氧化、锈蚀，造成用原材料则影响成品质量，不用则增加成品成本。原材料库存管理的最低目的是有效地保证库存原材料满足生产上的需要。原料入库后，应有明确的批次管理，以便做到先入库的原材料先出库，即发料的先入先出原则，这和库存管理在质量方面的最高目的是相同的。在库房管理中还有一点很最重要，也是库房容易忽视的方面，即满足原材料的储存条件，许多库房在仓储原材料时忽视其储存条件和要求，如卷板没有按外包装上的标识要求立放储存，无法保证通风通水，造成卷板局部锈蚀，导致其品质下降，这不仅与原材料的质量密切相关，也与其成本密切相关。

3. 生产过程的质量控制与成本管理

一般的企业都非常重视产品生产过程的质量控制与成本管理，以期望达到产品质量经济性管理的目的。企业在生产过程中要有效地控制产品的质量和降低产品的成本，首先要考虑如何提高现有的过程能力，其次要考虑生产流程是否需要再造，以及如何提高设备、原材料等资源利用率，减少浪费。过程能力是指生产质量方面的能力，与人员、机器、材料、环境、方法诸多因素有关。对于生产过程而言，应从提高人员素质、改进设备性能、采用新材料、改进生产工艺方法和改进环境条件等各方面出发提高过程能力，从而提高产品的合格率，降低质量损失。同时还应考虑产品的质量特性重要性的程度，给出不同重要度的产品质量特性在生产过程中的过程能力，充分利用现有资源，保证生产质量和节约成本。芝加哥大学经济学博士戈泽宁的统计资料表明，当一个企业的生产能力达到三西格玛水平时，与质量问题有关的成本，即质量成本要占其销售收入的 10%～15%；当一个企业的生产能力达到五西格玛水平时，质量成本占其销售收入的 5%～10%，而一个六西格玛水平的企业的质量成本仅占其整个销售收入的 1%。可见，质量最好的产品也是成本最低的产品。流程再造，即对现有的生产过程重新进行设计。在很多企业中，现有流程往往不能满足顾客的要求。例如，如果企业的生产过程没有系统化，那么会出现生产场地、生产流程、物流等不合理的情况，甚至很多流程早应废弃。重新审视企业现有的生产流程的合理性，衡量、分析及重新思考，及时采用新的生产工艺流程和方法，设计全新的生产过程，合理布置生产场地，优化生产流程，减少物流带来的质量影响，从而保证产品质量，降低生产过程的损失。企业流程再造的目的是提高业绩和效率，因此，再造本身不是目的，更不是目标，关键是能否降低成本和提高产品的质量与企业的效益。提高设备、原材料等资源利用率是保证产品质量稳定，降低单位产品成本，达到产品生产过程质量经济性管理目的的有效方法。采取有效措施提高设备的利用率，一般可以从提高设备时间利用率和设备单位时间生产能力利用率两个方面实现，如减少设备不运转的时间和改进生产工艺提高设备单位时间的生产能力等；通过原材料用量差异分析，逐步减少原材料的消耗，是一般企业常用的提高原材料利用率的控制方法。所谓原材料的利用率，是指投入生产的原材料消耗重量和实际利用重量之间的比例关系，该比例值越小，则说明生产过程的原材料利用得越充分，其利用率就越高，但许多企业对生产中原材料用量的差异置若罔闻，导致原材料所消耗的废料损失每年高达几十万元，其中还未包括人员费用、设备损耗费用等。

4. 提高顾客满意度，控制产品营销成本

顾客满意是指顾客对其要求已被满足程度的感受，顾客满意度则是对顾客满意程度的定

量化描述。实现顾客满意的前提是产品或服务满足顾客的要求。追求顾客的重复购买，设法留住老顾客，应是企业提高顾客满意度、控制产品营销成本的首要问题。

顾客满意度由消极因素和积极因素两部分组成。消极因素指价格贵、质量差、供货不及时等；积极因素指价格便宜、质量优于其他厂家、供货及时、技术服务配套等。在市场尚未扩大的情况下，引起顾客不满的索赔诉求和产品可信度低一类的问题的确会给企业带来不可挽回的损失，因此企业在保证产品基本质量和服务的前提下，要充分考虑顾客满意度的积极因素。也就是说，产品的质量、价格和供货及时等因素决定了顾客的满意度，并直接影响着产品的销售额和利润。为持续提高顾客满意度，企业应建立顾客关系管理系统。顾客关系管理是企业从长期战略的角度出发，为了建立与顾客的良好关系，赢得顾客的高度满意，保留有价值顾客，挖掘潜在顾客，赢得顾客忠诚，并最终获得顾客长期价值而实施的一种管理，是企业在市场导向理念指导下应采取的一种长期的经营手段。实施顾客关系管理，即识别顾客、认知顾客和保留顾客，以及对顾客的信息反馈进行管理。有效地识别顾客和认知顾客将有助于提高企业产品的品牌特征显著度和顾客化感知质量，从而对顾客满意度的提高有积极的影响。保留顾客，以及对顾客信息反馈进行管理是提高企业顾客满意度的必要手段。据美国汽车业调查，一个满意的顾客会引发 8 笔潜在的生意，其中至少有一笔会成交；一个不满意的顾客会影响 25 个人的购买意愿，争取一位新顾客所花的成本是保住一位老顾客所花费用的 6 倍。提高顾客满意度，要区分顾客的"一般满意"和"高度满意"两种截然不同的需求。企业仅仅听取顾客的不满诉求，是无法提高顾客满意度的，其结果只能一味地提高产品的成本，因为顾客更多是对产品或服务的不满意见，即表达着"高度满意"的需求。企业开展质量经济性管理应考虑直接影响顾客满意度的质量与成本，也就是说，产品的质量与竞争对手相比应具有与众不同和积极因素的质量，这直接关系顾客的满意度。

11.4.4　质量经济分析的作用

质量经济分析以用户和社会需求的质量为出发点，从经济的角度分析质量问题，围绕产品的适用性和经济性，寻求质、本、利的最佳组合，以提高企业经济效益。质量经济分析的作用主要体现在以下几个方面。

（1）促进企业贴近市场与顾客，挖掘和发挥内部的积极因素与作用。质量经济分析可以促使企业更加贴近市场与顾客，使企业能更好地根据市场、顾客和社会的需求来组织生产，确定产品档次、价格和质量水平，提高经济效益。

（2）有利于企业保持质量与效益、质量与经济的相对平衡、稳定和发展。质量经济分析通过评价企业经营运作的各个环节质量、过程质量、总体结果质量和经济效果，促使企业正确处理质量与市场竞争、质量与效益、质量供给与需求、质量与生产成本等之间的关系，科学地选择质量水平和投入费用的最佳方案与决策。

（3）有利于企业资源的整合与利用。质量经济分析追求的是以低的投入、低的成本获取满意的质量和尽可能大的利润。

质量经济分析几乎渗透到质量经营管理的各个环节和层面，本书阐述的只是其中一部分重要内容。同时，在质量成本管理过程中，还必须充分运用质量会计分析所取得的成果，指导具体的质量成本管理活动。只有减少与质量有关的损失，用经济的手段生产顾客所满意的产品，重视使用中的适宜性，同时满足企业的需要和利益，企业效益才能得到充分体现和增加。为此，应把企业效益和社会效益统一起来，在整个质量活动中坚持质量与经济的统一，这就是质量经济分析的任务。

思考题

1. 怎样理解国际标准中质量成本的定义？
2. 什么是质量成本特性曲线？
3. 质量经济分析有何意义？
4. 适合的质量水平包括什么？
5. 从经济的角度来看，产品的不合格品率是否越低越好？

案例分析

大连三洋制冷有限公司质量成本管控问题研究

1. 公司概况

大连三洋制冷有限公司（以下简称"大连三洋制冷"）是国际一流的双效溴化锂吸收式中央空调专业制造企业，是中日合资高科技企业，始创于 1992 年 9 月 11 日，注册资金 20 亿日元，投资总额 60 亿日元，年生产溴冷机 2000 台，真空锅炉 1000 台，GHP 燃气空调 10 000 台。在全国设有 14 个营销大区，28 个营销服务事务所。大连三洋制冷的双效溴化锂吸收式制冷机全系列中央空调产品，通过 HJBZ22 中国环境标志产品认证和 JB8656 中国机械产品安全认证。大连三洋制冷的所有产品占国内市场的 30% 以上，并以高质量大批量出口日本。1992 年成立以来，大连三洋制冷以差异化战略为经营战略，取得了良好的业绩，迅速成长为行业的领先者。然而，在行业进入成熟期后，企业的增长势头受到抑制。2002 年，为进一步提高管理水平，大连三洋制冷开始引进日本丰田的精益生产方式，并在生产过程中逐渐加强对质量成本的管理与控制。

2. 大连三洋制冷实施质量成本管理

1）大连三洋制冷实施质量成本法的原因分析

2002 年，大连三洋制冷引进日本丰田的精益生产方式后，对现场中的库存、制造过多（早）、等待、搬运、加工等七种浪费的存在有了比较清醒的认识，并且在实际工作中努力加以消除。但是随着活动的深入，很多由相关的管理工作引起的浪费难以度量，其所可能造成的损失不易衡量。这些问题如果得不到有效解决，将阻碍活动深入持久地进行。而随着我国加入 WTO，国际竞争一体化的一个显著特点是国内竞争国际化。跨国集团蜂拥而入使竞争呈现出白热化，在产品过剩、价格大幅下降的价格战局面下，降低成本已成为每个企业的重点工作。大连三洋制冷在设计工艺、采购、制造、营销等各个环节上采取了通常的降低成本措施之后，降低成本工作陷入瓶颈，那么如何选择新的突破口？

大连三洋制冷早在 1996 年就在中央空调行业率先通过了 ISO 9001 质量管理体系认证，在质量管理上取得了非常好的成绩。但是，一些质量损失难以从财务核算的角度，对质量管理体系的有效性进行测量，而在企业的日常管理活动中又存在着许多无效的管理，使企业的经营管理难以得到持续改进。为此，需要一种新的工具来发现这些质量成本的浪费，在经过反复比较后，大连三洋制冷选择使用质量成本法来解决这一问题。

2）实施前注重培训，提高参与人员素质

大连三洋制冷为了搞好质量成本工作，成立了以副总经理为组长的推进机构，各部门主管和推进人作为组员，成为工作推动的主力军。此外，对全体员工进行培训，使全员具备必要的知识储备，在此基础上进行了许多改善工作，推动质量成本工作有序进行，取得了比较突出的成绩。

3）在实施成熟后，将质量成本制度化

大连三洋制冷在质量成本法实施成熟后，把业务流程程序化，并将相关内容纳入ISO 9001 质量管理体系中，对文件进行相应的修订，使质量成本管理制度化并且依据企业的实际情况适时更新与完善，做到以实践来完善理论，而不是拿理论框架来束缚企业自身，做到了理论与实践相结合，并在实践中不断完善补充相关理论。

3. 大连三洋制冷案例对我国企业实施质量成本管理的启示

通过以上对大连三洋制冷实施质量成本管理的案例分析，可以得出以下建议，供我国其他企业实施质量成本管理作为参考。

1）明确职责，落实到位

开展质量成本管理，必须建立以质量责任制为核心的经济责任制，明确每个员工在质量工作中的具体任务、职责和权限。切实做到人人有专责、事事有人管、办事有标准、工作有检查、考核有奖罚。

首先，质量成本目标应与质量目标有机衔接，质量成本目标应是质量目标的重要内容；其次，在管理职责和有关质量体系文件中，规范每个员工的任务、职责和权限，明确考核标准并坚持严格考核，真正体现质量经济性和质量成本的思想；再次，根据企业实际确定适宜的质量成本科目，健全质量成本管理制度；最后，建立以质量管理部门为中心的质量信息反馈管理系统，理顺质量信息流通渠道，及时收集、分析、处理和传递有关质量信息，供企业领导决策时参考。

2）试点成功，全面铺开

管理者同意实施质量成本管理后，可以先选一个试点来说明过程和益处，这时不需要整个组织的全面介入和调动广泛的资源。来自试点部门的主要管理者，应与财务和质量人员一起参与质量成本的评估工作，先对质量改进机会进行粗略估计，然后通过过程管理或其他方式来实施质量成本管理。试点成功后，管理者看到了质量成本管理的好处，再进行全面推广就比较容易了。

3）突出重点，有的放矢

开展质量成本管理应突出重点，在对企业质量成本现状做出充分调研的基础上，结合行业特点和企业质量费用开支的实际情况，提出重点控制的质量成本二级科目或关键工序一次合格率（通过率），使企业的质量成本管理效益明显提升，从而最大限度地得到企业领导的支持，以利于质量成本管理工作的全面推广和开展。为了突出重点，可以采用一些方法衡量质量成本，制造企业常采用公司财务报表分析方法，把包含质量开销的财务账目分离出来，按预防成本、检验成本、内部故障成本和外部故障成本分类，从而对质量成本进行比例估算和根据业务量进行调整，对重点损失重点管理。

4）质量成本制度化

如果企业已经明确了质量成本的概念和含义，就需要进一步使质量成本管理制度化。质量成本应该是业绩的一种度量，用于持续改进和战略策划的决策时，必须规定信息收集和报告的职责和格式，以及用于决策的频率和日程。并加强对在职员工的教育，明确规定每个员工在质量工作中的具体任务、职责和权限，使员工认识质量成本管理的重要性，有助于帮助企业在质量业绩和成本之间建立永久的关系。此外，还应当在实施过程中依实际情况不断改进和完善质量成本制度。

4. 大连三洋制冷的质量成本管理及相应流程处理详解

质量成本法将质量成本分为预防成本、检验成本、内部故障成本和外部故障成本，这是一种最常用的质量成本管理法。预防成本是指为了防止劣质产品或服务而开展的所有活动的成本。例如，进行新产品评审、质量教育和培训、质量改进班组会议、质量策划、供方能力调查和质量部门员工的工资等，可以由成本发生部门把成本汇总后提交给公司的财务部，由财务部按照质量成本的管理要求重新进行科目分配。检验成本是指为了确保产品或服务符合质量标准和性能要求而开展的测量、评估或审核成本。例如，入厂检验、过程检验和最终检验成本；测量和检测仪器设备的核准成本，等等，可以由财务部在进行核算时直接进行处理。内部故障成本是指向顾客交付产品之前，或者向顾客提供服务之前所发生的成本。例如，废品、返工、重新检查检验、原材料评审及产品降级而引发的成本，需要在公司内部进行成本数据的收集。外部故障成本是指向顾客交付或者装运产品之后，以及向顾客提供服务期间或之后所引发的成本。例如，顾客投诉处理、退货、保修及产品召回等成本，需要在公司外部进行成本数据的收集。上述成本的总和构成了质量总成本。

以生产现场中发生的质量问题为例，根据公司 ISO 9001 质量管理体系的要求，当出现质量问题时，由员工填写《工序质量反馈单》，经部长确认后，由品质人员给出处理意见。当员工按处理意见完成后，还需要填写《纠正预防措施表》，由品质人员确认。当确认报废时，还需要填写《废品报告单》并通知财务部和库房后，才能重新下料。在整个过程中，所造成的工时等损失，并没有单独核算，而是计入正常工时。因此，按照这种方法，虽然质量管理体系得到维持运行，但是质量成本损失无法计算，更谈不上有的放矢地进行改善了。在实施质量成本方法后，品质部把上述表格合并为《工序质量反馈处理单》一张表格，并重新规划了流程。首先由制造人员填写"质量问题"以上的栏目，经部长确认后，交由品保人员填写"产生原因及解决措施"栏目，并进行质量责任判定，提出处理意见，交给责任部门及责任人签字，根据不同的处理意见，进行相应的流程处理。

（1）处理意见为索赔时，生产人员直接持本单据财务联、仓库联到仓库重新换货，无须再开领料单。工时处理分两种情况：①如果没有进行生产，换料后生产按照正常生产填写工时；②如果已进行生产，换料后按照返工的工时处理流程进行。送回仓库的物品按《索赔物品管理规定》执行处理。

（2）处理意见为返工、报废、改为他用时，由品质人员下达派工单号码，制造部根据派工单号码重新开具出库单，把派工单号码作为新的产品编号，到财务部签字后，到库房领料，并在重新生产或者返工作业完成后，由操作者填写处理记录，检查者填写检查结果，经品保人员确认后，由生产人员将本单据与生产工时记录单、停工工时记录单一同交给品保人员。

品保人员将本单据财务联及相关工时记录单等直接转给财务部，同时根据本单据做好日常台账登录，定期以 O/A 方式发送财务部。

在实施一段时间比较成熟后，把业务流程程序化，把相关内容纳入 ISO 9001 质量管理体系，对文件进行相应的修订。独立的质量成本对于企业来说毫无意义。质量成本只有显示出特定领域方面的财务投入情况，并且明确成本改进的机会，才有其存在的价值。因此，财务部在对一段时间内发生的质量成本进行汇总统计后，由品质部组织相关部门共同进行分析，对损失金额较大的项目优先解决，拟定对策并推动实施，同时进行检查和考核。如此经过多次循环，使问题逐步得到有效解决，也使降低成本工作的困局得到突破。

通过上述改善，不仅使丰田精益生产方式能够更加深入地进行下去，而且使 ISO 9001 质量管理体系更加完善，更重要的是，使企业的降低成本工作得到贯彻实施，使企业在具有原来的差异化战略优势的同时，在成本上接近了主要竞争对手，为企业在竞争天平上投下了一颗重重的砝码，使企业获得了竞争优势。

第 12 章　六西格玛管理

>> 学习目标

- 了解六西格玛管理的发展与起源。
- 了解六西格玛管理的相关概念。
- 熟悉六西格玛管理理念。
- 熟悉六西格玛管理的方法。
- 清楚六西格玛管理与全面质量管理的区别与联系。

引导案例

摩托罗拉（Motorola）成立于 1928 年，其总部设在美国伊利诺伊州绍姆堡，位于芝加哥市郊，是世界财富百强企业之一，是全球芯片制造、电子通信的领导者。摩托罗拉使用无线电、宽频及互联网，并提供嵌入晶片系统，以及端对端整体网络通信解决方案，以达到加强个人、工作团体、车辆及家庭的操控及联系能力。摩托罗拉有三大业务集团，分别是企业移动解决方案部、宽带及移动网络事业部和移动终端事业部。2011 年 1 月 4 日，摩托罗拉正式拆分为政府和企业业务的摩托罗拉系统公司和移动设备及家庭业务的摩托罗拉移动公司。2014 年 10 月 30 日，联想集团在京宣布，该公司已经完成从谷歌公司收购摩托罗拉移动业务。2015 年 1 月 26 日，摩托罗拉正式重返中国市场。

如今，作为电子行业的龙头企业，摩托罗拉的生存和成功离不开六西格玛。正是摩托罗拉创造的理念，演变成了这样一个全面的管理体系。如果说对通用电气公司来说，采用六西格玛管理理论使这个繁荣的企业变得更强大，那么对于摩托罗拉来说，六西格玛管理是这样一个问题的答案：我们如何才能继续生存？

20 世纪 80 年代到 90 年代，与欧美许多企业一样，摩托罗拉面临着日本这个强大的对手。当时摩托罗拉的产品质量低下且销量下降，除了质量方面，其他方面也不容乐观，如管理、服务等。用摩托罗拉一位六西格玛管理专家的话说，他们此时正"处于一个充满痛苦的世界"。那时候，与许多企业一样，摩托罗拉不是只有一个"质量"项目，而是有好几个。然而在 1987 年，摩托罗拉的通信部门出现了一次新的尝试，改变了这一糟糕的状况。这个突破性的概念被称为"六西格玛"，该部门的主管为乔治·费希尔，之后成为柯达的高层领导者。

经过长时间的发展，六西格玛管理涉及众多内容，但当时的摩托罗拉运用的只是一种常见的方法，即追踪绩效成果并与客户诉求及具有挑战性的目标相比较。在董事长鲍勃·高尔文的积极推广下，整个公司都实施六西格玛。六西格玛管理给摩托罗拉足够的勇气去实现当时看起来几乎是不可能的目标：在 20 世纪 80 年代初期，企业的质量目标是每 5 年改进 10 倍，实施六西格玛管理后其质量目标改为每 2 年改进 10 倍，同时创造了奇迹——在 4 年间改进 100 倍。虽然六西格玛管理的目标很重要，但应更多地关注过程和产品改进的速度。

从长远来看，摩托罗拉的情况已经发生巨大变化，正如通用电气公司近年来的改善一样。在推出六西格玛管理活动两年后，摩托罗拉获得马尔科姆·波多里奇国家质量奖（Malcolm

Baldrige National Quality Award）。公司员工总数从 1980 年的 7.1 万人增加到 13 万多人。同时，从 1987 年到 1997 年的 10 年间，摩托罗拉取得了以下成就：摩托罗拉的销售额增长了 5 倍，累计节约资金约 140 亿美元；公司股票价格以每年 21.3%的速度增长。

所有这些都来自一家在 20 世纪 80 年代初前途未卜的公司，尽管摩托罗拉在 20 世纪 90 年代末面临着几项严峻的挑战（主要是蜂窝电话和卫星电话业务发展中的障碍和竞争），摩托罗拉似乎在 1999 年年底走出了困境，在大部分业务领域都实现了盈利。

摩托罗拉在公司层面取得的成就，也是上百次努力改善各业务部门产品设计、制造和服务的结果。阿兰·拉森（Alan Larson）是摩托罗拉六西格玛项目的早期内部顾问，他后来帮助通用电气公司和联合信号公司实施六西格玛管理。阿兰·拉森说，六西格玛项目影响了数十个管理和业务流程。例如，在客户支持和产品交付方面、测量的改进、对客户需求更好的理解，以及新的过程管理结构使我们大步迈向服务改善和准时递送。

摩托罗拉应用六西格玛管理远远超出了一套工具范畴，而是将它当成了变革企业的方法，一种由沟通、培训、领导、团队、测量和关注客户所驱动的方法。正如阿兰·拉森所言：
"六西格玛管理确实是一种有关文化的事物——一种行为方式。"

12.1　六西格玛管理概述

12.1.1　六西格玛管理的起源和发展

20 世纪 80 年代末期，六西格玛（6Sigma，6σ）管理最早在摩托罗拉产生并应用于实践，六西格玛管理在该公司获得显著成功。随后，在德州仪器、联合信号等著名企业中得到全面推广。而杰克·韦尔奇带领下的通用电气公司则把六西格玛管理形成一种企业文化。

1996 年年初，通用电气公司把六西格玛管理作为公司三大管理战略之首（其他两个是全球化和服务业），继而在企业内部全面推行六西格玛管理的变革方式。而六西格玛管理也逐渐从一种质量管理方法变成一种高度有效的流程设计、改造和优化技术，继而成为世界上追求管理卓越性的企业最为重要的战略举措。

值得注意的是，20 世纪 90 年代后期，日本企业也开始实施六西格玛管理，以索尼、东芝、本田等企业为代表。自通用电气公司后，六西格玛管理不仅面向制造流程，还致力于优化组织的全部业务流程。越来越多的服务性企业，如美国的花旗银行、亚马逊等也运用六西格玛管理来满足客户需求、提高企业竞争力。

在中国，越来越多的企业开始实施六西格玛管理，以中远集团、海南航空等为代表。六西格玛管理的应用，有利于提高我国企业的国际竞争力和影响力。

12.1.2　六西格玛的基本概念

六西格玛管理是于 1986 年由摩托罗拉的比尔·史密斯提出的，此概念属于品质管理范畴，西格玛（σ）是希腊字母，这是统计学里的一个单位，表示与平均值的标准偏差。6σ 意为 "6 倍标准差"，代表着品质合格率达 99.9997%以上，或者为每百万个产品或操作中失误少于 3.4 次。图 12-1 为六西格玛图标。

图 12-1　六西格玛图标

六西格玛管理通过密切关注客户、流程管理及改进和合理利用数据并与实践结合是具有挑战性的，人类通过努力可以完成百万分之三点四缺陷这个最完美的质量目标，实现和维持成功的业务管理。比如设正态分布 $N(\mu,\sigma^2)$，其中 μ 为均值，通常认为它正好与 LSL 和 USL 的均值重合。而 LSL 和 USL 是人为制定的参数，因此它们与图形无关。产品的规范限是以文件的形式对产品和过程的特性所作的规定，所测量产品的质量特性超出规范限以外的都是不合格的。根据统计学知识，如图 12-2 所示，产品的不合格品率为 $P = P_L + P_U$。

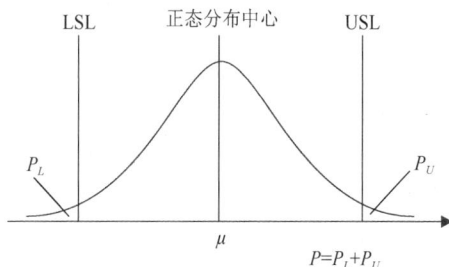

图 12-2　不合格品率图

其中，$P_L = P(x < \mathrm{LSL}) = \varPhi\left(\dfrac{\mathrm{LSL} - \mu}{\sigma}\right)$ 为质量特性值 x 低于下规范限的概率，

$P_U = P(x > \mathrm{USL}) = \varPhi\left(\dfrac{\mathrm{USL} - \mu}{\sigma}\right)$ 为质量特性值 x 高于下规范限的概率。产品合格率为 $1 - P$。

6σ 意味着产品合格率 $1 - P$ 达 99.9997% 以上。6σ 的含义并不简单地指上述统计上的要求，而是一整套系统的理论和实施方法。其旨在生产过程中降低产品及流程的缺陷次数，防止产品变异，提升品质。

关于六西格玛管理目前没有统一的定义。下面是一些专家对六西格玛管理的定义。

管理专家 Ronald Snee 将六西格玛管理定义为寻求同时增加客户满意和企业经济增长的经营战略途径。

六西格玛管理专家 Tom Pyzdek 认为：六西格玛管理是一种全新的管理企业的方式；六西格玛主要不是技术项目，而是管理项目。

我们把六西格玛管理定义为获得和保持企业在经营上的成功并将其经营业绩最大化的综合管理体系和发展战略。六西格玛管理的基本内涵是提高客户满意度和降低组织的资源成本。六西格玛管理强调客户驱动，其一切活动均围绕客户进行，因此其更加注重客户满意度的提升及让客户感受六西格玛管理所带来的益处。

12.1.3　六西格玛管理理念

1. 关注客户

在全面质量管理盛行时期，许多公司在目标和战略中都提道："要满足客户的需要或超出客户的期望。"但是很少有企业增进对客户期望和需求的理解。即使做了，收集客户数据的做法也只是一次性或暂时性的活动，极大地忽视了客户期望和需求的变化。

在六西格玛管理中，关注客户是极其重要的事情。六西格玛管理中的绩效评估开始于客户，同时客户的满意度也影响六西格玛管理的改进活动。六西格玛管理不仅关注客户，还把满足客户的需求作为其追求目标。企业在一般情况从基本的三西格玛开始，接着是四西格玛和五西格玛，最后才能达到六西格玛。"关注客户"中的"客户"，除了企业的"外部客户"，还包括各部门之间相互交流和提供服务的"内部客户"。

2．关注流程

无论是满足客户需求、改进产品或服务，还是提高绩效水平，流程一直是获得成功的关键。六西格玛管理强调不同流程之间的衔接，流程合理有效的连接，能够促进团队合作。之前的管理方案大多以目标为导向，侧重于实施的结果，一般采取的方法是：在过程的终端加大检测的力度，或依靠售后服务体系来缓解客户因产品质量问题导致的不满情绪。然而事后补救的方式不但增加了企业的运营成本，而且成果也不尽如人意。而六西格玛管理将侧重点放在问题产生的原因上，而非对结果进行补救，依靠六西格玛管理流程的规范化来确保产品的质量。六西格玛管理系统将工具、流程及运行方式有效结合，帮助企业节约运营成本、缩短生产周期、提高产品竞争力。

3．基于数据

虽然近些年来很多企业关注绩效水平、数据管理、信息系统等，但是也有部分企业基于主观印象进行决策。六西格玛管理强调基于事实和数据的方法来对结果进行优化。也就是说，六西格玛管理可以帮助管理人员解决两个关键问题：第一，决策需要哪些数据？第二，如何合理利用这些数据，使决策结果最优化。

六西格玛管理强调以数据和事实说话。企业内部所有的业务单元或流程中的环节所发生的一切活动，必须以数据的形式记录，以便领导者准确地了解业务状况。领导者通过查阅多种数据资料或报表，运用六西格玛分析工具和方法掌握问题的根源，了解产品质量或服务状况，以便更好地改进产品和服务，提高客户满意度。

4．主动管理

主动管理就是在事情发生之前采取措施，要求重视问题的预防而非事后补救。在实际工作中，主动管理意味着要实时检查哪些地方有所疏漏并加以改进。六西格玛管理以积极主动的方式代替被动应付的管理习惯。当今激烈的竞争环境，留给企业犯错的机会少之又少，所以主动管理才是企业立于不败之地的法宝。同时，六西格玛管理系统的预警模块能够及时警示问题和不足，可以使员工采取主动措施，提高工作效率，改善工作成果，为企业贡献自己的一份力量，促进企业不断进步、追求更远大的目标。

5．变革管理

变革管理意味着将企业现在的状况变为期望的状况，实施变革管理不仅仅是领导者的职责，更需要员工充分参与进来，否则只靠六西格玛管理是不可能产生好的收益的。六西格玛变革管理对企业的影响是深远的，也决定了变革管理内涵的广义性。进行变革管理应该合理规划人力资源，建立相关的计划措施。我们可以从以下几个方面入手。

（1）建立六西格玛管理愿景。愿景是企业将来的发展目标和方向，引导员工为企业的未来而努力。良好的愿景使企业成员对将来充满期待，使他们深刻体会推行六西格玛管理的必要性和优越性，从而有利于六西格玛管理的推行。当然，六西格玛管理愿景必须是基于实际情况并且可以实现的，如果愿景像空中楼阁，实现的可能性小，会严重挫伤员工的积极性。另外，有了明确的六西格玛管理愿景后，在企业内的全面推广也非常重要，如果六西格玛管理只在领导者内部推行，那么其效果就会不尽如人意，变革管理失败的概率也会增加。

（2）制订有效的变革计划。要想进行变革管理，首先必须制订有效的项目计划。一般来说，变革推广的范围越广，实施时间越长，人员参与度越高，则变革计划的成功率越大。计划的重要作用就是为变革提供前进的方向，指导变革沿着正确的轨道前行。

（3）设立变革管理机制。设置六西格玛变革管理机制，企业在进行变革时可能会遇到方向不明确的过程，这时变革计划担任"指南针"作用，指明前进的方向。六西格玛变革管理机构有如下职责：①对六西格玛项目进行监督和管理；②评估项目，开展员工培训；③推广六西格玛工作；④考核项目成员。

（4）进行沟通和交流。沟通是一切管理活动的基石，是促进变革取得成功的关键。有效的沟通和交流可以拉近员工的距离，增加彼此的了解和相互理解，有利于更好地协同合作，推进变革的实施。

6. 要求完美，允许犯错

企业在追求绩效时，往往需要尝试新的思路和方法，而采用新的方法通常都有一定的风险。如果永远害怕失败，就永远不愿意尝试，结果就是停滞不前，被残酷的环境淘汰。企业把六西格玛作为目标，必须向着更好的方向持续努力，同时愿意接受并控制偶然发生的挫折。

虽然六西格玛管理战略以数据和事实为依据，实施流程也具有科学性和可行性，但进行决策还是由管理者来完成，因此不能保证每个六西格玛项目都成功。不能因为个别项目工作的失败就否认六西格玛管理方式的科学性。作为领导者，需要从失败的项目中总结经验教训，明确失败的根源，进而实施改进措施。

12.1.4　实施六西格玛管理的好处

1. 六西格玛管理可以提高客户满意度

当今激烈的市场竞争告诉我们，只提供好的产品和服务是不够的。六西格玛管理中，关注客户的理念意味着要从客户的角度出发，深入了解客户的需求，提升给予客户的价值。通用电气公司的医疗设施部门实施六西格玛管理后，该部门创造了一项全新的技术，引发了医疗检测技术革命。之前患者做一次全身检查时间约为 3min，运用新技术后节约了 2min。该部门提高了医疗设施的利用率，缩短了检查成本，从而提高了客户满意度。

2. 六西格玛管理可以提高企业竞争力

企业要想在不断变化的市场中获得立足之地，必须进行变革管理和持续创新。而让企业不断增强创新能力，需要相应的工具和环境，六西格玛管理恰恰可以提供这些工具和环境。

国外的统计资料显示，如果企业大力实施六西格玛改进，平均每年至少提高一个 σ 水平，直到达到 4.7σ，此时不再需要大量的资本投入。在这期间，利润率的提高非常明显。当达到 4.8σ 之后，企业需要重新设计流程，增加资本投入，但此时产品的质量和服务水平都有所提升，其市场占有率也随之提高。

3. 六西格玛管理可以为员工设立绩效目标

任何一个职能部门、业务单元和个人都有不同的目标。不过，企业员工共同的目标是要把产品、服务或者信息递送给客户。六西格玛管理用员工共同业务框架和客户建立一个共同的目标，即六西格玛绩效或是大多数人想象的接近完美的绩效水平。任何理解其客户需求的员工都能够对照六西格玛绩效目标（99.9997%）来评估自己的绩效。表 12-1 对比了 99%合格率与六西格玛绩效目标（99.9997%）下可能出现问题的数量，其中的差异令人震惊。

表 12-1　99%合格率与六西格玛绩效目标（99.9997%）的对比

	99%的质量水平	六西格玛质量水平
每投递 30 万封信件	3000 封投递错误	1 封投递错误
每 50 万次电脑开机	4100 次系统崩溃	系统崩溃少于两次
500 年间每个月的财务结账	60 次账务对不上	0.018 次账务对不上
每周电视转播（每个频道）	1.68h 信号中断	1.8s 信号中断

4．六西格玛管理可以节省公司运营成本

对大多数企业而言，企业生产的所有次品要么被丢弃，要么重新返回生产车间，这些都花费了企业大量的运营成本。根据美国的统计数据显示，一个实施三西格玛管理标准的企业与质量问题相关的成本占销售收入的 10%～15%。从实施六西格玛管理的 1987 年到 1997 年这 10 年间，摩托罗拉由于实施六西格玛管理累计节约金额约 140 亿美元。

12.1.5　六西格玛管理组织

在开始六西格玛管理时，重要的就是为六西格玛组织设立恰当的角色及各自的职责。下面以表 12-2 为例具体介绍六西格玛角色和职责。

表 12-2　通用角色和"带"或其他头衔

通 用 角 色	"带"或其他头衔
领导委员会	质量委员会、六西格玛指导委员会
项目负责人	黑带大师、六西格玛主管
教练	黑带大师或黑带
团队领导者	黑带或绿带
团队成员	团队成员或绿带
过程负责人	主办人或倡导人

1．通用角色介绍

1）领导委员会

这里所说的"领导委员会"、"质量委员会"或"六西格玛指导委员会"基本上指现在高层领导团队。其具体职能是：①选择项目，分配任务，检查项目进度；②提供建议；③与员工分享经验，促进共同进步；④当团队遇到困难时，及时解决困难；⑤帮助量度六西格玛对公司绩效水平的影响。

2）项目负责人

项目负责人是对项目成果负主要责任并保证项目顺利完成的人。其具体职能是：①制订和实施项目计划；②指导并帮助项目成员；③寻找项目资源；④保证项目进度；⑤提供解决方案；⑥与部门主管合作；⑦记录项目结果。

3）教练

这里的教练是六西格玛教练，是指为六西格玛团队提供建议和帮助的专家。教练实际上

承担的是咨询师的角色，除了提供技术上的指导，教练还提供以下指导：①与团队领导沟通；②制定项目进度安排；③解决团队内部缺乏合作的行为；④解决团队成员间的内部矛盾；⑤分析团队活动数据；⑥指导团队成功。

4）团队领导者

团队领导者是企业中六西格玛项目的具体负责人或指导者。他们来自企业的各个部门，接受过六西格玛管理方法、改进工具等方面的系统培训，熟知六西格玛革新过程。其具体职能有：①领导六西格玛项目团队，实施并完成六西格玛项目；②策划项目实施的细节方案；③向团队成员提供适用的工具与方法的培训；④识别过程改进机会，并选择最有效的工具和技术实现改进；⑤向团队传达六西格玛管理理念，建立对六西格玛管理的共识；⑥向管理层报告六西格玛项目的进展；⑦将通过项目实施获得的知识传递给组织和其他黑带。

5）团队成员

团队成员是保证团队合作统一和持续进步的中坚力量。其具体职能是：①为项目的成功实施提供脑力和体力支持；②帮助推广六西格玛工具；③促进项目成功的坚实后盾。

6）过程负责人

过程负责人承担跨部门管理的职能，主要为客户提供一系列有关联的项目步骤。

2．"带"位类型及角色关系

1）黑带

"黑带"这个词来自跆拳道，指那些具有精湛技艺和本领的人，绿带、黑带、黑带大师分别代表不同的级别，标志着受训程度和专业水准。20 世纪 90 年代，摩托罗拉将其引入六西格玛管理培训中，并专指制造业与产品改进相关的技术人才，延续至今，黑带的界定已经相当广泛了。

黑带一般担任项目负责人或顾问，指接受过系统全面的培训且拥有丰富的实践经验。其主要职能是：①运用六西格玛管理方法，领导业务流程；②成功完成有重大影响的项目，为企业带来可见的收益；③掌握黑带知识体系；④熟练运用六西格玛管理方法并取得效果；⑤在职能领域充当内部流程改善顾问；⑥辅导或帮助绿带；⑦对绿带的认证提出建议。

2）黑带大师

黑带大师一般是职业化的项目负责人，指在六西格玛管理或精益方面拥有多年的经验并熟练掌握统计技术及其他相关技术，为六西格玛管理运行提供技术支持。其主要职能是：①熟练运用六西格玛管理方法，取得实在的业务成果；②在一两个流程改善技术上胜过黑带水平；③培训黑带或绿带；④指导黑带工作；⑤对黑带和绿带进行评估认证。

3）绿带

绿带一般是兼职项目负责人，他们接受过相对深入的培训。绿带通常由组织中各基层部门的骨干或负责人担任，其主要职能是：①掌握绿带知识体系；②对六西格玛项目提出建议；③运用六西格玛工具并取得显著成果；④在项目团队中担任领导；⑤指导项目成员；⑥分享六西格玛经验。

12.1.6 六西格玛管理培训

1．六西格玛管理培训要点

六西格玛管理团队是一个学习型组织，即一个不断从外部获取信息和知识，并由此产生新的创意，提供优质的服务和改进之前的组织流程，然后检验成果和不断学习新知识。贯穿始终的培训是六西格玛管理获得成功的关键因素。六西格玛管理培训需要注意以下几点。

（1）重视实践的重要性。如果能将理论知识运用到实践，就能够更好地服务实践。

（2）不断进行知识储备。虽然六西格玛概念是充满趣味性的，但是晦涩难懂的术语会使人有厌烦情绪。理想的做法是用简单易懂的语言解释，理解关键原理和基础知识，为以后的学习做好准备。

（3）采取不同的教授方式。例如，观看视频、实践练习、游戏等方式可以增强学习者的兴趣。

（4）将实例与应用相结合。要让学习者意识到六西格玛管理在组织中如何发挥效能，要求所提供的实例能准确反映企业当前的状况和挑战。

（5）使培训能长期贯彻实施。六西格玛组织要采取长期的培训，并不断改进和创新。

2. 六西格玛管理培训的课程方案

培训类型包括黑带培训和团队培训。黑带培训主要是针对进行六西格玛管理活动的培训。黑带培训的关键是提高其核心能力。黑带培训一般由专门的培训机构承担，其课程的时间安排基本对应于界定、测量、分析、改进和控制五大阶段，大约需要160h。团队培训是六西格玛项目团队组建后开始的培训。一般由黑带大师或黑带承担，培训的对象为团队成员，特别是绿带。在培训过程中，要求学习者不仅接受课堂培训，还要求将本项目的实施活动纳入培训内容，使团队成员在参与项目的过程中，不断提高理论水平和实践经验。六西格玛管理培训课程方案如表12-3所示。

表12-3　六西格玛管理培训课程方案

培训项目	核心内容	受训者	课时
六西格玛管理导论	六西格玛管理基本原理；评估企业需求；简明操作和模拟；评估职责和期望值	全体成员	1～2 天
六西格玛管理的领导和发起	领导委员会和发起人的职责要求和技巧；项目选择与评审	业务领导；执行领导	1～2 天
六西格玛管理操作步骤和工具	经精简和改编的关于六西格玛管理测量；分析流程及工具	业务领导；执行领导	3～5 天
领导变革	设定方向；促进和领导组织的变革	业务领导；执行领导；团队领导；黑带大师	2～5 天
六西格玛改进活动的基本技能培训	程序改进；设计/再设计；核心测量和改进工具	黑带；绿带；团队成员；发起人	6～10 天
协作和小组领导技巧	协商讨论；开会；处理分歧的技巧和方法	业务领导；黑带大师；黑带；绿带；团队成员	2～5 天
六西格玛管理活动中期的评价和分析工具	解决具有挑战性的技术性技巧；数据收集和抽样；统计过程控制；显著性检验；相关性和回归分析	黑带大师；黑带	2～6 天
高级六西格玛管理工具	专业技能和工具培训模块；质量功能分解；高级实验设计；田口方法等	黑带大师；内部顾问	课时随专题变化
程序管理的原理和技巧	界定核心或支持程序；分析关键结果；要求和评估；监测和反馈方案	过程责任人；业务领导；职能经理	2～5 天

12.1.7　六西格玛管理与全面质量管理的区别

全面质量管理（Total Quality Management，TQM）是一种全员参与的质量管理形式。全面质量管理最早起源于美国，随后在其他国家逐步推广。20 世纪 60 年代以后，日本推行全面质量管理，取得了举世瞩目的成就。20 世纪 80 年代以来，全面质量管理得到了深化和发展，成为一种全面的经营管理方式和理念。全面质量管理的主要特征是以质量为导向的持续改进，并且涉及企业从上到下的所有管理层和所有部门。其目的是让客户满意，进而使企业和大众获益。六西格玛管理的成功超过了全面质量管理所取得的成就，过去的全面质量管理有一定的弊端。表 12-4 列出了全面质量管理存在的缺陷，以及六西格玛组织如何预防这些缺陷而采取的措施。

表 12-4　全面质量管理和六西格玛管理的比较

全面质量管理的缺陷	六西格玛管理的解决方法
缺少整合	将企业和个人相结合
领导冷漠	领导带头
一个模糊的概念	一个不断重复的简单信号
不清晰的目标	设立可行而充满挑战的目标
纯粹主义的态度和技术上的狂热行动	采取适合环境的工具和严格程度
不能消除公司内部各部门间的隔阂	优先考虑跨部门的过程管理
以产品质量为中心	关注企业所有过程

（1）全面质量管理的缺陷是缺少整合。质量活动通常只是一种"兼任性的"活动，与企业战略和绩效的关键问题相分离。值得注意的是，"质量委员会"由代表而不是由核心管理成员组成，"质量部门"与盈亏或其他赢利因素没有联系。另外一个"整合缺口"是企业的中层管理者被排除在决策过程之外，解决问题的权力由他们无法控制的小组所掌握。尽管号称是"全面质量管理"，但是，改进的努力实际上被局限在了产品和制造职能上，所以真正的"整合"被削弱了。六西格玛管理的解决方法是将企业与个人相结合。六西格玛组织将过程管理、过程改进和过程测量列入日常职责范畴，特别是列入作业经理的日常职责范畴。一些激励手段有助于强化六西格玛管理是"工作的一部分"这一观念。

（2）全面质量管理的缺陷是领导冷漠。在全面质量管理努力获得成功的每个公司里，领导层都积极投入到对过程的领导。然而，更为普遍的是公司的高层管理者对全面质量管理持怀疑态度，或者推行全面质量管理的意愿一直不太强烈。在那些公司里，人们感到质量活动是"暂时性的"，而当发起这场运动的领导者离开公司后，质量活动就果然成了"暂时性的"了。六西格玛管理的解决办法是领导带头。在联合信号和 GE 这样的公司里，高层领导对六西格玛管理的热情和信心是毋庸置疑的。同时领导者要认识到六西格玛管理就是不断地业务再创新。我们总是说，一家公司或一个部门实施六西格玛管理时机成熟的标志是：领导者已经认识到改变是获得持续成功的必要因素。

（3）全面质量管理的缺陷是一个模糊的概念。全面质量管理的模糊性开始于"质量"这个词本身，它是一个具有多种含义的常见术语。在许多公司里，都存在一个质量部门，负有"质量控制"或"质量保证"的特定责任。质量部门更看重产品质量的稳定，而不是改进过程。对大多数人来说，质量"哲学"的整体思想也使这个概念显得神秘莫测。六西格玛管理的解决方法是一个不断重复的简单信号。在这方面，六西格玛可能与全面质量管理面临着同样的问题。不管怎么说，"六西格玛"这个词并没有确切地描述出我们正在介绍的这个系统。下面给出简短的定义，以更好地澄清这个问题，六西格玛是一种通过关注客户、过程管理和过程改进，以及有效利用数据、事实来实现与维持成功的管理系统。这个概念表述清晰、准确、具体，要不断地交流这个概念。避免争论"哪些六西格玛工具是必须使用的"或"你以哪些六西格玛哲学为指导"，这样就能抓住要点，避免误入歧途或者陷入困惑。

（4）全面质量管理的缺陷是不清晰的目标。许多公司提出了诸如"满足或超出客户需要"这些听上去很不错的目标，但是却没有相应的办法来跟踪实现目标的进程。20世纪80年代和90年代讲授的质量方法在处理客户需要的多样性和变化性方面也做得非常不好。由于没有用来真正理解客户需要的工具，全面质量管理在实施时很容易成为一个"开环"系统。这样，公司可能满足了现在客户的需要，但对于将来客户的需求却准备不足。六西格玛管理的解决办法是设立可行而充满挑战的目标。清晰的目标是六西格玛管理最主要的特征。这个目标极具挑战性，但仍然可信，不像过去的"无缺陷"运动。不管这个目标是以产出（99.9997%的完美）还是以每百万次缺陷次数或者以六西格玛数来表达，参与六西格玛行动的人员都可以看见他们成果的增长。他们还可以把它换算成资金数额的变化。同样重要的是，通过注重跟踪客户需要的变化，实施六西格玛管理的公司可以建立起一个基于客户最新、最迫切需求的动态绩效测评系统。尽管目标会随着时间的变化而变化，这个闭环的六西格玛系统将帮助组织进行调节。

（5）全面质量管理的缺陷是纯粹主义的态度和技术上的狂热行动。全面质量管理"专门技能"所造成的最令人沮丧的影响之一就是创立了一个所谓的"质量警察"，一群坚持只能按一种特定方法做事的人。偏离这种方法或者这种信仰，就是背离了全面质量管理的理念或者某权威的教条。这种质量纯粹主义的影响体现在以下两个方面：①使用不适当或不必要的工具分析解决问题，结果浪费了资源或者出现比这更坏的影响；②真正想实施全面质量管理的非专家人员被排除在改进的努力之外。那些危险的典型化纯粹主义态度似乎来源于那些偏爱复杂技术或工具的人。尽管并不真正需要这些工具，他们可能会坚持应用这些工具。如果想按自己的需要去简化工具，要小心"质量警察"有太多的人成为质量的"强制实施者"，方法成了最终目的。六西格玛的解决办法是采用适合环境的工具和严格程度。如果你与你的企业认识到六西格玛管理是更为成功地创造和运营一个组织的方法，它需要多种技能，而不仅仅是专门技能，你就会避免这个问题，存在许许多多的"六西格玛管理方法"。最有益的态度是"我们会选用能使我们最容易、最简单地取得成果的工具和途径"，而不是"我们要求所有人都做出深刻的分析，不管需要与否"。使用可靠的方法或采用先进的技术测评和改进工作过程，这并没有错，但是，正是不灵活性产生了问题。因为六西格玛管理囊括了如此众多的思想和方法，所以它能够克服"纯粹主义问题"。

（6）全面质量管理的缺陷是不能消除公司内部各部门间的隔阂。尽管在全面质量管理的鼎盛时期，它在大多数公司里仍然是一种"部门性"的活动。这并非一无是处，因为存在着部门性的客户与能够测量和改进过程的部门。但是，大多数关于全面质量的谈论，虽然涉及整个组织的过程，但都只是一种形式而已。改进项目是孤立进行的，如工程部门有自己的项目，财务、生产、人力资源等部门也有着自己的项目。随着全面质量管理的发展，它变得更加具有跨部门性，但在大多数情况下，它仅仅把解决一些部门间的小摩擦而不是把解决对客户有着关键影响的问题当作目标。六西格玛管理的解决办法是优先考虑跨部门的过程管理。

最有远见的六西格玛执行者把打破部门间的屏障放在工作的首位。它的重要意义不但在于有助于创建一个运作更顺畅、更有效果和效率的公司，而且也在于消除因相互脱节或误解造成的返工。即使如此，六西格玛管理在消除公司内部隔阂方面的成功仍需要长期的努力。几次成功并不能代表最终的胜利，这就是为什么过程管理、过程测量和过程改进方法在六西格玛系统中同样居于重要地位的原因。

（7）全面质量管理的缺陷是以产品质量为中心。虽然被冠以"全面"这个修饰词，但是许多质量上的努力都集中在生产或制造过程上，而没有关注服务、物流、营销和其他同样重要的领域。六西格玛管理的解决方法是关注企业所有过程。六西格玛管理不仅仅在服务过程和事务处理过程中有效，而且在这些方面或许能够比在制造过程上产生更多的机会。因此，六西格玛管理可能会比全面质量管理更"全面"。

12.2　六西格玛管理方法

六西格玛管理方法包括六西格玛改进和六西格玛设计。六西格玛改进是在产品和服务的全过程实施六西格玛管理方法，六西格玛设计是对产品的流程重新设计，使产品在成本不增加的前提下达到六西格玛质量标准。

12.2.1　六西格玛改进

实施六西格玛改进，首先要根据一定的原则选择改进项目，组建改进团队。团队要让不同的成员在一起合作完成项目使命，关键是要有一个共同的方法和程序。这个共同的程序用六西格玛语言来描述就是 DMAIC 解决问题模型：界定（Define）、测量（Measure）、分析（Analysis）、改进（Improvement）和控制（Control）。DMAIC 模型的每个阶段都包括许多活动，如表 12-5 所示。

表 12-5　DMAIC 阶段过程主要工作

阶　　段	主　要　工　作
D 界定阶段	确定客户的关键需求，并在此基础上识别需要改进的产品或过程，将改进项目界定在合理范围内
M 测量阶段	通过对现有过程的测量，确定过程的基线及期望的改进效果，根据期望达到的目标对过程测量的有效性做出评价
A 分析阶段	通过数据分析，创建详细的流程图，以找到问题的根本原因并提出改进措施
I 改进阶段	专注于分析阶段确定的根本原因，同时进行概括、选择、设计和改进试点
C 控制阶段	建立有效的监控措施，保持过程改进的效果

1. 界定阶段

界定阶段作为项目的准备阶段，界定阶段可以帮助我们明确项目目的和具体流程。其目标有：①确定项目的核心和预期收益，以及获取这些收益所需的资源；②明确产品和服务的流程，及时了解客户需求。

界定阶段首先要确定进行改进的项目范围，一般需要考虑以下几方面的内容。

（1）获取"客户之声"（Voice Of Customer，VOC），发掘客户认定的关键质量特性。六西格玛管理组织要明确识别组织的所有客户，包括内部客户和外部客户。这些客户对产品和过程的性能、外观、操作等方面的要求或潜在要求就是客户之声。客户认定的对其满意度存在关键影响的产品或过程质量特性称为关键质量特性（Critical To Quality，CTQ），识别这些关键质量是改进过程满足客户需求的基础，客户只有证明他们的需求得到充分的理解并在产品或过程中得以体现后，才会形成满意和忠诚。

（2）参考过程能力指标。在确定客户心声、关键质量特性和核心过程时，经常使用的工具是 SIPOC（供应商－输入－过程－输出－客户）分析图。SIPOC 分析图不仅可以描述当前流程，而且可以确定过程改进的思路和方向，并可以为测量阶段的数据采集指明方向。

（3）考虑质次成本指标。质次成本（Cost Of Poor Quality，COPQ）是六西格玛管理使用财务的语言来描述过程现状和改进后绩效的一种有效方法。将过程业绩转化为财务指标来表示有助于改进项目的选择。

（4）考虑过程的增值能力指标。无论在生产或服务过程的最终检验之前，都会存在返工情况，但是最终的合格率并不能反映出这种返工情况，这些返工是"隐蔽的工厂"。通过流通合格率（Rolled Throughout Yield，RTY）的计算可以找出过程中返工的地点和数量，为改进的过程是否增值做出判断。若过程有 n 个子过程，而子过程的合格率分别是 $y_1, y_2, \cdots, y_n$，则

$$RTY = y_1 y_2 \cdots y_n = \prod_{i=1}^{n} y_i, \quad i = 1, 2, \cdots, n$$

2．测量阶段

测量阶段的主要任务是测量和分析目标过程的输出现状，得到初始的测量值作为改进的基准线。主要有以下两个方面的工作要做。

（1）针对目标过程收集数据，在此基础上分析问题症状，并进行量化度量。六西格玛管理是基于数据驱动的管理方法，通过数据的收集和分析来识别所选定过程的运行现状，再通过分析得到过程的能力值，在此基础上进行计算得出过程目前的西格玛质量水平。为了认识选定过程的实际运作状况，也需要对正在产生问题的过程进行大致的描述。在这里，症状就是质量问题表现出来的可以观测到的质量特性。测量工作主要从过程的以下三个方面展开。

① 过程输出：包括测量过程的直接输出结果（产品性能、缺陷、客户抱怨等）和长期后果（客户满意、收益等）。

② 过程中可以控制、测量的因素：这些测量通常有助于团队监控工作流程，并精确地查找问题原因。

③ 输入：测量进入流程并转化为输入的因素，这将有助于确认问题可能的原因。

（2）整理数据，为下阶段查找问题原因提供线索。特别注意对输入、过程、输出的测量，反映输入、过程、输出之间的关系。

3．分析阶段

这个阶段需要对测量阶段中得到的数据进行收集和分析，并在分析的基础上找出波动源，提出并验证波动源与因果关系的假设。在因果关系明确之后，确定影响过程业绩的决定因素，这些决定因素将成为改进阶段关注的重点。该分析阶段的步骤如下。

① 收集并分析数据。在分析阶段，要求充分利用测量阶段得到的数据，同时制订数据收集计划。针对收集到的数据运用一定的工具进行处理，以便更清晰、直观地分析数据，找出数据变化的趋势。

② 提出并验证关于波动源和因果关系的假设。掌握了数据（特性）的偏差状态之后，

要对其有所改进，首先要了解哪些因素会造成其波动，即哪些因素是这一特性的波动源。确定并解释这些因素间的关系，以及因素与结果之间的关系将有助于问题的解决。此时可采用因果分析图。

③ 确定关键因素。通过找出影响因素和因果关系后，还要确定哪些是"关键的少数"因素，要集中力量改进那些能够产生明显效果的因素。帕累托图是进行这一步骤时常用的一种工具。帕累托图能帮助人们确定这些相对少数但重要的因素，以使人们把精力集中于这些问题的改进上。

4. 改进阶段

改进是在分析的基础上，确立产生最大化收益的方案。此阶段需注意，应明确项目的目标，仔细制订详细计划，同时密切关注变革管理，从小问题入手，对关键问题逐一解决，切不可操之过急，忽略对评估指标的测量，否则会影响整个项目的成功。该改进阶段的步骤如下。

（1）提出改进方案。六西格玛组织需要跳出固定思维模式，采取新的视角，创造性的提出改进方案。头脑风暴法是这一环节常用的方法。

（2）综合选择方案。通过上一环节实施的头脑风暴法，得出一系列的方案，对这些方案进行加工和整理，提炼出对组织有价值的方案。

（3）实施改进策略。改进方案确定后，继而实施解决方案，同时优秀的潜在方案需要纳入以后的实施计划。实施改进方案需要注意：①制订详细而周密的计划；②主动为可能出现的问题做好准备；③采取试点工作。

5. 控制阶段

在该阶段主要对关键因素进行长期控制并采取措施以维持改进成果。定期监测可能影响数据的变量和因素、制订计划时未曾预料的情况。在此阶段，要应用适当的质量原则和技术方法，关注改进对象数据，对关键变量进行控制，制订过程控制计划，修订标准操作程序和作业指导书，建立测量体系，监控工作流程，并制定一些对突发事件的应对措施。

以上这些流程并不是单一的、独立的，而是相互关联的有机整体。由这些流程很容易看出，六西格玛管理是一种基于数据的决策方法，强调用数据说话，而不是凭直觉、经验办事。其基础是需求、作用及流程的量化，从而可以客观地反映过程的现状，引起人们的关注。

12.2.2 六西格玛设计

六西格玛设计（Design For Six Sigma，DFSS）诞生于 20 世纪 90 年代，是一项以六西格玛标准为目标的产品设计及过程设计的系统方法。具体来说，六西格玛设计，即按照合理的流程，用科学的方法准确理解和把握客户的需求，对新产品、新流程进行设计，使产品、流程在低成本下实现六西格玛质量水平。六西格玛设计是一种提高产品质量和可靠性，降低生产成本、缩短产品周期的方法，该方法实用价值高，应用范围广。

1. 六西格玛设计的实施步骤

与 DMAIC 流程相似，六西格玛设计也有自己的流程，通常该设计流程为 DMADV 过程，即界定（Define）、测量（Measure）、分析（Analysis）、设计（Design）和验证（Verify），并逐一完成设计流程中的数据采集、成本分析、工艺设计、实验设计及设计验证等环节。

表 12-6 为 DMADV 各阶段的主要工作。

表 12-6　DMADV 各阶段的主要工作

步　骤	工　作　内　容
界定阶段	启动项目，确定项目计划，制订计划，分配资源
测量阶段	测量客户的输入以确定从客户的角度分析关键质量指标，将客户需求转化进入项目目标
分析阶段	分析创新的产品和服务概念，为客户创造价值
设计阶段	设计新的过程、产品和服务以向客户提供价值。使用预测性模型、模拟、产品样机、试运行等来验证设计概念是否有效满足设计目标的要求
验证阶段	验证新系统的表现是否符合预期，建立能够确保持续优化系统表现的机制

1）界定阶段

通过项目团队章程，创建项目计划，确认客户需求，并根据客户需求说明产品要求和目标，同时明确整个项目开展中所需的资源和受限条件。

2）测量阶段

确认使用何种工具和方法来获取客户需求，并将其纳入"客户之声（VOC）"战略中，将客户的呼声转化为实际的要求，同时确认关键质量特性（CTQ）的衡量方法。

3）分析阶段

该阶段为 DMADV 中最复杂的阶段，利用六西格玛工具进行数据分析，采用创造性的方法提出可行方案，然后使用符合逻辑的、客观的方法来评估方案，确认并消除产品或服务失效的潜在可能。

4）设计阶段

该阶段的主要任务是设计具体而周密的过程，评估过程能力，满足客户需求，同时确定验证及控制计划。通过运用仿真技术、实践经验、实验设计等方式完成设计阶段出现的各种问题。

5）验证阶段

该阶段的主要任务是验证设计功能和能力，通过试运行进行结果分析，执行新的项目流程，实施项目控制计划。其目的在于检验新产品设计的绩效，从而明确符合客户需求的能力。

2．六西格玛改进与六西格玛设计的区别

六西格玛设计是对六西格玛改进的补充和扩展，但不是六西格玛改进的简单翻版，而是一种完全不同的方法。六西格玛改进把全部注意力放在对现有产品或流程的改进上，而六西格玛设计则努力创造出更好的设计方案，两者区别如表 12-7 所示。

表 12-7　六西格玛改进和六西格玛设计之间的区别

六西格玛改进	六西格玛设计
从问题或缺陷开始	从解决方案概念开始
关注流程改进	关注产品或流程设计
独立的任务	是新产品或流程引入中更大设想的一部分
项目改进小组较小，一般是 4～6 人	项目设计小组较大，40 人以上
周期较短，通常为 3～4 个月	周期较长甚至可能会需要几年的时间
按一个西格玛递增	在 4～5 个西格玛水平上投放设计结果
影响或重视程度较小	影响或重视程度较大

3．与六西格玛改进相比六西格玛设计的优势

（1）更加强调以客户为关注点。六西格玛设计的目的是满足和超越客户期望，增加客户价值。以全局观念设计流程，以便满足客户要求，增加客户的满意度和忠诚度，从而提高企业的市场竞争力。

（2）规模可变，重点突出。六西格玛设计的重点是对最优化的关键过程的特性设计上，最终形成一种便于组织管理的方案。同时强调重点突出，使设计方案更易于管理和执行。

（3）提供最经济的成本设计方案。六西格玛设计之初就将生产成本和企业效益考虑在设计之中，以便降低产品成本，提高企业利润。

（4）更广泛地参与。在六西格玛设计工作中，组织成员更广泛地参与有助于团队成员摆脱固有思想的束缚，开拓创新思维，提出新的设计方案。

（5）更好地运用技术。六西格玛设计与现代信息技术的紧密结合，使企业能更好地预测市场需求，同时提高市场响应速度，以便改进产品或服务。

六西格玛改进采用的 DMAIC 方法，只用小规模投资就可以对流程做出重大改进，产生引人注目的回报，但是以追求最优化为基础的六西格玛设计的成果则是更加完整、持久的变革。每个企业都应考虑如何最有效地发挥六西格玛改进和六西格玛设计的作用。在如何应用六西格玛改进和六西格玛设计的问题上，企业首先应该选择自己有意改进的项目，然后根据实际情况选用合适的六西格玛改进或六西格玛设计流程。

12.2.3　六西格玛技术工具

在实施六西格玛管理模式过程中，应用统计工具进行数据收集、监视测量、问题分析、改进优化和控制效果，来达到增加客户满意度、提高企业绩效的目的。六西格玛管理过程中所使用的统计方法不是前所未有的新工具，但通过准确选择和合理使用这些方法，可使六西格玛改进得以实现。下面具体介绍六西格玛管理的常用工具。

1．头脑风暴法

在群体决策模式中，小组成员大多会服从于权威或绝大多数人的意见，"群体思维"也随之形成。群体思维大大削弱了成员思维创造力，决策的效果也不理想。为了克服群体决策的弊端，激发小组成员的创造性，从而提高决策质量，管理上发展了一系列改善群体决策的方法，头脑风暴法是较为典型的一个。

头脑风暴法（Brain Storming）由美国 BBDO 广告公司的奥斯本首创，该方法主要以会议形式进行讨论、座谈，在相对融洽和不受限制的氛围中充分发表个人看法，不对其他人的观点加以评论和指责。头脑风暴法的三个阶段如图 12-3 所示。

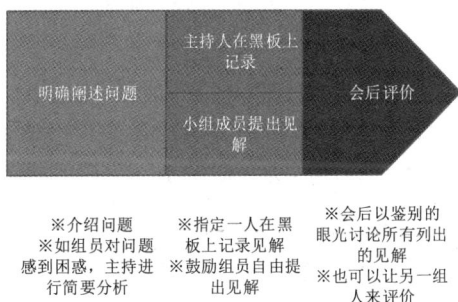

图 12-3　头脑风暴法的三个阶段

2．帕累托图

帕累托图是将出现的质量问题和质量改进项目按照重要程度依次排列的一种图表，以19世纪意大利经济学家帕累托（Pareto）的名字命名。帕累托图又称排列图、主次图，是分析和寻找影响质量主要因素的一种工具，其形式用双直角坐标图，左边纵坐标表示频数（如件数、金额等），右边纵坐标表示频率（如百分比）。分折线表示累积频率，横坐标表示影响质量的各项因素，按影响程度的大小（出现频数多少）从左向右排列。

帕累托法则也称二八原理，即百分之八十的问题是由百分之二十的原因所造成的。帕累托图在质量管理、库存管理等方面主要用来找出产生大多数问题的关键原因，用来解决大多数问题。帕累托图的绘制步骤：①收集数据并加以分类；②依据项目类别整理数据，绘制计算表；③图表中纵轴和横轴的制作；④绘制柱状图；⑤连接累积曲线。图 12-4 所示为关于客户投诉原因的帕累托图。

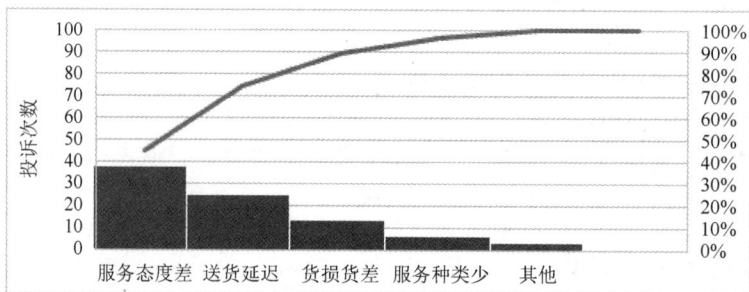

图12-4 关于客户投诉原因的帕累托图

3．统计过程控制

统计过程控制（SPC）是对流程实施监控、预测未来的状况和计划是否需要采取改进措施的理想方式。SPC测量和评价在过程中出现的偏差，以及为了减少偏差而实施的各项措施。SPC也可以识别组织中可能存在的问题或事故，以便及时采取方法去处理这些问题。总而言之，SPC是对过程的表现进行控制的。

下面通过举例来说明 SPC 控制图。假设你管理着邮政企业的电子邮件系统，你想了解每小时发出邮件所存在的数量偏差。因此，你需要对一个月内每小时所发出电子邮件的数量进行数据汇总，把单位时间内邮件的流量数据绘制成一张趋势图。接着用这些数据计算出控制限，并把控制限及一条表示平均数或均值的直线添加到曲线图上。最后得到了电子邮件数量控制图，如图 12-5 所示。

通过分析该控制图，你可以清楚地了解电子邮件数量的变化，并进行有效追踪，还能够了解该过程是否在可控范围内，并且明确流程失控出现的时间。

4．因果分析图

因果分析图由日本川崎（Kawasaki）钢厂的石川首创，它将造成某项结果的众多原因，以系统的方式图解，以图来表达结果与原因之间的关系。因其形状像鱼骨，又称鱼骨图。它以结果作为特性，以原因作为因素，在其间用箭头联系表示因果关系。因果分析图是一种充分开拓员工思维，集思广益的好办法，使每个人都尽情发表个人想法，把所有可能的原因都罗列出来。因果分析图如图 12-6 所示。

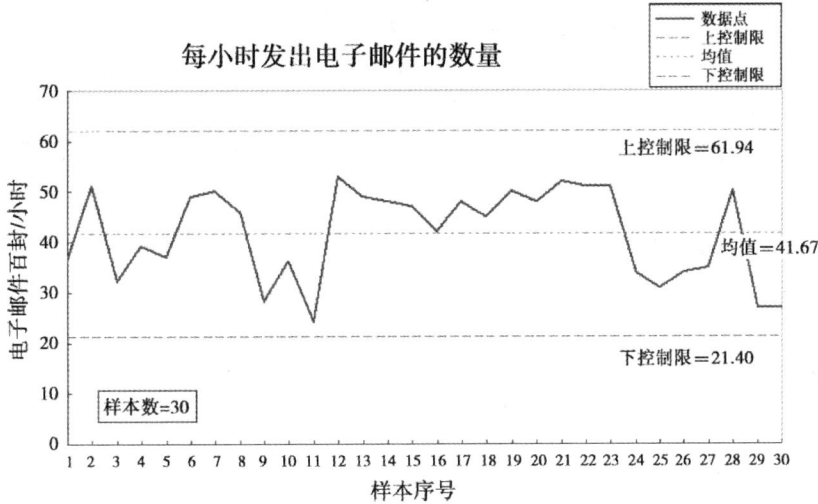

图 12-5   电子邮件数量控制图

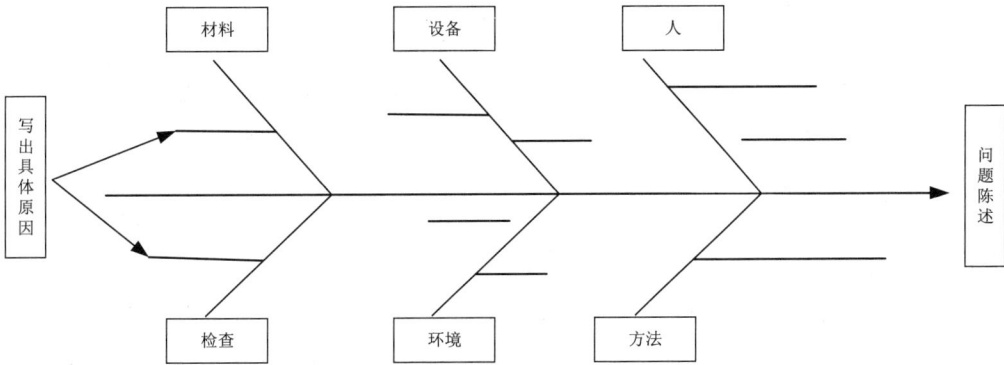

图 12-6   因果分析图

5. 实验设计

实验设计（DOE）是对流程、产品、服务或解决方案进行实验并优化其绩效表现的一种方法。DOE 有助于大家清楚产品或流程在各种条件下所体现出的行为，并利用实验设计对变量进行控制和规划。DOE 在六西格玛组织中有大量的应用。DOE 能够在组织中实施的作业有：①评估导致问题出现的各个因子；②寻找最优化的改进策略；③评价产品或服务的质量。

6. 失效模式与影响分析

失效模式与影响分析（FMEA）旨在对潜在的问题进行识别并确定优先次序，在 FMEA 的基础上建立各项活动，企业领导者或项目成员把主要精力和重要资源集中于最有可能取得成效的监控、防范及应急措施上。FMEA 在六西格玛组织中具有多种应用：①发现数据收集工作中的各项问题，推广六西格玛活动；②寻找工作流程中存在的问题。图 12-7 所示为 FMEA 的实施步骤流程。

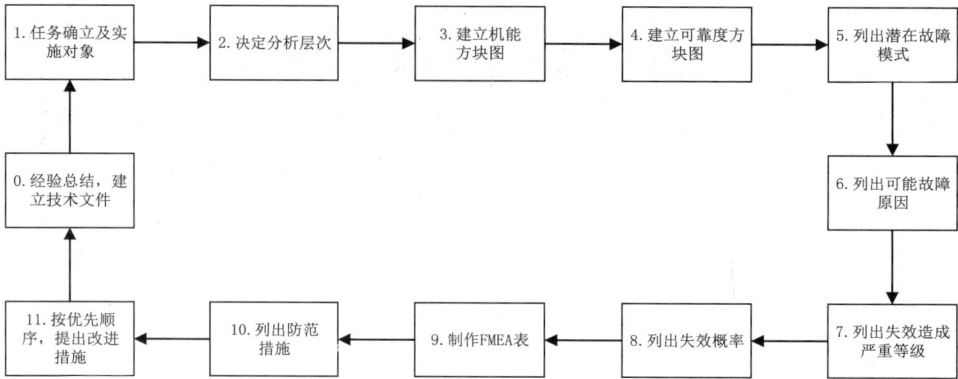

图 12-7 FMEA 的实施步骤流程

12.2.4 六西格玛路径图

图 12-8 为六西格玛路径图。路径图不是六西格玛系统改进的唯一方法，在实际运行过程中，需要改变步骤的顺序或同时实施几个步骤。实施六西格玛路径图的优点有：①更好地做出判断和使用资源，从六西格玛改进项目中获得最大化的收益；②明确业务是流程和客户相关联的一个系统结构；③高质量的数据和项目的优化，使改进流程所需要的天数得以缩短；④支持变革的基础牢固，有助于保持改善成果。下面具体介绍六西格玛路径图的5 个步骤。

1．明确核心流程和重要客户

随着经济全球化的发展，业务日趋分散化，客户的划分变细，产品和服务呈现多样化。通过明确核心流程和重要客户，对业务流程有全面性的认识，有利于把握业务系统的主要结构。表 12-8 为步骤 1 的基本概况，包括总体目标、细分步骤及交付成果。下面具体介绍步骤 1 的细分步骤。

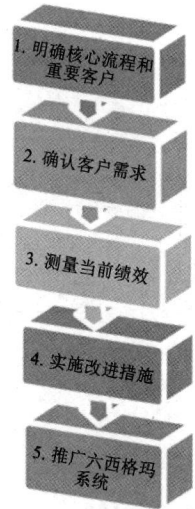

图 12-8 六西格玛路径图

表 12-8 步骤 1 的基本概况

明确核心流程和重要客户		
总 体 目 标	细 分 步 骤	交 付 成 果
建立起对组织中关键的跨部门活动，以及这些活动如何与外部客户联系的一个"全貌"的理解	1．明确核心流程 2．界定过程关键输出项及关键客户 3．绘制核心流程图	由下列 3 个问题驱动的价值递送活动的"绘图"或清单，这 3 个问题是： 1．我们的核心过程或价值增值过程是什么 2．我们给客户提供的产品或服务是什么 3．过程是如何在组织中"流动"的

1）明确核心流程

核心流程是指由不同部门或职能共同参与并将价值交付给外部客户的一条工作链。除这些核心流程之外，企业内部还会存在一系列的辅助流程或促进工作进行的流程，这些流程为创造价值的活动提供了极其重要的资源或输入。

2）界定过程关键输出项及关键客户

关键流程的输出项不一定非得是交付给外部客户而且客户需要为之付钱的事物。比如说，客户招揽流程的产出是与客户之间达成的某种业务协议（如订单、分销协议、合同、工作说明、政策等）。外部客户通常会收到某种交易确认信息，但核心流程中的主要客户将是紧接下来的另一个核心流程（如订单管理或生产制造）。

3）绘制核心流程图

SIPOC 图是过程改进的常用工具之一，使用 SIPOC 图可以：①简洁明了的展示跨职能活动；②组织使用统一的框架；③从全局观念出发实施统筹规划。如图 12-9 所示，SIPOC 图名称来源于五个关键要素的首字母。

（1）供应方（Supplier）：向过程提供原材料或信息的组织。

（2）输入（Input）：供应方提供的资源。

（3）过程（Process）：增加输入价值的环节。

（4）输出（Output）：过程的产出。

（5）客户（Customer）：接收输出的群体。

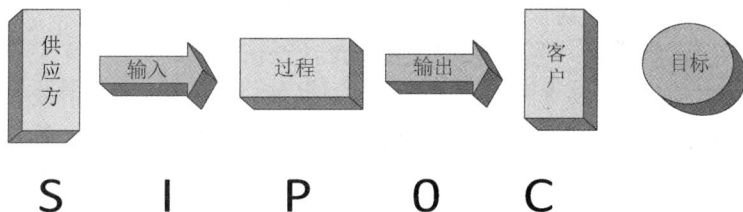

图 12-9　SIPOC 图

2．确认客户需求

企业在实施六西格玛管理战略后，众多企业的管理者常常会发现这一点，借用其中一位领导者的话："我们确实没有很好地理解客户。"要想真正了解客户的需要，需要获得客户资料，倾听客户声音，提高产品和服务质量，从而满足客户需求。表 12-9 为步骤 2 的基本概况，包括总体目标、细分步骤及交付成果。下面具体介绍步骤 2 的细分步骤。

表 12-9　步骤 2 的基本概况

确认客户需求		
总 体 目 标	细 分 步 骤	交 付 成 果
1．根据实际的客户信息设立绩效标准，可以准确地测量过程的效率和能力，同时预测客户的满意度 2．开发和加强用于收集"客户之声"的系统和策略	1．收集客户资料，制定"客户之声"战略 2．拟定绩效标准和客户需求说明书 3．分析客户需求并区分优先次序，将客户需求和战略相联系	对每项产出和过程的客户满意度影响因素进行清晰、完整的描述

1）收集客户资料，制定"客户之声"战略

当今互联网技术的发展，消费者在线上购物、社交网络等活动上留下的足迹，使企业收集客户偏好的机会增多，同时难度也会加大。但是企业必须要明确，要保护消费者的隐私，禁止使用违法手段窃取消费者信息。

客户之声是指外部客户对于我们所提供产品或服务的反馈和需求期望。"客户之声"战略是用于持续追踪客户需要、竞争者行动及市场变化的战略和系统。制定"客户之声"战略需要了解一些基本要素。

（1）将"客户之声"战略作为企业的优先工作，并长期执行。

（2）界定关键客户。明确谁是我们的客户，并认真对待。明确关键客户，可以使企业领导真正了解企业职责。

（3）利用各种方法找到客户需求。满足 21 世纪"客户之声"战略的基本要素需要更多的技巧，这些技巧比大多数公司目前所具备的要广泛。

（4）留意细节数据和各种趋势。能够得到细节数据，是制定目标和准确的标准及衡量绩效表现的关键。当然，全局的角度也至关重要，否则公司可能会错失新的机会或走弯路，从而使公司无法与客户保持步调一致，而且容易受到竞争对手的攻击。

（5）利用客户数据。仅仅对客户输入的信息进行收集并不能算是完成整个循环，"客户之声"数据只有在经过分析并采取相应的行动后，才能体现其价值。

（6）制定切合实际的目标。建立客户信息和市场数据采集系统不是一朝一夕的事情，需要依据企业的实际情况，制定明确的目标并加以实施。

2）拟定绩效标准和客户需求说明书

通过明确客户需求，继而制定相应的绩效标准，评估公司的市场战略。确认客户需求，必须理解输出需要和服务需要这两类需求。输出需要指过程末端传递给消费者的产品或服务的特点；服务需要指过程运行中服务客户的标准。表 12-10 为服务需要和输出需要举例。

表 12-10 服务需要和输出需要举例

服务需要		输出需要	
过　　程	典型需要	输　出	典型需要
汽车销售过程	1. 及时关注 2. 及时询问客户 3. 保证全部车辆都通过驾驶测试	汽车	1. 引擎快速发动 2. 方便打开门锁
贷款申请或批准过程	1. 根据客户时间及时完成贷款申请 2. 通知申请结果（15 个工作日之内） 3. 说明与申请有关的文件	贷款	1. 拨款严格按照合同形式 2. 利率对客户有吸引力 3. 贷款合同数据准确
食品批发订货过程	1. 客户传真的订货清单 2. 货物起运时，用电话通知客户 3. 确保货物完整并及时送达	食品送达	1. 货物完整无损坏 2. 交付日期准时

客户需求说明书是对服务和输出的绩效标准的表述。一份恰当的客户需求说明书的原则有：①适用于"客户之声"战略；②说明书要求既简明又具体；③用于表述的因素要可观察或可测量；④表述单个绩效因素；⑤与具体产出相关。表 12-11 为客户需求说明节范例。

表 12-11 客户需求说明书范例

差的客户需求说明书	好的客户需求说明书
交付快速	在收到订单后 3 日内交付
产品易于组装	成人用组装工具在 10min 内可以组装完成
退货方便	7 日之内无理由退换货（特殊商品除外）
简单的申请书	申请书最长不超过 2 页

通过提出以下问题来检验客户需求说明书的好坏：①对需求的表述客户能否理解？②能检验出需求是否被满足或满足的程度？③某项需求是否反映了客户最关心和紧要的事情？

3）分析客户需求并区分优先次序，将客户需求和战略相联系

卡诺（Kano）模型是狩野纪昭发明的对用户需求分类和优先排序的有用工具，以分析用户需求对用户满意的影响为基础，体现了产品性能和用户满意之间的非线性关系。在卡诺模型中，将产品和服务的质量特性分为五种类型。

（1）魅力属性：让用户意想不到，如果不提供此需求，用户满意度不会降低；如果提供此需求，用户满意度会有很大的提升。

（2）期望属性：如果提供此需求，用户满意度会提升；如果不提供此需求，用户满意度会降低。

（3）必备属性：如果提供此需求，用户满意度不会提升；如果不提供此需求，用户满意度会大幅降低。

（4）无差异属性：无论提供或不提供此需求，用户满意度都不会发生改变，用户根本不在意。

（5）反向属性：用户根本没有此需求，提供后用户满意度反而会下降。

3．测量当前绩效

为获得用于追踪六西格玛改进的有效数据，需要进行可靠的测量。测量系统的长期改进是六西格玛系统的关键部分。表 12-12 为步骤 3 的基本概况，包括总体目标、细分步骤及交付成果。下面具体介绍步骤 3 的细分步骤。

表 12-12　步骤 3 的基本概况

测量当前绩效		
总 体 目 标	细 分 步 骤	交 付 成 果
根据可界定的客户需要，准确地评估每个过程的绩效，建立测量关键产出或服务特征的体系	1．根据客户需要，计划和实施绩效测量 2．建立基线缺陷测量并识别改进机会	1．对当前或近期过程绩效的评价 2．对目前过程或产出按要求运作能力的评估 3．用于以客户为中心的绩效标准进行持续测量

1）根据客户需要，计划和实施绩效测量

（1）挑选测量对象。只有选择最合适的绩效测量，才能降低测量风险。选择测量对象时要平衡两个因素：一是能够应用于实践；二是最有价值。

（2）制定操作性定义。通过制定操作性定义，我们对将要测量或观察的对象就会拥有一个清晰明确且容易让人理解的描述，这样一来，每个人都能够始终以这种定义为基础来进行操作或实施评价。

（3）明确数据来源。由于数据来源的渠道众多，必须确保清楚数据来源的渠道。理论上，应选取有准确数据来源的指标进行测量。

（4）制订数据采集和抽样计划。我们需要准备数据表格，进行数据的分层和抽样。

（5）进行和改良测量。为保证测量结果的准确有效需要采取一定的方法。最常见的方法就是"重复性与再现性的测量系统（Gage R&R）"。Gage R&R 涉及的活动就是在不同的状况下对某项测量进行重复，以便检验测量系统在准确性、重复性、重现性和稳定性这四个重要指标上的表现。

① 准确性。指测量的精度和准度。

② 重复性。若同一人员或同一测量设施对同一观测对象进行多次测量，观察得到的结果是否相同。

③ 重现性。多个人或设备观测同一测量对象，观察得到的结果是否相同。

④ 稳定性。重复性或准确性是否会随着时间的推移发生改变。

2）建立基线缺陷测量并识别改进机会

（1）基于缺陷测量的概念。如果我们要理解缺陷测量，首先需要研究或澄清一些基本概念。

① 个体（或单元）。被处理的一个事项，或交付给客户的最终产品或服务，如一辆汽车、一次酒店住宿、一张银行结账单等。

② 缺陷。没有满足客户需要或绩效标准的情况，如一次抵押贷款结账延迟、一次预订遗漏、一张结账单错误等。

③ 缺陷事项。任何包含缺陷的个体。因而，从技术上讲，有任何一个缺陷的汽车和有15个缺陷的汽车一样都是"缺陷事项"。

④ 缺陷机会。既然大多数产品或服务都有多重客户需要，那么就有若干个出现缺陷的可能或机会。例如，一辆汽车出现缺陷的机会可能会超过100次。

（2）考虑"质次成本"。缺陷或六西格玛测量没有涉及的一个重要绩效维度是缺陷造成的以金钱衡量的影响，常被称为"质次成本"。例如，如果有两个绩效水平都是 3.5σ 的过程，那么它们的缺陷绩效应是相等的，然而，累加两个过程的缺陷损失金额，会发现一个过程的损失金额远远高于另一个过程。基于此原因，六西格玛组织需要把"质次成本"作为早期的关键环节，"质次成本"测量使用金钱这一可计量的指标，能够更有效地考虑盈亏问题。

（3）使用基线测量。基线测量是不断跟踪改进的重要起点，根据可靠的数据来记录收益和绩效的增量。新的测量和测量技术为测量系统奠定了坚实的基础，为建立极具竞争力的公司发挥积极作用。同时从错误中吸取教训与运用可靠的数据收集和测量的习惯将使测量系统的长期目标更容易实现。

4. 实施改进措施

有了步骤3的测量数据和资料，需要开始确定优先次序，实施改进措施，取得六西格玛收益。步骤4的一个目标是，确定潜在的改进机会，开发出以流程为导向的解决方案（六西格玛改进）。另一个目标是，有效地执行新的解决方案和新的流程，并提供能度量的、可持续性的收益（六西格玛设计）。表12-13为步骤4的基本概况，包括总体目标及交付成果。

表 12-13　步骤4的基本概况

实施改进措施	
总 体 目 标	交 付 成 果
1. 确认高潜力的改进机会，寻找面向过程的解决方案 2. 有效地实施新的方案和过程，取得显著收益	1. 按照影响大小和可行性评估潜在的六西格玛项目 2. 针对具体的根本原因的解决方案（六西格玛改进） 3. 新的或重新设计的流程（六西格玛设计）

5. 推广六西格玛系统

仅靠短期的改进努力并不能取得真正的六西格玛绩效水平。只有通过长期致力于六西格玛核心理念和方法的实施，才能实现真正的六西格玛绩效表现。表 12-14 为步骤 5 的基本概况，包括总体目标、细分步骤以及交付成果。下面具体介绍步骤 5 的细分步骤。

表 12-14 步骤 5 的基本概况

推广六西格玛系统		
总 体 目 标	细 分 步 骤	交 付 成 果
倡导和促进绩效的改善，保证持续的测量和重新检查，确保对产品、服务、过程和程序的更新与持续测量	1. 持续进行测量和采取措施来维持改进 2. 为流程的所属权及管理确定相应的职责 3. 实施闭环管理并推进实现六西格玛绩效标准	1. 过程控制：为持续进行绩效改进而设置的标准和监控 2. 反应计划：根据关键信息调整策略、产品/服务及过程的行动机制 3. 六西格玛"文化"：使六西格玛主题和工具成为日常业务环境的基本组成部分，定位于不断更新的组织

1）持续进行测量和采取措施来维持改进

在六西格玛改进和六西格玛设计完成时，所获得的成果一般是极其脆弱的，需要考虑如何维持六西格玛成果。维持六西格玛成果的要点有：①为解决方案提供强有力的支持；②对变化和新的解决方案实施记录；③建立有价值的测量和评价指标；④制订流程反应计划。

2）为流程的所属权及管理确定相应的职责

当企业开始实施六西格玛路径图时，为了打破职能部门间的壁垒和组织孤岛状况，采用流程管理的手段。下面是这种流程管理设想中的一些要素：①整个流程都明确客户的诉求；②让员工意识到流程和自己的部门同等重要；③员工需要明确流程的要求，并努力工作以符合流程的要求；④流程需要不断地改进和重新设计；⑤集中精力和资源为客户提供价值。

3）实施闭环管理并推进实现六西格玛绩效标准

建立过程管理既是六西格玛路径图的终点，也是成为一个真正的六西格玛组织的起点。当六西格玛组织发展成熟时，六西格玛改进和六西格玛设计都成为企业的管理战略，这个管理战略把业务流程推进到更高水平的六西格玛，并对客户在新产品或新服务等方面的需求做出快速响应。

12.3 精益六西格玛

12.3.1 精益生产

精益是从客户的角度研究价值流的增值活动，致力于降低成本满足客户的需求，提高流程速度。其中心思想是在产品设计、采购、制造、销售及半成品库存等各个环节消除一切浪费。精益生产（Lean Production）通过消除一切不产生附加价值的活动，对整个业务流程进行持续改进，有效配置和合理使用企业资源，以最小的投入及时地满足客户个性化需求。

1. 精益生产的产生和发展

二战后日本经济萧条，日本汽车业发展艰难，缺少资金，技术落后。在美国，以福特汽车公司为代表的大批量生产在全球范围内占据领导性的地位。其主要特点是批量大而品种少，通过规模效应来实现降低成本的目的。日本丰田汽车公司自成立开始，到之后的十几年间，汽车销量差，企业的总产量不足福特汽车公司的日产量。之后，日本丰田汽车公司考察了美国的大型汽车公司，经过分析研究后，以大野耐一为代表的丰田人开始了一系列的探索，形成了比较完整的丰田生产方式。

1985 年，美国麻省理工学院的詹姆斯、丹尼尔及他们的团队，实地考察数百家汽车制造公司，通过对西方的大批量生产方式和丰田的生产方式进行对比研究，于 1990 年出版了《改变世界的机器》这本书，首次提出了精益生产的概念。认为精益生产结合了大批量生产与单件生产方式的最优特征。企业运用精益生产可以降低单件产品的生产成本、改进产品质量、提供更广范围的产品。

1996 年，詹姆斯与丹尼尔等人所著的《精益思想》问世，成为精益生产方式的里程碑。该书在研究丰田生产方式基础上对精益生产进行了总结，概括出了"价值""价值流""流动""需求拉动""完美"这五项原则，如图 12-10 所示。之后精益思想在各行业广泛传播和应用，出现了精益建筑、精益物流、精益服务、精益政府等概念。

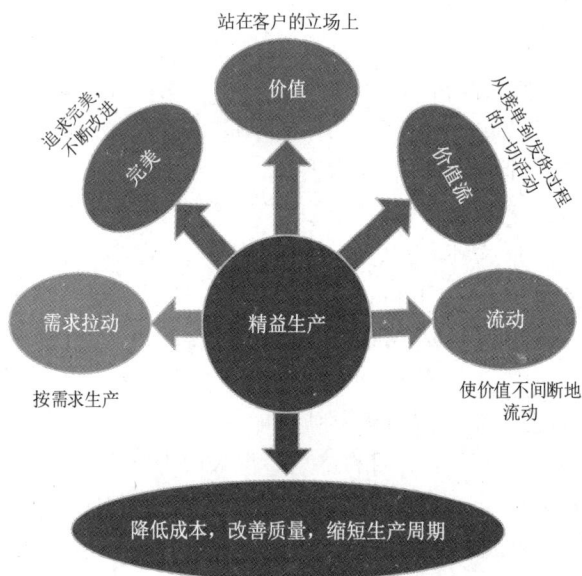

图 12-10　精益生产的五项原则

2. 精益生产的主要特点

精益生产的指导思想是从客户的实际需求出发，精确地确定客户价值，识别和优化产品或信息价值流，并通过客户的订单需求来拉动整个生产系统，在持续改进中追求尽善尽美，其最终的目的是通过流程整体的优化，高效利用资源，尽可能消灭库存和浪费，达到在用最少的投入资源的前提下向客户提供最完美的价值的目的。精益生产的主要特点如下。

（1）以客户为中心。以终端客户的需求来确定价值，满足客户需求的产品才有价值。企业应该从客户的角度出发，检查从产品设计、原材料采购、产品生产及销售的所有环节，消除一切不产生增值的流程，以满足客户的需求。

（2）以精益为中心。以价值流为主线，通过消除一切不增加客户价值的活动来节约生产成本。

（3）生产柔性。运用各种精益工具使价值流发挥作用，提高工作效率，增加客户价值。

（4）全员参与。员工需要保持高度的积极性和参与度，集中团队成员的智慧和才能，加强团队合作，强化自身技能，增加知识经验，承担对团队的职责，通过对企业的贡献获得极大的成就感。

（5）追求完美。致力于生产流程和管理体系的持续改进，追求杜绝八大浪费的目标，即加工浪费、等待浪费、搬运浪费、库存浪费、不良浪费、管理浪费、动作浪费和制造过多的浪费，如图 12-11 所示。下面具体介绍这八大浪费。

① 加工浪费：在使客户满意之外还进行了多余工作。企业只需实现客户愿意花钱购买的那部分价值，而不需要再增加多余价值。

② 等待浪费：指前一个过程或活动结束和下一个过程或活动开始之间的间隔时间。比如 A 工作的开始需要 B 工作的完成，而 B 工作的开始又需要 C 工作的完成，这样，在 C 工作完成前 A 和 B 都需要等待时间，而如果 C 工作的时间越长，那么 A 和 B 的等待时间就越长。

③ 搬运浪费：指物体、产品等不必要的移动，如对原材料、半成品、产成品等的搬运。

④ 库存浪费：指由于没有合理安排生产量，同时没有依据客户需求加工的产品，被存放在仓库，占用仓库的储存空间。

⑤ 不良浪费：指在产品生产过程中，由于产品不符合客户要求而造成的损失，需要耗费人力和财力来解决，是对人力和物力资源的一种浪费。企业不良产品越多，企业效益越低。

⑥ 管理浪费：指管理人员和管理制度欠缺。如果不能实施良好的管理，问题得不到有效解决，那么会生产效率低下。所以需要定期对管理人员进行培训，更新管理理念，促进企业进步。

⑦ 动作浪费：指员工自身不必要的移动。工作中动作的不合理导致作业时间长、效率低下。

⑧ 制造过多的浪费：指过多地制造产品所造成的浪费，导致产量过剩，占用制造场地。

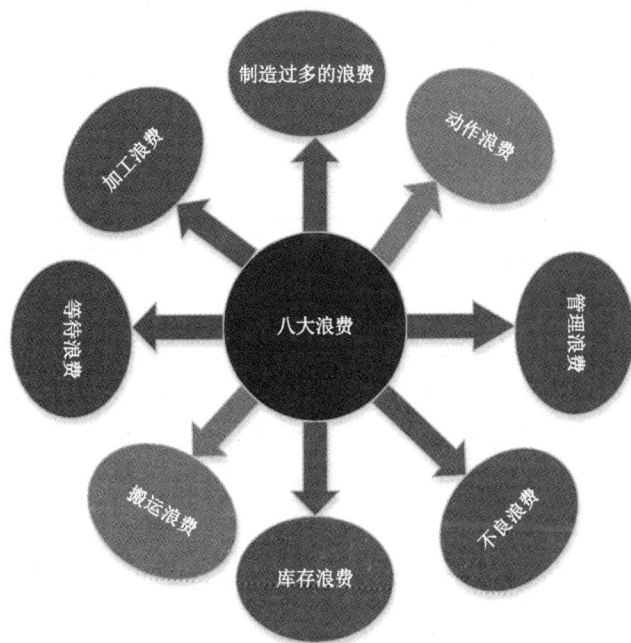

图 12-11　精益生产的八大浪费

12.3.2　精益生产与六西格玛管理的结合

1．精益生产和六西格玛管理的对比

表 12-15 为精益生产和六西格玛管理的比较。

表 12-15　精益生产和六西格玛管理的比较

		六西格玛管理	精 益 生 产
相同点	文化追求	追求完美的文化	
	运作管理模式	基于流程的管理	
	改进方式	采用连续改进的方式，强调过程改进不是一次能够完成的，组织必须不断对业务流程进行改进	
	实现目的	消除浪费	
	对人员的认识	强调人员对过程改进的重要性，注重对员工的培训与管理	
不同点	分析问题的方式	六西格玛管理起源于美国的文化氛围，注重逻辑分析，强调专业化	精益生产起源于日本的文化环境，强调集体和以人为本，专业化不强
	运作模式	六西格玛管理是基于项目管理的模式，通过实施 DMAIC 管理模式，完成项目目标	精益生产强调现场的重要性，是一种基于现场改善管理的模式
	改善策略	六西格玛管理强调突破性变革，要求每个项目都有突破性成就，能给组织带来巨大的财务效益，其投入也较大	精益生产采用渐进的持续改善策略，沿着既定技术的路径，通过不断改进，提供更优质的产品或服务，不需要大的投入
	员工培训的侧重点	六西格玛管理注重管理人员系统化的培训，强调黑带、绿带的作用，要求他们有较多的统计学知识和问题处理技能	精益生产非常重视普通员工的培训，通过轮岗培养使得员工取得多种技能
	分析问题的方法	六西格玛管理注重定量分析，通过对指标量化和分析，做出决策，避免凭经验解决问题	精益生产强调现场专家的作用，现场出现问题，员工有权停止生产，处理问题，对员工的操作技能和现场处理问题的技能有较高的要求
	关注对象的侧重点	六西格玛管理关注的是变异，视波动为敌人，力求减少和消灭波动	精益生产关注的是消除浪费，通过消除浪费最大地发挥资源的效率
	战略出发点	以客户满意为关注的焦点	以高质量管理水平作保证

通过对比可以看出，精益生产和六西格玛管理在文化追求、运作管理模式、实现目的、改进方式、对人员的认识都是一致的；二者的区别主要是操作层上的区别，如分析问题的方法、员工培训的侧重点、运作模式等，但可以看出，这些不同并非对立，而是互补的。

2．精益生产和六西格玛管理整合的必要性

下面将从系统层面、操作层面和文化层面来说明精益生产与六西格玛管理整合的必要性。

从系统层面来看，精益生产擅长于系统分析管理，精益生产的流程管理为六西格玛的项目管理提供框架。

从操作层面来看，精益生产强调专家人才的作用，更注重经验的积累。而六西格玛管理运用多种操作工具，通过 DMAIC 管理模式来解决问题，为项目管理提供了有效的管理手段。精益生产强调现场专家的作用，注重全员参与，能快速解决现场出现的状况。而六西格玛管理强调过程定量分析，注重跨部门协作，解决问题时间较长，一般为 3～6 个月。面对不同

的问题，将二者有机结合，采取不同的解决方法，提高解决问题的效率和效果。

从文化层面看，精益生产强调自下而上的全员参与，激发成员的积极性和参与感。六西格玛管理则注重自上而下的管理，强调管理者的参与度，要求专职人员进行系统的培训。两个管理模式需要进行整合，只采取某一种模式都是不完美的。

因此，通过精益生产和六西格玛管理的整合，可以实现产品的高质量发展，降低运作成本，提高作业效率，进而满足客户需求，提升企业的核心竞争力，真正实现企业利润最大化。

3. 精益生产与六西格玛管理整合的优势

首先，精益生产与六西格玛管理都是持续改进、追求完美的典范。其次，两者都强调满足客户需求的重要性、主张以客户价值为导向。再次，精益生产和六西格玛管理沿袭了全面质量管理（TQM）和戴明循环（PDCA）的科学循环方法，都是基于流程的管理。综上所述，六西格玛管理的出发点是减少变异，而精益生产的核心是消除一切浪费，严格意义来讲，消除变异的过程本身也是在消除浪费。两种模式关注的对象不是对立的，而是具有互补性。如果企业已经实施了其中一种管理模式，为了增强企业竞争力，同时运用另一种模式，两者的结合可以使公司获益更多。精益生产与六西格玛管理整合的优势如图 12-12 所示。

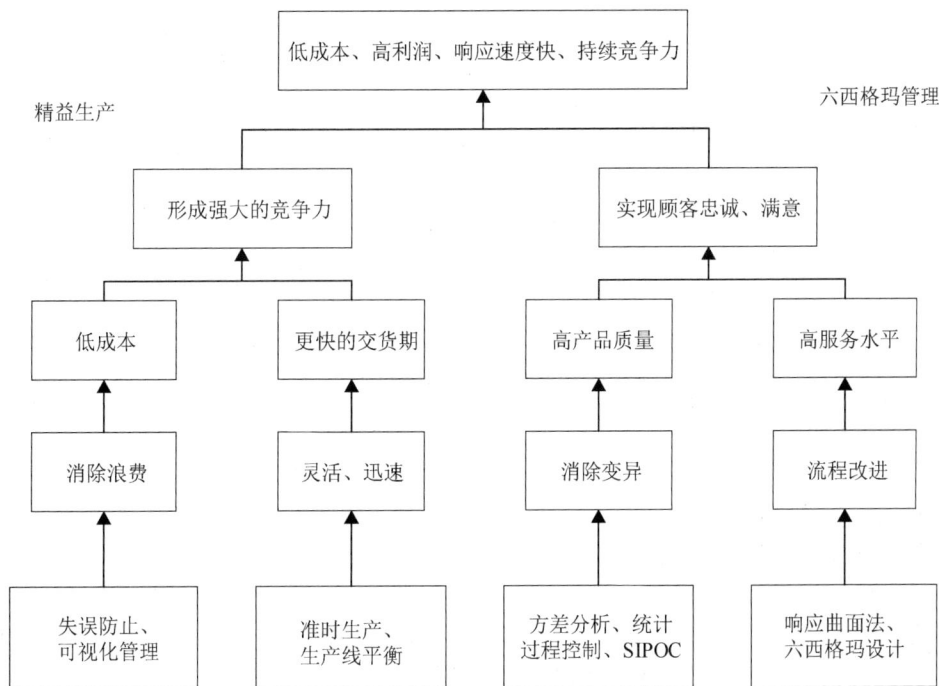

图 12-12　精益生产与六西格玛管理整合的优势

思考题

1. 如何理解六西格玛管理理念？

2. 企业实施六西格玛管理可以带来哪些益处？

3. 六西格玛管理和全面质量管理的区别与联系。

4. 六西格玛管理方法和工具有哪些？

5. 谈谈你对精益六西格玛的理解。

案例分析

六西格玛管理在联邦快递（FedEx）的应用

六西格玛管理在诸多领域有广泛应用。下面以美国的联邦快递（FedEx）为例，具体介绍该快递公司实施六西格玛管理的途径和成果。

1．联邦快递的发展状况

作为一家国际快递集团，联邦快递（FedEx）提供隔夜快递、地面快递、大件运输、文件复印和物流服务。联邦快递总部位于美国田纳西州孟菲斯，为客户和企业提供包括运输、电子商务和商业运营在内的一系列综合服务。同时，通过相互竞争、协同管理的运营模式，提供了一套全面的业务应用解决方案，年收入高达 320 亿美元。

目前，联邦快递在全球拥有超过 20 万名员工，在国内拥有超过 6000 名员工，服务遍及全球 220 多个国家和地区，向全球客户提供业内无可比拟的环球快递运输服务。联邦快递设有环球航空及陆运网络，通常只需一至两个工作日，就能迅速运送时限紧迫的货件，而且确保准时送达，并且设有"准时送达保证"。

2．联邦快递质量管理存在的问题

1）派取件效率低下

联邦快递派取件效率低下主要存在两方面原因：第一，由于交通堵塞、车辆安排等客观原因，递送员可能要花大量时间在路上奔波，派取件的时间可能会晚于承诺的时间；第二，由于客户所处位置的分散性和客户发件时间的不确定性，在线路安排上没有采取最优路线，派取件延误。

2）服务态度不佳

联邦快递作为一家知名企业，员工良好的服务态度代表的是企业形象。该公司要想扩大市场份额，需要提高服务质量。该企业员工存在对待客户服务态度不佳，或者处理问题不及时、不全面，因此需要提高员工的业务能力和自身素质。

3）投诉处理过慢

当快件损坏或丢失时，大多数客户会选择拨打客服热线咨询相关理赔方案。当客服人员了解事件的全过程后，不能立即提供解决方案，或者当消费者多次投诉后，才能给出有效的解决方案，因此会对联邦快递的服务产生不满。

4）客服热线繁忙

通常客户想知道发货时间、到货时间及解决问题的办法等，都会选择拨打客服热线。但当客户一次又一次打电话或无人接听时，电脑语音系统才会自动切换到人工咨询，由于等待时间较长，客户会产生不满。

3．联邦快递实施六西格玛 DMAIC 方法的必要性

1）六西格玛 DMAIC 方法满足了联邦快递运营绩效改善的需求

联邦快递竞争战略的一项核心内容是持续的运营绩效的改善。在如今竞争激烈的快递行业中，联邦快递必须以满足客户需求为重点，建立以客户需求为中心的持续改进机制，不断解决服务质量管理中存在的问题。作为当今最为先进的绩效改善方法，六西格玛 DMAIC 方法的核心是基于客户导向的流程改进，并能使该企业提高客户满意度和企业运营绩效。

2）六西格玛 DMAIC 方法使联邦快递企业转型为客户导向型企业

随着中国对外开放的不断深化及全球经济的一体化发展，快递业的客户已经从国内扩展到全球。由于国内经济的迅速发展，以及快递业的不断成熟，快递服务提供商数量的不断增加使得客户选择服务商的机会增多。而为了适应市场的迅速变化，快递企业需要提高管理水平和服务能力。

联邦快递的战略之一就是真正关注客户，使客户满意。利用六西格玛 DMAIC 方法的一系列工具和技术，能将客户的需求作为改善的衡量标准，完成突破性的流程改善，真正做到使客户满意。

3）六西格玛 DMAIC 方法的实施将为联邦快递公司带来收益

所有企业都是靠控制成本和增加销售来获取盈利的。只有保持长期稳定的收益，企业才能生存和发展、才能让利益相关者满意。因此为了提高服务质量、增加企业利润，联邦快递需要做到两点：一是继续采取低价策略，并提供优质服务；二是走开拓创新之路，推出满足客户需求的新产品和个性化服务。

六西格玛 DMAIC 方法为联邦快递提供了一系列成本控制和产品创新的方法和工具，这将使联邦快递在快递市场上更具竞争力。实施六西格玛 DMAIC 方法，真正做到关注客户需求，围绕客户需求创新，企业才能够引领产品潮流，始终保持市场优势。

4．联邦快递实施六西格玛 DMAIC 方法的具体策略

联邦快递实施六西格玛 DMAIC 方法的具体策略是运用 DMAIC 来改善现有流程，下面将根据该公司面临的问题运用 DMAIC 来寻求解决方案。

1）界定阶段

在界定阶段，需要明确客户真正的需求，表 12-16 为客户需求分析。

表 12-16 客户需求分析

客 户 说 的	对我们的意义	客 户 需 求
派取件效率低下	我们没有按时投递	及时、准确地派取件
服务态度不佳	我们的服务态度需要改进	热情而周到的服务
投诉处理过慢	我们对投诉没有及时处理	及时处理投诉，给予客户满意的答复
客服热线繁忙	我们的客服热线繁忙造成客户等待时间过长	提高客服电话接通率

2）测量阶段

在测量阶段，需要计算出联邦快递公司在这些质量缺陷问题上的实际西格玛水平。

通过抽样收集 1000 个电话数据发现，派取件延误投诉有 50 次，递送员态度不佳投诉有 20 次，客服热线繁忙投诉有 32 次，投诉处理过慢有 14 次，因此按照如下公式计算西格玛水平。

（1）求单位机会缺陷数（DPO）：

$$\text{DPO} = \frac{\text{缺陷数}}{\text{单位数} \times \text{缺陷机会数}} = \frac{50+20+32+14}{1000 \times 4} = 0.029$$

（2）求百万机会缺陷数（DPMO）：

$$\text{DPMO} = \text{DPO} \times 10^6 = 0.029 \times 10^6 = 29\ 000$$

（3）查表得西格玛水平，σ 与 DPMO 对应表如表 12-17 所示。

表 12-17 σ 值与 DPMO 对应表（考虑 ±1.5σ 偏移时）

σ	DPMO	σ	DPMO	σ	DPMO	σ	DPMO
1.5	501 350	2.4	184 108	3.3	35 931	4.2	3467
1.6	461 140	2.5	158 687	3.4	28 717	4.3	2555
1.7	421 427	2.6	135 687	3.5	22 750	4.4	1866
1.8	382 572	2.7	115 083	3.6	17 865	4.5	1350
1.9	344 915	2.8	96 809	3.7	13 904	4.6	968
2.0	308 770	2.9	80 763	3.8	10 724	4.7	687
2.1	274 412	3.0	66 811	3.9	8198	4.8	483
2.2	242 071	3.1	54 801	4.0	6120	4.9	337
2.3	211 928	3.2	44 565	4.1	4661	5.0	233

通过查表 12-17 可以得出，业务过程的业绩水平大约在 3.3σ。

过了一段时间，再收集 1000 个数据，但 4 种缺陷的数量发生了变化，分别为 25、10、16、7，缺陷总量下降了一半，得出单位机会缺陷数为 0.0145，百万机会缺陷数为 14 500，换算后为 3.6σ。

3）分析阶段

在分析阶段，需要分析质量缺陷，寻找问题的根本原因。业务投诉原因分析图如图 12-13 所示。

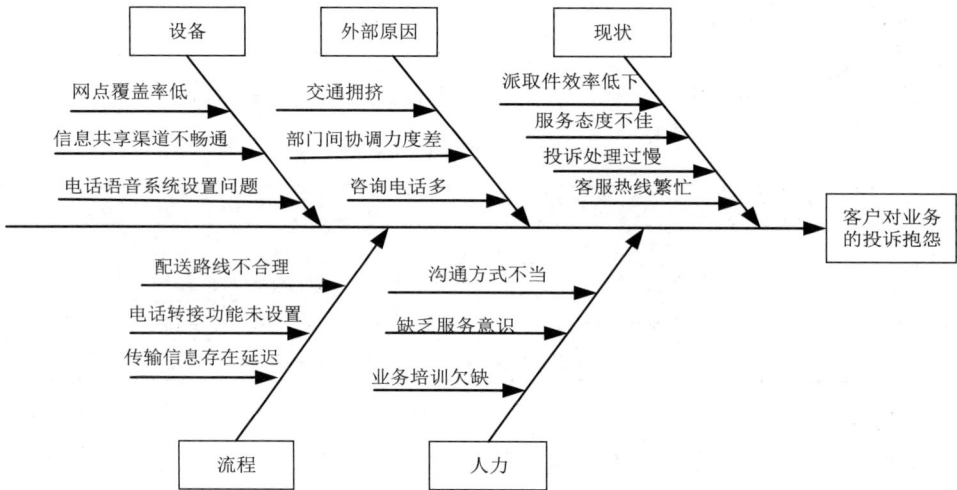

图 12-13 业务投诉原因分析图

① 设备原因，包括网点覆盖率低、信息共享渠道不畅通、电话语音系统设置问题等。

② 外部原因，包括交通拥挤、部门间协调力度差、咨询电话多。

③ 从现状结果来看，包括派取件效率低下、服务态度不佳、投诉处理过慢、客服热线繁忙。

④ 从流程角度看，包括配送路线不合理、电话转接功能未设置、传输信息存在延迟。

⑤ 从人力资源角度分析，包括沟通方式不当、缺乏服务意识、业务培训欠缺。

4）改进阶段

在改进阶段，要通过不同的改善方案并通过多次测试来找到最佳解决方案，改善方案和最佳解决方案分别如表 12-18 和表 12-19 所示。

表 12-18　改善方案

问 题 描 述	可 能 原 因	改 善 方 案
派取件效率低下	①客观存在交通问题 ②线路布置不合理 ③站点覆盖率低	①增加使用电动车、摩托车等便捷交通工具 ②科学计算、合理安排线路 ③增设网点，提高覆盖能力
服务态度不佳	①递送员情绪不好 ②递送员沟通能力欠缺 ③递送员业务能力欠缺	①培养工作责任心和耐心 ②强化沟通技巧 ③业务技能培训
投诉处理过慢	①各部门之间缺乏协调和沟通 ②无投诉反馈时限	①建立投诉解决中心 ②建立 24h 投诉反馈系统 ③投诉后下一周进行回访
客服热线繁忙	①高峰时段电话占线 ②语音系统设置存在问题	①合理安排客服人员上岗 ②当电话占线时，语音系统自动转到站点柜台

表 12-19　最佳解决方案

实 验 结 果	改 善 方 案
①增加使用电动车、摩托车等便捷交通工具对派取件特别是大宗货件延误现象无明显积极影响 ②科学安排线路能提高派取件速度 ③增加营业网点是可行的，但需符合公司的发展规划 ④培养责任感和耐心有效，但递送员需要学会控制情绪 ⑤沟通技巧和业务技巧的训练对服务态度有积极影响 ⑥合理安排客服人员上岗和电话占线时语音系统自动转到站点柜台对客服热线接通率提高有明显积极影响 ⑦建立投诉解决中心和 24h 投诉反馈机制，并在投诉后第二周进行回访，对提高投诉处理速度具有显著积极作用	①合理安排配送线路以提高派取件速度 ②依据公司发展规划，增设营业网点，扩大运营能力 ③培养责任感和耐心，以及沟通技巧和业务技巧的培训以提升服务态度 ④合理安排客服人员上岗和电话占线时语音系统自动转到站点柜台有利于提高客服热线接通率 ⑤建立投诉解决中心和 24h 投诉反馈机制，并在投诉后第二周进行回访，以提高投诉处理速度

5）控制阶段

最后在控制阶段，制定操作规范以使改进方案能长久保持下去。以下是本次完善业务流程操作的操作规范，如表 12-20 所示。

表 12-20　操作规范

工 作 流 程	最 低 要 求	抽样检验方法/频率	负 责 人
派取件情况	平均反应速度提高 20%	选 5 个样本，投递信息对应订单信息，奇数周抽取奇数天，偶数周抽取偶数天	网点负责人
客户沟通情况	热情周到	选 5 个样本，服务态度投诉对应订单信息，奇数周抽取奇数天，偶数周抽取偶数天	网点负责人
客服热线接通	1min	选 5 个样本，接通电话数量对应打入电话数量，奇数周抽取奇数天，偶数周抽取偶数天	客服负责人

续表

工 作 流 程	最 低 要 求	抽样检验方法/频率	负 责 人
投诉处理情况	2 个工作日	选 5 个样本，及时处理投诉数量与投诉总量，奇数周抽取奇数天，偶数周抽取偶数天	客服负责人

5. 联邦快递实施六西格玛 DMAIC 方法后的效果

为了探究实施六西格玛 DMAIC 方法后的实际效果，对联邦快递实施六西格玛 DMAIC 方法一年前后的部分服务指标进行搜集，如表 12-21 所示。

表 12-21　联邦快递部分服务指标变动效果的对比表

指　　标	实 施 前	实 施 后	变 动 情 况
1h 内派取货物的比例	68.08%	82.00%	13.92%
客服对服务失败的抱怨率	0.6%	0.4%	-0.2%
处理客户抱怨的时间（天）	2.07	1.6	-0.47

联邦快递实施六西格玛 DMAIC 方法，极大程度地提高了工作效率和客户满意度，增强了企业竞争力，有利于联邦快递持续健康发展。

参 考 文 献

[1] 陈运涛. 质量管理. 2 版. 北京：北京交通大学出版社，2014.

[2] 宋明顺. 质量管理学. 2 版. 北京：科学出版社，2012.

[3] 苏秦. 现代质量管理学. 北京：清华大学出版社，2005.

[4] 梁工谦. 质量管理学. 3 版. 北京：中国人民大学出版社，2018.

[5] 杨钢. 零缺陷智慧——企业打造质量竞争力的艺术. 北京：新世界出版社，2014.

[6] 菲利普·克劳士比. 质量免费. 杨钢，林海，译. 太原：山西教育出版社，2011.

[7] 秦振友. 质量管理体系及应用. 北京：北京理工大学出版社，2015.

[8] 梁国明. 企业质量成本管理方法. 北京：中国计量出版社，2003.

[9] 张根保. 现代质量工程. 3 版. 北京：机械工业出版社，2015.

[10] 周纪芗，峁诗松. 质量管理统计方法. 2 版. 北京：中国统计出版社，2015.

[11] 赵选民. 数理统计. 2 版. 北京：科学出版社，2002.

[12] 张公绪，孙静. 新编质量管理学. 2 版. 北京：高等教育出版社，2003.

[13] 韩福荣. 现代质量管理学. 3 版. 北京：机械工业出版社，2016.

[14] 秦现生. 质量管理学. 2 版. 北京：科学出版社，2008.

[15] 方志耕. 质量与可靠性管理. 北京：科学出版社，2011.

[16] 曾瑶，李晓春. 质量管理学. 4 版. 北京：北京邮电大学出版社，2012.

[17] 盛骤，谢式千，潘承毅. 概率论与数理统计. 北京：高等教育出版社，2001.

[18] Katrina D. Maxwell. 软件管理的应用统计学. 张丽萍，梁金昆，译. 北京：清华大学出版社，2006.

[19] Michael Milton. 深入浅出数据分析. 李芳，译. 北京：电子工业出版社，2010.

[20] 贾怀勤. 数据、模型与决策. 北京：对外经济贸易大学出版社，2003.

[21] 尤建新，杜学美. 质量管理学. 北京：科学出版社，2008.

[22] 崔立新. 服务质量管理理论与技术. 北京：北京理工大学出版社，2020.

[23] 陈红丽. 物流服务质量管理. 北京：首都经济贸易大学出版社，2016.

[24] 计国君. 服务科学与服务管理. 厦门：厦门大学出版社，2015.

[25] 陈刚. 服务科学管理和工程. 北京：科学出版社，2018.

[26] 张润彤. 服务科学概论. 2 版. 北京：电子工业出版社，2015.

[27] 张兆丰. 统计学. 北京：机械工业出版社，2010.

[28] 王建丽. 统计学. 北京：清华大学出版社，2010.

[29] 杜倩楠. 产品质量管理与可靠性工程的应用研究. 邯郸：河北工程大学，2013.

[30] 王顺坤. 推土机故障数据可靠性分析与管理系统研究. 太原：太原科技大学，2010.

[31] 王华频. 质量与可靠性信息管理探析. 质量探索，2012.

[32] 李树. 浅谈机械的可靠性设计方法. 中国科技投资，2013.

[33] 刘洋. 可靠性设计中的故障分析方法. 电子产品可靠性与环境试验，2015.

[34]　张大钢. 故障模式影响及危害性分析（FMECA）技术标准发展和应用研究. 质量与可靠性，2013.

[35]　杨晓. 可靠性理论在系统安全中的拓展-PFMRA 分析法. 武汉科技大学，2009.

[36]　HSUCI，LI H C. Reliability evaluation and adjustment of supply chain network design with demand fluctuations. International Jourmal of Production Economics，2011.

[37]　彭海鑫. 长虹的可靠性工程实践. 中国质量，2015.

[38]　熊伟. 质量功能展开——理论与方法. 北京：科学出版社，2016.

[39]　李跃生，邵家俊，苗宇涛. 质量功能展开技术. 北京：国防工业出版社，2011.

[40]　钮建伟，温薇. 物流质量管理. 北京：北京大学出版社，2016.

[41]　韩之俊，许前，钟晓芳. 质量管理. 4 版. 北京：科学出版社，2018.

[42]　梁文馨，刘春辉，史晓飞. 第三方物流服务质量 QFD 模型研究. 物流技术，2019.

[43]　张萍，高齐圣. 基于 QFD 的商业银行服务质量影响因素分析. 青岛大学学报（自然科学版），2013.

[44]　彼得.S.潘迪，罗伯特.P.纽曼，罗兰.R.卡瓦诺. 六西格玛管理法：世界顶级企业追求卓越之道. 2 版. 毕超，崔丽野，马睿，译. 北京：机械工业出版社，2017.

[45]　托马斯·派兹德克，保罗·凯勒. 六西格玛手册：绿带、黑带和各级经理完全指南. 4 版. 王其荣，译. 北京：机械工业出版社，2018.

[46]　詹姆斯·威廉·马丁著，崔庆安，徐春秋，李淑敏，译. 供应链精益六西格玛管理. 2 版. 北京：机械工业出版社，2019.

[47]　苏比尔·乔杜里. 六西格玛的力量. 北京：电子工业出版社，2002.

[48]　李程，李茜希，肖梦婷. 六西格玛与质量管理. 南京：南京大学出版社，2017.

[49]　石川馨. 质量管理入门. 北京：机械工业出版社，2016.

[50]　何桢. 六西格玛绿带手册. 北京：中国人民大学出版社，2011.

[51]　苏秦. 质量管理与可靠性. 北京：机械工业出版社，2014.

[52]　唐晓芬. 六西格玛核心教程. 北京：中国标准出版社，2009.

[53]　杨跃进. 六西格玛管理 DMAIC 方法操作实务. 北京：国防工业出版社，2011.

[54]　马林，何桢. 六西格玛管理. 2 版. 北京：中国人民大学出版社，2004.

[55]　薛跃，盛党红. 六西格玛管理法与精益生产整合研究. 科学与科学技术管理，2003.

[56]　罗国英，马林. 全面质量管理基础知识. 北京：中国财经易文出版社，2009.

[57]　元肆华. 六西格玛管理概论. 北京：中国科学技术出版社，2011.

[58]　杨跃进，赵光玮，魏朋义. 六西格玛管理成功导入的路线图. 北京：中国计量出版社，2010.

[59]　尹学柱，张晓华，胡智暄. 六西格玛管理培训. 北京：京华出版社，2008.

[60]　介四华. 六西格玛管理概论. 合肥：中国科学技术大学出版社，2008.

[61]　何因. 企业实施六西格玛条件分析：一个基于通用电气某中国分公司的案例分析. 厦门大学，2006.